Thomas Klatetzki · Veronika Tacke (Hrsg.)

Organisation und Profession

Organisation und Gesellschaft

Herausgegeben von Günther Ortmann, Thomas Klatetzki und Arnold Windeler

Wie wünscht man sich Organisationsforschung?

Theoretisch reflektiert, weder in Empirie noch in Organisationslehre oder -beratung sich erschöpfend.
An avancierte Sozial- und Gesellschaftstheorie anschließend, denn Organisationen sind in der Gesellschaft.
Interessiert an *Organisation als Phänomen der Moderne* und an ihrer Genese im Zuge der Entstehung und Entwicklung des Kapitalismus.
Organisationen als Aktionszentren der modernen Gesellschaft ernstnehmend, in denen sich die gesellschaftliche Produktion, Interaktion, Kommunikation – gelinde gesagt – überwiegend abspielt.
Mit der erforderlichen Aufmerksamkeit für das Verhältnis von Organisation und Ökonomie, lebenswichtig nicht nur, aber besonders für Unternehmungen, die seit je als *das* Paradigma der Organisationstheorie gelten.
Gleichwohl Fragen der Wahrnehmung, Interpretation und Kommunikation und also der Sinnkonstitution und solche der Legitimation nicht ausblendend, wie sie in der interpretativen resp. der Organisationskulturforschung und innerhalb des Ethik-Diskurses erörtert werden.
Organisation auch als Herrschaftszusammenhang thematisierend – als moderne, von Personen abgelöste Form der Herrschaft über Menschen und über Natur und materielle Ressourcen.
Kritisch gegenüber den Verletzungen der Welt, die in der Form der Organisation tatsächlich oder der Möglichkeit nach impliziert sind. Verbindung haltend zu Wirtschafts-, Arbeits- und Industriesoziologie, Technik- und Wirtschaftsgeschichte, Volks- und Betriebswirtschaftslehre und womöglich die Abtrennung dieser Departments voneinander und von der Organisationsforschung revidierend.
Realitätsmächtig im Sinne von: empfindlich und aufschlussreich für die gesellschaftliche Realität und mit Neugier und Sinn für das Gewicht von Fragen, gemessen an der sozialen Praxis der Menschen.

So wünscht man sich Organisationsforschung. Die Reihe „Organisation und Gesellschaft" ist für Arbeiten gedacht, die dazu beitragen.

Thomas Klatetzki
Veronika Tacke (Hrsg.)

Organisation und Profession

VS VERLAG FÜR SOZIALWISSENSCHAFTEN

Bibliografische Information Der Deutschen Bibliothek
Die Deutsche Bibliothek verzeichnet diese Publikation in der Deutschen Nationalbibliografie;
detaillierte bibliografische Daten sind im Internet über <http://dnb.ddb.de> abrufbar.

1. Auflage Juni 2005

Alle Rechte vorbehalten
© VS Verlag für Sozialwissenschaften/GWV Fachverlage GmbH, Wiesbaden 2005

Lektorat: Frank Engelhardt

Der VS Verlag für Sozialwissenschaften ist ein Unternehmen von Springer Science+Business Media.
www.vs-verlag.de

Das Werk einschließlich aller seiner Teile ist urheberrechtlich geschützt. Jede Verwertung außerhalb der engen Grenzen des Urheberrechtsgesetzes ist ohne Zustimmung des Verlags unzulässig und strafbar. Das gilt insbesondere für Vervielfältigungen, Übersetzungen, Mikroverfilmungen und die Einspeicherung und Verarbeitung in elektronischen Systemen.

Die Wiedergabe von Gebrauchsnamen, Handelsnamen, Warenbezeichnungen usw. in diesem Werk berechtigt auch ohne besondere Kennzeichnung nicht zu der Annahme, dass solche Namen im Sinne der Warenzeichen- und Markenschutz-Gesetzgebung als frei zu betrachten wären und daher von jedermann benutzt werden dürften.

Umschlaggestaltung: KünkelLopka Medienentwicklung, Heidelberg
Druck und buchbinderische Verarbeitung: MercedesDruck, Berlin
Gedruckt auf säurefreiem und chlorfrei gebleichtem Papier
Printed in Germany

ISBN 3-531-14257-7

Inhalt

Einleitung
Thomas Klatetzki / Veronika Tacke   7

I.
Wissen und die Professionen in einer Organisationsgesellschaft
Rudolf Stichweh   31

Profession und Organisation.
Dimensionen der Wissensgesellschaft bei Talcott Parsons
Harald Wenzel   45

II.
Die Organisation professioneller Arbeit in Deutschland.
Ein Vergleich mit England
Wolfgang Littek / Ulrich Heisig / Christel Lane   73

Evolving Professions: An Institutional Field Approach
W. Richard Scott   119

Die akademische Profession und die Universitäten:
„New Public Management" und eine drohende Entprofessionalisierung
Uwe Schimank   143

Schulreform als aktive Deprofessionalisierung?
Zur Semantik der Lernenden Organisation im Kontext der Erziehung
Veronika Tacke   165

Die Institutionalisierung religiöser Kommunikation: Strukturprobleme
der kirchlichen Organisation theologischer Professionalität
Volkhard Krech / Peter Höhmann   199

III.
A Theory of Collegiality and its Relevance
for Understanding Professions and knowledge-intensive Organizations
Emmanuel Lazega 221

Professionelle Arbeit und kollegiale Organisation.
Eine symbolisch interpretative Perspektive
Thomas Klatetzki 253

IV.
Organisation, Profession, *bootstrapping*
Günther Ortmann 285

Einleitung

Thomas Klatetzki und Veronika Tacke

Im Zentrum des vorliegenden Buches und seiner Beiträge steht die professionelle Organisation und mit ihr, in einem weiteren Sinne, die Frage nach dem gesellschaftlichen Verhältnis von Organisation und Profession. Die soziologische Beschäftigung mit der besonderen Form der professionellen Organisation hatte ihre Blütezeit in den 1960er und 1970er Jahren, trat in der Organisationssoziologie sodann aber eher in den Hintergrund.[1] Heute spricht einiges dafür, sich diesem Thema wieder zuzuwenden und zu fragen, inwieweit frühere Beschreibungen zu bestätigen, zu korrigieren oder zu ergänzen sind.

Für ein erneutes Aufgreifen des Verhältnisses von Organisation und Profession sprechen mindestens zwei Gründe. Zum einen sind empirische Veränderungen in den gesellschaftlichen Rahmenbedingungen zu verzeichnen, die weder die als Professionen bezeichneten Berufsgruppen noch deren Organisationen unberührt lassen. Zu diesen Veränderungen gehören, exemplarisch und zeitdiagnostisch formuliert, die fiskalische Krise des Wohlfahrtstaats und die Herausbildung einer ‚Wissensgesellschaft'.

Mit der fiskalischen Krise des Wohlfahrtsstaates ist angesprochen, dass der Staat sich auch aus professionellen Handlungsfeldern zurückzieht und diese Tätigkeitsbereiche zunehmend auf Mechanismen des Marktes verwiesen sind. Insoweit das „professionelle Projekt" (Larson 1977), jedenfalls auf dem europäische Kontinent, in weiten Teilen direkt an den umfassenden Ausbau personenbezogener Dienstleistungen gebunden war, führen die durch wirtschaftliche Entwicklungen bedingten Steuermindereinnahmen auch zu einer Ressourcenverknappung für die entsprechenden Organisationen. Perkin (1989) vermutet, dass der Fall des Wohlfahrtstaates auch den Fall der professionellen Organisation bedeutet.

Während die Krise des Wohlfahrtstaates auf veränderte politische Rahmenbedingungen verweist, sind mit den Herausforderungen der so genannten Wissensgesellschaft kulturelle und technologische Wandlungsprozesse indiziert. War in den 1950er Jahren noch die gesellschaftliche Selbstbeschreibungsformel

---

1 Siehe aber Tolbert/Barley 1991.

der Dienstleistungsgesellschaft prominent (Fourastie 1954), die ersichtlich zum Aufstieg des Professionalismus dieser Jahre passte, so wird heute von der Gesellschaft als Wissens- und Informationsgesellschaft gesprochen (Stehr 1994; Castells 1996). Mit dieser Formel ist die Beobachtung verbunden, dass Wissen (anstelle von Arbeit und Kapital) zur entscheidenden ökonomischen Ressource geworden ist (Drucker 1968). Zugleich hat sich die Struktur und Zugänglichkeit gesellschaftlichen Wissens radikal geändert, nicht zuletzt infolge der Entwicklungen moderner Kommunikationsmedien und Informationstechnologien (Stichweh 2002). Soweit mit Professionen besondere Wissenskomplexe in der Gesellschaft verbunden sind, ist anzunehmen, dass diese Berufsgruppen von den ‚wissensgesellschaftlichen' Entwicklungen nicht unberührt bleiben.

Ein Blick auf professionelle Organisationen des Typs Krankenhaus, Schule oder Universität lässt dabei die Vermutung zu, dass die wohlfahrtsstaatlichen Entwicklungen einerseits und die wissensgesellschaftlichen Tendenzen andererseits in der professionellen Organisation heute zugleich relevant werden und sich in ihren Effekten möglicherweise auch gegenseitig stärken: Sind also organisatorische Umstrukturierungen auf der einen Seite durch den Rückbau staatlicher Wohlfahrtsleistungen und entsprechenden Ökonomisierungsdruck veranlasst, orientiert sich das „New Public Management" auf der anderen Seite an wissensgesellschaftlichen Leitkonzepten. Konzepte des „organisationalen Lernens" und des „Wissensmanagement" sowie das in Organisationen heute allgegenwärtige Stichwort der „Qualitätsentwicklung" haben in diesem Sinne einen doppelten Hintergrund.

So sicher es scheint, dass die Professionen von den angesprochenen gesellschaftlichen Veränderungen und organisatorischen Umstrukturierungen mehr oder weniger unmittelbar betroffen sind, so offen erscheint die Frage, welche gesellschaftlichen Veränderungsprozesse welche Professionen betreffen und wie diese Tendenzen sich im Einzelnen auf die professionelle Organisationen bzw. im weiteren Sinne das gesellschaftliche Verhältnis von Organisation und Profession auswirken. Der vorliegende Band möchte zu dieser Frage einen klärenden Beitrag leisten.

Für die erneute Beschäftigung mit der Frage nach dem Verhältnis von Organisation und Profession spricht aber noch ein zweiter Grund. Er ist innerhalb der (Organisations-)Soziologie und damit der Wissenschaft selbst zu finden. Seit ihren frühen Forschungen zu diesem Problemfeld hat die Organisationssoziologie ihre Konzepte in verschiedenen Hinsichten weiterentwickelt.[2] Das betrifft einerseits die Ausarbeitung und Pluralisierung organisationstheoretischer Zugriffs-

---

2 Vgl. im Überblick: Türk 1989; Kieser 2001; Ortmann et al. 1997.

weisen, deren Spektrum heute von methodologisch-individualistischen über entscheidungstheoretische und mikropolitische bis hin zu konstruktivistischen und wissenssoziologischen Ansätzen reicht. Auch für die Beschreibung der professionellen Organisation ergeben sich daraus erwartbar neue Perspektiven.

Im Hinblick auf die weitergehende Frage nach dem gesellschaftlich verfassten Verhältnis von Organisation und Profession ist darüber hinaus zu notieren, dass die Organisationssoziologie ihre Problemstellungen seit einigen Jahren wieder deutlich stärker mit Bezug zur Gesellschaft formuliert. Dieser Entwicklung korrespondiert zum einen der Prominenzgewinn unterschiedlicher Zweige des Neo-Institutionalismus, dessen generelles Markenzeichen darin zu sehen ist, die gesellschaftliche Umwelt von Organisationen mit dem Institutionenbegriff zu erfassen (March/Olsen 1989; Powell/DiMaggio 1991; Scott/Meyer 1994). Anschlussmöglichkeiten zum Thema des vorliegenden Buches bietet der Neo-Institutionalismus mit seiner Annahme, dass Organisationen von institutionellen Elementen – in kognitiver, regulativer und normativer Hinsicht – durchdrungen sind, wobei die normative Dimension gesellschaftlich durch die Professionen repräsentiert ist.[3]

Zum anderen ist an die soziologische Systemtheorie zu denken, die von Niklas Luhmann als Theorie der Gesellschaft (Luhmann 1997) und als Theorie der Organisation (Luhmann 1964, 2000) ausgearbeitet wurde. Sie bietet auf dieser Grundlage nicht nur Potentiale für eine gesellschaftstheoretisch informierte Organisationssoziologie (Tacke 2001; Drepper 2003), sondern verfügt zugleich auch über einen Begriff der Profession (Stichweh 1994; 1996). Während für Organisationen gilt, dass sie sich als Systeme der ‚entscheidungsmäßigen Selbststeuerung' in allen Funktionsbereichen der modernen Gesellschaft durchsetzen,[4] kommen die als Professionen bezeichneten Berufsgruppen nur in solchen Funktionssystemen vor, deren Bezugsprobleme sich auf die personale Umwelt der Gesellschaft beziehen. In diesen Systemen – für Recht, Religion, Krankenbehandlung und Erziehung – bringen die Professionen die systemspezifischen Wissenskomplexe auf der Handlungsebene zur Applikation.[5] Für die Frage nach der

---

3 Es dürfte zudem kein Zufall sein, dass die Herausbildung des Neo-Institutionalismus in den 1970er Jahren mit dem wachsenden Interesse an der professionellen Organisation zusammenfällt, schien sich doch dieser Typ nicht in das verbreitete Verständnis der Formalorganisation zu fügen.
4 Eine Ausnahme sind Intimbeziehungen (Familie).
5 Weitere gesellschaftsbezogene Theorieperspektiven in der Organisationssoziologie sind möglich, etwa herrschaftskritische Zugriffe, wie sie Klaus Türk entwickelt hat (Türk 1995; Bruch 2000). Von hier ließen sich z. B. Anschlüsse zu professionssoziologischen Untersuchungen zur Deprofessionalisierung (Haug 1973), Kommodifizierung (Abbott 1988) und Proletarisierung (Oppen-

gesellschaftlichen Relation von Profession und Organisation liegt in diesem Zusammenhang die Vermutung von strukturellen Verschiebungen zugunsten der Organisation nahe. Denn anders als diese scheinen die mit der frühmodernen Universität bereits in der ständischen Gesellschaft entstandenen professionellen Wissenskomplexe den Höhepunkt ihrer gesellschaftlichen Karriere heute bereits überschritten zu haben (siehe den Beitrag von Stichweh in diesem Band).

Insgesamt also besteht nicht nur empirischer Anlass für die erneute Behandlung eines schon klassischen Themas, sondern zugleich ist zu erwarten, dass sich heute auch neue Sichtweisen auf die professionelle Organisation bzw. das gesellschaftliche Verhältnis von Profession und Organisation eröffnen.

Bevor wir im Weiteren die Zugänge und thematischen Gegenstände der einzelnen Beiträge dieses Bandes skizzieren, möchten wir die Einleitung auch nutzen, um einen Blick auf die Herausbildung und Entwicklung des Themas innerhalb der Soziologie zu werfen. Wir fokussieren dabei die Organisationssoziologie, in deren Kontext das Verhältnis von Profession und Organisation zum klassischen Themenbestand gehört und ausführlich behandelt wurde. Vorauszuschicken ist dabei, dass dieser Rückblick sich unter dem Gesichtspunkt der Absicht des Buches, die Relation von Organisation und Profession auch für gesellschaftsbezogene Perspektiven zu öffnen, zwangsläufig als beschränkt erweisen wird. Zwar wurde das Thema in der Soziologie zunächst im Kontext der Frage von Rationalisierungsprozessen (Weber 1972; Parsons 1968) und damit in einer gesellschaftlichen Referenz behandelt. Für die Organisationssoziologie wurde es jedoch ebenso typisch wie für ihre eigene Entwicklung als Subdisziplin produktiv, ihre Problemstellungen in einer strikt organisatorischen Referenz zu formulieren, sich also von gesellschaftstheoretischen Vorgaben weitgehend abzukoppeln. Ausgehend von der ‚bürokratischen Frage' wird sich die Rekapitulation daher auf die ‚professionelle Organisation' als einem bestimmten Typ der formalen Organisation konzentrieren. Die in diesem Band versammelten Beiträge schließen damit nicht nur an den im Weiteren skizzierten organisationssoziologischen ‚state of the art' an, sondern gehen mit der Öffnung des Themas für gesellschaftsbezogene Fragen und Zugriffsweisen auch über diesen hinaus.

---

heimer 1973) professioneller Arbeit herstellen. Auf diese Perspektive und auf mögliche weitere Ansätze wird an dieser Stelle nicht eingegangen, weil sie in den Beiträgen dieses Bandes nicht aufgegriffen werden.

Einleitung

*Zur Entwicklung der Beschreibung der ‚professionellen Organisation'
im Rahmen der Organisationssoziologie*

Der Organisationssoziologie wurde die Beschäftigung mit der Frage nach dem Verhältnis von Organisation und Profession von der Allgemeinen Soziologie nahe gelegt – und dies durch eine Fußnote. In seiner Übersetzung von Max Webers „Wirtschaft und Gesellschaft" hatte Talcott Parsons angemerkt, dass Webers Konstruktion des Idealtypus der Bürokratie zwei Typen der Autorität miteinander vermische: zum einen die Autorität, die auf Spezialwissen beruht („technical competence"), zum anderen jene Autorität, die auf dem Innehaben eines Amtes basiert („incumbency of a legally defined office"). Parsons betonte, dass es neben der auf Amtsautorität basierenden rationalen Bürokratie eine auf der Autorität von Wissen basierende und nicht minder rationale Form der Organisation von Gleichen gibt. Dieser „company of equals"[6] entspricht das Kollegium der Professionellen (Waters 1989, 1993). Der Einsatz von Professionellen und ihre besondere Form der nicht-hierarchischen, egalitären Assoziation in der Bürokratie hatte nach Parsons weitreichende Auswirkungen auf Organisationen: „The involvement of high level professional personel in most types of modern organization has been the occasion of major changes in the character of the organizations themselves" (Parsons 1968: 542).

Auch Max Weber war die besondere Rolle von Professionellen und deren egalitäre Organisationsform durchaus nicht entgangen.[7] Einerseits traute er zwar der professionellen Fachgeschultheit eine „größere Gründlichkeit der Erwägungen der Verwaltung" zu (Weber 1972: 163), andererseits hielt er es aber für „fast unvermeidlich", dass professionelle Kollegialität „eine Hemmung präziser und eindeutiger, vor allem schneller Entschließungen" bedeute (ebd.: 162). Während Weber zu dem Schluss kam, dass solche kollegialen Formen im gesellschaftlichen Rationalisierungsprozess „in schneller Abnahme zugunsten der faktisch und meist auch formal monokratischen Leitung begriffen" seien (ebd.: 163),[8] un-

---

6 „Instead of a rigid hierarchy of status and authority there tends to be what is roughly, in formal status, a ‚company of equals', an equalization of status which ignores the inevitable gradation of distinction and achievement to be found in any considerable group of technically competent persons" (Parsons 1947: 60).
7 Weber formulierte, „dass in einer Behörde spezifizierte Kollegialität besteht, d.h. die Vorbereitung und der Vortrag der einzelnen zur Kompetenz gehörigen Angelegenheiten Fachmännern – eventuell bei der gleichen Angelegenheit: verschiedenen – anvertraut ist, die Entscheidung aber durch Abstimmung der sämtlichen Beteiligten erfolgt" (Weber 1972: 160).
8 Denn Kollegialität, so Weber (1972: 164), „vermindert unvermeidlich 1. die Promptheit der Beschlüsse, – 2. die Einheitlichkeit der Führung, – 3. die eindeutige Verantwortlichkeit des Ein-

terschätzte diese Auffassung in Parsons' (1939/1964, 1968) Sicht in dramatischer Weise die Bedeutung der Professionen in der Entwicklung der modernen Gesellschaft. Parsons kennzeichnete Professionen durch eine institutionalisierte und formalisierte technische Ausbildung, die der ‚intellektuellen Komponente' besonderen Wert beimisst; praktische Fertigkeiten, die auf dieser Ausbildung beruhen sowie institutionalisierte Mittel, die sicherstellen, dass die professionellen Kompetenzen sozial verantwortlich eingesetzt werden. Die Verankerung der Professionen in der Universität und ihre Orientierung an kognitiver Rationalität bilden dabei zusammen mit ihrer berufsständischen Vereinigung und ihrem rechtlich geschützten und oftmals staatlich garantierten Betätigungsmonopol ein kulturelles und sozialstrukturelles Arrangement von gesamtgesellschaftlicher Bedeutung. In der Herausbildung des „professional complex" sah Parsons sogar

> „the most important single component of modern societies. It has displaced the ‚state', in the relatively early modern sense of that term, and, more recently, the ‚capitalistic' organization of the economy. The massive emergence of the professional complex (...) is the crucial development in twentieth-century society" (Parsons 1968: 545).

Vor diesem Hintergrund vermutete Parsons auch, dass der Einsatz von Professionellen in Organisationen deren bürokratische Struktur radikal ändert, und zwar weil deren Handeln nicht vorrangig an ökonomischen oder politischen Gesichtspunkten ausgerichtet ist, sondern an kulturellen.

> „The professional complex has already not only come into prominence but has even begun to dominate the contemporary scene in such a way as to render obsolescent the primacy of the old issues of political authoritarianism and capitalistic exploitation" (ebd.: 546).

Bekanntlich waren weder Weber noch Parsons Organisationssoziologen, sondern interessierten sich für das Verhältnis von Profession und Organisation vielmehr im Rahmen der Frage gesellschaftlicher Entwicklungs- und Rationalisierungsprozesse. Die Organisationssoziologie platzierte ihre Fragen zwar nicht in diesem Rahmen, gleichwohl aber erwies sich, so Charles Perrow, Parsons' Anmerkung zu Weber als „possibly the most important footnote in the history of organization theory" (Perrow 1986: 42). Denn an diese Fußnote schloss eine umfangreiche Forschung an, die das Verhältnis von Organisation und Profession als Pro-

---

zelnen, – 4. die Rücksichtslosigkeit nach außen und die Aufrechterhaltung der Disziplin im Innern".

blem der Kombination bürokratischer und professioneller Strukturelemente in Organisationen behandelte.

Den Ausgangspunkt bildete ein funktionalistischer Ansatz (Blau 1955), der die Frage ins Zentrum rückte, ob – und wenn ja, wie – bürokratische und professionelle Strukturelemente miteinander vereinbar sind.[9] Zwischen Bürokratie und Profession wurde dabei ein grundlegender Konflikt angenommen, der auf der Unterschiedlichkeit der damit bezeichneten strukturellen Arrangements und jeweils dazu passenden motivationalen Mustern beruht. Die bürokratische Organisationsstruktur ist dabei auf die Aufgaben der Administration zugeschnitten. Sie ist ein hierarchisches System von Ämtern, das auf der Basis von Regeln operiert und in dem Autorität an Positionen gebunden ist. Das Handeln der Organisationsmitglieder, das hierarchischen Anweisungen folgt, ist im Prinzip fremdbestimmt. Zu diesem strukturellen Arrangement passt als motivationales Muster der Organisationsmitglieder die Orientierung an einer stabilen Karriere und einer sicheren Altersversorgung. Indem die strukturellen und motivationalen Arrangements Disziplin, Präzision, Straffheit Verlässlichkeit, Kalkulierbarkeit, Unbestechlichkeit, Geschwindigkeit und Effizienz sicherstellen (vgl. Weber 1972), sind sie funktional für die Erfüllung administrativer Arbeiten.

Im Gegensatz dazu basiert das professionelle Arrangement auf Sachautorität und damit nicht auf Regeln, sondern auf den besonderen Kompetenzen der Professionellen. Strukturell ermöglicht die Organisation selbstbestimmtes Handeln. Sie ist nicht an generalisierten Regeln orientiert, sondern auf die individuelle und flexible Bearbeitung von Einzelfällen ausgerichtet. In der professionellen Organisationsform sind die professionellen Praktiker/-innen dabei zum einen einer besonderen Ethik verpflichtet, die eine qualitativ hochwertige Arbeit zum Wohle der Klienten sowie der Allgemeinheit sichert. Zum anderen fühlen sie sich einem Kollegium, einer Gruppe von Gleichen, verbunden, in der Entscheidungen demokratisch gefällt werden. Über die Autonomie professionellen Handelns sichert

---

9 Vertreter der funktionalistischen Sichtweise gehen davon aus, dass soziale Systeme nach einem Gleichgewicht streben und dass strukturelle Arrangements und motivationale Muster von einem nach einem Gleichgewichtszustand strebendem System danach selektiert werden, ob sie einen Beitrag zu den basalen Bedürfnissen und/oder Zielen des Systems leisten. Strukturelle Konstellationen oder motivationale Elemente, die der Erfüllung der Systembedürfnisse widersprechen oder mit ihnen interferieren, werden durch das System ausgesondert. Sofern eine Aussonderung nicht gelingt und das System gezwungen ist, mit widersprüchlichen oder inkonsistenten strukturellen und motivationalen Elementen zu operieren, treten Dysfunktionen auf, so dass letztlich der Erhalt des Systems als Ganzes problematisch werden kann. Diese Dysfunktionen treten z. B. in Form von sozialen Konflikten, einem geringen Grad von Zielerreichung, Motivationsverlust und Entfremdung auf.

dieser Organisationstyp die Bedingungen für sachgerechte, rationale Urteile und ermuntert überdies zur Innovation (Montagna 1968; Bucher/Stelling 1969).

Die bürokratische und die professionelle Organisationsform können in der Sicht des funktionalistischen Ansatzes nur unter erheblichen Schwierigkeiten in einem System miteinander verbunden werden. Der Import der professionellen Organisationsweise in eine Bürokratie verursacht Probleme, weil das unabhängige, selbstbestimmte professionelle Handeln Beiträge zur Erfüllung auch der lokalen Systembedürfnisse und -ziele nicht gewährleistet. Denn im Unterschied zum bürokratischen „local" ist der Professionelle „cosmopolitan", dessen Loyalitäten dem Berufsstand und nicht der Organisation gelten (Gouldner 1957). Die Inklusion von Professionellen unterminiert das „Linienprinzip", die Befehlskette der Bürokratie, und schafft parallele und konkurrierende Autoritätsformen. Professionelle Loyalitäten interferieren mit bürokratischen Anforderungen, so dass strukturelle und motivationale Dysfunktionen zu erwarten sind, sei es in der Form von Ineffizienzen oder Streitigkeiten, Unzufriedenheiten oder Ängstlichkeiten.

Im Weiteren widmete sich die Forschung der Prüfung empirischer Hypothesen. Angenommen wurde *ceteris paribus*, dass a) eine inverse Beziehung zwischen Bürokratisierung und Professionalisierung bestehe und die Kombination bürokratischer und professioneller Elemente b) mit organisatorischen und c) mit motivationalen Dysfunktionen einhergehe. Empirisch fanden diese Erwartungen aber keineswegs hinreichende Bestätigung. Vielmehr zeigte sich, dass bürokratische und professionelle Elemente durchaus strukturell kombinierbar sind, also kein inverses Verhältnis zwischen Bürokratisierung und Professionalisierung besteht (Hall 1968), und gemischte Formen nicht lediglich instabile, erzwungene Kombinationen darstellen, sondern als funktional integriert gelten können (Blau 1968, 1970; Montagna 1968). Ebenso zeigten die Befunde, dass nicht notwendigerweise motivationale Dysfunktionen auftreten, wenn Rolleninhaber ihr Handeln zugleich an bürokratischen und professionellen Normen ausrichten (Engel 1970; Thornton 1970).

Konzeptionell wurde auf diese empirischen Einsichten in unterschiedlicher Weise reagiert. Auf der einen Seite wurden Mechanismen sondiert, die das Auftreten des bürokratisch-professionellen Konflikts verhindern helfen und eine wechselseitige Anpassung beider Formen ermöglichen. Als strukturelle Mechanismen wurden insbesondere die lokale und zeitliche Separierung bürokratischer und professioneller Elemente identifiziert sowie Maßnahmen zur Mediation des professionell-bürokratischen Konflikts. Zu diesen zählen die Einführung von Appellationsinstanzen und die Verwendung professioneller Standards zur Evaluation organisatorischer Performanz.[10] Motivationale Mechanismen der Reduzierung des Gegensatzes wurden zudem in homogenen Werten gesehen sowie der Möglichkeit, zwischen bürokratischem und professionellem Rollenverhalten zu wählen.

Auf der anderen Seite verstärkte sich im Zuge der Diversifizierung der bürokratischen Organisationsform sowie der Isolierung spezifisch professioneller Strukturelemente in den 1960er Jahren das Interesse an Typologien der Organisation.[11] Für die Unterscheidung der professionellen Organisation wurde die Typenbildung entlang der Merkmale organisatorischer „Technologien" besonders einflussreich. Eine solche Typologie schlug Charles Perrow (1967) vor. Sie kombiniert dabei zwei Variablen: 1. den Umfang, in dem in dem die zu bearbeitenden Probleme uneinheitlich sind, also Ausnahmen Rechnung getragen werden muss, und 2. dem Ausmaß, in dem die Probleme ‚analysierbar' sind, d. h. zur Lösung der Probleme technisches Wissen eingesetzt werden kann. Wo Technologien durch viele Ausnahmen gekennzeichnet sind und eine geringe Technisierbarkeit von Problemlösungen vorliegt, nähern sich Organisationen dem professionellen Strukturtyp an. Unter umgekehrten Bedingungen (wenig Ausnahmen, analysierbare Probleme) tendieren sie dagegen zum bürokratischen Arrangement. Die beiden verbleibenden Typen im Vierfelderschema repräsentieren Mischtypen, die ebenfalls als viabel gelten. Perrows Typologie legte damit nahe, dass 1. funktional angemessene Kombinationen in Abhängigkeit von der Technologie möglich sind, dass 2. die professionelle Struktur prekär ist, weil Veränderungen in Wissensgrundlagen zu Routinisierungen und damit zur Etablierung der bürokratischen Form führen können und 3. der bürokratisch-professionelle Konflikt nur in solchen Situationen auftritt, in denen die Organisationsstruktur der verwendeten Technologie nicht entspricht.

Eine zweite für die Diskussion um die professionelle Organisation maßgebliche Typologie legte W. Richard Scott (1965) vor. Sie ist an der Frage gebildet, ob professionelle Berufsgruppen in der Organisation eine zentrale oder eine randständige Rolle innehaben. Sofern ihnen eine zentrale Rolle zukommt, unterscheidet Scott noch einmal zwischen autonomen und heteronomen Organisationen. Während in der ‚autonomen' Organisation die Professionellen die Organisation dominieren, sind sie in der ‚heteronomen' Organisation der Kontrolle durch

---

10 Vgl. dazu auch den Beitrag von Schimank in diesem Band.
11 Als Gesichtspunkte der Typologiebildung dienten überdies die Frage nach der Fügsamkeit („compliance") der Organisationsmitglieder (Etzioni 1961), die Frage nach organisatorischen Nutznießern und damit verbundenen Konfliktquellen (Blau/Scott 1962), die in Organisationen verwendeten Technologien (Perrow 1967, 1986) sowie der Grad der Dominanz professioneller Gruppen in Organisationen (Scott 1965, 1992).

administrative Instanzen unterworfen. Dem entspricht, dass der bürokratisch-professionelle Konflikt im ersten Typ weitgehend absent ist, im zweiten Typ dagegen virulent wird. Sowohl die Identifizierung von Anpassungsmechanismen wie auch die typologischen Bemühungen haben das Verhältnis von Profession und bürokratischer Organisation als ein mehrdimensionales Problem sichtbar gemacht. Kombinationen aus bürokratischen und professionellen Elementen erscheinen damit möglich und Konflikte zwischen ihnen bleiben auf bestimmte Konstellationen und Situationen beschränkt. Die durch eine prominente Fußnote initiierte organisationssoziologische Forschung führte einerseits zu empirischer Differenzierung und Tiefenschärfe, sie mündete andererseits in einem Kontingenzansatz.[12] Dieser fragt nicht mehr nach möglichen Dysfunktionen, sondern sondiert situationsabhängige Potentiale der Passung ('fit') von Strukturen.

Eine Fortsetzung und Anreicherung haben diese Forschungen dann noch einmal im Rahmen eines Konfigurations- (Mintzberg 1983, 1989) bzw. „Archetypen"-Ansatzes (Greenwood/Hinings 1988, 1993) gefunden. Die archetypische Konfiguration der professionellen Organisation, die der Managementforscher Henry Mintzberg (1983, 1989) ausführlich beschrieben hat, wollen wir im Folgenden zusammenfassend wiedergeben. In der Erweiterung des Kontingenzansatzes nimmt der Konfigurationsansatz dabei an, dass ein situationsangemessenes Operieren der Gesamtorganisation das stimmige Ineinandergreifen ihrer basalen Strukturkomplexe voraussetzt. Jede organisatorische Konfigurationen ist dabei aus fünf Basiskomponenten zusammengesetzt:

- den operativen Kern (*operative core*), in dem die zentrale organisatorische Technologie betrieben und die entsprechenden Güter und Dienstleistungen erstellt werden;
- die strategische Spitze (*strategic apex*), die durch die maßgeblichen Entscheider, das Topmanagement, gebildet wird;
- das mittlere Management (*middle line*), das hierarchisch zwischen der strategischen Spitze und dem operativen Kern angesiedelt ist und vermittelt;
- die Technostruktur (*technostructure*), die der Rationalisierung und Standardisierung der operativen Vollzüge dient (z.B. Abteilungen der Arbeitsvorbereitung oder der Personalentwicklung);
- den Hilfsstäben (*support staff*), die alle übrigen internen Unterstützungsleistungen umfassen (z. B. Bibliotheken und Kantinen).

---

12 Mit ‚contingency' ist hier ‚Abhängigkeit' gemeint – es bedeutet also nicht, dass etwas ‚so, aber auch anderes möglich' ist.

In Übereinstimmung mit den von Perrow und Scott vorgeschlagenen Typenbeschreibungen bildet in Mintzbergs „professioneller Bürokratie" der operative Kern, d. h. die professionelle Arbeit an Einzelproblemen, die Schlüsselkomponente der Organisation. Weil nur Professionelle über die Kompetenzen zur Bearbeitung dieser Probleme verfügen, nehmen sie in der Organisation zentrale Rollen ein und sind in der Ausführung ihrer Arbeit entsprechend autonom. Da die Arbeit von Professionellen typischerweise nicht durch hierarchische Anweisungen strukturiert ist, weisen professionelle Bürokratien wenig Personal im mittleren Management auf; auch ist die strategische Spitze nicht ausgeprägt. Es gibt insgesamt kein entwickeltes System bürokratischer Kontrollen, vielmehr wird darauf vertraut, dass die Professionellen mit ihrer besonderen Ethik dem Wohle der Klienten verpflichtet sind und damit zugleich der Organisation dienen. Formale Regeln und Prozeduren zur Sicherung der Arbeitsqualität erübrigen sich; sie erscheinen sogar kontraproduktiv, weil sie die notwendige Autonomie der Professionellen untergraben und den bürokratisch-professionellen Konflikt auslösen würden. Ausschlaggebend für das effektive und koordinierte Operieren der Organisation ist vielmehr das in langen akademischen Ausbildungen erworbene Wissen und Können der Professionellen, einschließlich internalisierter Werte. Die darauf beruhende Selbstkoordination der Professionellen fasst Mintzberg (1983) als „mutual adjustment".

Der Autonomie des professionellen Handelns entsprechend ist die professionelle Organisation durch ein hohes Maß an Dezentralisierung gekennzeichnet, zugleich weist sie kein ausgeprägtes Machtzentrum auf. Die dezentralen Organisationseinheiten operieren dabei relativ separiert. In ihrer losen Kopplung liegt der Grund dafür, dass die strategische Spitze der professionellen Bürokratie kaum in der Lage ist, eine kohärente, organisationsweit verbindliche Strategie zu formulieren, die die Organisation orientieren oder verändern könnte. Strategie meint in der professionellen Bürokratie eher eine Ansammlung professioneller Projekte, die auf Initiativen der Professionellen beruhen.

Die Entscheidungsstruktur der professionellen Bürokratie reflektiert die kollegialen Werte der Professionellen. Formen der Konsultation und Beteiligung wird hoher Stellenwert beigemessen. Im Allgemeinen versuchen die Professionellen, administrative Entscheidungen, die ihre Tätigkeit betreffen, zu kontrollieren. Trotz der recht ausgeprägten administrativen Struktur, die aus der Angewiesenheit der Professionellen auf unterstützende Einheiten hervorgeht, ist die die Verwaltung schwach und muss für ihre Vorhaben Professionelle gewinnen.

Die ‚Technostruktur' schließlich (die in Unternehmen prototypisch durch die Arbeitsvorbereitung repräsentiert wird) spielt in der professionellen Organisation kaum eine Rolle, zum einen, weil technische Prozessabläufe von untergeordneter Bedeutung sind. Zum anderen beanspruchen die Professionellen ein hohes Maß an Entscheidungsfreiheit und bearbeiten ihre Problemstellungen fallbezogen und interaktiv; sie widersetzen sich daher dem Versuch, ihre Arbeit zu rationalisieren und technisieren.

Auf theoriebezogene Schwächen, die man dem auf empirischen Kontingenzforschungen aufsetzenden Konfigurationsansatz vorwerfen kann,[13] wurde im Rahmen des Archetypen-Ansatzes reagiert. Dieser beschreibt organisatorische Konstellationen als „Designarchetypen" und versteht darunter Strukturmuster, „that consistently embodies a single interpretative scheme" (Greenwood/Hinings 1993: 1055). Im wissenssoziologischen Sinne können sie damit als kulturelle kognitive Schemata (Hiller 2005) verstanden werden. Als „prevailing conceptions of what an organisation should be doing, of how it should be doing it and how it should be judged" (Greenwood/Hinings 1988: 295) umschreiben sie in selektiver Weise Domänen der Organisation sowie Angemessenheitsregeln und Evaluationskriterien organisatorischer Aktivität. Für die Kohärenz der Archetypen und die organisationsinterne Dominanz der damit bezeichneten Interpretationsschemata sorgen im Übrigen Gravitationskräfte, die der Archetypenansatz auf Kontrollbestrebungen dominanter Koalitionen sowie Wettbewerbsvorteile kohärenter Strukturmuster zurechnet. Entfalten also archetypische Konstellationen auf dieser Grundlage ein „momentum" (Miller/Friesen 1984), tendieren inkohärente Konstellationen zu internen Spannungen und Leistungsdefiziten, so dass hybride Organisationen einem Druck zu kohärenter Konfiguration unterliegen.

Organisatorische Struktur(typen)veränderungen etwa der professionellen Organisation erscheinen in diesem Rahmen als Verschiebungen sowohl innerhalb eines wie auch zwischen unterschiedlichen Archetypen. Sie werden als Prozesse des „interpretative de-coupling and re-coupling" beschrieben (Greenwood/ Hinings 1988: 303). Zur empirischen Frage wird dabei, welche Rahmenbedingungen im Einzelnen dazu beitragen, die Legitimität bestehender Interpretationsschemata zu schwächen, welche Schlüsselakteure innerhalb von Organisationen bzw. in organisatorischen Feldern neue ‚best practices' befördern und inwieweit es für diese gelingt, Unterstützung und Legitimität zu sichern.

Für die Vertreter des Archetypenansatzes steht außer Frage, dass sich in den letzten 20 Jahren ein neuer Archetyp herausgebildet hat, den sie als „Managed Professional Business" (MPB) bezeichnen (Cooper et al. 1996; Hinings et al. 1999). Das diesen Archetyp generierende interpretative Schema umschreibt die

---

13 Vgl. im Überblick: Kieser (2001: 183ff.).

professionelle Organisation als eine Wirtschaftsorganisation neben anderen. Die Differenz der professionellen Organisation zu anderen Organisationstypen stellt dieses Schema in Abrede. Effizienz und Effektivität werden zu Schlüsselbegriffen dieses Archetyps, wobei das wirtschaftliche Operieren der professionellen Organisation durch eine Rationalisierung ihrer Strukturen erreicht werden soll. Dementsprechend kommt der ‚Strategie' nunmehr ein zentraler Stellenwert zu, die einher geht mit einer verstärkten Zentralisierung von Entscheidungsbefugnissen. Die professionelle Arbeit wird zunehmend differenziert und spezialisiert. Hierarchie wird zum wesentlichen Integrationsmechanismus und die Koordination und Kontrolle professioneller Arbeit wird bürokratisiert, d. h. es werden vermehrt Regeln und Prozeduren eingeführt. ‚Professionalismus' setzt dieser Archetyp dabei als selbstverständlich gegeben voraus.

Bei der Herausforderung des Archetyps der professionellen Organisation kommt ihrer gesellschaftlichen Umwelt – nicht zuletzt staatlichen oder wirtschaftlichen Organisationen – eine Rolle zu, zweifellos spielen dabei aber auch die Professionen selbst eine Schlüsselrolle (Powell et al. 1999). Das ist schon deshalb anzunehmen, weil sie es sind, die in der professionellen Organisation das interpretative Schema repräsentieren, zentrale Rollen einnehmen, administrative Entscheidungen zu kontrollieren suchen und sich Versuchen der Rationalisierung ihrer Arbeit widersetzen. Eine zentrale Frage ist also, in welcher Weise die Professionals auf die Herausforderung ‚ihrer' Organisation reagieren und sich am „interpretativen decoupling" und der „redescription" der professionellen Organisation beteiligen.

Als bedeutsam könnte sich in diesem Zusammenhang erweisen, dass der Typ des „Managed Professional Business" ‚Professionalismus' voraussetzt und mit ‚Professionals' rechnet – möglicherweise jedoch nicht mit ‚Professionen' und ‚Professionellen' im engeren Sinne. Es fragt sich, anders gesagt, ob und in welcher Weise sich mit der Neustrukturierung der professionellen Organisation auch der Gehalt des Sinnschemas ‚Profession' verschiebt. Dies deutet sich – nicht zufällig – bereits in den Beschreibungen Mintzbergs an, der die professionelle Organisation als ‚Spezialistenbürokratie' beschreibt und in sehr allgemeinem Sinne durch Expertenwissen kennzeichnet. Zugespitzt formuliert, macht es in der Perspektive des Managementforschers und in einer rein organisatorischen Referenz keinen genuinen Unterschied, ob die Professionals Wissenskomplexe repräsentieren, die gesellschaftlich als Professionen gelten können, oder andere ‚Wissensberufe', derer sich Organisationen im Rahmen ihrer Programme und operativen Technolgien bedienen.

Der Bedeutungsunterschied zwischen ‚Profession' und ‚Professionalismus' ist ein Beispiel für die Beschränkungen einer rein organisationsbezogenen Beschreibung des Verhältnisses von Organisation und Profession. Da der Professionsbegriff selbst nicht als organisationssoziologischer Begriff gelten kann, ist der Organisationssoziologie hier vielmehr nahe gelegt, sich für gesellschaftsbezogene Beschreibungen zu öffnen und sich gesellschaftstheoretisch zu informieren.

Auch in einer zweiten Hinsicht hat die Rekapitulation der Behandlung des Verhältnisses von Organisation und Profession in der Organisationssoziologie und -forschung eine Einschränkung ihrer strikt organisatorischen Perspektive ergeben – und dies ebenso stillschweigend.

Denn unter der ‚professionellen Organisation' hat sie stets und selbstverständlich die Form der ‚Organisation professioneller Arbeit' verstanden – und damit jenen speziellen Typ formaler Organisation, der Professionelle bzw. Professionals beschäftigt. In einer gesellschaftlichen Perspektive würde dagegen nahe liegen, unter ‚professioneller Organisation' auch die mit den Professionen verbundenen berufsständischen Organisationen zu fassen. Der theoriehistorische Ausgangspunkt der Organisationssoziologie bei der ‚bürokratischen Frage' (Bonazzi 1990) hat jedoch dazu beigetragen, die formale Organisation auch dort ins Zentrum zu rücken, wo sich das erklärte Interesse auf die Profession richtet.

Das ist bemerkenswert im Vergleich der beiden Formen der Organisationsbildung, die damit gesellschaftlich allgemein angesprochen sind. Denn die formale Organisationen beruht generell und so auch im Falle der ‚Organisation professioneller Arbeit' darauf, dass die Kriterien der Teilnahme organisatorisch konditioniert sind. Der Eintritt in die Formalorganisation erfolgt als Organisationsmitglied, freiwillig und in subordinierter Position (Luhmann 1964; Coleman 1990). Auch ‚Professionelle' sind also in der formalen Organisation aus strukturspezifischen Gründen primär Organisationsmitglieder, deren Zugehörigkeit zu einer Profession auch dann als sekundär gelten muss, wenn entsprechende Wissenskomplexe für die Reproduktion der Organisation von zentraler Bedeutung sind.[14] Demgegenüber beruhen Berufsverbände und andere „freiwillige Vereinigungen" (Horch 1985) auf dem ebenfalls modernen Prinzip der Assoziation (Stichweh 2000). Im Vergleich gesehen, ist es diese Grundlage, auf der Professionen sich in der modernen Gesellschaft organisatorisch verfassen können. Denn die Verknüpfung von Profession und Assoziation ermöglicht eine ‚Organisation der Profession', der der Professionelle als Professioneller beitritt und zugleich als

---

14 Dies erklärt mit, dass in einer organisatorischen Perspektive dem o. g. Unterschied zwischen Profession und Professionalismus keine besondere Bedeutung beigemessen wird.

vollwertiges Mitglied, dem im Rahmen der egalitären Strukturen der Assoziation prinzipiell alle organisatorischen Positionen offen stehen. Zugehörigkeit zur Profession kann in diesem Fall nicht nur die exklusive Bedingung der Teilnahme sein, sondern wird zum unhintergehbaren Relevanzgesichtspunkt einer Organisation, die als Assoziation ihre Zwecke und ihre Identität nicht in gleicher Weise von den Motiven und professionellen Identitäten der Mitglieder entkoppeln kann wie die Formalorganisation.

Der Unterschied zwischen den beiden Formen der ‚professionellen Organisation' tritt dort markant hervor, wo die organisatorische Seite dieses Arrangements im Zentrum steht. Dabei sind es allerdings gesellschaftliche Strukturvoraussetzungen des Organisierens, die diese Differenz erläutern. So entstehen auf der Grundlage der Institutionalisierung von Arbeitsmärkten einerseits und der Freiheit der Assoziation andererseits in der modernen Gesellschaft zwei Organisationsformen, die sich in ihrem Potential der Zweck-Motiv-Trennung und damit der Ausdifferenzierung und Rationalisierung als Organisationen deutlich unterscheiden. Formale und assoziative Organisationsformen sind zwar die Grundlage der beiden Typen ‚professioneller Organisation', sie sind als gesellschaftlich allgemein verbreitete Formen aber nicht exklusiv mit dem Phänomen der Profession verbunden.[15]

Ein anderes Bild ergibt sich, wenn die Beschreibung der ‚professionellen Organisation' nicht bei den Grundlagen der Organisation ansetzt, sondern auf der Seite der Profession spezifiziert und gesellschaftlich verlängert wird. Damit ist dann jener Ansatz angesprochen, der die ‚professionelle Organisation' als egalitäre Organisationsform der Kollegialität bestimmt (Waters 1989, 1993). Nicht zufällig schließt er beide organisatorisch unterscheidbaren Typen ein: die Organisationen der professionellen Arbeit und die professionellen Berufsverbände. Denn der Minimierung der organisatorischen Spezifika korrespondiert in dieser Zugriffsweise die Maximierung einer professionellen Besonderheit, die als Kollegialität und Egalität bestimmt wird und die zugleich den gesellschaftlichen Bezugspunkt der Analyse anzeigt. Mit der Annahme, dass die durch Kollegialität und Egalität gekennzeichnete professionelle Organisationsform ein besonderes

---

15 An den ‚Organisationen der professionellen Kompetenzansprüche' (Vollmer 2004) fallen nicht nur assoziative, sondern auch korporative Strukturelemente (Pflichtmitgliedschaft in Kammern) sowie Semantiken (berufs*ständische* Organisation) auf, die an die Vorgeschichte der ‚professionellen Organisation' in den Korporationen der ständisch differenzierten Gesellschaft erinnern. Korporative Strukturelemente wie die Pflichtmitgliedschaft können in der modernen Gesellschaft allerdings nicht mehr als ständische Sonderrechte, sondern nur noch im Rekurs auf die Sicherung des Gemeinwohls und die Gewährleistung egalitärer Zugangschancen zum Staat legitimiert werden. Das egalitäre Prinzip der Assoziation wird in diesem Sinne nicht außer Kraft gesetzt, sondern vielmehr staatlich moderiert.

demokratisches Potential aufweist, ist dabei das Politische angesprochen. In diesem Sinne vertritt im Rahmen einer ‚kritisch' angelegten politischen Soziologie der Neofunktionalist David Sciulli (1986, 1992) die weitreichende Auffassung, dass mit der kollegialen Organisationsform der Professionen die Möglichkeit eines zwangloses Verfahrens der gesellschaftlichen Sozialintegration verbunden sei.

Die vorangegangene Skizze hat sichtbar gemacht, dass die Beschreibung der ‚professionellen Organisation' in einer rein organisatorischen Perspektive zu kurz greift. Sie hat darüber hinaus angedeutet, dass die Öffnung für gesellschaftsbezogene Perspektiven nicht von der Frage entlastet, ob es dann organisations- oder professionsspezifische Gesichtspunkte sind, die mit und in der Beschreibung der professionellen Organisation als einem gesellschaftlichen Phänomen in den Vordergrund rücken.

Die Beiträge, die in diesem Band versammelt sind, knüpfen mit ihren Analysen zum Verhältnis von Organisation und Profession einerseits an den skizzierten organisationssoziologischen Forschungsstand an. Sie gehen andererseits in der einen oder anderen Weise über ihn hinaus, indem sie das Verhältnis von Organisation und Profession gesellschaftsbezogen thematisieren.

Die Beiträge im Einzelnen

Der erste Teil des Bandes kombiniert zunächst zwei allgemeinsoziologische Zugänge zum Thema, die die Frage der Bedeutung der Professionen im Verhältnis zur Organisation einerseits in einer historischen, andererseits in einer theoriehistorischen Perspektive aufgreifen.

In seiner historisch orientierten Rekonstruktion beschreibt *Rudolf Stichweh* die Sozialform der Profession als ein Phänomen des Übergangs von der stratifikatorisch zur funktional differenzierten Gesellschaft. Im Rahmen dieser am Zusammenhang von Profession und Wissen geführten Analyse macht Stichweh sichtbar, dass im 20. Jahrhundert auch der aufsteigenden Soziologie in einer kurzen Episode eine besondere Rolle in der Entwicklung der Professionen zukommt. Die Soziologie sorgt dafür, dass die Semantik der Profession im gesellschaftlichen Wissen reflexiv wird und immer mehr Berufsgruppen das „professionelle Projekt" aufgreifen. Im Weiteren aber sind es sodann einerseits die Sozialform der Organisation und andererseits die massenmediale Kritik, die zur Reorganisation der zunächst monoprofessionellen Funktionssysteme beitragen und die Auflösung der gesellschaftlichen Sonderstellung der Profession heute zu besiegeln scheinen.[16]

Der Beitrag von *Harald Wenzel* kommt demgegenüber zur Diagnose eines Bedeutungsgewinns des professionellen Wissens in der Informations- und Wissensgesellschaft. Im Entstehen neuer Formen der netzwerkförmigen, wissenbasierten Organisation (Nonaka/Takeuchi 1994; Castells 1996) findet er Bestätigung für die bereits von Talcott Parsons formulierte Annahme, dass die Profession – als Form der methodisch kontrollierten Erzeugung und Vermittlung rationalen Wissens – die Transformation der Bürokratie auslöst. Mehr noch aber findet Wenzel im Rekurs auf Parsons auch eine Antwort auf die von Castells unzureichend beantwortete Frage, welcher ethische Hintergrund es ist, der die Informationsgesellschaft trägt. Ohne damit eine normative ‚Wirkungsvermutung' zu verbinden, findet Wenzel sie in der treuhänderischen Verantwortung für eine an kognitiver Rationalität orientierte Ethik der Professionen, die zugleich mit einer Integration von Sozialbeziehungen einhergeht und die Asymmetrien des Wissens durch Vertrauenskommunikation überbrückt.

Der zweite Teil des Buches versammelt Aufsätze, die einzelne Typen der professionellen Organisation im gesellschaftlichen Kontext beschreiben.

Wolfgang Littek, Ulrich Heisig und Christel Lane legen Ergebnisse einer vergleichenden Studie über die Formen der Organisation, Regulierung und (Selbst-)Kontrolle professioneller Arbeit in Deutschland und Großbritannien vor. Sie gehen in diesem Sinne von der Organisiertheit professioneller Arbeit aus. Mit Anwälten, Apothekern, Psychotherapeuten und Unternehmensberatern beziehen sie vier ‚wissensbasierte Berufe' ein, denen es historisch in unterschiedlichem Ausmaß gelungen scheint, den ‚elitären' Status einer professionellen Berufsgruppe zu erwerben. Dabei sehen die Autoren diesen besonderen Status durch fachlich exklusive und kollegiale Selbstkontrolle bestimmt, der ihnen unter Bedingungen der Wissensgesellschaft kaum mehr durchsetzbar erscheint und im Zuge von Privatisierungen und Deregulierungen in Deutschland unter den Druck der ‚Anglisierung' gerät. Im Vergleich mit dem britischen Organisations- und Regulierungsmodus professioneller Arbeit zeigen sie, dass die Liberalisierung des deutschen System – mit seiner dichten, der Leistung ‚vorgelagerten' staatlichen Regulierung des einzelnen, überwiegend freiberuflich und kleinbetrieblich tätigen Professionellen – eine Verschiebung zugunsten ‚nachgelagerter Regulierungen' abzeichnet. Eine solche Re-Regulierung lässt nicht nur höhere

---

16 Entstanden im Zentrum der spätmittelalterlichen Universität des alten Europa, wird der besondere Anspruch der professionellen Wissenssysteme mit den gesellschaftlichen Differenzierungsprozessen bereits wieder dementiert.

Quoten gerichtlicher Konfliktaustragung und die Substitution professioneller durch organisatorisch definierte Qualitätsstandards erwarten, sondern wirft auch die Frage auf, ob für einen solchen „vollständigen Systemwechsel" die institutionellen Bedingungen vorliegen bzw. „einfach erzeugt" werden können.

W. Richard Scott beschreibt in einem neo-institutionalistischen Rahmen Veränderungen der professionellen Organisation im Gesundheitssystem. Er greift dabei auf das Konzept des organisationalen Feldes zurück und bezieht institutionelle Faktoren sowie materielle Ressourcen ein. Im Rahmen der Differenzierung von kognitiven, normativen und regulativen Komponenten von Institutionen verortet er den Einfluss der Professionen primär auf der kognitiven Ebene: Professionen entwickeln Realitätsdefinitionen, die sodann normativ verbindlich werden und schließlich auch regulative Wirkungen entfalten. Den sich verändernden Einfluss der medizinischen Profession beschreibt Scott anhand seiner Studien zur Entwicklung des medizinischen Versorgungssystem zwischen 1945 und 1995. Ausgehend von einer Phase der professionellen Dominanz (1945-1965), der eine Phase staatlichen Engagements folgte (1965-1982), entwickelt sich seit 1982 eine Phase des Management und des Marktes. In Übereinstimmung mit den Arbeiten von Hinings und Greenwood sieht Scott eine Veränderung der professionellen Organisation enstehen, die zu Lasten des Einflusses der Professionellen geht und die er als „conjoint form" bezeichnet.

Der Beitrag von *Uwe Schimank* behandelt die akademische Profession, die im Zuge des so genannten „New Public Management" von Universitäten ebenfalls an Einfluss verliert. Im Lichte einer steuerungstheoretischen Beschreibung der Transformation eines universitären Governance-Regimes, das zunehmend weniger durch ‚Profession' und ‚Staat' als vielmehr durch ‚Organisation' und ‚Markt' dominiert wird, sondiert der Beitrag Aussichten der Zurückgewinnung von professionellem Status und professioneller Selbststeuerung. Aussichtsreich dafür erscheint Schimank ein Arrangement, in dem die Professorenschaft die Kriterien der Evaluation ihrer Tätigkeit selbst formuliert, sich im Gegenzug allerdings auch bereit zeigt, unliebsame Entscheidungen der Administration zu akzeptieren.

In einer an der systemtheoretischen Wissenssoziologie orientierten Studie rückt der Beitrag von *Veronika Tacke* ein Managementkonzept – die „Lernende Organisation" – ins Zentrum, das nicht nur politisch zu *dem* organisatorischen Leitkonzept neuerer Schulreform geworden ist, sondern zugleich auch die Profession der Lehrer für entsprechende Schulreformen zu engagieren vermag. Das ist bemerkenswert, weil mit diesem Konzept eine Verdrängung professionellen Wissens durch Organisationswissen und die Deprofessionalisierung der Lehrerschaft verbunden ist. Eine Erklärung findet Tacke einerseits in der Semantik: Die Analogiebildung des Konzepts *zur* Erziehung („Lernen") macht es für die Leistungsrollenträger *in der* Erziehung unablehnbar und trotz Konfusionen von professionellen und organisationalen Wissensbeständen attraktiv. Die Gründe für die eigene ‚aktive Deprofessionalisierung' der Lehrerschaft verortet Tacke darüber hinaus in den Strukturbedingungen einer staatlich regulierten, schulisch organisierten und technologisch unsicheren Erziehung, die der Lehrerschaft professionelle „Selbstentlastungen" nahe legen.

Der Beitrag von *Volkhard Krech und Peter Höhmann* ist der religiösen Profession gewidmet. Vor dem Hintergrund der Frage, inwieweit es gelungen ist oder gelingen kann, die Transformation von einer klassischen zu einer modernen Profession zu vollziehen, beschreiben die Autoren interne und externe Strukturbedingungen und -probleme des Pfarrberufs. Organisatorische Bedingungen wie die Überlastung des Pfarrers mit administrativen Aufgaben erweisen sich dabei nur als ein Aspekt, der zur Einschränkung einer professionellen Profilierung des Pfarrberufs beiträgt. Gründe für das Zurücktreten spezifisch religiöser, theologisch reflektierter Problemperspektiven im pastoralen Handeln finden die Autoren vielmehr – neben der ausbildungsrelevanten Distanz der akademischen Theologie zu praktischen Anwendungsfragen – in Institutionalisierungsproblemen des Religiösen, das auf das Interaktionsverhältnis von Professionellen (Verlagerung von spezifischer „Verkündigung" zu diffuser „Begleitung") und Klienten (Nachfrage nach „ritueller Dienstleistung") durchschlägt. Insgesamt sind es also die Strukturprobleme des modernen Religionssystems selbst, die es schwer machen, den Pfarrberuf als eine Profession zu verstehen, auch wenn es die Pfarrer selbst tun.

Der dritte Teil des Buches schließlich widmet sich dem Typ der professionellen Organisation in einer intra-organisationalen Perspektive.

Eine Einblick in die professionelle Organisation als „Managed Professional Business" (s.o.) erlaubt der Beitrag von *Emmanuel Lazega*. Er beschreibt das „kollegiale Phänomen" anhand der Untersuchung einer amerikanischen Anwaltsfirma. Dabei entwickelt Lazega eine Theorie der Kollegialität, die einerseits auf netzwerktheoretischen Überlegungen beruht, andererseits die Annahme rationaler Wahl mit einem Konzept regelgeleiteten Handelns kombiniert. Angenommen wird dabei, dass die Professionellen einer strategischen Rationalität folgend im Beziehungsnetzwerk der Organisation soziale Nischen suchen und zugleich um Status konkurrieren. Auf diese Weise erscheint die kollegiale Form als ein Austauschsystem multiplexer Nischen. Als kollegiales Handlungssystem wird sie durch transformatorische soziale Mechanismen gestützt, die Lazega als strukturelle Lösungen für typische Probleme professioneller Partnerschaften beschreibt. Insgesamt ist er der Auffassung, dass Organisationen in einer Gesellschaft, in der ökonomischer Erfolg in wachsendem Maße auf Wissen basiert, zunehmend auf diese kollegiale Form zurückgreifen müssen, wenn sie sich Wettbewerbsvorteile verschaffen wollen.

Thomas Klatetzki beschäftigt sich in seinem Beitrag mit der Legitimation und Delegitimation professionellen Handelns in Organisationen. Vor dem Hintergrund einer symbolisch-interpretativen Perspektive beschreibt er die Struktur professioneller Arbeit und skizziert die daraus resultierende Organisationsform des Kollegiums. Für Klatetzki liefert der Glaube an die Wissenschaft die Legitimationsgrundlage für das Handeln und den Status der Professionellen. Der im ‚informationellen Kapitalismus' zu beobachtende epistemische und institutionelle Wandel des wissenschaftlichen Wissens hat seiner Auffassung nach Konsequenzen für die Konfiguration der professionellen Organisation. Indem wissenschaftliches Wissen vermehrt unter dem Gesichtspunkt des Nutzens und zunehmend weniger unter dem der Geltung betrachtet wird, kommt es zu einer Delegitimation der bisherigen professionellen Handlungspraxis. Professionswissen wird vermehrt durch Organisationswissen ersetzt: Die professionelle Kernaktivität der kognitiven Definition von Realität wird auf formale Vorgaben übertragen.

Der Band wird abgeschlossen durch *Günther Ortmann*, der in seinem Beitrag drei Gesichtspunkte entfaltet. Zunächst plädiert er für einen „sanften linguistic turn" der Organisationstheorie (Ortmann 2004), auf dessen Grundlage er Professionen als soziale Realitäten bestimmt, die durch performative Sprechakte selbstreferentiell konstituiert werden. Er weist in diesem Zusammenhang sodann darauf hin, dass Professionen durch Handeln in wie auch durch das Handeln von Organisationen zerstört wie auch etabliert werden können. Ortmann versteht die Rolle der Professionen im Sinne eines „social trustee professionalism": Denn jenseits des ökonomischen Tausches können die Professionen für eine funktionsnotwendige Ethik einstehen, die eine Ethik der Gabe sei. Ohne eine so verstandene professionelle Pflicht erodiert Vertrauen, mit der Folge, so Ortmann, dass es letztlich für Organisationen wie auch für die Gesellschaft kein Auskommen mehr gibt.

Insgesamt also legt der Band keineswegs eine ‚einheitliche' Diagnose zum Verhältnis von Organisation und Profession vor, selbst wenn die Zukunft der Professionen eher skeptisch beurteilt wird. Von Verschiebungen im Verhältnis von Profession und Organisation, von ‚Übernahmen' durch Organisation sowie von der ‚Selbstentlastung' von Professionen und damit Verabschiedung des Verhältnisses ist die Rede. Auffällig ist allerdings auch, das die Diagnosen über die Zukunft der Professionen in ihrem Verhältnis zur Organisation in spezifischer Weise mit begrifflichen Ausgangspunkten korrelieren. Zugespitzt formuliert: Wo der Begriff der Professionen sich auf die deutende Bearbeitung existentieller personenbezogener Problemlagen von Klienten in entsprechenden Interaktionen bezieht und auch gesellschaftstheoretisch auf die Anwendung entsprechender Wissenskomplexe bezeichnet (Stichweh, Krech/Höhmann, Tacke, Klatetzki), können nicht nur wenige Berufsgruppen überhaupt diesen Sonderstatus historisch erreichen, vielmehr sind die Prognosen für ihre Zukunft in der modernen (Wissens-) Gesellschaft auch „negativ". Dort hingegen, wo der Professionsbegriff breiter gefasst und am Gesichtspunkt des „expert knowledge" (Brint 1994) gewonnen wird, liegt nicht nur nahe, mehr Berufsgruppen als – wenigstens potentielle – Professionen in den Blick zu nehmen; vielmehr verbinden sich in diesem Falle mit den Herausforderungen der Wissensgesellschaft auch Erwartungen des Bedeutungsgewinns von Professionals – und dies im Rahmen „wissensintensiver" Organisationen (Wenzel, Lazega).

In beiden Fällen scheint aber ein Bedeutungsgewinn von Organisation im Verhältnis zur Profession vorzuliegen – wenn auch in sehr verschiedenem Sinne.

Literatur

Abbott, A. (1988): The System of Professions. An Essay on the Divison of Expert Labor. Chicago: University of Chicago Press.
Blau, P.M. (1955): The Dynamics of Bureaucracy. Chicago: University of Chicago Press.
Blau, P.M. (1968): The Hierarchy of Authority in Organizations. In: American Journal of Sociology 73: 458-467.
Blau, P.M. (1970): A Formal Theory of Differentation in Organizations. In: American Sociological Review 35: 201-218.
Blau, P.M./Scott, W.R. (1962): Formal Organizations. San Francisco: Chandler.
Bonazzi, G. (1990): Storia del pensiero organizzativo. Milano: Franco Angeli.
Brint, S.G. (1994): In an Age of Experts. The Changing Role of Professionals in Politics and Public Life. Princeton, NJ: Princeton University Press.
Brock, D./Powell, M./Hinings, C.R. (Hg.) (1999): Restructuring the Professional Organization. Accounting, Health Care and Law. London: Routledge.
Bruch, M. (2000): Herrschaft in der modernen Gesellschaft. Zur Bedeutung des Organisationsverhältnisses in kritischen Theorien der Gesellschaft. Wiesbaden: Westdeutscher Verlag.
Bucher, R./Stelling, J. (1969): Characteristics of Professional Organizations. In: Journal of Health and Social Behavior 10: 3-15.
Castells, M. (1996): The Rise of the Network Society. Oxford: Blackwell.

Coleman, J.S. (1990): Foundations of Social Theory. Cambridge/MA: Harvard University Press.
Cooper, D.J./Hinings, C.R./Greenwood, R./Brown, J.L. (1996): Sedimentation and Transformation in Organizational Change. The Case of the Canadian Law Firms. In: Organization Studies 17 (4): 623-647.
Drepper, Th. (2003): Organisationen der Gesellschaft. Gesellschaft und Organisation in der Systemtheorie Niklas Luhmanns. Wiesbaden: Westdeutscher Verlag.
Drucker, P. (1968): The Age of Discontinuity. Guidelines to our Changing Society. New York: Harper & Row.
Engel, G.V. (1970): Professional Autonomy and Bureaucratic Organization. In: Administrative Science Quarterly 10: 12-21.
Etzioni, A. (1961): A Comparative Analysis of Complex Organizations. New York: Free Press.
Fourastié, J. (1954): Die große Hoffnung des zwanzigsten Jahrhunderts. Köln: Bund-Verlag.
Gouldner, A.W. (1957): Cosmopolitans and Locals: Towards an Analysis of Latent Social Roles. In: Administration Science Quarterly 1 (2): 281-306.
Greenwood, R./Hinings, C.R. (1988): Organizational Design Types, Tracks and the Dynamics of Strategic Change. In: Organization Studies 9 (3): 293-316.
Greenwood, R./Hinings, C.R. (1993): Understanding Strategic Change. The Contribution of Archetypes. In: Academy of Management Journal 36: 1052-1081.
Hall, R.H. (1968): Professionalization and Bureaucratization. In: American Sociological Review 33 (1): 92-104.
Haug, M.R. (1973): De-professionalization. An Alternative Hypothesis for the Future. In: Sociological Review Monograph 20: 195-211.
Hiller, P. (2005): Organisationswissen. Eine wissenssoziologische Neubeschreibung der Organisation. Wiesbaden: VS-Verlag.
Hinings, C.R./Greenwood, R./Cooper, D. (1999): The Dynamics of Change in Large Accounting Firms. In: Brock, D./Powell, M./Hinings, C.R. (Hg.): Restructuring the Professional Organization. Accounting, Health Care and Law. London: Routledge, S. 131-153.
Horch, H.-D. (1983): Strukturbesonderheiten freiwilliger Vereinigungen. Analyse und Untersuchung einer alternativen Form menschlichen Zusammenarbeitens. Frankfurt/M.: Campus.
Kieser, A. (Hg.) (2001): Organisationstheorien (4. Aufl.). Stuttgart: Kohlhammer.
Larson, M.S. (1977): The Rise of Professionalism. A Sociological Analysis. Berkeley: University of California Press.
Luhmann, N. (1964): Funktionen und Folgen formaler Organisation. Berlin: Duncker & Humblot.
Luhmann, N. (1997): Die Gesellschaft der Gesellschaft, 2 Bde. Frankfurt/M.: Suhrkamp.
Luhmann, N. (2000): Organisation und Entscheidung. Wiesbaden: Westdeutscher Verlag.
March, J.G./Olsen, J.P. (1989): Rediscovering Institutions. The Organizational Basis of Politics. New York: Free Press.
Miller, D./Friesen, P.H. (1984): Organizations. A Quantum View. Englewood Cliffs: Prentice-Hall.

Mintzberg, H. (1983): Structure in Fives. Englewood Cliffs: Prentice-Hall.
Mintzberg, H. (1989): Mintzberg on Management. New York: Free Press.
Montagna, P.D. (1968): Professionalization and Bureaucratization in large Professional Organizations. In: American Journal of Sociology 74: 138-145.
Nonaka, I./Takeuchi, H. (1994): The Knowledge-Creating Company. How Japanese Companies Created the Dynamics of Innovation. New York: Oxford University Press.
Oppenheimer, M. (1973): The Proletarianization of the Professional. In: Halmos, P. (Hg.): Professionalization and Social Change, Sociological Review Monograph Vol. 20. Staffordshire: University of Keele, S. 213-227.
Ortmann, G./Sydow, J./Türk, K. (Hg.) (1997): Theorien der Organisation. Opladen: Westdeutscher Verlag.
Ortmann, G. (2004): Als ob. Fiktionen und Organisationen. Wiesbaden: VS-Verlag.
Ouchi, W.G. (1980): Markets, Bureaucracies and Clans. In: Administrative Science Quarterly 25: 129-141.
Parsons, T. (1947): Introduction. In: Max Weber: Theory of Social and Economic Organization (übersetzt von A.M. Henderson u. T. Parsons). New York: Free Press.
Parsons, T. (1968): Professions. In: International Encyclopedia of the Social Sciences, Vol. 12: 536-547.
Parsons, T. (1964 [1939]): Die akademischen Berufe und die Sozialstruktur. In: ders.: Beiträge zur soziologischen Theorie. Neuwied: Luchterhand, S. 160-179.
Perkins, H. (1989): The Rise of Professional Society. England since 1880. London: Routledge.
Perrow, C. (1967): A Framework for Comparative Organizational Analysis. In: American Sociological Review 32: 194-208.
Perrow, C. (1986 [1972]): Complex Organizations. A Critical Essay (3. erw. Aufl.). New York: Random House.
Powell, M.J./Brock, D.M./Hinings, C.R. (1999): The Changing Professional Organization. In: Brock, D./Powell, M./Hinings, C.R. (Hg.): Restructuring the Professional Organization. Accounting, Health Care and Law. London: Routledge, S. 1-19.
Powell, W.W./DiMaggio, P.J. (Hg.) (1991): The New Institutionalism in Organizational Analysis. Chicago/IL, London: University of Chicago Press.
Sciulli, D. (1986): Voluntaristic Action as a Distinct Concept. Theoretical Foundations of Societal Constitutionalism. In: American Sociological Review 51: 743-766.
Sciulli, D. (1992): Theory of Societal Constitutionalism. Foundations of a Non-Marxist Critical Theory. Cambridge: Cambridge University Press.
Scott, W.R. (1965): Reactions to Supervision in a Heteronomous Professional Organization. In: Administrative Science Quarterly 10: 65-81.
Scott, W.R. 1992: Organizations. Rational, Natural and Open Systems. Englewood Cliffs: Prentice-Hall.
Scott, W.R./Meyer, J.W. (Hg.) (1994): Institutional Environments and Organizations. Structural Complexity and Individualism. Thousand Oaks/CA: Sage.
Stehr, N. (1994): Arbeit, Eigentum und Wissen. Zur Theorie von Wissensgesellschaften. Frankfurt/M.: Suhrkamp.
Stichweh, R. (1994): Wissenschaft, Universität, Professionen. Frankfurt/M.: Suhrkamp.

Stichweh, R. (1996): Professionen in der funktional differenzierten Gesellschaft. In: Combe, A./Helsper, W. (Hg.): Pädagogische Professionalität. Untersuchungen zum Typus pädagogischen Handelns. Frankfurt/M.: Suhrkamp, S. 49-69.

Stichweh, R. (2000): Soziologie des Vereins. Strukturbildung zwischen Lokalität und Globalität. In: Brix, E./Richter, R. (Hg.), Organisierte Privatinteressen. Vereine in Österreich, Wien: Passagen Verlag, S. 19-31.

Stichweh, R. (2002): Wissensgesellschaft und Wissenschaftssystem. Ms. Bielefeld. In: URL: http://www.uni-bielefeld.de/soz/iw/papers.htm [15.12.2004].

Tacke, V. (Hg.) (2001): Organisation und gesellschaftliche Differenzierung. Wiesbaden: Westdeutscher Verlag.

Thornton, R. (1970): Organizational Involvement and Commitment to Organization and Profession. In: Administrative Science Quarterly 15: 417-426.

Tolbert, P./Barley, S.R. (Hg.) (1991): Organizations and Professions. Research in the Sociology of Organizations, Vol. 7. Greenwich/CT: JAI Press.

Türk, K. (1989): Neuere Entwicklungen in der Organisationsforschung. Ein Trendreport. Stuttgart: Enke.

Türk, K. (1995): Die Organisation der Welt. Herrschaft durch Organisation in der modernen Gesellschaft. Opladen: Westdeutscher Verlag.

Vollmer, H. (2004): Organisation statt Profession. Bericht über die Tagung ‚Organisation und Profession in der Gesellschaft des Wissens'. Vortrag im Kolloquium zur Organisationssoziologie, Fakultät für Soziologie, Universität Bielefeld. Ms. Bielefeld.

Waters, M. (1989): Collegiality, Bureaucracy, and Professionalization. A Weberian Analysis. In: American Journal of Sociology 94: 45-72.

Waters, M. (1993): Alternative Organizational Formations. A Neo-Weberian Typology of Polycratic Forms. In: Sociological Review 25: 55-81.

Weber, M. (1972): Wirtschaft und Gesellschaft. Tübingen: J.C.B. Mohr.

Wissen und die Professionen in einer Organisationsgesellschaft

Rudolf Stichweh

1. Die Professionen in der Geschichte des alten Europa

Seit der Herausbildung der Professionen im spätmittelalterlichen Europa ist der Begriff der Profession eng mit dem des Wissens verknüpft. Die Professionen entstanden zusammen mit der Universität und sie waren für diese konstitutiv. Aus den drei klassischen Professionen Theologie, Jurisprudenz und Medizin gingen die einzigen im engeren Sinn wissenschaftlichen Fakultäten der mittelalterlichen und frühneuzeitlichen Universität hervor. Außer diesen drei Fakultäten gab es nur noch die philosophische Fakultät und deren richtiger Name *facultas artium* demonstriert, dass sie nicht eigentlich als wissenschaftliche Fakultät aufgefasst wurde. Ihre Lehrgegenstände waren die *artes* wie beispielsweise die Rhetorik, die Geometrie, die Musik und die angewandte Mathematik und zur angewandten Mathematik gehörten Fachgebiete wie Artillerie und die Festungsbaukunst. Dies sind praktische Wissenssysteme, die nicht beanspruchen können, zu den *scientiae* gerechnet zu werden. Der Begriff *scientia* war für die drei professionellen Fakultäten reserviert. Das demonstriert, dass für die Professionen nicht nur von einer Wissensbasierung die Rede sein kann. Das Wissen, das sie verwalteten, war sogar das mit dem höchsten Prestige ausgestattete Wissen der zeitgenössischen Gesellschaft, weil es das einzige war, das wissenschaftlichen Status reklamieren konnte. Man konnte die Summe der professionellen Wissenssysteme als eine vollständige Klassifikation der Wissenschaften auffassen, da sie das Wissen des Menschen über seine Beziehungen zu Gott (Theologie), das Wissen des Menschen über seine Beziehungen zu sich selbst (Medizin) und das Wissen des Menschen über seine Beziehungen zu anderen Menschen (Recht) einschlossen. Es ist unter diesen Prämissen offensichtlich, dass weitere Wissenschaften weder erforderlich noch überhaupt denkbar waren.

Als sich im frühneuzeitlichen Europa (16.-18. Jh.) der Zugriff der sich langsam herausbildenden Territorialstaaten auf das, was man nun erstmals *ihre* Universitäten nennen konnte, intensivierte, wurde es zusätzlich vorstellbar, das System der Professionen als ein vollständiges Schema politischer Kontrolle zu denken. Der Monarch wurde als jemand aufgefasst, den von seinen Untertanen eine deutliche kommunikative Distanz trennte, der aber umfassende Kontrolle über sie auszuüben imstande war, weil die Professionen gleichsam als seine Repräsentanten die Seelen (Theologie), das bewusste Verhalten (Recht) und den Körper (Medizin) seiner Untertanen in ihrer Hand hielten.[1] Natürlich sind dies Diskurse, die ein erhebliches Stück von der Realität abgerückt waren, da die meisten der Untertanen frühneuzeitlicher Monarchen nie in ihrem Leben einen Doktor der Medizin (oder auch einen gelehrten Juristen) sahen, vielmehr informelle medizinische Praktiker konsultierten, und im Übrigen die medizinischen Fakultäten bis weit ins 18. Jahrhundert hinein bei weitem die kleinsten Universitätsfakultäten waren. Ungeachtet dessen illustrieren diese Diskurse den sozialen Rang der Eliteprofessionen in der ständischen Gesellschaft des spätmittelalterlichen und frühneuzeitlichen Europa und ihre Position in zeitgenössischen Auffassungen von Wissen und Wissenschaft.

Wie sah die soziale Organisation der Professionen aus? Welche Formen der Strukturbildung trugen sie zur zeitgenössischen Gesellschaft bei? Nur den Klerus konnte man als einen Stand auffassen und damit als eines der definierenden Elemente der ständischen Gesellschaft des frühneuzeitlichen Europa. Aber der Klerus war eine viel größere Gruppe als die Gruppe der universitätsgebildeten Theologen. Und andererseits schlossen die universitätsgebildeten Theologen viele Spezialisten des kanonischen Rechts ein, die als Kirchenjuristen lange Zeit die am meisten mit Prestige ausgestattete professionelle Gruppe überhaupt bildeten. Diese waren eigentlich eine Profession sui generis und besaßen in manchen Fällen (Paris) auch eine eigene Fakultät. Wenn man die Betrachtung auf die Gruppen im Überschneidungsbereich von Universitäten und Professionen beschränkt, hat man im soziologischen Verständnis in der Regel mit *Korporationen* zu tun. Die Universitäten selbst und die Kollegien, die in vielen Fällen in sie eingebettet waren, waren Korporationen. Die Fakultäten und die geistlichen Orden (Benediktiner, Augustiner), die an einer Reihe von Orten als Träger theologischer Fakultäten auftraten, waren gleichfalls als Korporationen konstituiert. Schließlich galt auch für die Gruppen lokaler professioneller Praktiker des Rechts und der Medizin, die manchmal mit den Fakultäten identisch und manchmal von ihnen

---

1 Siehe ähnlich Boterus (1596: 160a): „Wer solche Personen [gemeint sind Gelehrte und Geistliche] auff seiner Seite hat/ der wirt ohne zweifel das uberige Volk auch leichtlich gewinnen und an sich bringen. Dann die Geistlichen haben des gemeinen Volcks Hertz und Gewissen/ die Gelehrten aber ihren Verstand gleichsam als in ihrem Gewalt un Händen ...". Eine ähnliche Sicht der professionellen Fakultäten als Instrumente sozialer Kontrolle enthält noch Kants „Der Streit der Fakultäten" (Kant 1798).

unabhängig waren, dass es sich bei ihnen im rechtlichen Sinn um Korporationen handelte. Eine Korporation ist eine rechtliche Entität, die von geistlichen und weltlichen Gewalten lizenziert und mit Eigentum und anderen Rechten und Privilegien ausgestattet wird. Zu diesen Rechten und Privilegien können Monopole für einen bestimmten Handlungsbereich gehören, die dann das Recht und die Verpflichtung einschließen, die Aufsicht über andere, informelle Praktiker im selben Handlungsbereich zu übernehmen.

Die Korporation ist ein wichtiges Element der Strukturbildung im frühneuzeitlichen Europa. In eine Gesellschaft, die durch Differenzen von Ehre, Würde und Status geordnet ist, führt sie das neue Strukturprinzip der Verantwortung und sogar jurisdiktionellen Zuständigkeit für einen gewissen Sachbereich ein. Insofern antizipiert sie in einem strukturellen Sinn die neuen Prinzipien der wissensbasierten funktionalen Expertise und der funktionalen Spezifikation.[2] Dabei handelt es sich um eine sehr langsame Entwicklung. Man kann dies beispielsweise an der Geschichte der Fremdenkorporationen in Italien nachvollziehen. Zunächst waren diese im Spätmittelalter entlang der Richtungen des Raums organisiert, aus denen Fremde nach Italien kamen und sich dort längere Zeit aufhielten.[3] Handwerker, Kaufleute und Studierende konnten unter diesen Prämissen Mitglieder derselben Korporation sein. Und danach setzten Differenzierungsprozesse ein, die Schritt für Schritt dahin führten, dass sich autonome Korporationen für verschiedene Berufe und Professionen herausbildeten.

Sobald eine Korporation einmal etabliert worden ist, versucht sie die Ehre und Würde ihrer Mitglieder zu garantieren und ihnen auf diese Weise einen Status in einer Hierarchie zu sichern. Wir beobachten hier einen klassischen Fall *soziologischer Ambivalenz*[4], insofern als ein neues Prinzip der Sozialorganisation (eine an Spezialisierungen und Funktionen orientierte Differenzierung) noch für Jahrhunderte mit einer traditionellen Sozialordnung (einer Ordnung der Ehre und des Rangs) koexistiert und sich an diese anpassen muss. Bezeichnend für diese Übergangssituation ist, dass die Inhaber der höchsten gesellschaftlichen Status ausdrücklich vor funktionaler Expertise und Spezialisierung gewarnt werden. In Vcit Ludwig von Seckendorffs „Deutscher Fürstenstaat" von 1655, einem der wichtigsten Handbücher der Fürstenerziehung und des politischen Rats für den Fürsten, findet man eine noch im Jahr 1737 eingefügte Anmerkung des zeitgenössischen Herausgebers, die dem Thronfolger zwar alle möglichen Künste wie Reiten, Tanzen und Malen erlaubt, ihn aber ausdrücklich davor warnt, „professi-

---

2 Vgl. zu diesen Begriffen Turner 1980; Abbott 1981, 1983.
3 Siehe Weigle 1942, 1958.
4 Im Sinn von Merton (1976: insb. 3-31).

on davon zu machen".[5] Eine solche Spezialisierung wäre dem eigentlichen Handwerk des Fürsten (Befassung mit „wichtigen Sachen") unangemessen, und sie würde auch die Gefahr einschließen, dass ihn ein Bürgerlicher in der jeweiligen Spezialisierung übertrifft, also mehr Ehre in ihr erwirbt als der Thronfolger, und dies darf selbstverständlich nicht sein.

2. Die Profession als Form der Strukturbildung im Übergang zur modernen Gesellschaft

Das 19. Jahrhundert brachte in vielen Hinsichten eine vollständige Veränderung der Prämissen der frühneuzeitlichen Situation mit sich. Ein wichtiger Aspekt ist der Aufstieg der philosophischen Fakultät oder auch der Aufstieg des Systems der wissenschaftlichen Disziplinen,[6] der den Anspruch der professionellen Wissenssysteme dementiert, sich an der Spitze einer Hierarchie der Wissenssysteme zu befinden. Professionelle Wissenssysteme haben künftig zu akzeptieren, dass sie nur eine der Möglichkeiten in einer Diversität von Wissenssystemen verkörpern, die sich durch verschiedenartige Organisationsprinzipien unterscheiden. Medizin wird als angewandtes wissenschaftliches Wissen verstanden. Also ruht sie auf Grundlagen in der wissenschaftlichen Forschung, über die sie selbst keine Kontrolle besitzt. Recht und Theologie werden weniger als je zuvor als Wissenssysteme aufgefasst, die zentrale Aspekte der Welt zu erklären verstehen. Sie müssen konzedieren, dass sie primär eine rationale Organisation von Glaubensüberzeugungen und Normen zuwege bringen, die sie mittels begrifflicher Leistungen (dogmatische Argumentation) verwirklichen, die den kognitiven Kern dieser klassischen Disziplinen ausmachen.

Die Diversifikation von Wissenssystemen ist ein Analogon zu funktionaler Differenzierung. Gesellschaft kann nicht länger als eine ständische Ordnung beschrieben werden, für die man einen Eintritt möglichst nahe der Spitze einer solchen hierarchischen Ordnung präferieren würde. Stattdessen handelt es sich um eine Ordnung von Funktionssystemen, von denen einige eng an jene Wissenssysteme gekoppelt sind, die für die europäische gelehrte Tradition konstitutiv waren. Dies sind die Funktionssysteme, in denen die auf Wissen basierte Dominanz professioneller Gruppen im 19. Jahrhundert kontinuiert und manchmal sogar gesteigert wird. Gelegentlich kommen neue Kandidaten für professionellen Status hinzu. Unter diesen tritt der an der Universität ausgebildete Lehrer

---

5 Seckendorff 1737, Additiones, S. 191.
6 Siehe Storer/Parsons 1968; Stichweh 1984.

an Oberschulen und Gymnasien besonders hervor, der die Basis seines Wissens in den sich jetzt ausdifferenzierenden wissenschaftlichen Disziplinen der philosophischen Fakultät findet. Die Entstehung des Systems wissenschaftlicher Disziplinen und die Expansion der Schulbildung gehen hier Hand in Hand.

Es ist leicht nachzuvollziehen, dass die Professionen sich dadurch auszeichnen, dass sie zwischen der alten und der neuen Sozialordnung stehen. Ihre Wissensansprüche und ihre Handlungsfähigkeit werden immer mehr auf eine spezifische funktionale Domäne eingeschränkt. Andererseits werden typische strukturelle Eigenschaften und Verhaltenseigentümlichkeiten der vormodernen Professionen weit in das 19. und 20. Jahrhundert hinein kontinuiert. Zu diesen Kontinuitäten gehört ein Lebensstil, der einer geschichteten Sozialordnung adäquat zu sein scheint: Unter allen Umständen wurde der Professionelle als ein öffentlicher Repräsentant der Probleme, die in seinem Zuständigkeitsbereich liegen, aufgefasst. Er war eine *öffentliche Person*, die, wo auch immer man sie antraf, als Repräsentant der Sachlagen, für die sie zuständig war, aufgefasst und adressiert werden konnte.[7] Und es gibt immer die Tendenz zu einem gewissen Überschreiten der funktionalen Expertise. Es ist oft dokumentiert worden, dass während des ganzen 19. Jahrhunderts in lokalen, ländlichen Kontexten Kleriker, Rechtsanwälte, Doktoren und Lehrer als Inhaber einer sozialen Rolle wahrgenommen wurden, die eine generalisierte Repräsentation von Modernität und akademischem Wissen einschloss.[8]

Wie sehen die Sozialstrukturen der Professionen aus? Das vormoderne Sozialmodell der Korporation hat die Schwelle der französischen Revolution nicht wirklich überlebt, auch wenn es Überbleibsel dieser Sozialform in jenen Körperschaften gibt, die für Lizenzierung von Praktikern und deren disziplinarische Kontrolle zuständig sind und die heute manchmal *Kammern* heißen. Als solche üben sie nach wie vor eine an sie delegierte öffentliche Gewalt aus. Als die am meisten charakteristische Sozialstruktur der Professionen aber erweist sich der vereinsförmige Zusammenschluss, bei dem die Mitgliedschaft im Wesentlichen freiwillig ist, und der sich vor allem um die Weiterbildung seiner Mitglieder sorgt und auch als öffentlicher Repräsentant der Mitgliedsinteressen auftritt.

Was damit einhergeht, ist eine gewisse antiorganisatorische Präferenz, die in die Professionen eingebaut ist. Professionen tolerieren nur in engen Grenzen

---

7 Es gibt eine interessante europäische Semantik der *öffentlichen Person*, die Personen von Adel und Personen in bestimmten Ämtern einschließt. Immer geht es darum, dass diesen Personen keine Privatheit konzediert werden kann. Siehe interessante Beispiele bei Baker (1987: 209f.) zum Monarchen als öffentlicher Person, und Dumont (1991: 221f.) zu Goethes Verwendung des Begriffs im Wilhelm Meister.
8 Siehe Aubert 1976.

formalisierte interne Hierarchien und für diese strukturelle Präferenz war die Korporation – die Gleichberechtigte einschließt – eine angemessene Form. Die Präferenz der Professionen geht in die Richtung des Individualpraktikers und selbst wenn der Professionelle Angestellter einer Organisation ist, wird er versuchen, wie ein Individualpraktiker zu operieren. Das bedeutet unter anderem, dass nach dem Ende der jeweiligen professionellen Ausbildung nur noch Minima an wechselseitiger Beobachtung und wechselseitiger Kontrolle vorgesehen sind. Auf diese Weise kommt es dazu, dass organisatorische Routinen und deren charakteristische Funktion in der kognitiven Vereinheitlichung einer Organisation[9] durch lokale Idiosynkrasien unterlaufen werden, die man als Beweismittel der individuellen Autonomie kultiviert und die man jüngeren Mitarbeitern gegenüber sogar normativ durchsetzt. Vor einer Reihe von Jahren hat Charles Bosk dies in einer bemerkenswerten Studie über Chirurgen in einem amerikanischen, zu den Eliteinstitutionen gerechneten Universitätshospital illustriert,[10] wo die Nichtbeachtung der lokalen Idiosynkrasien chirurgischen Handelns den Nachwuchspraktikern als moralischer Fehler zugerechnet wurde.

3. Die Soziologie der Professionen: Soziologisierung einer historischen Semantik und ihr Wiedereintritt in die Selbstauffassung der Berufe

Die nächste Wendung, die die Geschichte der Professionen im 20. Jahrhundert nimmt, ist ein interessantes Kapitel aus der Geschichte der *Wissensgesellschaft*. Dieses Kapitel lehrt uns einiges über Selbstreferentialität und über das, was die Systemtheorie *re-entry* nennt, den Wiedereintritt einer Unterscheidung in den Bereich, der mittels dieser Unterscheidung erstmals ausdifferenziert worden ist.[11] Das Prinzip der Professionalisierung, das am Anfang des 20. Jahrhunderts eigentlich hätte als überholt erscheinen können, wurde in den dreißiger Jahren des 20. Jahrhunderts von der aufsteigenden Disziplin Soziologie wiederentdeckt. Die Soziologie knüpfte an die historische Semantik der Professionen an und baute daraus eine einflussreiche Subdisziplin des eigenen Fachs. Der Zusammenhang dieser überraschenden Wendung mit der Krise des Kapitalismus in den dreißiger Jahren ist gut identifizierbar. Man kann diesen Zusammenhang in dem die neuere Professionstheorie einleitenden Buch von Carr-Saunders und Wilson von 1933 erkennen, und man sieht ihn besonders gut bei Talcott Parsons, dessen Publikati-

---

9 Siehe Nelson/Winter 1982.
10 Bosk 1979.
11 Siehe diese Theoriefigur am Beispiel der Religion in Luhmann (2000: 34f., 84, 88).

onen zum Thema der Professionen im Jahr 1937 einsetzen.[12] Im Unterschied zur Geschäftswelt, der er eine Prävalenz des Selbstinteresses und eine strukturelle Unfähigkeit, Werten Rechnung zu tragen, zuschrieb, wurden die Professionen als ein Beispiel eines institutionalisierten Altruismus beschrieben. Elemente dieses institutionalisierten Altruismus sah Parsons wie nach ihm viele andere Autoren in der prinzipiellen Bindung professionellen Handelns an zugehörige Wissensbestände und in den Dienstidealen, die die Einstellung der Professionellen gegenüber ihren Klienten bestimmen sollten. Dem Konzept des Klienten wuchs in dieser soziologischen Tradition eine neue, strategische Bedeutung zu.[13] Professionelles Handeln wurde grundsätzlich als die Interaktion von Professionellen und Klienten beschrieben, d. h. als ein Interaktionsprozess, den man nur angemessen versteht, wenn man beide Seiten gleichgewichtig in die Analyse einbezieht. Außer, dass man die Attribute des Professionellen (Wissen, Dienstideale etc.) untersucht, wird es dann wichtig, sich die typischen Problemsituationen zu vergegenwärtigen, in denen der Bedarf des Klienten für professionelle Hilfe entsteht. In der Folge einer solchen Betrachtungsweise wird die Asymmetrie von Professionellen und Klienten erneut radikalisiert. Aber diese Asymmetrie ist jetzt – im Unterschied zur ständischen Gesellschaft Alteuropas – nicht mehr eine Funktion gesellschaftlicher Statusdifferenzen und auch nicht nur eine Resultante der Wissensdifferenzen zwischen Professionellen und Klienten. Immer und immer wieder stellt jetzt die Soziologie auf den Sachverhalt ab, dass der Klient mit kritischen Schwellen in seiner Lebensführung konfrontiert ist, die für ihn von existentieller Bedeutung sind, weil bestimmte Ausgänge des aktuell vorliegenden Problems die Lebensform gefährden würden, die der Klient für sich ausgebildet hat.[14] Der Klient findet in diesen kritischen Situationen in seinem Handlungsrepertoire keine routinierten Problemlösungen vor. Die Soziologie schließt daraus auf *Ungewissheit* als die für den Klienten bestimmende Erfahrung. Diese Ungewissheit wird zur strukturellen Grundlage der Asymmetrie zwischen Professionellem und Klient. Vor diesem Hintergrund entsteht für den Professionellen ein signifikantes Potential, die zukünftigen Handlungswahlen *seines* Klienten zu beeinflussen.

Ein anderer Begriff, der in diesem Zusammenhang wichtig wird, ist der des *Vertrauens*. Vertrauen ist eine Folge von Asymmetrie und von Ungewissheit.[15]

---

12 Parsons 1937.
13 Dazu trägt insbesondere auch die Chicago-Tradition bei, die in der Professionssoziologie am prominentesten von Everett C. Hughes vertreten wurde (siehe die zusammenfassende Aufsatzsammlung Hughes 1971).
14 Besonders überzeugend hat Naegele (1956) dieses Argument vorgetragen.
15 Siehe interessante Bemerkungen in Emerson 1981.

Wie dies generell für Vertrauen gilt, handelt es sich um eine riskante Investition, eine Entscheidung, die man trifft, ohne dass man hinreichend gute Gründe für sie nennen könnte.[16] Aber angesichts der kritischen Situation des Klienten ist es für ihn vielleicht besser, diese riskante Investition zu tätigen, als das Potential erfolgreicher Kooperation mit dem Professionellen durch Misstrauen zu zerstören. In den Selbstbeschreibungen der Professionen und in den Theorien, die sie über sich selbst bilden, fungiert Vertrauen als dasjenige, das der Klient zum Interaktionsprozess beiträgt und das für den Erfolg der Interaktion wichtig ist.[17] Psychotherapie ist in dieser Hinsicht ein gutes Beispiel. Damit im psychotherapeutischen *setting* Vertrauen entsteht, umgeben sich die Professionellen mit bestimmten Symbolen (professionelle Kleidung, Ausstattung der Praxisräume, Eigenschaften der professionellen Sprache), deren Sinn vor allem darin besteht, Verlässlichkeit zu signalisieren.

Es gibt zahlreiche weitere Charakteristika der Professionen, die die soziologische Tradition herausgearbeitet hat. Zunächst die vielfach postulierte *Community*-Orientierung der Professionellen,[18] die in einem gewissen Spannungsverhältnis zum Individualismus und zu anti-organisatorischen Tendenzen der Professionen steht.[19] Als Indikator von *Community*-Orientierung wird gern die multiple Mitgliedschaft von Professionellen in professionellen Assoziationen eingeführt. Weiterhin die Präsenz oder gar die Kodifikation ethischer Verhaltensstandards, von denen gesagt wird, sie seien spezifisch und nur in den Professionen – im Unterschied zu den meisten anderen Berufen – vorhanden. Zu den Indikatoren für ethische Codes zählte klassischerweise die Bereitschaft, in Einzelfällen auf eine Bezahlung für professionelles Handeln zu verzichten, soweit es sich um Klienten handelte, die nicht zahlungsfähig sind.[20] Heute könnte man an dieser Stelle die Bereitschaft zum eventuell unbezahlten Einsatz für nichtkommerzielle Regierungsorganisationen nennen. Auch darin, dass auch sie zum Bezugspunkt für als ethisch aufgefasstes Handeln werden kann, zeigt sich der Aufstieg der Organisation als einer sozialen Form.

Ein letzter soziologisch bedeutsamer Gesichtspunkt ist die Schließung professioneller *Communities* auf der Basis von Zulassungsmechanismen, die jenes

---

16 Luhmann 1973.
17 Vgl. Rosengren/Lefton 1970.
18 Gemeint ist sowohl die epistemische *Community* der Profession, der man qua Wissensbindungen zugehört, wie auch der soziale Zusammenhalt der Profession, der über vielfältige – wenn vermutlich auch nur schwache – Gemeinsamkeiten in Lebensstil und Weltauffassung vermittelt werden kann.
19 Siehe näher Stichweh (1994: Teil 3).
20 Siehe Lochner 1975.

Personal ausschließen, das nicht über eine hinreichende Vorbildung verfügt.[21] Es kann sich auch um eine Schließung gegenüber konkurrierenden Wissenssystemen handeln. Diese Schließungstendenz von Professionen verbindet sich mit dem Moment der professionellen Hierarchie. Dies bedeutet, dass andere Professionen in derselben Wissensdomäne nur dann akzeptiert werden, wenn sie bereit sind, sich in subordinierter Position in eine Hierarchie professioneller Arbeit einzufügen. Dies scheint mit dem nichthierarchischen Charakter der modernen Gesellschaft zu kontrastieren und belegt einmal mehr die Überleitungsposition, die die Professionen zwischen zwei sukzessiven Formen gesellschaftlicher Differenzierung einnehmen.

Auf der Basis dieser langen Liste soziologischer Charakteristika der Professionen hat es von den dreißiger Jahren des 20. Jahrhunderts bis zu den siebziger Jahren immer wieder Versuche gegeben, den Katalog professioneller Berufe zu erweitern. Immer neue Kandidaten wurden hinzugefügt: die Profession der Sozialarbeit, die Wirtschaftsprüfung als Profession und schließlich war sogar von der Professionalisierung des Bestattungsunternehmers die Rede.[22] Es war insofern nur konsequent, wenn Harold Wilensky schon 1964 in einem einflussreichen Aufsatz im „American Journal of Sociology" nach der „*Professionalization of Everyone*" fragte.

Was mir an diesen Vorgängen vor allem interessant scheint, ist, dass sie dokumentieren, dass die soziologische Forschung in diesem Bereich nicht einfach eine akademische Angelegenheit bleibt. Spätestens nach dem zweiten Weltkrieg tritt die Soziologie in die Semantik und die Selbstbeschreibung der Berufe ein. Offensichtlich stimuliert der Einfluss der Soziologie die immer neuen Versuche, den Beweis zu führen, dass der eigene Beruf professionalisiert werden kann. Und man tut dies nicht nur in der Form, dass man die Selbstbeschreibungen des eigenen Berufs anpasst. Vielmehr ändert man auch die institutionellen Arrangements, verlängert z. B. die professionelle Ausbildung, um auf diese Weise zu demonstrieren, dass der Beruf über eine extensive Wissensbasis verfügt, die es zu lernen und zu beherrschen gilt und dass aus diesen Gründen der eigene Beruf den Status einer Profession verdient.

Die jüngere Geschichte der Professionen scheint also einen der Fälle zu verkörpern, in denen zunächst eine einflussreiche gesellschaftliche Semantik vorliegt, die über mehrere Jahrhunderte hinweg entwickelt worden ist. Dann betreten vor ca. 100 Jahren die Soziologie und die anderen Sozialwissenschaften die Szene und formen aus dieser historischen Semantik eine gut artikulierte Sozial-

---

21 Vgl. Collins 1979, 1981.
22 Siehe z. B. http://www.abfse.org/html/profession.html.

theorie, die behauptet, dass die Professionen ein sowohl historisch innovatives wie auch strukturtragendes Moment der modernen Gesellschaft sind.[23] Neu hinzukommende semantische Komponenten, die sich der Soziologie verdanken, sind die Sprache des *people processing* und die der *Professionellen-Klienten-Interaktion*. Diese soziologisierte Semantik tritt über die Ausbildung in Schulen und Universitäten und über die Institutionen professioneller Fortbildung in die Selbstbeobachtung der Professionen ein und stimuliert das *professionelle Projekt* vieler dieser Berufsgruppen.[24] Das Wissen darüber, was es bedeutet, ein Professioneller zu sein, wird eine der Triebkräfte hinter der Absicht, diesen professionellen Gruppen zuzugehören.

4. Das monoberufliche Funktionssystem, die Organisation als emergente Form der Strukturbildung und die Diversifizierung von Professionalität

Wir haben im letzten Abschnitt eine signifikante Episode aus der Geschichte der Professionen vergegenwärtigt, in der diese Geschichte sich enger, als dies historisch zuvor geschah, mit Geschichte der Theorien, die über die Professionen geschrieben werden, vernetzte. Die hier beschriebene Synthese aus alteuropäischer historischer Semantik, soziologischer Theorie und der Sprache des sozialen Aufstiegs immer neuer sozialer Gruppen scheint sich seit den sechziger Jahren des zwanzigsten Jahrhunderts in einem schnellen Zerfalls- und Desintegrationsprozess zu befinden. Auch in der Disziplin Soziologie war die Entstehung der schon erwähnten neomarxistischen Theorierichtung, die in dem *professionellen Projekt* nichts anderes mehr als ein Monopolisierungsprojekt zu sehen imstande war, bei dem es um die Erhaltung von Monopolprofiten geht, die sich dem Ausschluss anderer Berufsgruppen verdanken,[25] ein signifikanter Indikator des Zerfalls der gesellschaftlichen Hochachtung der Professionen.

In einer Hinsicht identifiziert diese Kritik einen strategischen Punkt: Die Kontinuität der Strukturform *Profession* im Übergang von der ständischen Gesellschaft des frühneuzeitlichen Europa zur modernen Gesellschaft ruht auf der außergewöhnlichen Erfindung des *monoprofessionellen Funktionssystems*.[26] In einem solchen monoberuflichen Funktionssystem findet sich für neue Gruppen,

---

23 Am stärksten sind diese Formulierungen immer wieder bei Talcott Parsons (siehe Parsons 1968).
24 Der Begriff *professional project* stammt aus der neomarxistischen Theorie von Magali Sarfatti Larson (1977).
25 Larson 1977; Collins 1979.
26 Siehe Stichweh (1994: Kap. 14; 1996).

neue Wissenssysteme und Kompetenzen nur dann ein Platz, wenn diese in der Lage sind, sich in eine Hierarchie professioneller Arbeit einzufügen, die als Hierarchie von der Leitprofession des betreffenden Funktionssystems kontrolliert und geleitet wird. Es ist diese ungewöhnliche Strukturbildung, deren Desintegration wir zur Zeit zusehen. Die fortschreitende interne Differenzierung und die professionelle Pluralisierung in Funktionssystemen löst die faktische und normativ gestützte Kontrolle nur einer Leitprofession über ganze Funktionssysteme auf. Es ist genau diese Stelle, an der die Sozialform *Organisation* übernimmt und die Arbeitsteilung in einem Funktionssystem reorganisiert. Entscheidungen über das relative Gewicht verschiedener Berufsgruppen in einem bestimmten Funktionskomplex fallen jetzt zunehmend innerhalb von Organisationen, die in diesem Funktionskomplex ihren Tätigkeitsschwerpunkt haben.[27] Die *Massenmedien*, einer der gesellschaftlichen Funktionszusammenhänge, zu deren gesellschaftlichen Funktionen es zu gehören scheint, Kritik und Misstrauen auf alle traditionellen gesellschaftlichen Institutionen anzuwenden,[28] applizieren diese Strategien auch und gerade auf die Professionen und deren traditionell gesicherte Privilegien und dies wirkt vermutlich in die Richtung einer graduellen Erosion der Bereitschaft, an Kompetenz zu glauben und Vertrauen zu investieren.[29] Organisation und (massenmediale) Kritik wirken in die gleiche Richtung, und dies führt auf die Institutionalisierung von Evaluation und Rechnungsprüfung, von Qualitätskontrollen hinsichtlich erbrachter professioneller Leistungen und schließlich die Entstehung von Prozessrisiken und Schadenersatzklagen gerade auch in jenen professionellen Handlungsbereichen hin, die lange von kritischer Beobachtung isoliert schienen. Die Professionen können die ihnen ehedem zugeschriebene Sonderstellung nicht mehr verteidigen; sie schließen stattdessen Versicherungen gegen Prozessrisiken ab. Schließlich ist die Entstehung jener gesellschaftlichen Strukturänderung zu notieren, die unter dem Titel der Wissensgesellschaft viel diskutiert wird,[30] Mit diesem Begriff kann meines Erachtens vor allem gemeint sein, dass Wissen immer weniger bei privilegierten gesellschaftlichen Adressen

---

27 Ideale Studiengegenstände für diese Analyse sind einerseits das *Hospital*, weil es das ganze Spektrum abdeckt: von Hospitälern, die eigentlich nur aus lose gekoppelten Stationen bestehen, in die hinein die Belegärzte ihre private Praxis verlängern, bis hin zu bürokratischen Großorganisationen, die unter politischen und ökonomischen Gesichtspunkten rationalisiert werden, die dem historischen Status der medizinischen Profession nicht mehr Rechnung zu tragen bereit sind. Andererseits die großen *law firms*, die mit vielen Hunderten von Rechtsanwälten unablässig mit Formen experimentieren, in denen Hierarchie mit der Autonomie des einzelnen Praktikers kompatibel gemacht wird und die sich deshalb als *Partnerschaften* konstituieren.
28 Siehe Luhmann 1996.
29 Siehe die Daten in Coleman (1990: 94f., 194).
30 Siehe Stehr 1994; Knorr-Cetina 1997; Weingart 2001.

reserviert wird und insofern die Orthogonalität des Wissens zum Prinzip der funktionalen Differenzierung der Gesellschaft immer deutlicher hervortritt.[31] Unter diesen Umständen gewinnt es an Plausibilität, wenn man nahezu allen beruflichen Gruppen eine Kompetenz zuschreibt, die spezifisch in dem Wissen, das diese Gruppen verwalten (und sei es *tacit knowledge*) ihre Grundlage hat. Die Professionalisierung eines Jeden (Wilensky) ist aber offensichtlich das Ende der Professionen.[32] Insofern spricht einiges für die Vermutung, dass einer der klassischen Mechanismen gesellschaftlicher Strukturbildung und der Sicherung von Kontinuität im Übergang von der ständischen Gesellschaft des alten Europa zur Moderne des 19. Jahrhunderts mittlerweile diese seine Rolle gespielt hat und dass heute die Professionen ihr strukturbestimmendes Moment zunehmend verlieren. Wissen und Organisation als zwei universell gewordene Ressourcen bzw. Mechanismen, die beide orthogonal zur funktionalen Differenzierung stehen, haben die Professionen gewissermaßen im Prozess ihrer Universalisierung ausgehöhlt.

Literatur

Abbott, Andrew (1981): Status and Status Strain in the Professions. In: American Journal of Sociology 86, S. 819-835.
Abbott, Andrew (1983): Professional Ethics. In: American Journal of Sociology 88, S. 855-885.
Abbott, Andrew (1988): The System of Professions. An Essay on the Division of Expert Labor. Chicago: Chicago University Press.
Aubert, Vilhelm (1976): The Changing Role of Law and Lawyers in Nineteenth- and Twentieth-Century Norwegian Society. In: Mac Cormick, D.N. (Hg.): Lawyers in their Social Setting. Edinburgh: Green, S. 1-17.
Baker, Keith Michael (1987): Politics and Public Opinion Under the Old Regime: Some Reflections. In: Censer, Jack R./Popkin, Jeremy D. (Hg.): Press and Politics in Pre-Revolutionary France. Berkeley: University of California Press, S. 204-246.
Bosk, Charles L. (1979): Forgive and Remember. Managing Medical Failure. Chicago: Chicago University Press.
Boterus, Johannes (1596): Gründlicher Bericht von Anordnung guter Policeyen und Regiments: auch Fürsten und Herren Stands. Sampt Gründlicher Erklärung der Ursachen/ wadurch Stätt/ zu Auffnemmen und Hochheiten kommen mögen. Strassburg.

---

31 Siehe ausführlicher Stichweh 2004.
32 Man kann dies gut in dem einflussreichen Buch von Abbott (1988) nachvollziehen, in dem das behandelte *System der Professionen* eines ist, in dem die im Vordergrund stehenden Grenzstreitigkeiten und jurisdiktionellen Konflikte zwischen Berufen fast beliebige Berufsgruppen involvieren können.

Carr-Saunders, Alexander M./Wilson, P.A. (1933): The Professions. Second Imprint. London: Cass 1964.
Coleman, James S. (1990): Foundations of Social Theory. Cambridge, Mass.: Harvard University Press.
Collins, Randall (1979): The Credential Society. New York: Academic Press.
Collins, Randall (1981): Crises and Declines in Credential Systems. In: ders.: Sociology Since Midcentury. Essays in Theory Cumulation. New York: Academic Press, S. 191-215.
Dumont, Louis (1991): L'idéologie allemande. France-Allemagne et retour. (= Homo Aequalis, II). Paris: Seuil.
Emerson, Richard M. (1981): Social Exchange Theory. In: Rosenberg, Morris/Turner, Robert H. (Hg.): Social Psychology: Sociological Perspectives. New York: Basic Books, S. 30-65.
Hughes, Everett C. (1971): The Sociological Eye. Selected Papers on Institutions and Race. Chicago, New York: Aldine Atherton.
Kant, Immanuel (1975 [1798]): Der Streit der Fakultäten. In: ders.: Werke (hrsg. v. W. Weischedel), Bd. 9. Darmstadt: Wissenschaftliche Buchgesellschaft 1975, S. 261-393.
Knorr-Cetina, Karin (1997): Sociality with Objects. Social Relations in Postsocial Knowledge Societies. In: Theory, Culture and Society 14 (4), S. 1-30.
Larson, Magali Sarfatti (1977): The Rise of Professionalism. Berkeley, Los Angeles, London: University of California Press.
Lochner, P.R. (1975): The No Fee and Low Fee Legal Practice of Private Attorneys. In: Law and Society Review 9, S. 431-473.
Luhmann, Niklas (1973): Vertrauen. Ein Mechanismus der Reduktion sozialer Komplexität, 2. Aufl. Stuttgart: Enke.
Luhmann, Niklas (1996): Die Realität der Massenmedien. Opladen: Westdeutscher Verlag.
Luhmann, Niklas (2000): Die Religion der Gesellschaft. Frankfurt/M.: Suhrkamp.
Merton, Robert K. (1976): Sociological Ambivalence and Other Essays. New York: Free Press.
Naegele, Kaspar D. (1956): Clergymen, Teachers and Psychiatrists: A Study in Roles and Socialization. In: The Canadian Journal of Economics and Political Science 22, S. 46-62.
Nelson, Richard R./Winter, Sidney G. (1982): An Evolutionary Theory of Economic Change. Cambridge, Mass.: The Belknap Press of Harvard University Press.
Parsons, Talcott (1937): The Structure of Social Action. New York: Free Press.
Parsons, Talcott (1968): Professions. In: International Encyclopedia of the Social Sciences 12, S. 536-547.
Rosengren, William R./Lefton, Mark (Hg.) (1970): Organizations and Clients: Essays in the Sociology of Service. Columbus, Ohio: Merrill.
Seckendorff, Veit Ludwig von (1737 [1655]): Deutscher Fürstenstaat (hrsg. v. Andres Simson von Biechling). Neudruck der Ausgabe Jena 1737, Aalen 1972.
Stehr, Nico (1994): Arbeit, Eigentum und Wissen – zur Theorie von Wissensgesellschaften. Frankfurt/M.: Suhrkamp.

Stichweh, Rudolf (1984): Zur Entstehung des modernen Systems wissenschaftlicher Disziplinen. Physik in Deutschland 1740-1890. Frankfurt/M: Suhrkamp.
Stichweh, Rudolf (1994): Wissenschaft, Universität, Professionen: Soziologische Analysen. Frankfurt/M.: Suhrkamp.
Stichweh, Rudolf (1996): Professionen in einer funktional differenzierten Gesellschaft. In: Combe, Arno/Helsper, Werner (Hg.): Pädagogische Professionalität. Untersuchungen zum Typus pädagogischen Handelns. Frankfurt/M.: Suhrkamp, S. 49-69.
Stichweh, Rudolf (2004): Wissensgesellschaft und Wissenschaftssystem. Ms. Luzern.
Storer, Norman W./Parsons, Talcott (1968): The Disciplines as a Differentiating Force. In: Montgomery, Edward B. (Hg.): The Foundations of Access to Knowledge. Syracuse: Syracuse University Press, S. 101-121.
Turner, Roy Steven (1980): The Bildungsbürgertum and the Learned Professions in Prussia 1770-1830. The Origins of a Class. In: Histoire Social – Social History 13, S. 105-136.
Weigle, Fritz (1942): Deutsche Studenten aus Italien. Teil I: Die deutsche Nation in Perugia. In: Quellen und Forschungen aus italienischen Archiven und Bibliotheken 32, S. 110-188.
Weigle, Fritz (1958): Deutsche Studenten in Fermo (1593-1774). Deutsche Studenten in Italien, Teil III. In: Quellen und Forschungen aus italienischen Archiven und Bibliotheken 38, S. 243-265.
Weingart, Peter (2001): Die Stunde der Wahrheit? Zum Verhältnis der Wissenschaft zu Politik, Wirtschaft und Medien in der Wissensgesellschaft. Weilerswist: Velbrück.
Wilensky, Harold (1964): The Professionalization of Everyone? In: American Journal of Sociology 71, S. 137-158.

Profession und Organisation.
Dimensionen der Wissensgesellschaft
bei Talcott Parsons

Harald Wenzel

In der Debatte über die mit Postfordismus und Toyotismus verbundenen Formen der Organisation des Arbeitsprozesses ist von Ikujiro Nonaka der Begriff des „wissenserzeugenden Betriebs" geprägt worden (Nonaka 1991, Nonaka/Takeuchi 1994). Statt einer Akzentuierung von Effizienz und arbeitsteiliger Spezialisierung nach tayloristischem Vorbild, wie sie z. B. bei nordamerikanischen Autoherstellern zu finden ist, stellen die japanischen Produzenten die Fähigkeit einer Gruppe von Arbeitern in den Mittelpunkt, eigenständig die Anforderungen des Produktionsablaufs zu meistern und dabei Wissen zu explizieren, zu teilen, in der Anwendung zu erweitern und neu zu erzeugen. Aus einseitig geschulten, repetitiven Teil-Arbeitern am Fließband werden hier multi-funktionale Spezialisten im Team. Die Fähigkeit von Organisationen, auf diese Weise Wissen „umzusetzen", d. h. es von einem stillschweigenden Status in einen expliziten Status zu transformieren und es umgekehrt auch von einem expliziten Status wieder in die Routine ihrer Mitarbeiter zu verwandeln, es dabei kontinuierlich weiter zu entwickeln, kennzeichnet den innovativen Betrieb (Castells 1996: 159f.). Arbeiter müssen sich dazu am Innovationsprozess uneingeschränkt beteiligen, ernten jedoch auch die Erträge einer solchen Organisation: höhere Arbeitszufriedenheit und höhere Eigenverantwortung (z. B. in der Befugnis, den Produktionsprozess zeitweise anzuhalten). Auf der anderen Seite hat auch der Betrieb eine höhere Bindung an eine Mitarbeiterschaft, die den Innovationsprozess gleichsam in den Graswurzeln betreibt.

Toyotismus bedeutet dann Automobilproduktion in Form einer netzwerkartigen, wissensbasierten Organisation. Uneingeschränkte Beteiligung des Arbeiters am Innovationsprozess heißt, den freien Fluss von Wissen in diesem Netzwerk zu ermöglichen.

„In an economic system where innovation is critical, the organizational ability to increase its sources from all forms of knowledge becomes the foundation of the innovative firm. This organizational process, however, requires the full participation of workers in the innovation process, so that they do not keep their tacit knowledge solely for their own benefit." (Castells 1996: 160)

Während der letzten Jahrzehnte hat sich die Gestalt der modernen Organisation in schnellen Schritten verändert, der wissenserzeugende Betrieb mag da vielleicht nur eine Übergangsepisode sein. Manuel Castells erwähnt mehrere klar unterscheidbare Entwicklungstrends der modernen Wirtschaftsorganisation in seiner umfassenden Untersuchung zum Informationszeitalter:

- die Herausbildung von *Netzwerken* von Subunternehmern innerhalb großer Unternehmen,
- die Herausbildung von horizontalen *Netzwerken* kleiner und mittlerer Unternehmen,
- *netzartige* strategische Allianzen großer Unternehmen,
- den Übergang zu horizontaler Kooperation, d. h. zu sich ständig wandelnden, in *Netzwerken* bearbeiteten Projekten.

Der Umsatz von Wissen, die Explikation, Weitergabe, Erweiterung und Neuerzeugung von Wissen, hat in diesen Netzwerken eine maßgebliche Rolle. Wissensnetzwerke definieren das Verhältnis von Manager und Arbeiter, von Unternehmen und Projekt, von Dienstleistung und Klientel *neu* – als reziprokes Verhältnis der Kooperation, für die nicht mehr die vertikal integrierte Organisation nach dem Vorbild des Bürokratiemodells von Max Weber charakteristisch ist, sondern ein neuer Typus von Organisation mit flacher Hierarchiestruktur. Castells formuliert diesen Entwicklungsschritt in den folgenden Worten:

„These various trends interact with each other, influence each other, but they all are different dimensions of a fundamental process: *the process of disintegration of the organizational model of vertical, rational bureaucracies*, characteristic of the large corporation under the conditions of standardized mass production and oligopolistic markets." (ebd.: 167, Herv. d. d. Verf.)

Der neue Organisationstypus, der die vertikal integrierte Organisation im Informationszeitalter ablöst, ist die *Netzwerkorganisation*. „Networks are the fundamental stuff of which new organizations are and will be made" (ebd.: 168). Erfolgreiche Organisationen werden diejenigen sein, die *Wissen* erzeugen und übertragen, die es in der globalen Konkurrenz um erfolgreiche Innovationen effizienter und schneller verarbeiten können als andere – und all dies unter der Bedingung zunehmender, aber im Netzwerk besser bearbeitbarer, weil geteilt absorbierbarer Unsicherheit (ebd.: 171f.).

Castells fragt schließlich vor dem Hintergrund von Webers Protestantismusthese nach der ethischen Basis dieses neuartigen Unternehmertums, dieser produktiven Bearbeitung von Unsicherheit im neuen Geist der Information: Was ist die motivationale Grundlage eines Geists des Informationszeitalters? Welche Interessen haben den Weichen stellenden Ideen des Informationalismus ihr Wirkungsmoment verschafft? Welche Wirtschafts-, Informations- bzw. Netzwerkethik steht hinter dem Geist des Informationalismus? Gibt es eine die Veränderungen des Informationszeitalters begründende gemeinsame Kultur? Castells' Antwort, der Verweis auf die virtuelle Kultur der vernetzten Information, gibt allerdings nur eine erste Orientierung, in welcher Richtung die Antwort liegen könnte.

Es mag im ersten Augenblick ungewöhnlich erscheinen, eine Durchsicht von Parsons' Argumenten zum Verhältnis von Organisation und Profession mit einem Seitenblick auf die Debatte um Postfordismus und Toyotismus einzuleiten. Obgleich Parsons schon 1979 verstarb, nie einen Personalcomputer nutzte und nie ein japanisches Auto fuhr – seine Lieblingsmarke war der für die Hässlichkeit seiner Personenwagen berühmte Jeep-Hersteller AMC, die kurz nach seinem Tod an Chrysler verkauft und dann eingestellt wurde, entwickelte er eine theoretische Vision der Organisation in der modernen Gesellschaft, die auf die gleiche Stufe wie Castells' Analyse gestellt werden kann. Zunächst ausgehend vom ökonomisch rationalen Handeln von Wirtschaftsorganisationen und von Webers Bürokratiemodell stellt Parsons generalisierende Überlegungen über den Gebrauch rationalen Wissens in den Mittelpunkt seiner Theorie moderner Organisationen. Die Anwendung, Übertragung und Erzeugung von rationalem Wissen wird zur Hauptaufgabe in den am meisten fortgeschrittenen Formen moderner Organisation. Dieser Versuch, den grundlegenden Wesenszug moderner Organisation zu bestimmen, verweist für Parsons auf den „professionellen Komplex". Mit der Einführung von „Profession" als Grundbegriff einer Theorie moderner Gesellschaft und moderner Organisation geht Parsons über die ökonomischen und die politischen Konzeptionen von sozialer Ordnung und Organisation seiner Zeit weit hinaus. Wie Castells in seiner Bilanz der gesellschaftlichen Verwerfungen des Informationszeitalters diagnostiziert auch Parsons in seiner Theorie den Bedeutungsverlust des Modells einer vertikal integrierten rationalen Organisation nach dem Vorbild der Bürokratie – allerdings schon lange bevor Castells dies tut: Es ist auch nicht wie bei Castells die Informationstechnologie, die diesen Bedeutungsverlust auslöst, sondern Prozesse einer methodischen, kontrollierten Erzeugung, Nutzung und Vermittlung rationalen Wissens, deren Wurzeln historisch sehr weit zurückreichen – bis in die Anfänge des modernen Universitätswesens.

Wie sich im Folgenden zeigen wird, kommt dem Begriff der Profession eine Schlüsselstellung in der Entwicklung der Theorie von Parsons zu: Professionelles Handeln verkörpert wie kein anderer Handlungstyp die Rationalität der hochmodernen Gesellschaft und ihrer sozialen Ordnung. Diese These versuche ich in drei Schritten zu begründen: In einem ersten Schritt erläutere ich die Begriffe Organisation und Profession in den ersten Fassungen, die Parsons ihnen in seiner Theorie gibt; dabei steht die kollektive Orientierung der Profession im Mittelpunkt, die zugleich eine wichtige Evidenzbasis ist für die normative Begründung von Parsons' Theorie (1.). In einem zweiten Schritt gehe ich auf den „professionellen Komplex" ein, d. h. auf die komplexe theoretische wie empirische Einbettung von Professionen in Parsons' ausgereifter Theorie, dem Systemfunktionalismus. Fluchtpunkt ist dabei die Transformation der modernen Organisation, die durch professionelles Handeln ausgelöst wird. Die Wertorientierung der kognitiven Rationalität spielt in dieser Transformation eine entscheidende Rolle (2.). In einem dritten Schritt skizziere ich die Genealogie des Rationalitätsbegriffs in Parsons' Theorie der Handlungssysteme von Gesellschaft, Persönlichkeit und Kultur. Die Implementation von Werten, insbesondere auch des Wertes der kognitiven Rationalität, hat in der hochmodernen Gesellschaft eine neue Form gefunden (3.). Parsons' Denken durchläuft in der Auseinandersetzung mit der Rationalitätsproblematik einen tief gehenden Wandlungsprozess. Gerade im Fall der Professionen wird ein Wandel exemplarisch sichtbar, der Castells' Frage, welcher ethische Hintergrund die Motivationen für die Informations- bzw. Wissensgesellschaft liefert, eine ganz neue Lesart gibt (4.).

1. Das Wertmuster des professionellen Handelns

Es kann kein Zweifel darüber bestehen, dass Parsons dem Begriff der formalen und insbesondere dem von Weber herausgearbeiteten Begriff der bürokratischen Organisation theoretisch verpflichtet ist. Soziale Systeme, die formal bzw. bürokratisch organisiert sind, haben einen nicht zu unterschätzenden evolutionären Vorteil in der Durchführung von Kooperationsprojekten im großen Maßstab (Parsons 1967/1964: 503ff., insb. 507). In einem ersten theoretischen Zugriff schreibt Parsons Organisation die Funktion zu, Konformität mit Werten, mit normativen Mustern zu sichern, für ihre faktische Durchsetzung zu sorgen (Parsons 1986/1939: 225f.); die Schlüsseleigenschaft von Organisation ist dabei die Ausdifferenzierung einer internen Führungsfunktion bzw. von Amtsautorität, die die Befugnis beinhaltet, bindende Entscheidungen zu treffen und durchzusetzen – letztlich zur Sicherung von Normenkonformität.[1] Die in Organisation ausgeübte Autorität basiert dann auf legitimierenden institutionellen Definitionen, die u. a. den Umfang bzw. die Beschränkungen der Rechte des Amtsinhabers beschreiben, das Skript seiner Rollenaktivitäten umfassen und nicht zuletzt auch den Zugang zum Amt und seinen Entscheidungsbefugnissen regeln. Parsons sieht in diesem Begriff einer vertikal, d. h. hierarchisch integrierten Organisation eine weitere Dimension der Differenzierung angelegt: die Aufteilung von Aufgaben- bzw. Kompetenzbereichen, so dass eine Gleichsetzung mit dem angelsächsischen Verständnis einer Differenzierung der Organisation nach Linie und Stab nahe liegt.[2]

Das Leitmotiv der Institutionalisierung und Durchsetzung von normativen Mustern durchzieht auch Parsons' Beschäftigung mit dem Professionsbegriff. Parsons ist ein Pionier der Soziologie der Professionen, auch wenn Herbert Spencer und Emile Durkheim (und andere) schon vor ihm diesen Begriff benutzt haben. Parsons' Pionierleistung besteht in einer – ich behaupte: bis heute diskussionswürdigen – klaren Definition von Profession und professionellem Handeln. Es ist eine Anomalie in der Rationalität der modernen Gesellschaft, die der theoretischen Bearbeitung des Professionsbegriffs eine besondere Bedeutung verleiht: Einerseits sind die Professionen typisches Entwicklungsresultat der Rationalisierung der modernen Gesellschaft, andererseits scheinen sie weitgehend vom Motor dieser Rationalisierung, dem kapitalistischen Erwerbstrieb (*acquisitiveness*) entkoppelt zu sein (Parsons 1954a/1939, 1954b/1940, 1959/1951). Dabei liegt es Parsons fern, kapitalistisches Unternehmertum und Profession einfach als Kontrast zwischen Egoismus und Altruismus und damit als jeweils nicht weiter hinterfragbare (z. B. biologische) Ursachenfaktoren zu deuten. Sowohl kapitalistisches Unternehmertum wie moderne Profession sind leistungs- bzw. erfolgsorientiert, beide streben diesen Erfolg auf rationalem Wege an. Die von Parsons in „The Structure of Social Action" (1949/1937) formulierte Theorie eines normativ regulierten voluntaristischen Handelns bietet einen Deutungsrahmen, in dem sowohl kapitalistisches Unternehmertum wie auch die moderne Profession aus der Institutionalisierung entsprechender, d. h. *unterschiedlicher* normativer Muster erklärt werden, die im Sozialisationsprozess zugleich persön-

---

1 Neben Weber ist Chester Barnard Parsons' Gewährsmann für diese Führungsfunktion und ihre vielfältigen Problemlagen. Vgl. insb. Barnard 1939, 1964/1938.
2 Im angelsächsischen Verständnis werden dem Stab eigenständige Entscheidungs- und Weisungsbefugnisse zuerkannt – im Unterschied zur deutschen Organisationslehre. Vgl. Kieser/Kubicek (1992: 135ff.).

lichkeitsbildende, bedürfnisstrukturierende Kraft entfalten. Parsons hat die spezifische Differenz zwischen kapitalistischem Unternehmertum und moderner Profession in den alternativen Wertorientierungen Eigeninteresse und Kollektivverpflichtung (*self-* vs. *collectivity-orientation*) rekonstruiert. Die Profession der Medizin stellt dabei den exemplarischen Anwendungsfall dar, der weit über den Theorierahmen hinausweist, in dem er zunächst analysiert wird (Parsons 1959/1951: 428ff., 1978a/1975): Hier kommt es zu einer Kooperationsbeziehung zwischen dem Arzt und seinem Patienten, zur Bildung einer Gruppe bzw. eines Kollektivs mit einem gemeinsamen Ziel, in der Regel: der Heilung des Patienten. Der Regelfall kollektiver Integration impliziert jedoch diffuse und partikularistische Wertorientierungen, die eine Binnenperspektive über spezifische Unterschiede hinweg gehender Zusammengehörigkeit erzeugen, wie sie für traditionale, gemeinschaftliche, nicht für moderne Sozialbeziehungen typisch sind:[3] Man kann dem anderen Gruppenmitglied weitgehend alles zumuten, man teilt mit ihm eine besondere Geschichte und Beziehung, man grenzt sich mit ihm gegen Nicht-Zugehörige ab. Die Arzt-Patienten-Beziehung steht zu diesem Muster in markantem Gegensatz: Der Bereich der Kooperation ist durch eine spezifische und zugleich universalistische Ausrichtung definiert, der Arzt ist allein in einem spezifischen Kompetenzbereich für den Patienten zuständig, die Beziehung zwischen Arzt und Patient hat keinen einmaligen oder besonderen Rang, sie ist prinzipiell zwischen jedem Arzt und jedem Patienten begründbar und in allen Fällen prinzipiell gleichartig. Diese Eigenschaften der sozialen Beziehung zwischen Arzt und Patient exemplifizieren analytische Elemente eines komplexen rationalen Orientierungsmusters, das mit der Kollektivorientierung, hier: mit der Sorge des Arztes für den Patienten, verbunden ist (Parsons 1959/1951: 455ff.).

Diese *Kollektivorientierung*, die in Parsons' erster Bestimmung von Profession und professionellem Handeln konstitutiven Rang erhält, ist in der Folge dann auch als *Dienstleistungsorientierung* (*service orientation*) bezeichnet und neben weitere Definitionskriterien gestellt worden. Wilbert Moore z. B. – um einen der Parsons-Tradition nahe stehenden Professionssoziologen zu referieren – sieht in der *Ausdifferenzierung eines Bereichs rationalen Wissens*, das methodisch angewandt, weitervermittelt, erweitert und erneuert wird und in einem damit eng verbundenen Syndrom aus *Autonomie und Verantwortung* (z. B. sich auf dem aktuellen Stand dieses Wissens zu halten) weitere Grundmerkmale der Profession (Moore 1970: 6). Parsons hat diesen Wissens- und Verantwortungs-

---

3 Ferdinand Tönnies hat den Kontrast zwischen traditionalen und rationalen Prinzipien sozialer Ordnung zuerst untersucht (Tönnies 1979/1887) – und ist für Parsons darin ein wichtiger Bezugspunkt.

aspekt zunächst unter dem Aspekt der asymmetrischen Wissensverteilung in der Arzt-Patienten-Beziehung thematisiert: Der Patient als Laie kann die Triftigkeit der ärztlichen Diagnose und Therapie nicht bewerten, ihm fehlt dazu das notwendige Wissen, es besteht eine Kompetenzlücke, eine Informationsdifferenz zwischen ihm und dem Arzt. Für Parsons ist dann der Umstand erklärungsbedürftig, dass Ärzte diese Situation des Wissensvorsprungs nicht für ihren (z. B. finanziellen) Vorteil ausnutzen. Professionelles, kollektivorientiertes, kooperatives Handeln ist für Parsons deshalb ein Anwendungsfall seiner Theorie mit besonderer Bedeutung: Der Umstand, dass im professionellen Dienst am Anderen egoistische Interessen in hohem Maße reglementiert sind, gilt ihm als Beweis für die Berechtigung eines normativen Theoriemodells sozialer Ordnung, als unmittelbare Evidenz für den institutionalisierten Charakter von Werten. Nach der Begründung eines normativen Konzepts sozialer Ordnung in einem ersten Schritt (Parsons 1949/1937) gewinnt die Ende der 1930er Jahre beginnende Arbeit auf dem empirischen Feld der Professionen für Parsons deshalb höchsten theoriestrategischen Wert.

Die Asymmetrie der Wissensverteilung zwischen Arzt und Patient ist deshalb auf die Ergänzung durch eine Kommunikation von Vertrauen angewiesen:[4] Der Patient muss der professionellen Kompetenz des Arztes vertrauen können, der Arzt muss sich vertrauenswürdig präsentieren: als jemand, der die Verantwortung für den Patienten tragen kann. Diese Verantwortung ist zugleich unteilbar: Der professionelle Experte muss in seinem Handeln und Urteilen autonom sein, nur seinem Wissen, seiner „klinischen" Erfahrung und seiner Kompetenz verpflichtet. Das zunächst einseitige, unter der Bedingung der Asymmetrie in der Wissensverteilung entwickelte Vertrauen des Laien in den Experten gewinnt allerdings auf Dauer einen wechselseitigen Charakter: Der Arzt muss wiederum darauf vertrauen können, dass der Patient ernsthaft mit ihm kooperiert, z. B. alle Symptome seiner Krankheit berichtet und das Therapieprogramm befolgt. Trotz dieses wechselseitigen Vertrauens ist die Beziehung zwischen beiden weitgehend von affektiver Neutralität bestimmt – einem weiteren Rationalität verbürgenden Orientierungsmuster.[5] Das ist umso bedeutsamer, als gerade die Heilung

---

4 „A rigorous emphasis upon service and upon commitment to the best interests of their clients is obviously necessary if these professionals are to retain the layman's trust, since the opportunity to exploit one's expertise is an intrinsic aspect of the ‚information differential' existing between expert and layman." (Parsons/Storer 1968: 106)
5 Parsons ordnet die Wertorientierungen in einem System von Mustervariablen, die binär schematisiert sind. Dieser Schematismus folgt dem Kontrast von traditionalen und rationalen Formen sozialer Ordnung. Die Mustervariablen sind: Leistung vs. Zuschreibung, Spezifität vs. Diffusheit, Universalismus vs. Partikularismus, affektive Neutralität vs. Affektivität. Die rationale Seite ist dabei immer zuerst genannt. Die Alternative zwischen Eigennutz (kapitalistisches Unterneh-

von Krankheit mit einer emotionsanfälligen, intensiven Erfahrung von Unsicherheit verbunden sein kann – eine Unsicherheit, die weiterhin unterstreicht, dass in jeder Therapie ein „Forschungscharakter" gegeben bleibt (Parsons 1978b/1969: 44). Dieser Forschungscharakter kann im Fall todgeweihter Kranker, die zu einer Testgruppe für ein neu entwickeltes Medikament oder andere neue Therapieformen gehören, extreme Ausprägung annehmen (Fox 1959).

2. Professionen: Treuhänder kognitiver Rationalität

Professionen wenden Wissen nicht einfach nur an, sie bleiben in den Prozess der Wissenserzeugung eingebunden. Vermittlung, Anwendung, Erweiterung und Verbesserung von Wissen bilden einen Nexus, den Parsons als „professionellen Komplex" bezeichnet. Das Element rationalen Wissens bzw. kognitiver Rationalität tritt in den weiteren professionssoziologischen Arbeiten von Parsons als substantielles Bestimmungselement von Profession immer stärker in den Vordergrund; Professionen sichern die Verwirklichung des normativen Musters bzw. des kulturellen Werts der kognitiven Rationalität.

> „[T]his complex is the primary ‚interface' between the cognitively primary component of the cultural tradition and the main structure of modern societies. The professional complex is the primary location of the three primary modes of ordering the relations inherent in this interface – namely, *utilizing* available rational knowledge or information in the interest of a multiplicity of functional needs of the society and its subunits; *transmitting* available knowledge from those who already have mastered it to various classes of people who may need it; and *extending* and *improving* the state of knowledge beyond that given at any specified time."
> (Parsons 1978b/1969: 62f., Herv. im Orig.)

Zum Zentrum des professionellen Komplexes wird in der modernen Gesellschaft die Universität. Der Lehrbetrieb ist historisch die erste klar abgrenzbare akademische Funktion; Forschung und Anwendung von Wissen treten erst im modernen Universitätssystem hinzu. Zu den wichtigen Entwicklungsschritten in der Ausdifferenzierung von akademischen Disziplinen gehört erstens die *Trennung von sakralem und säkularem Wissen* in der Renaissance, sie vollzieht sich bis etwa zum Ende des 17. Jahrhunderts. Besonders dort, wo der Einfluss der Kirche

---

mertum) und Kollektivorientierung (Professionen) fügt sich dieser Aufspaltung in Rational- vs. Traditionalform nicht. Sie wird – auch deshalb – von Parsons bald aufgegeben. Das Konzept der Mustervariablen wird bald vom so genannten Vier-Funktionen-Schema abgelöst. Vgl. dazu Parsons (1959/1951: insb. 58ff.); Parsons/Bales/Shils 1981/1953.

entscheidend zurückgedrängt wurde, etwa im England von Heinrich VIII., erhalten die Entwicklung eines autonomen Universitätswesens und damit die Pflege rationalen Wissens einen starken Anstoß. War im 18. Jahrhundert diese Entwicklung bloß fortgeschrieben worden, was z. B. zur Gründung nationaler (Natur-) Wissenschaftsgesellschaften geführt hatte, kam es im 19. Jahrhundert zu einem zweiten bedeutenden Entwicklungsschritt: zur *Kodifizierung, Systematisierung und formalen Unterweisung rationalen Wissens in verschiedenen Bereichen seiner praktischen Anwendung*; es kam zur Ausdifferenzierung von „Anwendungswissenschaften" wie Medizin, Recht und die Ingenieurwissenschaften, die im Kontrast zu dem stehen, was fortan „reine Wissenschaft" genannt wurde. Mit den *Universitätsreformen Wilhelm von Humboldts, die die Freiheit und Einheit von Forschung und Lehre, d. h. die Autonomie der Wissenschaft und ihrer Sorge für das rationale Wissen institutionell befestigten*, ist ein dritter bedeutender Schritt in der Ausdifferenzierung und Autonomisierung der Wissenschaft benannt.

Die „Professional Schools" der amerikanischen Universität sind auf die Anwendungsprobleme rationalen Wissens ausgerichtet. Parsons deutet die Ausdifferenzierung von Anwendungswissenschaften als einen Prozess des „cognitive upgrading" (Parsons/Platt 1973: 227), in dem die „klinische Erfahrung" des Praktikers mit einem theoretischen Wissensbestand integriert wird: zu professioneller Kompetenz. Die Professionen werden damit im Rahmen des Universitätssystems und der disziplinären Differenzierung zu einem bedeutenden Element der *Treuhänderfunktion*,[6] die für Parsons die entscheidende Vermittlungsleistung zwischen Kultur und Gesellschaft erbringt. Das treuhänderische Subsystem (*fiduciary subsystem*) der Gesellschaft tritt in Parsons' späteren Arbeiten an die Theoriestelle, die zuvor von der These der Institutionalisierung von kulturellen Wertmustern als Basis sozialer Ordnung eingenommen wurde. Treuhänder sorgen für die Integrität und Implementation kultureller Werte. Das Universitätssystem als Teil des Treuhändersystems sorgt für die Verwirklichung des spezifischen Wertmusters der *kognitiven Rationalität*, und zwar in mehrfacher Hinsicht: in der allgemeinbildenden *College*-Ausbildung, in den die Einheit von Lehre und Forschung sichernden *Graduate Schools* und in der Wissensanwendung, der Do-

---

6 Parsons' Professionssoziologie ist gründlich kritisiert worden, insbesondere wegen ihrer angeblich harmonistischen Annahmen, wegen ihrer Vernachlässigung von Macht, Konflikt und eigennützigen Motiven, vgl. exemplarisch Freidson 1970; Larson 1977. Doch in der Treuhänderschaft für den Wert der kognitiven Rationalität liegt ein innovatives Bestimmungskriterium für Professionen vor, das in der Professionssoziologie bisher kaum diskutiert wurde – wobei doch Anschlussmöglichkeiten an neuere Ansätze offensichtlich sind, z. B. an Abbotts Begriff der „jurisdiction", die Professionen über einen Handlungsbereich erlangen; vgl. Abbott 1988.

mäne der *Professional Schools*. Sieht man von der Profession der Wissenschaft selbst wiederum ab, haben in den Professionen jeweils nicht-kognitive Wertorientierungen funktionalen Vorrang: Architekten bauen Häuser, Ärzte heilen Kranke, Rechtsanwälte setzen Rechtsansprüche ihrer Klienten durch usf. Professionsvertreter erwerben jedoch die Kompetenz, all dies zugleich mit einer sekundären Orientierung auszubalancieren, in ihrem professionellen Handeln zugleich den Wert kognitiver Rationalität zu verwirklichen (Parsons/Platt 1973: 258); in diesem letzteren Sinn ist Professionalisierung zugleich Rationalisierung.[7] Professionelles Handeln kann dann doppelt scheitern: Sowohl die Integrität des Wertmusters der Dienstleistungsorientierung wie auch die Integrität des Wertmusters der kognitiven Rationalität können beschädigt oder gar zerstört werden. Ein Beispiel für den ersten Fall wäre die schon am Beispiel der Arzt-Patienten-Beziehung diskutierte Ausbeutung von Klienten durch egoistisch-opportunistisch agierende Professionsvertreter; eine Illustration für den zweiten Fall wäre das Vordringen der Nazi-Ideologie in die deutschen Universitäten, in dessen Verlauf zumindest partiell kognitiv-rationale durch weltanschauliche Werte ersetzt wurden, z. B. im Fall der „wissenschaftlich" begründeten Rassenhygiene.

Professionen haben zu einem Gestaltwandel *innerhalb* der Moderne beigetragen; der professionelle Komplex ist zur *Leitstruktur* der hochmodernen Gesellschaft geworden:

> „[T]he professional complex (...) has already become the most important single component in the structure of modern societies. It has displaced first the ‚state', in the relatively early modern sense if that term, and, more recently, the ‚capitalistic' organization of the economy." (Parsons 1968: 545)

In welcher Weise nun haben die Professionen das, was Parsons zunächst mit dem Begriff der formalen Organisation bezeichnet hat, verändert? Historisch betrachtet ist die Integration der Profession in Organisationen, insbesondere auch in große Unternehmen, ein relativ spät auftretendes Phänomen. Professionsvertreter haben lange – oftmals auch in einem Kampf um die Anerkennung ihrer spezialistischen Kompetenz – in Einzelpraxen gearbeitet; sie haben sich zudem zur Unterstützung dieses Kampfs regelmäßig in Berufsverbänden selbst organisiert. So hat die *American Medical Association* die Arbeit ihrer Mitglieder in Krankenhäusern sehr skeptisch betrachtet, nämlich als mögliche Gefährdung der spezialistischen Kompetenzansprüche von Ärzten (Parsons 1968: 541, Starr 1982: insb. 145ff.).

---

[7] Parsons spricht in diesem Zusammenhang von „(...) professionalization, a process which in one aspect is almost synonymous with that of rationalization" (Parsons 1968: 545).

Parsons hat jedoch schon sehr bald, nachdem er sich mit dem Phänomen der Professionen auseinander zu setzen begann, die enormen Auswirkungen eines professionalisierten, d. h. umfassend rationalisierten Handelns auf die Struktur von Organisationen zu begreifen versucht. Die Integration professionellen Handelns in Organisationen führt zu einer substantiellen Veränderung des vertikal integrierten, nach Linie und Stab differenzierten bürokratischen Organisationsmodells: „[I]n a modern society the clear predominance of ‚line' authority as a central principle of operation in either the business or the military version is coming to be seriously modified by the involvement of technical professional services" (Parsons 1960a/1956: 53, 1960b/1958: 59f.). Die disziplinäre Ausdifferenzierung rationalen Wissens dringt gleichsam in die Organisation ein und verändert ihr Verhältnis von vertikalen und horizontalen Gliederungen im Sinne einer Dezentralisierung: „The multiplication of technical fields, and their differentiation from each other, therefore, leads to an essential element of decentralization in the organizations which must employ them" (Parsons 1960a/1956: 53). Professionelle Experten müssen die Verantwortung für wichtige Entscheidungen mittragen, sie brechen das Linienmodell der Autorität in der bürokratischen Organisation auf; sie können sich nicht mehr wie in den klassischen Stabsfunktionen auf ein rein beratendes Mandat zurückziehen, weil die leitenden Manager der Organisation eben nicht über die Expertise verfügen, entsprechende Ratschläge *fachkompetent* zu bewerten. Die Asymmetrie der Wissensverteilung, die Parsons zunächst an der Arzt-Patienten-Beziehung untersucht hat, tritt auch in der Beziehung zwischen leitenden Managern und professionellen Experten innerhalb einer immer stärker auf rationalem Wissen basierten Organisation auf – und zwar dann, wenn es um Entscheidungen in jenen dezentralisierten Bereichen geht, die durch disziplinär differenziertes professionelles Wissen neu strukturiert bzw. geschaffen wurden. Entsprechend schultern die professionellen Experten innerhalb der Organisation nicht nur Entscheidungsverantwortung, sie müssen analog zur Arztrolle eine Vertrauenswürdigkeit verkörpern, eine Vertrauenskommunikation zu den formal übergeordneten leitenden Managern aufbauen und verstetigen. Auch hier spielt die Integrität der Wertmuster Dienstleistung und kognitive Rationalität eine ausschlaggebende Rolle dafür, dass dies auch gelingt. Was Parsons hier im Blick hat, ist die Entstehung flacher Hierarchien, d. h. Dezentralisierung des operativen rationalen Wissens in Form von professioneller Kompetenz bei gleichzeitiger Aufrechterhaltung formaler Hierarchiestrukturen in vermindertem Umfang: Parsons analysiert diese neue Organisationsstruktur am Modell eines aus freiwilliger Vereinigung entstandenen Kollektivs, das nur dann *effektiv* funktionieren kann, wenn die freiwillige Vereinigung von Ranggleichen durch eine Autoritätsstruktur moderiert wird.

> „Compliance with this authority – in the *ad hoc*, act-by-act sense – cannot be wholly voluntary. In professional collective systems, the need for this involuntary aspect stems primarily from two sources. The first is the role of special technical competence in such systems and the presence of a competence gap. The second, however, is the simple exigency that effective action in complex collective systems necessitates differentiation on an axis of leadership and followership, or relative concentration of authority and power. Associational collectivities on the whole, relative to other types, minimize this concentration, but do not eliminate it."
> (Parsons 1978b/1969: 54)

Fluchtpunkt dieser substantiellen Veränderung des leitenden Organisationsmodells ist die Organisation der Universität und ihre kollegiale Leitung auf der Basis einer freiwilligen Vereinigung von Gleichrangigen, von „Peers". Nicht nur in der modernen Gesellschaft, auch in der modernen Organisation haben die Professionen zu einem tief greifenden Gestaltwandel geführt; Parsons sieht aus diesem Transformationsprozess ebenfalls die Professionen als neue Leitstruktur hervorgehen:

> „The involvement of high-level professional personnel in most types of modern organization has been the occasion for major changes in the character of the organizations themselves. Most conspicuously, the predominance of the older type of bureaucratic ‚line authority' is no longer characteristic of any but a small set of large-scale organizations. The basically associational pattern of structuring relations between professional peers (...) has come to be of paramount importance in the modern type of formal organization." (Parsons 1968: 542)

3. Rationalität und die Kontingenz professionellen Handelns

Die vorangegangenen beiden Argumentationsschritte haben zunächst in vorwiegend chronologischer Orientierung Parsons' Verständnis von Organisation und Profession eingeführt und dann die transformierende Kraft der Professionen in der modernen Gesellschaft und in der modernen Organisation herausgestellt. Die von Castells eingangs beschriebenen Phänomene – dies kann man als ein erstes Fazit aus diesen Schritten folgern – scheinen erst in zweiter Linie kausal der vollständigen Herausbildung einer Informationsgesellschaft zurechenbar zu sein. In erster Linie ist es eine in ihren historischen Wurzeln viel weiter zurückreichende Entwicklung, deren kausaler Rolle Parsons hier gerecht werden will: die

Ausdifferenzierung eines für die Erzeugung, Vermittlung, Anwendung, Erweiterung und Verbesserung rationalen Wissens zuständigen „Komplexes" von Handlungssystemen. Will man wie Castells der weiterführenden Frage nachgehen, welche ethische Basis, welche Motivationslage hinter dieser Entwicklung steht, dann muss man sich, aus der Perspektive der Theorie Parsons' argumentierend, zunächst des theoretischen Status des Wertmusters der kognitiven Rationalität vergewissern. Und, um es gleich vorwegzunehmen, man muss in Kauf nehmen, dass das Theorieschema, das Castells seiner Frage unterlegt, die Religionssoziologie Webers, am Ende selbst in Frage gestellt werden muss.

Um welches Theorieschema handelt es sich? Damit Ideen wie die des asketischen Protestantismus wirkmächtig werden, müssen sie sich mit Interessen verbinden. In der Entwicklung des modernen Kapitalismus hat das Interesse am eigenen Seelenheil oder genauer: an Anzeichen für das eigene Heilsschicksal, eine solche hoch motivierende Kraft zur rationalen Bemeisterung der Welt entwickelt. Für Parsons ist Webers Religionssoziologie ein entscheidender Baustein in einer nicht-trivialen Lösung des Problems sozialer Ordnung, ein Pfeiler der so genannten *Konvergenzthese* (Parsons 1949/1937), die die Übereinstimmung der Theorien Alfred Marshalls, Vilfredo Paretos, Durkheims und Webers in einer normativen Lösung dieses Problems behauptet: Danach beschreibt eine moralisch verbindliche, von den Gesellschaftsmitgliedern gemeinsam geteilte Menge von Werthaltungen die Form sozialer Integration, die am Beginn der modernen Gesellschaft steht.

Man könnte jetzt fragen, ob nicht in der Informationsgesellschaft eben Information ein solcher hochgeschätzter, von allen geteilter und in diesem Sinn integrativer Wert geworden ist. Diese Antwort würde allerdings den möglichen Einsichtsgewinn der Theorie von Parsons ausschlagen. Mehr Einsicht verspricht eine Genealogie des Wertmusters der kognitiven Rationalität, das Parsons in seiner Theorie eng verknüpft sieht mit der Kommunikabilität und Diskursivität von Wissen und Denken. Den Wert der Rationalität beschreiben Parsons und Storer in folgender Weise:

> „Although it is often taken to indicate a preference for a pragmatic and efficient approach to a problem, this value seems to refer centrally to the shared structure of *communicable thought* which must underlie empirical argument."
> (Parsons/Storer 1968: 108, Herv. d. d. Verf.).

Die wichtigste Einsicht, die Parsons gleich zu Beginn seiner Theoriearbeit gewinnt, ist die Erkenntnis, dass die Rationalität von Erkennen und Handeln selbst ein normatives Muster, ein Wert ist. Rationalität und Normativität stehen sich nicht als zwei einander ausschließende Optionen gegenüber, wenn es darum geht, Handlungsprozesse zu rekonstruieren. Die Pointe der voluntaristischen Handlungstheorie von „The Structure of Social Action" (Parsons 1949/1937) besteht gerade im Nachweis, dass die einseitige begriffliche Steigerung, die Reifikation der rationalen Eigenschaften des Handelns zu einer untauglichen, weil deterministischen und jede Handlungsfreiheit negierenden Deutung des Handelns führt. Parsons hat das speziell am utilitaristischen Rationalitätsbegriff der (neo-)klassischen Ökonomie nachzuweisen versucht und für die Ausweglosigkeit dieses Steigerungsversuchs den Begriff des „utilitaristischen Dilemmas" geprägt (Parsons 1949/1937: 64, Wenzel 1991: 87ff.). Erst als ein Wert, den wir die Freiheit haben, zu verwirklichen *oder auch nicht*, macht ökonomische Rationalität in der voluntaristischen Handlungstheorie Sinn. Diese Wertverwirklichung ist erstens durch den moralischen Verpflichtungscharakter des gemeinsam geteilten Wertsystems gegeben – Werte sind in diesem Sinn institutionalisiert. Zweitens ist diese Wertverwirklichung abhängig von einer motivationsgebundenen Anstrengung (*effort*) der handelnden Person: Werte werden als Bedürfnisse internalisiert. Marshall stellt deshalb in den Mittelpunkt seiner „study of man" die Erziehung zu ökonomischen (Sekundär-)Tugenden, deren Ursprung im asketischen Protestantismus offensichtlich ist (Marshall 1925). Zwar ist für Parsons die ökonomische Rationalität an die Nutzen- und Effizienzorientierung der handelnden Personen gekoppelt (Parsons 1949/1937: insb. 234f.), doch erst in seiner Theorie symbolisch generalisierter Kommunikationsmedien, in den Überlegungen zum Geldmedium wird Parsons der Wirtschaft der Gesellschaft Eigenwerte, Codes – Nutzen und Zahlungsfähigkeit – und damit eine Autonomie insbesondere auch gegenüber tradiert-religiösen Handlungsmotivationen zugestehen (Parsons 1969a/1963, Parsons/Smelser 1984/1956). Erst an diesem Entwicklungspunkt kann ökonomische Rationalität vollständig aus einem traditional geprägten Wertekontext herausgelöst und zu einem „reinen" oder „formalen" Rationalitätsbegriff gesteigert werden.

Während dem Begriff der ökonomischen Rationalität damit die Aufgabe zuwächst, den Charakter eines normativ-wertorientierten Handelns theoretisch auszuweisen, wird der Begriff der politischen Rationalität weit weniger ausführlich diskutiert. Als „coercive rationality" (Parsons 1949/1937: insb. 235f.), als Rationalität der Durchsetzung von Befehlen, Anweisungen, Entscheidungen bei anderen Personen, deren Beitrag für den Vollzug der sozialen Handlung unabdingbar ist, ist er eine Vorstufe des Begriffs der formalen Organisation. Die Befehlsbefugnis bzw. Amtsautorität muss dabei genauso auf eine institutionelle und motivationale Basis zurückgreifen können, wie dies im Fall ökonomischer Rationalität gilt. Auch Autorität kann letztlich noch traditionale Wurzeln haben, auch hier bietet erst die Ausarbeitung eines Begriffs der Macht als generalisierte Handlungsressource, als Kommunikationsmedium die Gelegenheit, die Eigenwerte und Codes des politischen Systems – Effektivität und Gehorsam (*compliance*) – von dem traditionalen Wertehintergrund politischer Autorität zu lösen (Parsons 1969a/1963) und damit einen „reinen" Begriff politischer Rationalität zu begründen. Anders als bei Luhmann kann Parsons Organisation nicht als *kulturell vollständig delimitiert* denken bzw. als Freiraum einer uneingeschränkten Motivgeneralisierbarkeit der Organisationsmitglieder (Luhmann 1964, 1978, 2000); Organisationen bleiben bei Parsons institutionell und motivational in ihrer Handlungs-„Umwelt" verankert.

Nach der ökonomischen und politischen Rationalität eröffnet die Auseinandersetzung mit dem Phänomen der Professionen für Parsons den Weg, auch soziale Ordnung unter dem Aspekt der Rationalität zu denken und damit aus einem traditionalen Wertekontext zu lösen. Das seit dem Ende der 1930er Jahre entwickelte Theorem der Mustervariablen stellt einen Algorithmus von Wahlalternativen bereit, der in der Bestimmung der Bedeutung eines Handlungsaktes terminiert. Professionen verknüpfen dabei kollektive Integration, z. B. den Aufbau einer sozialen Beziehung aus der Sorge des Arztes für den Patienten, mit einer rationalen, auf zertifiziertes Wissen und auf Kompetenz ausgerichteten Wertorientierung. Diese Integrationsleistung von Professionen beruht sich gerade nicht auf ein durch gemeinsame Werte gestütztes Zusammengehörigkeitsgefühl, d. h. auf eine in Tradition und Gewohnheit verwurzelte, auf soziale Schließung gerichtete Binnenmentalität, die durch diffuse Zumutungen an einen partikularen Anderen geprägt ist; das in der Konvergenzthese formulierte „mechanische" Modell sozialer Ordnung eines verbindlichen gemeinsamen Wertesystems wird im Fall der Professionen entscheidend relativiert. Es besteht deshalb eine enge theorie-„interne" Verbindung der Profession mit dem symbolisch generalisierten Kommunikationsmedium des Einflusses (Parsons 1969b/1963, 1977a/1975), mit dem Parsons in seinem Spätwerk Prozesse der sozialen Integration gleichsam „organisch" nachzumodellieren versucht. Wie Einflusskommunikation mobilisiert auch professionelles Handeln fallweise Solidaritäten. Die Eigenwerte bzw. Codes des integrativen Systems der Gesellschaft, der so genannten gesellschaftlichen Gemeinschaft – ein paradoxer Begriff – sind deshalb Solidarität und Konsens. Sie beschreiben letztlich, wonach sich integrative Rationalität unabhängig von besonderen Wertorientierungen bemisst.

Am Ende dieser kurzen Genealogie des Rationalitätsbegriffs bei Parsons steht dann der Begriff der kognitiven Rationalität – er ist gleichsam die Basis aller anderen hier verhandelten Rationalitätsbegriffe und Eigenwerte, insofern Handlungssysteme Anpassungsleistungen gegenüber der Umwelt erbringen, Kontakt zur Realität haben, Beziehungen empirischer Referenz konstituieren, Lern- und Erkenntnisprozesse betreiben. Parsons hat in der voluntaristischen Handlungstheorie, der ersten Theorieversion, und im Strukturfunktionalismus, der zweiten Theorieversion, an einem Begriff sozialer Ordnung festgehalten, der eine abgrenzbare Menge moralisch verpflichtender, für alle Gesellschaftsmitglieder verbindlicher Werte beinhaltete, die einen umfassenden Regelungsanspruch sozialer Ordnung stellten. Diese Vorstellung gibt Parsons in seiner dritten letzten Theorieversion, im systemfunktionalistischen Spätwerk – ungefähr ab Mitte/Ende der 1950er Jahre – auf. Die Implementation von Werten wird in der hochmodernen Gesellschaft von Fall zu Fall betrieben, sie beruht auf einem wieteren symbolisch generalisierten Kommunikationsmedium, das den Namen „Wertbindungen" (*value commitments*) trägt (Parsons 1969c/1968, 1977a/1975). Wertbindungen mobilisieren die Bereitschaft, Werte zu implementieren, und das heißt jetzt: Nicht mehr jedes Gesellschaftsmitglied kann bzw. muss an allen Wertimplementationen beteiligt sein; das wäre die schon erwähnte „mechanische" soziale Ordnung im Sinne Durkheims. Wertimplementation wird nun spezialistisch, arbeitsteilig organisiert. Die Wertbindungskommunikationen bilden zusammen mit den anderen medienförmigen Austauschprozessen innerhalb der Gesellschaft einen interdependenten Zusammenhang, mit dem Parsons das rekonstruiert, was Durkheim „organische" Solidarität genannt hatte. Die erfolgreiche Implementation von Werten folgt selbst wiederum Eigenwerten bzw. Codes: der Integrität und Konsistenz von Werten; es wäre allerdings verwirrend, dies „Wertrationalität" zu nennen. Die Aufgabe für Integrität und Konsistenz von Werten in Implementationsprozessen bzw. Wertbindungskommunikationen zu sorgen, fällt dem gesellschaftlichen Treuhändersystem zu. Es ist deshalb eher angebracht, von einer „treuhänderischen" Rationalität erfolgreicher, systematisch betriebener Wertimplementation zu sprechen; dieser Rationalitätsbegriff ist allerdings relativ weit von den kognitiven Problemen der Anpassung an die Umwelt und von Erkenntnisprozessen entfernt. Die kognitive Rationalität bildet nichtsdestoweniger zugleich eine wesentliche Teilmenge dieser zu implementierenden Werte. Professionen sind dann nicht nur Paradigma moderner, rationaler Formen der sozialen Integration, sondern übernehmen auch Treuhänderfunktionen für diese bedeutsame Klasse von Wertorientierungen.

Die in Parsons' Spätwerk sich durchsetzende Auffassung, dass Wertimplementationen nur noch fallweise, selektiv und spezifisch mobilisiert werden können, macht eine Eigenart professionellen Handelns verständlich, die bisher theoretisch nicht klar einzuordnen war: dass hier auch eine Kommunikation von Vertrauen stattfinden muss. Der Vertrauensbedarf professionellen Handelns verweist darauf, dass es für hochmoderne Gesellschaften kein umfassendes, verbindliches Wertesystem mehr gibt, das alle denkbaren Situationen regeln kann. Die ungleiche Verteilung von Information, Wissen und Kompetenz in der Gesellschaft wird durch ein gemeinsames Wertsystem nicht mehr neutralisiert – sie muss jetzt „ausgehalten" werden. So ist das *Principal-Agent*-Problem der ökonomischen Theorie letztlich nur *eine* Ausprägung der Wissens- und Kompetenz-Asymmetrien, die professionelles Handeln generell kennzeichnen. Moralisch verpflichtende Werte gewinnen in einem solchen Szenario eine andere, neue Bedeutung. „Commitment to values on the basis of moral obligations is an indispensable basis of control, but – though a central one – this is *one* factor in the disposition of members of solidary groups to *trust* one another" (Parsons 1978b/1969: 45, Herv. im Orig.). In der Vertrauenskommunikation ist der Rekurs auf gemeinsame, verbindliche Werte nur *ein Faktor unter anderen* für die erfolgreiche soziale Integration, für den Aufbau von Solidarität. Das ist die Kehrseite einer Wertimplementationstheorie, die eine durch symbolische Medien gestützte fallweise, selektive, spezialisierte Mobilisierung von Implementationsbereitschaften behauptet. Parsons hat neben den Wertbindungen auch Einfluss, Macht und Geld, d. h. alle symbolisch generalisierten Kommunikationsmedien des sozialen Systems als *Spezialsprachen institutionalisierten Vertrauens* eingeführt (Parsons 1969b/1963, Wenzel 2001: 337ff.). Doch auch die institutionellen Garantien – positive und negative Sanktionen, die diese Medien zur Verfügung haben[8] – können Vertrauen nicht im Sinne einer Garantie ersetzen, sie sind selbst auf Vertrauen angewiesen, das wie z. B. im Fall des Geldmediums beim *run on the bank* in einer Phase der Hyperinflation in sehr kurzer Zeit sogar vollständig erodieren kann.

Professionelles Handeln hat dann letztlich eine Schlüsselfunktion dafür, wie angesichts einer veränderten Bedeutung moralisch verpflichtender Werte dennoch soziale Integration zu denken ist: als Kommunikation von Vertrauen. Darüber hinaus kann professionelles Handeln ein Musterbeispiel dafür sein, worin die Gründe zu vertrauen bestehen. Parsons selbst hat darauf hingewiesen, dass sowohl die Kompetenz von Personen als auch die Wertorientierung, die man mit ihnen teilt, ausschlaggebend dafür sein können, diese Personen als „vertrauens-

---

8 Vgl. dazu Parsons' erste Formulierung in 1993/1942: 249 und das klassische Schema in Parsons (1969a/1963: 412).

würdig" zu befinden.[9] Den Begriff der Kompetenz von Personen hat Parsons dann ebenfalls als ein symbolisch generalisiertes Kommunikationsmedium zu begreifen versucht, als „performance capacity" (Parsons 1977/1970, Parsons/ Platt 1973), denn es geht ja nicht um die Fähigkeit, eine Reihe klar definierter, spezieller Tätigkeiten auszuführen, sondern um das allgemeine Vermögen, Probleme erfolgreich zu bearbeiten, die eben nicht klar vordefiniert werden können, denen nicht eins-zu-eins eine Lösungsschablone zugeordnet werden kann. Auf rationalem Wissen fußende Kompetenz und routinisierbare, schablonenhafte Tätigkeiten – auch wenn sie hoch speziell sind – schließen sich aus. Die in Professionen verkörperte Kompetenz ist in dieser Hinsicht generalistisch, sie ist nicht routinisierbar und schon gar nicht technisierbar (Blumenberg 1981/1963). Als Treuhänder für bestimmte Werte haben die Professionen zudem eine besondere Beziehung zur Kultur. Mit dem Verlust eines umfassenden, verbindlichen Wertesystems, das alle auftretenden Situationen regeln kann, erhalten wechselnde Situationsdefinitionen zunehmende Bedeutung. Institutionalisierte Werte sind dann nur implementierbar, wenn sie sich *zugleich* auf eine überzeugende Definition der Situation stützen können. Handeln kann nicht in das Prokrustesbett der Werte gepresst werden, Handeln verändert Bewertungen – wenn sich z. B. der Umfang dessen wandelt, was von der *World Health Organization* als Krankheit anerkannt wird, wenn bestimmte Verhaltensweisen wie z. B. Drogensucht als Krankheit neu definiert werden. Parsons sieht in Situationsdefinitionen ebenfalls eine generalisierte Handlungsressource, ein Kommunikationsmedium, dessen kognitiver Kern den Intellektuellen der Gesellschaft zugeordnet ist (Parsons/Platt 1973: 267ff.).

Professionelles Handeln ist dann *erstens* Handeln zur treuhänderischen Implementation spezifischer Ziele und Werte auf der Basis der Ausübung von spezialistischer, aber nie völlig routinisierbarer Kompetenz, d. h. auf der Basis fachlicher Expertise; *zweitens* die Sorge für diese Werte unter dem sekundären Wertaspekt der kognitiven Rationalität, der eine spezifische – wissenschaftliche! – Form aktualistischer Situationsvergewisserung impliziert, begründet und stiftet *drittens* mehr oder weniger direkt[10] eine soziale Beziehung auf der Basis einer Kommunikation von Vertrauen.

---

9 „People defined as sharing one's values or concrete goals and in whose competence and integrity one has ‚confidence' come to be thought of as ‚trustworthy individuals' or ‚types'" (Parsons 1978b/1969: 47).

10 Es gibt natürlich Professionen, die nur sehr indirekt Kontakt mit Klienten haben und keine Dienstleistung im eigentlichen Sinn erbringen; man denke z. B. an reine Forschungspositionen im Wissenschaftsbetrieb. Dennoch ist hier zumindest indirekt ein kollektiver Bezug – zur lokalen Forschergruppe oder auch zur virtuellen Forschergemeinschaft einer Disziplin vorhanden.

Die asymmetrische Verteilung von rationalem Wissen und Kompetenz macht professionelles Handeln von einer gelingenden Vertrauenskommunikation abhängig. In Vertrauenssequenzen muss zunächst der Vertrauensgeber eine Vorleistung erbringen und damit ein gemeinsames Kooperationsprojekt fingieren; erst die Vervollständigung dieser Vorleistung durch eine ergänzende Handlungsantwort des Vertrauensnehmers vervollständigt die Handlung, lässt die Kooperation erfolgreich sein und verwandelt damit Fiktion in Realität (Luhmann 1973/ 1968, Wenzel 2001: 321ff.). Zu Vertrauen kann niemand gezwungen werden, der Erfolg der Vertrauenskommunikation ist kontingent. Der Erfolg professionellen Handelns ist noch in zwei weiteren Hinsichten kontingent: *erstens* in Hinsicht auf die fachliche Kompetenz, d. h. auf eine generalisierte Handlungsfähigkeit in einem spezifischen Wertbereich, das implizierte Problem zu lösen, *zweitens* mit Blick auf die überzeugende Nutzung von Deutungsspielräumen in Prozessen der Situationsanpassung, die eine schablonenhafte Lösung ausschließt und zugleich eine gemeinsame Realität für die beteiligten Akteure schafft. Es ist das Ineinandergreifen, die Interdependenz von Vertrauen, Kompetenz und Situationsdefinition, in dem die Erfolgsaussichten professionellen Handelns begründet sind.

4. Professionen in der Informationsgesellschaft

Die Professionen spielen in der Entwicklung von Parsons' Theorie eine doppelte Schlüsselrolle: Zunächst machen sie ein normativistisches Modell sozialer Ordnung plausibel, indem sie die kollektive Einbettung, die Institutionalisierung rationaler Handlungsformen verkörpern. Das ist die begründende Einsicht von Parsons' professionssoziologischem Programm. In einem zweiten Entwicklungsschritt sind es aber dann gerade die Professionen, die gegen eine normativistische Lesart von Parsons' Theorie als Zeugen aufgerufen werden können. Professionelles Handeln ist treuhänderisches Handeln für die Implementation von Werten, die ohne eine umfassendes, moralisch-verpflichtendes, „mechanisches" Wertsystem auskommt. Ein solches Wertsystem war in der Frühmoderne in Gestalt des asketischen Protestantismus und z. B. auch in den davon abgeleiteten ökonomischen Tugenden für die gesellschaftliche Entwicklung maßgeblich verantwortlich, führte allerdings zu paradoxen Konsequenzen: Die den Prozess der umfassenden Rationalisierung der Lebensführung und die damit einhergehende Ausdifferenzierung eigenlogischer Funktionssysteme der Gesellschaft, allen voran von Wirtschaft und demokratischem Staat, leitende traditional-religiöse Motivation richtet sich schließlich gegen sich selbst, zerstört ihre eigenen Grundlagen (Bellah 1991/1964, Schluchter 1980/1976). Der hochmoderne Mensch lebt im stahlharten Gehäuse der Hörigkeit und ist zum Fachmenschentum verurteilt; er kann nicht mehr auf die motivationsgenerierende Kraft eines (religiösen) Weltbildes zurückgreifen, das seinen Handlungen selbstverständlichen Sinn verleiht, er muss diesen Sinn, seine persönliche Stellungnahme zur Welt selbst herstellen. In ihrem Prozess der funktionalen Ausdifferenzierung ist die hochmoderne Gesellschaft gegenüber Persönlichkeit und Kultur autonom geworden, am klarsten zeigen das die von allen traditionalen Wertrückständen bereinigten „reinen" bzw. „formalen" Rationalitäten der Funktionssysteme an. Handlungssysteme bilden ihre eigenen Werte, folgen ihrer eigenen, rationalen Logik, und professionelles Handeln „folgt" dieser Eigenlogik, macht sich ihre Rationalität zu Eigen.

Dieser Fluchtpunkt einer Ausdifferenzierung von Eigenwerten bzw. „formalen" Rationalitäten von Handlungssystemen gegenüber traditionalen Wertfixierungen wird auch auf einem anderen Weg erreicht: Die methodisch kontrollierte Erzeugung, Vermittlung und Anwendung von Wissen prämiert eine kognitive Rationalität, deren Treuhänderin die moderne Universität ist. Über eine Abfolge von Differenzierungsschritten (säkulares Wissen, Disziplinendifferenzierung, Ausdifferenzierung von Anwendungswissenschaften) werden die Eigenwerte und Eigenlogiken von verschiedenen Handlungsbereichen schließlich als rationales Wissen und professionelle Expertise reflektierbar und an den disziplinären Fortschritt der Wissenschaft gekoppelt. Rationales Wissen und professionelle Expertise bilden als professioneller Komplex nicht nur die Kernstruktur der hochmodernen Gesellschaft, sie transformieren auch die moderne Organisation grundlegend.

Die sich in Parsons' Professionssoziologie vollziehende Abkehr vom Normativismus bedeutet nicht, dass moralische Bindungen keine Bedeutung mehr haben, sie sind jedoch nur ein Faktor im Aufbau von Vertrauen, im kontingenten Erfolg sozialen Handelns. Die Implementierung von Werten wird prekärer, wenn Werte nicht mehr von allen geteilt werden, nicht mehr von jedermann/frau jederzeit gefordert werden kann, für sie einzutreten. Andererseits können nun, da Wertimplementation nur noch fallweise von Treuhändern betrieben wird, Werte implementiert werden, die funktional sehr viel spezifischer differenziert sind; die fallweise und treuhänderisch über das Medium der generalisierten Wertbindungen betriebene Wertimplementation erlaubt weit höhere Freiheitsgrade und den Aufbau einer weitaus höheren Komplexität des Handelns. Auch hierfür ist die disziplinäre Differenzierung der Wissenschaft ein Beleg.

Castells' Frage nach der dem Informationszeitalter zugrunde liegenden Ethik kann nun – allerdings immer noch vorläufig – beantwortet werden: Es handelt sich um eine Ethik der Professionen, eine Ethik des kognitiven, rationalen, methodisch-kontrollierten Umgangs mit Dingen, die Wissen erzeugt, weiter vermittelt, anwendet, erneuert. Wissen kommt durch den Blick auf die Eigenlogik, auf den eigenen Sinn der Dinge zustande, und dies gelingt trotz der dafür notwendigen Schematisierungen und Voreinstellungen, denn Wissen besteht primär nicht selbst in solchen Schemata und Vorverständnissen, sondern in der Referenz auf ein Objekt, auf einen nichtkognitiven Kern. Wissen entzieht sich einer reinen Subsumptionslogik schon wegen der Komponente persönlicher Verkörperung, wegen seines personalen Kompetenzaspekts. Es sind Personen, die Wissen erzeugen, vermitteln, anwenden und erneuern und diese Aufgaben sind nicht vollständig routinisierbar und technisierbar. Information ist Wissen, das zuvor nicht (mit-)geteilt wurde, das eine hier implizierte soziale Asymmetrie der Wissensverteilung zwischen „Sender" und „Empfänger" abbaut und beide dadurch miteinander – in einem schwachen Sinn – „vernetzt". Professionen übernehmen nicht nur für die spezifischen nichtkognitiven Werte ihres Objektbereichs und für kognitive Rationalität treuhänderische Verantwortung, sie sind bei der Bewältigung dieser Aufgabe auch laufend mit der Integration von Sozialbeziehungen befasst, denen eine Asymmetrie der Wissensverteilung zugrunde liegt; in einem ganz grundlegenden Sinn haben sie deshalb die Aufgabe der „Information" des Anderen, die immer auch mit einer Kommunikation von Vertrauen verbunden ist.[11]

Hinter Castells' Frage nach der dem Informationszeitalter zugrunde liegenden Ethik steht jedoch immer noch die klassische normative Wirkungsvermutung, dass bestimmte ethische Überzeugungen und Motivationen für den Aufstieg der Informationsgesellschaft unmittelbar kausal verantwortlich seien. Doch Parsons' Abkehr vom Normativismus seiner frühen und mittleren Werkphase ist ein wichtiges Indiz für das Scheitern dieser Wirkungsvermutung. Am ehesten geeignet ist das normativistische Modell tatsächlich für die Frühmoderne, für das Anlaufen des modernen Rationalisierungsprozesses. Die Informationsgesell-

---

11 Castells' Darstellung ist vorwiegend auf den Informations-, d. h. den Vermittlungsaspekt von Wissen und die daraus entstehenden Vernetzungsphänomene konzentriert. Das Informationszeitalter kennzeichnet dann so etwas wie die „Markttransparenz" der Information. Dabei verliert er – von einigen kulturdiagnostischen Äußerungen abgesehen – allerdings den Effekt aus den Augen, den die technischen Kommunikationsmittel auf die mit ihnen transportierten Botschaften ausüben – im Sinne von „the medium is the message" (McLuhan 1964) oder auch im Sinne zusätzlicher Freiheitsgrade des Handelns (Wenzel 2001: insb. 92ff.). Technische Kommunikationsmedien verhalten sich ihren Botschaften gegenüber nicht einfach neutral; die Unterscheidung zwischen Verbreitungs- und Erfolgsmedien (Luhmann 1997: 202ff.) ist deshalb problematisch.

schaft ist jedoch ein Kind der Hochmoderne. Im Prozess der umfassenden Rationalisierung der Lebensführung ist Gesellschaft ein viel weitmaschigerer und flexiblerer Handlungszusammenhang geworden; symbolisch generalisierte Kommunikationsmedien haben die Freiheitsgrade sozialen Handelns und sozialer Ordnung sprunghaft erhöht und sind so Katalysatoren der funktionalen Ausdifferenzierung geworden, auch Person und Kultur sind zu autonomen Handlungssystemen geworden, die untereinander – anders als z. B. der asketische Protestantismus, die puritanische Persönlichkeit und die aufstrebende kapitalistische Erwerbsgesellschaft – nicht mehr „fest verdrahtet" sind. Kehrseite dieser Autonomisierung der Handlungssysteme ist allerdings zunehmende Kontingenz, d. h. der Umstand, dass Handeln unter der Bedingung der Unsicherheit vollzogen werden muss. Sowohl die treuhänderische Funktion der Professionen wie auch ihr Kernelement der personalen Kompetenz als generalisierte Handlungsressource verweisen darauf, dass ein produktiver Umgang mit Kontingenz und Unsicherheit von einer kognitiven Rationalität abhängig ist, die nicht in die dekontextualisierte Form der *einen* richtigen Lösung gebracht werden kann, sondern einen Freiheitsspielraum insbesondere hinsichtlich der klugen Wissens*anwendung* eröffnet.[12]

Die moralische Bindung an Normen und Werte ist nicht mehr unmittelbar handlungsregulierend, kann einen Handlungserfolg nicht „normativistisch" garantieren; Normen und Werte können dennoch Kontingenz absorbieren, indem sie in der Konstitution einer gemeinsamen Realität, in der Fingierung und erfolgreichen Realisierung eines gemeinsamen Kooperationsprojekts Orientierung und Unterstützung geben. Normen und Werte werden von den Akteuren hier eher als „Ethnomethoden" verwendet,[13] mit denen sie sich wechselseitig ihr Handeln zurechenbar, verstehbar machen, was eine wesentliche Voraussetzung für einen späteren Handlungserfolg sein mag. Als Struktur machen sie zwar Vorgaben, lassen aber Freiräume des Handelns, auch den Freiraum, in rekursiven Prozessen der Strukturation diese Struktur zu variieren und zu transformieren.[14]

---

12 Vgl. zu einer solchen Reinterpretation von kognitiver Rationalität als kontextsensitive Rationalität des produktiven Umgangs mit Unsicherheit Toulmin 1990; Nerlich 1997; Wenzel (2001: 106ff.).

13 Den konstitutiven – im Unterschied zum regulativen – Gebrauch von Normen und Werten hat Harold Garfinkel ausgehend von Spielregeln untersucht. Vgl. seine im theoretischen Kontext von Vertrauenskommunikation und Situationsdefinition angestellten, wegweisenden Überlegungen: Garfinkel 1990/1963.

14 Im Zusammenhang mit wirtschaftssoziologischer und sozialtheoretischer Diskussion, insbesondere anhand der Theorie von Anthony Giddens, kommt Jens Beckert gerade in den Fragen der Kooperation und der Innovation in Wirtschaftsorganisationen zu ähnlichen Schlussfolgerungen. Vgl. Beckert (1997: insb. 349ff.) sowie Kieser (1999/1992: 355ff.).

Auch im Fall des Toyotismus kann man deshalb auf Werte und Normen als kontextbildende Strukturaspekte Bezug nehmen. Langfristige Geltung beanspruchende, traditionelle Verhaltenskodizes der japanischen Gesellschaft (Benedict 1946) können eine gemeinschaftliche Perspektive, eine Solidarität von Arbeitern und Management im Betrieb zwar nicht mehr direkt fordern, aber sie können eine Vertrauenskommunikation im konstitutiven Sinn orientieren und stützen und damit *ein* wichtiger Faktor im gemeinsamen Kooperationsprojekt sein. Vertrauen ist im „wissenserzeugenden Betrieb" eine unabdingbare Ressource, ohne die ein kontinuierlicher Prozess von Verbesserungsinnovationen, wie sie für die Automobilproduktion typisch sind, nicht denkbar ist. Die vernetzte, vom Wissensaustausch geprägte Betriebsorganisation nähert sich dem Modell der kollegial verfassten Universitätsorganisation an: Die für den Taylorismus typische Wissensasymmetrie zwischen Management und Arbeitern ist hier weitgehend beseitigt; die Hierarchien sind flach; die Arbeiter erfahren einen Prozess der Requalifikation, des „reskilling", sie eignen sich das zuvor im (wissenschaftlichen) Management ausgelagerte Expertenwissen zumindest partiell wieder an – ganz ähnlich wie Patienten, die sich in Selbsthilfegruppen organisieren, dort Wissen austauschen und mit einem hohen Kenntnisstand über die therapeutischen Optionen ihrer Krankheit ihrem Arzt gegenübertreten.[15]

Die Vertrauensbeziehung zwischen Management und Arbeiter kann über Zeit einen wechselseitigen und verstetigten Charakter annehmen, zum Erfolgsmodell werden. In vergleichender Perspektive liegt die These nahe, dass die Varianz in der Entwicklung moderner Gesellschaften sich auch in unterschiedlich großen Mengen von angesammeltem Vertrauenskapital, in unterschiedlichen Vertrauensmilieus erweist (Fukuyama 1995); zu bedenken bleiben jedoch die sich verschärfenden globalen Konkurrenzverhältnisse (Kern 1997: 272ff.): Als potentiell vertrauenszerstörend muss das „concession bargaining" der Unternehmensführung gegenüber den Arbeitern angeführt werden; in einer Atmosphäre des Misstrauens ist es unwahrscheinlich, dass Arbeiter Verbesserungsinnovationen vorschlagen, die eine Produktivitätssteigerung bewirken und damit womöglich noch selbst zusätzlichen Druck auf das Unternehmen erzeugen, Arbeitsplätze zu streichen. Aus dieser Perspektive erscheinen plötzlich die Arbeiter, insbesondere die qualifizierten Facharbeiter, als Experten, die ihr Wissen von der optimierten Organisation des Produktionsablaufs auch für sich behalten können –

---

15 Diese Reappropriation von Expertenwissen ist ein Kennzeichen von hochmodernen Gesellschaften: „Modern social life is a complex affair, and there are many ‚filter-back' processes whereby technical knowledge, in one shape or another, is reappropriated by lay persons (…). Processes of reappropriation relate to all aspects of social life" (Giddens 1990: 145).

weil dies in ihrem Interesse ist; Kern spricht gar von einer möglichen „innere(n) Emigration der Kernbelegschaften" (ebd.: 275) für einen solchen Fall misslingender Vertrauenskommunikation. Mitbestimmung, Tarifautonomie und Kündigungsschutz sind dann nicht einfach nur Kosten, die den erzielbaren Gewinn eines Unternehmens mindern; sie sind symbolische Eckpunkte eines Vertrauensmilieus, das für einen kontinuierlichen Innovationsprozess und eine auf der Basis von Wissen vernetzte Organisation unabdingbar ist. Das Beispiel der Professionen hat, von Parsons ausgehend, gezeigt, dass Vertrauenskommunikation für Organisation und Innovation nicht nur notwendig, sondern auch wie sie möglich ist.

Literatur

Abbott, Andrew (1988): The System of Professions. An Essay on the Division of Expert Labor. Chicago: The University of Chicago Press.
Barnard, Chester I. (1939): Dilemmas of Leadership in the Democratic Process. Princeton University: Princeton University Press.
Barnard, Chester I. (1964/1938): The Functions of the Executive. Cambridge, MA: Harvard University Press.
Beckert, Jens (1997): Grenzen des Marktes. Die sozialen Grundlagen wirtschaftlicher Effizienz. Frankfurt/M.: Campus.
Bellah, Robert N. (1991/1964): Religious Evolution. In: ders.: Beyond Belief. Essays on Religion in a Post-Traditionalist World. Berkeley: University of California Press, S. 20-50.
Benedict, Ruth (1946): The Chrysanthemum and the Sword. Patterns of Japanese Culture. Boston: Houghton Mifflin.
Blumenberg, Hans (1981/1963): Lebenswelt und Technisierung unter den Aspekten der Phänomenologie. In: ders.: Wirklichkeiten, in denen wir leben. Aufsätze und eine Rede. Stuttgart: Reclam, S. 7-54.
Castells, Manuel (1996): The Rise of the Network Society. The Information Age: Economy, Society and Culture, Volume I. Oxford: Blackwell.
Fox, Renée (1959): Experiment Perilous. Glencoe, Ill.: The Free Press.
Freidson, Eliot (1970): Professional Dominance. Chicago: Aldine.
Fukuyama, Francis (1995): Trust. The Social Virtues and the Creation of Prosperity. New York: The Free Press.
Garfinkel, Harold (1990/1963): A Conception of, and Experiments with, „Trust" as a Condition of Stable Concerted Action. In: Coulter, Jeff (Hg.): Ethnomethodological Sociology. Aldershot: Edward Elgar, S. 3-54.
Giddens, Anthony (1990): The Consequences of Modernity. Stanford: Stanford University Press.

Kern, Horst (1997): Vertrauensverlust und blindes Vertrauen: Integrationsprobleme im ökonomischen Handeln. In: Hradil, Stefan (Hg.): Differenz und Integration. Die Zukunft moderner Gesellschaften. Verhandlungen des 28. Kongresses der Deutschen Gesellschaft für Soziologie in Dresden 1996. Frankfurt/M.: Campus, S. 271-282.

Kieser, Alfred (Hg.) (1999/1992): Organisationstheorien. Stuttgart: Kohlhammer.

Kieser, Alfred/Kubicek, Herbert (1992): Organisation. Berlin: Walter de Gruyter.

Larson, Magali Sarfati (1977): The Rise of Professionalism. Berkeley: University of California Press.

Luhmann, Niklas (1964): Funktionen und Folgen formaler Organisation. Berlin: Duncker & Humblot.

Luhmann, Niklas (1973/1968): Vertrauen. Ein Mechanismus der Reduktion sozialer Komplexität. Stuttgart: Enke.

Luhmann, Niklas (1978): Organisation und Entscheidung. Opladen: Westdeutscher Verlag.

Luhmann, Niklas (1997): Die Gesellschaft der Gesellschaft, 2 Bde. Frankfurt/M.: Suhrkamp.

Luhmann, Niklas (2000): Organisation und Entscheidung. Wiesbaden: Westdeutscher Verlag.

Marshall, Alfred (1925): Principles of Economics. London: Macmillan.

McLuhan, Marshall (1964): Understanding Media: The Extensions of Man. New York: McGrawHill.

Moore, Wilbert E. (1970): The Professions: Roles and Rules. New York: Russell Sage Foundation.

Nerlich, Michael (1997): Abenteuer oder das verlorene Selbstverständnis der Moderne. München: Gerling Akademie Verlag.

Nonaka, Ikujiro (1991): The Knowledge-Creating Company. In: Harvard Business Review, Nov./Dez., S. 96-104.

Nonaka, Ikujiro/Takeuchi, Hirotaka (1994): The Knowledge-Creating Company: How Japanese Companies Created the Dynamics of Innovation. New York: Oxford University Press.

Parsons, Talcott (1949/1937): The Structure of Social Action. A Study in Social Theory with Special Reference to a Group of Recent European Writers. New York: The Free Press.

Parsons, Talcott (1954a/1939): The Professions and Social Structure. In: ders.: Essays in Sociological Theory. Revised Edition. New York: The Free Press, S. 34-49.

Parsons, Talcott (1954b/1940): The Motivation of Economic Activities. In: ders.: Essays in Sociological Theory. Revised Edition. New York: The Free Press, S. 50-68.

Parsons, Talcott (1959/1951): The Social System. Glencoe, Ill.: The Free Press.

Parsons, Talcott (1960a/1956): A Sociological Approach to the Theory of Organizations. In: ders.: Structure and Process in Modern Societies. New York: The Free Press, S. 16-58.

Parsons, Talcott (1960b/1958): Some Ingredients of a General Theory of Formal Organization. In: ders.: Structure and Process in Modern Societies. New York: The Free Press, S. 59-96.

Parsons, Talcott (1967/1964): Evolutionary Universals in Society. In: ders.: Sociological Theory and Modern Society. New York: The Free Press, S. 490-520.
Parsons, Talcott (1968): Professions. In: International Encyclopaedia of the Social Sciences. New York: The Macmillan Company & The Free Press, Bd. 12, S. 536-547.
Parsons, Talcott (1969a/1963): On the Concept of Political Power. In: ders.: Politics and Social Structure. New York: The Free Press, S. 352-404.
Parsons, Talcott (1969b/1963): On the Concept of Influence. In: ders.: Politics and Social Structure. New York: The Free Press, S. 405-429.
Parsons, Talcott (1969c/1968): On the Concept of Value-Commitments. In: ders.: Politics and Social Structure. New York: The Free Press, S. 439-472.
Parsons, Talcott (1977a/1975): Social Structure and the Symbolic Media of Interchange. In: ders.: Social Systems and the Evolution of Action Theory. New York: The Free Press, S. 204-228.
Parsons, Talcott (1977b/1970): Some Problems of General Theory in Sociology. In: ders.: Social Systems and the Evolution of Action Theory. New York: The Free Press, S. 229-269.
Parsons, Talcott (1978a/1975): The Sick Role and the Role of the Physician Reconsidered. In: ders.: Action Theory and the Human Condition. New York: The Free Press, S. 17-34.
Parsons, Talcott (1978b/1969): Research with Human Subjects and the „Professional Complex". In: ders.: Action Theory and the Human Condition. New York: The Free Press, S. 35-65.
Parsons, Talcott (1986/1939): Aktor, Situation und normative Muster. Frankfurt/M.: Suhrkamp.
Parsons, Talcott (1993/1942): Propaganda and Social Control. In: ders.: Talcott Parsons on National Socialism. New York: Aldine de Gruyter, S. 243-274.
Parsons, Talcott/Bales, Robert F./Shils, Edward A. (1981/1953): Working Papers in the Theory of Action. Westport/Connecticut: Greenwood Press.
Parsons, Talcott/Platt, Gerald M. (1973): The American University. Cambridge, Mass.: Harvard University Press.
Parsons, Talcott/Smelser, Neil J. (1984/1956): Economy and Society. A Study in the Integration of Economic and Social Theory. London: Routledge & Kegan Paul.
Parsons, Talcott/Storer, Norman (1968): The Disciplines as a Differentiating Force. In: Montgomery, E.B. (Hg.): The Foundations of Access to Knowledge. A Symposium. Syracuse, N.Y.: Division of Summer Sessions, Syracuse University, S. 101-121.
Schluchter, Wolfgang (1980/1976): Die Paradoxie der Rationalisierung. Zum Verhältnis von „Ethik" und „Welt" bei Max Weber. In: ders.: Rationalismus der Weltbeherrschung. Studien zu Max Weber. Frankfurt/M.: Suhrkamp, S. 9-40.
Starr, Paul (1982): The Social Transformation of American Medicine. New York: Basic Books.
Tönnies, Ferdinand (1979/1887): Gemeinschaft und Gesellschaft. Grundbegriffe der reinen Soziologie. Darmstadt: Wissenschaftliche Buchgesellschaft.
Toulmin, Stephen (1990): Cosmopolis. The Hidden Agenda of Modernity. New York: The Free Press.

Wenzel, Harald (1991): Die Ordnung des Handelns. Talcott Parsons' Theorie des allgemeinen Handlungssystems. Frankfurt/M.: Suhrkamp.
Wenzel, Harald (2001): Die Abenteuer der Kommunikation. Echtzeitmassenmedien und der Handlungsraum der Hochmoderne. Weilerswist: Velbrück Wissenschaft.

Die Organisation professioneller Arbeit in Deutschland. Ein Vergleich mit England

Wolfgang Littek, Ulrich Heisig, Christel Lane

1. Einführung

Angehörige der Professionen leisten Arbeit in organisatorisch besonderer Form. Als „Elite" unter den Wissensberufen sind sie offensichtlich auch von besonderer Bedeutung für hoch entwickelte Gesellschaften und deren Modernisierung. Anliegen dieses Beitrags ist es, das Besondere der professionellen Organisation aufzuzeigen und dabei auch der Frage nachzugehen, inwieweit die spezifische deutsche Organisationsweise sich als hemmend für Modernisierung im Bereich professioneller Dienstleistungen erweist. Das Anliegen lässt sich am besten durch *Vergleich* einlösen, denn der Kontrast zur Situation in anderen Gesellschaften lässt die Besonderheit in der eigenen deutlicher erkennen. Als Basis werden uns empirische Befunde einer international vergleichenden Untersuchung mit England dienen. Differenzen treten aber auch zwischen einzelnen Professionen zutage. Der Vergleich ist deswegen auch interprofessionell, indem traditionelle, neu entstandene und den Status einer Profession erst anstrebende Berufsgruppen unterschieden werden.

In einem ersten Teil werden wir die Charakteristik der professionellen Organisation in Deutschland allgemein konzeptionell herausarbeiten. Der zweite Teil bietet dann die empirischen Berunde, aus denen sich im Einzelnen die Konsequenzen dieser speziellen Organisationsform ablesen lassen. Die Ergebnisse werden sich auf drei Themenbereiche beziehen: erstens den Bereich der Arbeit, zweitens die Rolle von Kunden bzw. Klienten, und drittens auf den Bereich der Regulation, seiner Formen und Auswirkungen – denn die Professionen bilden die am nachhaltigsten regulierten Berufe, auch wenn sie als „Freie Berufe" daherkommen.

2. Profession und Organisation – Deutschland im Modernisierungsrückstand?

2.1 Kontrolle von Arbeit: drei grundlegende Logiken

Professionen zeichnen sich generell in ihrer geschichtlichen Entstehung als Berufe aus, die auf der Basis exklusiven Wissens *selbst* ihre Arbeit kontrollieren. Nicht der *freie Markt* als Vermittler von Konsumentenwünschen bestimmt über Angebot und Konditionen der Arbeit und Arbeitsteilung, auch nicht Manager als Gestalter arbeitsteiliger Großorganisation, sondern die *Berufe* selbst als Träger von exklusivem Wissen („esoteric knowledge"), das gesellschaftlich von besonderer Relevanz ist. Freidson spricht in diesem Zusammenhang von Professionalismus als einer „dritten Logik", nach der Organisation, Nutzung und Vermarktung von Arbeit sich gestaltet. Es lassen sich also dezidiert drei Kontrollformen unterscheiden. Jede von diesen zieht wiederum eine unterschiedliche Arbeitsteilung nach sich (Freidson 2001: 60). Der Frage der *Kontrolle* soll deswegen zentrale Beachtung geschenkt werden im Kontext von Profession und Organisation.

Im angelsächsischen Bereich ist eine eigenständige Professionssoziologie fest etabliert, in Deutschland zeichnen sich Bemühungen um ihre Etablierung erst ab (vgl. dazu das Internet-Portal *www.professionssoziologie.de*). Es ist jedoch wenig sinnvoll, Professionen mit einer separaten Konzeption zu thematisieren, gleichsam abgehoben vom sonstigen analytisch-konzeptionellen Zugang zur Arbeitswelt. Bei den Profession handelt sich auch um Berufe, die in einem *System gesellschaftlicher Arbeitsteilung* existieren – allerdings eben um Berufe besonderer Art. Die Analyse gehört in den weiteren Kontext der Analyse von Arbeit und ihrer Organisationsformen. Spezieller auf professionelles Handeln gerichtet, sind bei der Betrachtung Makro- oder Mikroebenen zu unterscheiden. Professionelle Arbeit ist zum einen im Kontext der *gesellschaftlichen Arbeitsteilung* von Interesse; dabei geht es u. a. um Spezialisierung in Berufen oder Tätigkeiten, die nach Komplexität, sozialem Ansehen, Einfluss etc. differenziert sind. Sie ist aber auch im Kontext von *betrieblicher Arbeitsteilung* von Interesse, bei der es um Funktionsspezialisierung geht, also um *Arbeitszerlegung* innerhalb einer rational strukturierten Organisation nach deren spezifischen Interessen (zur Unterscheidung der Formen und Ebenen von Arbeitsteilung siehe Littek 2001: 8221ff.).

Bei den Professionen handelt es sich allerdings (so muss man es sagen) um die bestorganisierten Berufe. Da sie exklusiv auf formalem, komplexem wissenschaftlichem Wissen basieren, kann seine Anwendung auch nicht von außenstehenden „Laien" fachlich beurteilt werden. Zumindest fachlich-inhaltlich ist Kontrolle der Arbeit in hohem Maße auf *Selbstkontrolle* angewiesen. Das ist gerade in gesellschaftlich sensiblen, wichtigen Bereichen nur akzeptiert, wenn sie sich durch *Ethik*, durch eine ethische Selbstverpflichtung legitimiert. Hinzu kam für die historische Entstehung von Professionen, dass Spezialisierungen auf Gebieten, denen von der Gesellschaft, seitens des Staates oder auch einflussreicher Eliten *Werte* beigemessen werden, der privilegierte Status eines Monopols im jeweiligen Tätigkeitsbereich zugestanden wurde (u. a. Siegrist 1988: 14ff.; Freidson 2001: 32; Macdonald 1995: 66ff.).

Was bedeutet Selbstkontrolle in organisatorischer Hinsicht? Selbstkontrolle umfasst nicht nur Kontrolle der Qualität erbrachter Leistung, sondern auch der Qualifikation und Kompetenz der professionellen „Kollegen", damit auch des Zugangs in die Profession, und in manchen Fällen auch der Angemessenheit von Vergütung, die seitens der Klienten oder Kunden aufzubringen ist. Das kann nur gelingen, wenn der Zugang durch beliebige andere Anbieter vergleichbarer Dienstleistungen effektiv verhindert, also eine „soziale Schließung" (Weber 1972: 23, 201ff.) erreicht wird. Ihrem Wesen nach richten Professionen ihre Anstrengungen darauf, alleinige (und anerkannte) „jurisdiction" (Abbott 1988) auf einem Arbeitsgebiet zu gewinnen. Sie errichten Monopole. Die monopolistische Kontrolle bildet die Essenz von Professionalismus. Garantiert werden muss das Monopol allerdings von einer übergeordneten Instanz, die gesellschaftlich dazu über die Macht verfügt. Diese Instanz ist der *Staat*. Auch bei aller Bedeutung von *Selbst*regulation sind Professionen ohne Staat nicht denkbar.

Soweit ist allerdings ein *idealer Typ* von Profession umschrieben. So wurde er auch in der sozialwissenschaftlichen Fachliteratur vielfach charakterisiert (Macdonald 1995; Freidson 2001; Pfadenhauer 2003). Allgegenwärtig ist das Bild von einem Professional, der wichtige, existenzielle Probleme für seine Klienten, gleichsam stellvertretend, löst, handelnd in eigener Praxis und in persönlichem, direktem Kontakt nach selbst kontrollierten Standards. Bezugspunkt für die fachliche Kontrolle sind die Kollegen in der betreffenden „Profession" mit den gemeinsam geteilten Standards bezüglich Verhalten, Qualität, Ethik, Verantwortung und auch standesgemäßer Vergütung.[1]

---

[1] Wenn hier im Text die männliche Form „*der* Professional" u. ä. verwandt wird, so sind damit dennoch gleichermaßen weibliche wie männliche Professionsmitglieder gemeint. Ursprünglich war die männliche Form zwar durchaus wörtlich zu nehmen: die Professionen waren Männerdomäne. Das hat sich inzwischen jedoch entscheidend verändert; viele Professionen sind mit ihren Mitgliedern gleichermaßen weiblich geworden (vgl. auch u. a. Wetterer 1995). Nur die Sprachform hinkt noch weit hinterher, bietet keine einfache weibliche Form wie „*die*" Professional, oder es sind umständliche Wortkonstruktionen erforderlich. Deswegen sind von uns mit der

2.2 Formen professioneller Organisation unter Veränderungsdruck

In den „klassischen" Ländern der Professionsforschung, England und USA, haben die Professionen mitsamt den Organisationsbedingungen ihrer Arbeit allerdings einen enormen Wandel durchgemacht und sich von der „Idealform" weit entfernt. Das Agieren als Professional erfolgt vielfach als Beschäftigter im Kontext von Großorganisationen. Das zeigen die angloamerikanischen „law firms" mit Größenordnungen von bis zu 500-1000 Professionals, die großen Apothekenketten, Wirtschaftsprüferfirmen (*accountants*) oder Ärztezentren usw. Mit dem Wandel der Organisationsformen kommen aber neue Verhaltensparameter für Professionals ins Spiel. Neben die Orientierung an den professionellen Kollegen (*peers*) (und ihrer Verbände) tritt die Orientierung an den *Zielen und Erfordernissen der Organisation*. Das reicht von nun erst möglichen Aufgabendifferenzierungen und extern gesetzten Zielvorgaben über Koordinierungserfordernisse und „Dienstwege" bis hin zur deutlicheren Unterwerfung unter Profiterzielung als grundlegender Leitmaxime (Abbott 2001; Freidson 1994: 140ff.; Lane/Littek/Potton 2002). Unfreiheit ist die neue Problemlage. Den Professionals entstehen damit aber auch ganz neue Konditionen zur Nutzung von Ressourcen für ihre Arbeit; es eröffnen sich ganz neue Möglichkeiten für *Karriere*, man ist nicht mehr permanent den Konkurrenzen der Kollegen am Markt ausgesetzt. Es entwickeln sich aber auch – in der organisationalen Hierarchie – neue *Differenzierungen*, wo eben nicht mehr alle Mitglieder einer Profession „Gleiche unter Gleichen" sind, was zumindest offiziell zum Grundbestand professionellen Selbstverständnisses gehört.

Die ebenso im Selbstverständnis bedeutsame professionelle *Solidarität* ist allerdings in diesen Ländern nicht nur durch solche Differenzierungen in Großorganisationen unter Druck geraten, sondern bei den verbliebenen Selbstständigen ebenfalls unterminiert worden. Denn hier haben Maßnahmen zur Förderung von Wettbewerb am Markt effektiv in Richtung Ersetzung der professionellen Selbstregulierung gewirkt. Das hat durch aggressive Werbung, Preiskämpfe u. ä. eher auch die *öffentliche Herausstellung von Differenzen* zwischen Kollegen erlaubt, wenn nicht gar erfordert. Das professionelle Selbstverständnis einer solidarischen Gemeinschaft von Gleichen wurde mit den Deregulierungsschritten immer mehr zur Fiktion. In gleicher Weise ging der politische Druck auch dahin, die traditionelle Vermeidung von offener Kritik unter Kollegen aufzuweichen. Professionen mussten dementsprechend auch strenger gegen eigene Kollegen

---

männlichen Form hier im Text beide Geschlechter angesprochen – wie in unserer Gesellschaft auch sonst weit verbreitet.

disziplinarisch vorgehen, insbesondere als Reaktion auf zunehmende manifeste Beschwerden von Kunden und Klienten.

2.3 Professionen – „Freie" oder geregelte Berufe?

Im Kontrast zu diesen Entwicklungen weist die professionelle Organisation *in Deutschland* noch deutliche Züge des ursprünglichen „Idealtypus" auf. Das beruht vor allem darauf, dass hier die Form der „Freien Berufe" mit Selbstständigkeit oder in Partnerschaften für die Erbringung professioneller Dienstleistungen dominiert. Das bedeutet zugleich das Vorherrschen *kleinbetrieblicher Organisationsstrukturen* für die professionelle Tätigkeit. Ein potenzieller Vorteil von Kleinbetrieblichkeit ist der direkte persönliche Kontakt zwischen dem Hilfe suchendem Kunden und dem über das notwendige Wissen verfügenden Dienstleistungsanbieter. Das in Deutschland verfolgte Modell professioneller Arbeit fixiert sich allerdings übermäßig an einem idealtypischen Modell, das von einer persönlichen Beziehung zwischen dem professionellen Dienstleistungsanbieter als individuellem Akteur und dem Klienten/Mandanten/Patienten als Dienstleistungsempfänger in einer persönlichen Problemsituation ausgeht.[2] Demgegenüber ist das englische System insgesamt arbeitsteiliger organisiert, was wiederum größere Organisationseinheiten ermöglicht bzw. bedingt.

Im Gegensatz zu ihrer Kennzeichnung als „Freie" Berufe sind Professionen hochgradig geregelte Berufe.[3] Für Deutschland typisch ist zudem eine *sehr hohe* Regulierungsintensität. Regulierung der Professionen bezieht sich etwa auf Konditionen der Zulassung, auf Werbeverbot, Beschränkungen von Niederlassungsfreiheit, Mehrbesitzverbot, Festlegung von zugelassenen oder eben nicht zugelassenen Dienstleistungsangeboten oder fachübergreifenden Partnerschaften u. ä. Dabei agiert hier der *Staat* als zentraler Regulator, vornehmlich über detaillierte Gesetzesvorschriften. Genau in diesem Punkt ist es auch mit der Nähe zum ursprünglichen „Idealtypus" vorbei. Hier zeigt sich das deutsche System professioneller Organisation diametral entgegengesetzt zum traditionellen „Idealtypus" anglo-amerikanischer Prägung. Die professionssoziologische Literatur unterscheidet denn auch durchweg ein sog. „kontinentales Modell", dem Deutschland

---

2 Diesen Aspekt hat am weitesten das Oevermann'sche Konzept ausgebaut, das professionelle Praxis von seiner Funktion eines „vicarious crisis management" für die Klienten her zu thematisieren sucht (Oevermann 1996, 2002).
3 Tatsächlich „frei" sind dagegen nicht anerkannte und somit nicht geregelte Berufe wie z. B. die Unternehmensberater – die eben nicht den Professionsstatus haben.

zugerechnet wird, vom weitaus liberaleren „anglo-amerikanischen Modell" der Professionalisierung (vgl. Svensson/Evetts 2003: 5ff.).

Die Dominanz von „Freien Berufen" ist für ein erhebliches Maß an *Beharrungsvermögen* im deutschen System professioneller Organisation verantwortlich. Oder deutlicher ausgedrückt, Kleinbetrieblichkeit und hohe Verregelung sind vornehmlich auf *Bestandswahrung* gerichtet und bewirken somit eine hohe Modernisierungsresistenz. Ein beachtlicher Anteil der Professionals ist zwar nicht freiberuflich selbstständig tätig, arbeitet gar in öffentlichen oder privaten Großorganisationen. Dies ist z. B. fast bei der Hälfte der Mediziner und Psychologischen Psychotherapeuten und bis zu einem Fünftel bei den Pharmazeuten der Fall. Alle Professionals aber müssen Mitglied einer Kammer sein; und in den Kammern dominieren die Interessen der Freiberufler. So werden häufig Probleme oder Interessen, die eigentlich aus der Situation der „Freien Berufe" entstehen, als solche der Professionen und professioneller Dienstleistung hochstilisiert.

Regulation wirkt – das muss man sich ganz deutlich machen – *zweischneidig*. Regulation bedeutet zunächst einmal Schutz: Anerkennung und Verteidigung der eigenen Interessen gegen andere Konkurrenten, Sicherung der *jurisdictional claims* (Abbott 1988), also der Ausschließlichkeit von bestimmten Betätigungsrechten. Aber Regulation bedeutet zugleich auch Einschränkung der Handlungsfreiheit in der Berufsausübung. So werden gesetzlich nur bestimmte Betriebsformen zugelassen; es ist festgeschrieben, welche fachübergreifenden Partnerschaften gebildet werden dürfen und welche nicht; Apotheker dürfen geschäftlich nicht expandieren wegen des Mehrbesitzverbots; die erst kürzlich zur Profession aufgestiegenen Psychologischen Psychotherapeuten mussten erfahren, dass ihnen nunmehr bislang praktizierte Therapieverfahren gesetzlich verboten sind, wenn sie als Niedergelassene im öffentlichen Krankenversicherungswesen abrechnen wollen. Die Auflistung ließe sich beliebig fortsetzen. Die Beschränkung ihrer Handlungsfreiheit wird gerade von den einzelnen Professionsmitgliedern häufig negativ angemerkt (s. u.). Andere Einzelmitglieder von Professionen sind auch schon gerichtlich gegen Beschränkungen ihrer Berufsausübung vorgegangen, wie bei den Rechtsanwälten geschehen.

Gegenwärtig sehen sich die Professionen in Deutschland einem generellen Druck seitens der Politik in Richtung einer *Deregulierung* konfrontiert. Das läuft – zumindest als Absichtserklärung – sowohl auf nationaler Ebene (siehe z. B. Bericht der Bundesregierung zur Lage der Freien Berufe 2002), aber ebenso auch supranational auf der Ebene der Europäischen Union (siehe z. B. die vorbereitende Studie „Economic impact of regulation in the field of liberal professions in different Member States", Paterson et al. 2003). Es geht dabei gleichermaßen um den politischen Willen, in den durch hohe Regulation „geschützten" Bereichen die Restriktionen zu lockern und dadurch den Wettbewerb zu stärken. So sollen bessere Dienstleistungen zu niedrigeren Kosten erzielt werden. Ob dies gelingt, ist allerdings zweifelhaft. Der deutsch-britische Vergleich zeigt nämlich, dass ein Abbau der vorgelagerten Regulierung zu einem Verlust an Qualität der Dienstleistungen, zu Streitigkeiten, gerichtlichen Auseinandersetzungen und einer wachsenden Unzufriedenheit der Kunden führen kann. Weil der Markt bei professionellen Dienstleistungen in der qualitativen Dimension als Steuerungsmedium versagt, werden direkte staatliche Eingriffe in die Leistungserbringung erforderlich. Es findet also nur eine Verschiebung auf eine nachgelagerte Ebene statt. Häufig wird solche *nachgelagerte Regulierung* in der Gesamtbilanz von Regulierungsintensität nicht berücksichtigt, weil das Augenmerk sich zu sehr nur auf die *vorgelagerte Regulierung* richtet.

2.4 Die deutsche Situation im Kontrast zu England

Wir wollen in diesem Beitrag die Besonderheit der Organisation professioneller Arbeit in Deutschland auf empirischer Grundlage herausarbeiten. Dabei soll ausdrücklich auch deren *Wandel* in den vergangenen Jahren in den Blick genommen werden. Der professionelle Wandel ist vor dem Hintergrund zu beurteilen, dass unsere Gesellschaft insgesamt von starken Veränderungen der Wirtschaftsstruktur gekennzeichnet war, wozu insbesondere Arbeits- und Beschäftigungsbedingungen, Internationalisierung und Globalisierung, Bildungsexpansion, aber auch ein Wertewandel mit Relevanz für Arbeitsethik und Konsumentenansprüche und insgesamt eine Zunahme des Gewichts von Dienstleistungen zählen. Der darin implizierte, viel berufene Wandel zur *Wissensgesellschaft* ist zudem besonders für professionelle Berufe bedeutsam, handelt es sich doch bei ihnen um die Elite der wissensbasierten Berufe.

Ein Verständnis für die *Besonderheit* des deutschen Systems professioneller Organisation lässt sich unserer Meinung nach am eindringlichsten gewinnen in der Kontrastierung mit einem gegensätzlichen Modell der Organisation und Praxis professioneller Arbeit. Für einen solchen Vergleich bietet sich ganz besonders England an. In *England* hatten im Lauf der geschichtlichen Entwicklung die Berufsgruppen große Freiheit, *selbst* die Standards ihrer Aktivitäten zu regeln und sich darin zu „professionalisieren", also auf ihre Weise eine „soziale Schließung" zu erreichen, eine effektive Abwehr potentieller Konkurrenten. Dazu gehörte auch die Qualifizierung für den Beruf, wofür die öffentlichen Universitäten

– anders als in Deutschland – zunächst keine Rolle spielten. England gilt daher als Paradebeispiel für eine „professionalization from below".

Demgegenüber gilt *Deutschland* im professionssoziologischen Diskurs als Prototyp einer „professionalization from above", weil hier die Obrigkeit die Standards für professionelle Tätigkeit setzte und nach ihren Interessen förderte. Die geschichtliche Entwicklung in Deutschland war also eher geprägt von staatlichen Institutionen und insbesondere einem Interesse an der Effektivitätssteigerung öffentlicher Verwaltung. Schon früh wurden dazu auch staatliche Universitäten genutzt, die in der englischen Professionalisierungsbewegung keine Rolle spielten.[4] Auf dieser Basis wurde quasi über den öffentlichen Dienst einer weit größeren Zahl von Menschen der Zugang ins „Bildungsbürgertum" geboten. Damit herrschten völlig andere Rahmenbedingungen für die Entwicklung professioneller Berufe (so u. a. Abbott 1988: 177ff.; Macdonald 1995: 72ff., 89ff.; Pfadenhauer 2003: 53ff., ausführlicher auch die Beiträge in Siegrist 1988; Stichweh 1994). Das ist prägend bis in die Gegenwart, auch wenn sich aktuell von beiden Extrempolen her Tendenzen zu einer Konvergenz unübersehbar ausmachen lassen (wir werden später in der empirischen Analyse darauf zurückkommen).

Deutschland ist auch in der aktuellen Bestandsaufnahme zur Regulation professioneller Dienstleistungen in der Europäischen Union als eines der Länder mit der höchsten Regulationsintensität eingestuft worden, und zwar sowohl was die Regulierung des *Marktzugangs* wie auch die Regulierung des *Verhaltens* betrifft. England wird dagegen auf der Basis des von den Autoren entwickelten komplexen „regulatory index" für die verschiedenen Professionen generell zu den Ländern mit der niedrigsten Regulierungsintensität gezählt (Paterson et al. 2003).[5]

Die Regulierung setzt in Deutschland *am individuellen Mitglied*, am einzelnen Professional an. Er (oder sie) muss persönlich den gesetzlich definierten Anforderungen genügen. Die Mitglieder einer Profession müssen ihre Befähigung durch den Erwerb formaler Abschlüsse und den Nachweis einschlägiger beruflicher Praktika unter Beweis stellen. Bei Erfüllung der Voraussetzungen erhalten sie eine staatliche Lizenz zur Ausübung der Tätigkeit. Der Staat übt Kon-

---

4 Bemerkenswert aus deutscher Sicht ist dabei, dass in England Universitäten und universitäre Ausbildung bei der Herausbildung und Fortentwicklung speziell der traditionellen Professionen, insbesondere Recht und Accounting, keine Rolle spielten. Englische Professionen haben typischerweise selbst zunächst Ausbildungsstätten, Journale und Vereinigungen gegründet (Abbott 1988: 202)

5 Eine kritische Position zu dieser Studie beziehen Henssler/Kilian 2003, die u. a. hervorheben, dass Paterson et al. die in den verschiedenen Staaten praktizierten unterschiedlichen Regulierungsmodalitäten nicht genügend beachten.

trolle über den Qualifikationserwerb aus, und er definiert die Qualifikationsanforderungen, indem er die Voraussetzungen für die Zulassung zur Berufsausübung festlegt. Allerdings verbirgt sich hinter dem Begriff „Staat" als Gestalter ein hochkomplexes System unterschiedlicher institutioneller Akteure, so dass keineswegs von einem uniformen Handlungswillen oder Agenten ausgegangen werden kann (Littek/Heisig 2003a). Auch Interessen der Professionen finden durch Lobbyarbeit durchaus Eingang, vor allem in die Legislative, aber auch in die Exekutive. Durch die Rechtsprechung, der dritten Säule staatlichen Handelns, können schließlich professionsrelevante Regulationsvorgaben zudem nachträglich Modifikationen des politisch Intendierten erfahren, wie dies beispielsweise bei den Rechtsanwälten in den vergangenen zwei Jahrzehnten der Fall war, die erhebliche Veränderungen für ihre Berufsausübung bewirkten. Die Ausübung der staatlichen Kontrolle über das professionelle Handeln hat „der Staat" weitgehend an die jeweiligen *Kammern* delegiert, also an Selbstverwaltungsorgane des öffentlichen Rechts. Das wiederum gibt es so nicht in England, wo der Staat in Einzelfällen direkt bei den Professionen eingreift, wenn er das vorab generell an die *professional bodies* abgetretene Recht zur Selbstkontrolle nicht gebührend ausgeübt empfindet.

In England wie auch in den Vereinigten Staaten setzt die Regulierung professioneller Arbeit dagegen – stärker als im deutschen System – *an den Organisationseinheiten* an, von denen Professionals beschäftigt werden. In England existiert ein Beschäftigungssystem, das einen wesentlich höheren Anteil an abhängig beschäftigten Professionals aufweist. Es sind dort somit die (großen) Organisationseinheiten, die durch *arbeitsorganisatorische Maßnahmen* sicherstellen müssen, dass die professionellen Standards bei der Dienstleistungserstellung eingehalten und eine entsprechende Qualität der Arbeit gewährleistet werden. Diese Regelungen beinhalten keine Bevorzugung einer spezifischen, freiberuflichen Form von professioneller Arbeit. In der dortigen Konstellation fällt es leichter, professionelle Arbeit unter ökonomischen Gesichtspunkten zu organisieren und sie dem Ziel der Gewinnerzielung zu subsumieren. Das gilt auch in den Fällen, in denen die Professionals in großen Unternehmen formal nicht als abhängig Beschäftigte, sondern als *Partner* arbeiten, wie teilweise zum Beispiel in den großen *law firms*.

Es sind zudem in England eher die Professionen selbst, die als Kollektiv die Anforderungen definieren, die für eine Mitgliedschaft erfüllt werden müssen. Die professionelle Selbstkontrolle war zudem zumindest in der Vergangenheit wenig formalisiert, vielmehr eher informell. Die von den *professional bodies* selbst entwickelten und praktizierten Regeln werden vom Staat (nachträglich) anerkannt und formell sanktioniert. In den meisten Fällen ist allerdings damit für die Mitglieder kein exklusives Recht auf Praxis verbunden, vielmehr können in vielen Bereichen auch andere Professionen, teilweise auch sonstige Berufsgruppen, entsprechende Dienstleistungen anbieten. Nur den geschützten Titel dürfen sie dabei nicht verwenden. Diese Praxis des „title licensing" ist in England (und den USA) weit verbreitet (vgl. u. a. Freidson 1986: 66). Es spielt dagegen in Deutschland nur eine geringe Rolle. Hier gilt eher das Prinzip des „practice licensing", bei dem die Lizenzierung offiziell das Recht umfasst, diese Dienstleistung exklusiv für Kunden oder Klienten zu praktizieren. Im anglo-amerikanischen Bereich bildet strenges „practice licensing" eher die Ausnahme.[6]

Weil es durch die in England vorherrschende Form für die einzelne Profession latent immer wieder darum geht, „jurisdictional claims" (Abbott) zu besetzen und beständig zu verteidigen, sind dort die Beziehungen zwischen verschiedenen Professionen und Berufen deutlich *angespannter, konfliktreicher* als in Deutschland. In Deutschland werden die Berechtigung zur Berufsausübung in einem professionellen Feld und die Tätigkeit selbst weitaus stärker durch das administrative System vorbestimmt und geregelt, was die Konkurrenz in der individuellen Praxisausübung dämpft.

2.5 Die empirische Basis

Als Grundlage der Ausführungen dienen uns Befunde aus einer groß angelegten, international und interprofessional vergleichenden empirischen Studie zur „Zukunft professioneller Arbeit in Deutschland und Großbritannien", die in Kooperation zwischen Teams der Universitäten Cambridge und Bremen im Kern von 2000 bis 2002 durchgeführt wurde (Lane et al. 2002, 2003, 2004). Es ging darum, vor allem die *professionelle Arbeit* selbst intensiv zu erfassen, was bislang nur in wenigen Studien zu Professionen der Fall ist. Diese Analyse professioneller Arbeit wurde ausgeführt vor dem Hintergrund ganz unterschiedlicher institutioneller und gesellschaftlicher Rahmenbedingungen, unterschiedlicher Organisationsformen, unterschiedlicher Einflüsse von Veränderungen auf dem Arbeitsmarkt und im Bildungswesen, in der Nutzung neuer Technologien, im Berufsver-

---

6 Als ein Beispiel für *Titel-Lizenzierung* in Deutschland wäre der gesetzliche Schutz des Titels „Psychologe" anzuführen, mit dem kein Schutz einer spezifischen Berufsausübung verbunden ist. Demgegenüber bietet als Beispiel für *Praxis-Lizenzierung* hier die Anerkennung als „Psychologischer Psychotherapeut" zusätzlich das exklusive Recht zu einer formal umschriebenen Dienstleistungserbringung mit ebenfalls geregelter Vergütung durch die gesetzlichen Krankenkassen.

ständnis, im Rechtswesen, bei der staatlichen Politik und bei speziellen Regulierungsmaßnahmen, schließlich auch in der Haltung zur Globalisierung und Internationalisierung der Wirtschaft.

Ein Vergleich der verschiedenartigen Modelle und institutionellen Rahmenbedingungen sollte nicht zuletzt Aufschluss darüber bringen, wie unterschiedlich tatsächlich das professionelle Handeln und seine Effektivität sind, wie unterschiedlich verteilt die Modernisierungschancen ausfallen, welches jeweils als die größten Probleme angesehen und welche als die wichtigsten Faktoren für Veränderungen in den letzten zehn Jahren hervorgehoben werden. Insgesamt sollte daraus eine Aussage gewonnen werden, welches System professioneller Organisation sich als geeigneter oder „zukunftsfähiger" angesichts der Anforderungen gesellschaftlicher Modernisierung zeigt, somit – wenn man so will – auch Vorbildfunktion übernehmen kann.

Wenn wir im Vergleich der empirischen Befunde von „England" sprechen, so ist damit genau genommen England und Wales gemeint, *nicht* aber Großbritannien. Denn tatsächlich variiert die professionelle Organisation dort und weist für Schottland und Nordirland Spezifika auf, die in Details deutlich von England und Wales abweichen. Nur England und Wales waren aber in unsere empirischen Erhebungen einbezogen.

Man darf allerdings in der Realität nicht davon ausgehen, dass innerhalb eines Landes bei den verschiedenen Professionen gleiche Handlungsbedingungen gegeben sind und in etwa gleiche Vorgehensweisen zur Wahrung des privilegierten monopolartigen Status gewählt werden. Das ist nicht der Fall; die verschiedenen Professionen verfolgen innerhalb des ihnen in Deutschland gesetzten Rahmens ganz unterschiedliche Strategien. In unserer vergleichenden Untersuchung kam es uns darauf an, auch diese Unterschiedlichkeit ausdrücklich zu erfassen, weil sie in der allgemeinen professionssoziologischen Diskussion häufig zu kurz kommt. Als exemplarisch für *traditionelle* Professionen wurden Apotheker und Rechtsanwälte gewählt, für *neu* in den formellen Status einer Profession gelangte die Psychologischen Psychotherapeuten, und als Berufsgruppe, die den formellen Status (noch) nicht erlangt hat, die Unternehmensberater. Ihre unterschiedlichen organisatorischen Bedingungen und Handlungsstrategien profilieren wir kurz im folgenden Abschnitt.

In beiden Ländern sollten wegen der Vergleichbarkeit identische Berufsgruppen untersucht werden. Es zeigte sich aber bald, dass die Professionen in beiden Ländern kaum identisch sind: Das ist gleichsam ein erster Befund, und er ist auf andere Länder ausdehnbar. Am ähnlichsten in unserer Auswahl sind die deutschen Apotheker und die britischen *pharmacists*. Die übrigen Berufsgruppen sind nur mehr oder weniger, nicht aber vollständig deckungsgleich. So entsprechen die britischen *solicitors* den deutschen Rechtsanwälten als Gegenpart nur zum Teil, weil sie das Aufgabengebiet dort mit den *barristers* teilen, die die Vertretung vor Gericht für sich usurpiert haben. Da Psychologische Psychotherapeuten in England nicht existieren, wurden *counselling psychologists* gewählt, die ebenfalls vor kurzem als Teilgruppe der Psychologen formelle Anerkennung als Profession erlangt haben. Ein Gegenstück existiert nicht in Deutschland (obwohl es hier seit einiger Zeit Bemühungen um eine entsprechende Etablierung gibt). Schließlich wurde in England die Gruppe der *human resource managers* aufgenommen, eine formell anerkannte Profession, zu der es in Deutschland kein Gegenstück gibt. Sie sind in England Beschäftigte in großen Unternehmen, während die für Deutschland gewählten Unternehmensberater z. T. ähnliche Aufgabengebiete extern wahrnehmen. Überdies konzentrierte sich die Untersuchung hier auf Selbstständige oder kleinere Unternehmensberatungsfirmen.

Die unvollständige Deckungsgleichheit ist bei der Interpretation der im folgenden empirischen Teil präsentierten Ergebnisse immer im Hinterkopf mit zu berücksichtigen. (Dieser Hinweis gilt allerdings für jedwede international orientierte Aussage zum professionellen Handeln).

Unsere Untersuchungsbefunde basieren auf einem zweistufigen Vorgehen in der Studie. Zunächst wurde ein Zugang zu Problemlagen und Sichtweisen auf der Ebene der Verbände (und Kammern, in Deutschland), also der *professional bodies* gesucht. Auf diesem Kenntnisstand wurden dann die *individuellen Mitglieder* mittels ausführlichem Fragebogen jeweils landesweit per Zufallsauswahl befragt. Die im folgenden Teil 3 präsentierten Zahlen resultieren daraus. Genauere Hinweise zur Methodik der empirischen Untersuchung werden wir im Anhang geben.

2.6 Charakteristika der untersuchten Professionen

Apotheker

Die Politik dieser Berufsgruppe, gebündelt durch die ABDA, ist auf den *Erhalt des Status quo* gerichtet. Die ABDA (*Bundesverband Deutscher Apothekerverbände* seit 1982) klagt immer dann sofort vor öffentlichen Gerichten, wenn einer der Grundpfeiler des geltenden Berufs- und Wettbewerbsrechts aus ihrer Sicht angetastet wird. Die ABDA geht sehr restriktiv gegen Mitglieder der eigenen Berufsgruppe vor, die den bestehenden Konsens stören.

Bei den Apothekern handelt es sich in unserer Untersuchung um diejenige Berufsgruppe, die am stärksten von staatlicher Regulierung abhängt. Mehrbesitzverbot, Verbot des Versandhandels, Apothekenbetriebsordnung, Preisbindung etc. schreiben eine kleinbetriebliche Struktur ebenso wie eine enorme Einschränkung von Wettbewerb fest. Erst in jüngerer Zeit sind hier einige Lockerungen eingetreten. Politische Entscheidungen der Regierung spielen eine große Rolle. Aufgrund ihrer großen Abhängigkeit von staatlichen Regelungen sind die Apotheker geradezu *von staatlicher Seite „erpressbar"*. Das zeigen z. B. die Auseinandersetzungen um Versandapotheken (Bestellungen über das Internet), die Reglementierung des Arzneimittelbudgets, die Ausweitung des strikten Mehrbesitzverbots auf nunmehr drei Apotheken u. ä.

Für die Profession insgesamt ist offenbar die Maxime *Schutz durch Rigidität* leitend. Die Apotheker stünden unter allen Professionen aber auch vor den größten Umbrüchen, wenn der gegenwärtige hohe Regelungsschutz für die kleinbetriebliche Struktur aufgehoben würde. Allerdings werden durchaus auch Divergenzen zwischen der professionellen Standesorganisation insgesamt und den Interessen einzelner Professionals deutlich: Die einzelnen Mitglieder beklagen sich in unserer Untersuchung überdurchschnittlich über ein zu hohes Maß an Regulation (zu dieser Berufsgruppe speziell und ihrer Vergleichsgruppe in England vgl. Lane et al. 2004c).

Rechtsanwälte

Die deutschen Rechtsanwälte sind innerhalb unseres Samples diejenige Berufsgruppe, die bezüglich der Deregulierung und Liberalisierung ihres Handelns dem *stärksten Wandel* unterliegt. Dies wurde jedoch vor allem durch Initiativen von einzelnen Mitgliedern im Wege gerichtlicher Klagen durchgesetzt, ist also *nicht* Ergebnis einer bewussten Politik „des Staates", ebenso wenig aber auch der kollektiven Interessenvertretung durch Kammern und Verbände, die eher am Status quo festhalten möchten. Mehrfach wurden aufgrund von Klagen von Rechtsanwälten berufsständische Regelungen als unzulässig erklärt, mit der Folge, dass Beschränkungen der Berufsausübung Schritt für Schritt aufgehoben wurden (zu dieser Berufsgruppe speziell und ihrer Vergleichsgruppe in England vgl. Lane et al. 2004b).

Psychologische Psychotherapeuten

Diese Teilgruppe der Psychologen hat mit dem Psychotherapeuten-Gesetz von 1999 die *volle Anerkennung als Profession* erreicht. Die psychologischen Psychotherapeuten gehören nun eigenständig zu den Heilberufen, erhalten eine Approbation und können als Niedergelassene Mitglied in der Kassenärztlichen Vereinigung (KV) werden und darüber Zugang zu den Krankenkassen erhalten.

Mit der neu erworbenen Anerkennung als Profession sind für deren Mitglieder ein höherer Status und höhere Beschäftigungssicherheit verbunden. Dies sticht gerade auch im Vergleich zum nicht geregelten Berufsstatus der übrigen *Psychologen* besonders hervor. Von den Mitgliedern werden als Negativum jedoch sehr deutlich auch *größere Bürokratie* und größerer Aufwand (durch Gutachterverfahren, KV-Richtlinien) sowie *Einschränkung der Handlungsfreiheit* durch die nunmehr eingeführte Beschränkung der Therapieformen auf nur noch drei zugelassene „Richtlinienverfahren" beklagt. In der Berufsgruppe spielen wie kaum anderswo unterschiedliche Schulen und Richtungen eine große Rolle, so dass den neu gebildeten *Kammern* auch die Handhabung interner Konflikte als eine wesentliche Aufgabe zuwächst. In diesem Falle wurden durch staatliche Regulierung per Gesetz alle verschiedenen Therapierichtungen zu einer einheitlichen Profession *Psychologische Psychotherapeuten* zusammengefasst. So wurde eine Voraussetzung zur Demonstration wissenschaftlicher Grundlagen und zur Überwindung von Gegensätzen sowie eine Stärkung der Berufsgruppe insgesamt geschaffen. Doch dieser Weg bot auch Anlass zu besonders viel Kritik und Beschwerden in den Antworten der befragten Mitglieder (zu dieser Berufsgruppe speziell und ihrer Vergleichsgruppe in England vgl. Lane et al. 2004d).

Unternehmensberater

Die Berufsbezeichnung „Unternehmensberater" oder „Personalberater" ist in Deutschland nicht gesetzlich geschützt, so dass jeder sich Unternehmens- bzw. Personalberater nennen kann. Hinzu kommt, dass das Berufsfeld durch die starke interne Ausdifferenzierung der Tätigkeitsbereiche und zunehmende Spezialisierung immer unübersichtlicher wird. In der Regel verfügen diejenigen, die als Unternehmens- und Personalberater tätig sind, über einen Studienabschluss – meist in einem wirtschaftswissenschaftlichen Fach. Aber auch Wirtschaftsinformatiker, Mathematiker, Physiker, Chemiker, Mediziner und auch Geisteswissenschaftler verschiedener Fachrichtungen oder Sozialwissenschaftler finden sich unter den Beratern. Dies bedeutet, dass sich im Berufsfeld der Unternehmens- und Personalberater Akteure mit einem breiten Spektrum unterschiedlicher Qualifikationsprofile bewegen. Beratertypische Wissensbestände und Kompetenzmerkmale sind deshalb nur sehr schwer identifizierbar.

Bei den Unternehmensberatern handelt es sich um keine Profession im klassischen Sinn, weil diese über kein einheitliches und verbindliches Qualifikationsniveau verfügen und zudem keine gemeinsam akzeptierte Berufsethik, verbindliche Qualitätsstandards oder auch Vergütungsregelungen zugrunde legen. Der Markt wird von Großunternehmen, von multinationalen, international agierenden *global players* beherrscht, welche die Standards setzen und von ihrer Ausrichtung her für die bei ihnen Beschäftigten auch nicht an einer Professionalisierung im klassischen Sinne interessiert sind.[7] Unsere Untersuchung konzentrierte sich eher auf die kleineren Firmen oder Selbstständigen und ihre professionelle Handlungsorientierung. Sie stellen immerhin gut ein Drittel der in der Branche Beschäftigten (zu dieser Berufsgruppe speziell und ihrer Vergleichsgruppe in England vgl. Lane et al. 2004a).

3. Vorzüge und Beschränkungen des deutschen Systems professioneller Organisation: Empirische Befunde

Bei der Interpretation der im Folgenden präsentierten Ergebnisse ist generell zu beachten, dass jede international komparative Betrachtung unter der Schwierigkeit steht, die jeweilige Kulturgebundenheit in ihrer ganzen Komplexität nicht vermitteln zu können. Das bedeutet insbesondere, dass die Verwendung *gleicher Begrifflichkeit* für sehr *unterschiedliche Kontexte und Bedeutungsgehalte* im vordergründigen Vergleich zu vereinfachten und vorschnellen Schlüssen verleiten kann. Davor muss gewarnt werden. Die Bedingungen professioneller Arbeit in England z. B. sind keineswegs kompatibel zu denen in Deutschland. Schon unser deutsches Berufskonzept ist in Großbritannien nicht geläufig. Regulierungen gesetzlicher und anderer Art zur Sicherung von Marktexklusivität finden sich in Deutschland auch bei einer Vielzahl sonstiger Berufe. So etwas kennt das britische Beschäftigungssystem wiederum kaum, weswegen dort die Professionen eine weit elitärere Bedeutung haben. *Profession* ist in Großbritannien ein

---

7 Eine Fülle von aktuellen Daten und weiterführenden Informationen besonders über die großen Unternehmensberatungsfirmen und den Markt für Unternehmensberatung findet sich in Rudolph/ Okech 2004.

(wertgeladener) Begriff der Alltagssprache, während er in Deutschland (wie in den meisten Ländern des Kontinents; Freidson 2001) umgangssprachlich nicht geläufig ist – nicht mal unter den Angehörigen der betreffenden Berufsgruppen. Andererseits wird professionelle Arbeit dort vielfach im Bezugsrahmen von abhängiger Beschäftigung gedacht, was wiederum für Deutschland kaum der Fall ist. Ein deutliches Wort sprechen in diesem Zusammenhang die unterschiedlichen *Betriebsgrößen*, in denen professionelle Arbeit organisiert ist. In unserem Sample von je vier professionellen Berufsgruppen sind in Deutschland in kleinen Betrieben von *1-10* Beschäftigten insgesamt 82,5 Prozent der Professionals tätig. Das gilt nur für 26,6 Prozent der befragten Professionals in England. Dagegen sind in großen Organisationen von *200 oder mehr* Beschäftigten nur insgesamt 6,1 Prozent der deutschen, aber 54,1 Prozent der britischen Professionals tätig. In gleiche Richtung weist, dass sich als *Alleininhaber* 59 Prozent der deutschen, aber nur 17 Prozent der britischen befragten Professionals bezeichnen. Ähnliche, wenn nicht noch deutlichere Unterschiede würde ein Vergleich zu den USA aufzeigen.[8]

3.1 Arbeitszufriedenheit und Kontrolle der Arbeit

Insgesamt kann für Mitglieder von Professionen ein hohes Maß an Identifikation mit der Arbeit und hohes berufliches Engagement erwartet werden. Wie beides allerdings im Einzelfall ausgeprägt ist, hängt zu einem großen Teil von der konkreten Arbeits- und Beschäftigungssituation und den beruflichen Perspektiven ab. Auswirkungen auf die Höhe der Arbeitszufriedenheit lägen nahe.

Arbeitszufriedenheit

Wie bei einer durch hohe eigene Ermessensspielräume (*discretion*) gekennzeichneten Arbeit zu erwarten, ist die Arbeitszufriedenheit, wie die Antworten zeigen, bei allen Professionen in beiden Ländern generell hoch. Die Werte für die deutschen Professionals in unserer Untersuchung liegen allerdings (bis auf eine Gruppe) merklich höher als die für die britischen. Freiberuflichkeit scheint eine positive Wirkung auf die Zufriedenheit mit der Arbeit zu haben.

---

8 Sicher hängen diese Ergebnisse auch mit der spezifischen Sampleauswahl in unserer Untersuchung zusammen; aber doch nur zu einem geringen Ausmaß.

Tabelle 1: Arbeitszufriedenheit unterschiedlicher Professionen in Deutschland und England („hohe und sehr hohe Zufriedenheit")
(Angaben in %)

Deutschland	Apotheker	Rechtsanwälte	Unternehmensberater	Psychologische Psychotherap.
	64,1	70,2	83,1	73,1
England	Pharmacists	Solicitors	Human Res. Managers	Counselling Psychologists
	52,1	44,2	66,4	80,0

Bei allen Professionen – mit Ausnahme der britischen *solicitors* – übersteigt die Zahl derer, die eine hohe Arbeitszufriedenheit mit ihrem Beruf verbinden, entschieden die Unzufriedenen. Doch zwei der englischen Gruppen liegen deutlich unter dem Durchschnitt. Am wenigsten mit ihrer Arbeit zufrieden zeigen sich ausgerechnet die britischen *solicitors*. Dies ist ein auf den ersten Blick erstaunliches Ergebnis, da es sich bei diesen um eine ziemlich prestigeträchtige und vergleichsweise sehr gut verdienende Gruppe handelt. Die vergleichsweise geringe Zufriedenheit der *solicitors* lässt sich vermutlich dadurch erklären, dass in England der Staat in den letzten Jahren infolge einer hohen Zahl von Kundenbeschwerden und gerichtlichen Auseinandersetzungen zunehmend gerade in deren Tätigkeitsbereich interveniert hat. Das ist ein für diese Berufsgruppe bislang nicht gekannter Sachverhalt. Er stellt auch den eklatantesten Fall von *nachgelagerter* Regulierung dar. Ein solches direktes Eingreifen im Einzelfall durch die Exekutive gibt es in Deutschland nicht.

Im Gegensatz zu den britischen sind die deutschen *Rechtsanwälte* mit ihrer Arbeit recht zufrieden. Dies, obwohl gerade sie in den letzten Jahren am meisten von Deregulierungen und einer deutlichen Zunahme des Wettbewerbs aufgrund einer drastisch wachsende Zahl von Mitgliedern in ihrer Profession betroffen waren. Trotz dieser „Bedrohungen" ihrer privilegierten Position durch die Zunahme von Professionsmitgliedern scheint für viele jedoch die unmittelbare Arbeitssituation „intakt" geblieben zu sein.

Die zweite Gruppe mit auffallend geringer Arbeitszufriedenheit sind die britischen *pharmacists*. Dies lässt sich zumindest teilweise mit der äußerst schwierigen Lage von selbstständigen Apothekern erklären, die sich nur schwer gegenüber den Apothekenketten behaupten können, die den Markt beherrschen. Darüber hinaus scheinen die *pharmacists* ebenso wie die *solicitors* zunehmend von staatlichen Eingriffen in ihre Aufgabenfelder betroffen zu sein. Dadurch werden die ehemals großen Handlungs- und Entscheidungsspielräume dieser beiden etablierten Professionen schrittweise eingeschränkt. Das zeigt sich auch in einem hohen Ausmaß von Beschwerden und gerichtlichen Auseinandersetzungen seitens der Kunden und Klienten. Darauf werden wir weiter unten zurückkommen.

Die höchste Arbeitszufriedenheit weisen in England mit 80 Prozent die *counselling psychologists* auf, gefolgt von den *human resource managers* mit 66,4 Prozent. Diese Berufsgruppen haben beide erst kürzlich den Status einer durch die *Royal Charter* anerkannten Profession erhalten. Für die *counselling psychologists* gilt die Anerkennung des Titels seit 1994, für die *human resource managers* erst seit 1999. Hinzu kommt, dass beide Gruppen von den gesellschaftlichen Veränderungen profitieren. Die *counselling psychologists* nehmen in dem wachsenden Bereich persönlicher Beratung eine recht privilegierte Stellung ein. Die *human resource managers* haben nach der Unterzeichnung des europäischen Sozialkapitels und der damit verbundenen Übernahme von EU-Recht in Großbritannien einen Bedeutungszuwachs erfahren, da die Relevanz arbeits- und sozialrechtlicher Regelungen in den Unternehmen zugenommen hat.

Die *zufriedenste* Gruppe überhaupt in unserer Untersuchung stellen die deutschen *Unternehmensberater*. Dies hängt u. E. vor allem mit zwei Faktoren zusammen. Zum einen haben die Unternehmensberater in Deutschland über viele Jahre hinweg von einer deutlichen Ausweitung ihres Marktes profitieren und auch vergleichsweise hohe Einkommen – bei allerdings auch hohen Arbeitszeiten – erzielen können. Zum anderen ist ihre Arbeit kaum durch gesetzliche Vorgaben reguliert. Sie bilden formell keine Profession. Dadurch genießen sie zwar keinen Schutz von Titel und Betätigungsfeld, verfügen aber aufgrund des Fehlens der unvermeidlichen Regelungsfolgen eines beruflichen „Monopols" über erhebliche Handlungsspielräume bei der Schaffung neuer Tätigkeitsfelder und der Ausführung ihrer Arbeit – einschließlich deren Vergütung. Die positiven Konditionen hatten sich zwischenzeitlich zumindest teilweise infolge der Wirtschaftskrise durch einen Rückgang bei der Nachfrage nach Beratungsleistungen verschlechtert, haben aber bereits wieder Besserung erfahren (vgl. hierzu auch Rudolph/Okech 2004).

Kontrolle der Arbeit

Die für professionelle Arbeit typische Kontrollform besteht in beruflicher Selbstverwaltung. Sie ist, wie oben dargestellt, auch als „dritte Logik" der Arbeitsgestaltung bezeichnet worden (so Freidson 2001). Die berufliche Selbstorganisation kann durch von der Profession selbst geschaffene Institutionen wie den Berufsverbänden in England oder aber durch vom Staat dazu ermächtigte Kammern wie in Deutschland praktiziert werden. Dort, wo bei professioneller Arbeit abhängige Beschäftigung in Großorganisationen dominiert, kommen eine Reihe von Mechanismen organisationaler Kontrolle hinzu, wie das in England zu beobachten ist. Es bilden sich vielfältige Mischformen aus beruflicher Selbstkontrolle und bürokratisch-hierarchischer Fremdkontrolle heraus, die darauf zielen, professionelles Handeln im Sinne des Betriebes zu beeinflussen bzw. es betrieblichen Zwecken zu unterwerfen. Diese Einflussnahme auf professionelles Handeln erfolgt dabei im Wesentlichen über das Instrument der Leistungsbewertung.

Dementsprechend hängt im organisatorischen Kontext die Kontrolle der Arbeit eng mit Leistungsbewertung, finanziellen Leistungsanreizen und innerbetrieblichen Karriereversprechungen für erwünschtes Leistungsverhalten zusammen. Diese Mechanismen dienen in großbetrieblichen Arbeitszusammenhängen als Instrumente zur indirekten Beeinflussung bzw. Steuerung des Arbeitsverhaltens von Professionals. Darüber hinaus ist von Bedeutung, nach welchen Prinzipien Großorganisationen arbeiten und geleitet werden, wie insbesondere die anglo-amerikanische Forschung herausgearbeitet hat (Überblick in Lane/Wilkinson 2002).

Die konkreten Bedingungen, unter denen die Mitglieder der unterschiedlichen Professionen ihre Arbeit verrichten, haben entscheidenden Einfluss auf das Arbeitshandeln der Erwerbstätigen. Dabei ist offensichtlich die Form des Beschäftigungsverhältnisses von entscheidender Bedeutung. Während in Deutschland professionelle Dienstleistungen noch überwiegend in freiberuflicher Form als selbstständige Tätigkeit erbracht werden, dominiert in England abhängige Beschäftigung. So können größere Organisationen entweder selbst von Professionals oder aber von berufsmäßigen Managern geleitet werden. In ersterem Fall stehen professionelle Handlungskonditionen (wie insbesondere selbst in großen *law firms* eher partnerschaftlich) im Vordergrund, in letzterem die überwiegende Verfolgung ökonomischer, d. h. nichtprofessioneller Zielsetzungen. Solche Unterschiede in den Arbeits- und Beschäftigungsbedingungen haben, wie sich besonders deutlich an den Befragungsergebnissen zur Überwachung der Arbeitsleistung sowie deren Beurteilung und Bewertung zeigt, beträchtliche Unterschiede in den Entscheidungs- und Gestaltungsspielräumen bei der Arbeit zur Folge. Während für die britischen Professionals „bürokratische" Kontrolle und Vorgesetzte bei der Arbeit eine große Rolle spielen, findet bei den Mitgliedern der deutschen „freien Berufe" eine systematische Überwachung und Bewertung ihrer Arbeitsleistung durch eine formale Institution selten statt.

Der Beurteilung und Bewertung der Arbeitsleistung kommt eine völlig andere Qualität zu, je nachdem, ob die Arbeit im Wesentlichen selbstorganisiert oder fremdorganisiert ist. Die folgende Tabelle 2 zeigt zunächst, welche Bedeutung die Professionals der Leistungsbewertung für ihre Arbeitsverausgabung („how hard you work") beimessen.

Tabelle 2: Bedeutung von Leistungsbewertung für die Arbeitsverausgabung (Angaben in %)

Deutschland	Apotheker	Rechtsanwälte	Unternehmens-berater	Psychologische Psychotherap.
groß/ sehr groß	21,9	23,0	35,8	72,6
nicht sehr/überhaupt nicht	78,1	77,0	64,2	38,3
England	Pharmacists	Solicitors	Human Res. Managers	Counselling Psychologists
groß/ sehr groß	63,1	36,6	63,9	70,4
nicht sehr/überhaupt nicht	36,9	63,4	36,1	29,6

Wie aufgrund der unterschiedlichen Beschäftigungsverhältnisse zu erwarten, spielt Leistungsbewertung im deutschen System professioneller Organisation eine insgesamt weniger bedeutsame und auch anders begründete Rolle als im britischen. Am ausgeprägtesten sind die Differenzen zwischen Deutschland und England bei Apothekern und *pharmacists*, die sich beim Beschäftigungsstatus und der Größe des Beschäftigungsbetriebes am deutlichsten unterscheiden. Während in Deutschland bei den Apothekern Selbstständigkeit oder auch abhängige Beschäftigung in einem Kleinbetrieb mit engem Kontakt zum Eigentümer der Regelfall sind, arbeitet die Mehrzahl der englischen *pharmacists* in großen Organisationseinheiten und Kettenapotheken.

Betriebliche Arbeits- und Leistungskontrollen sind für die von uns befragten Mitglieder der deutschen Professionen auch deshalb von geringer Bedeutung, weil es kaum organisationsinterne Anreize für das Erbringen besonderer Leistungen gibt. Da in den meisten Fällen berufliche Laufbahnen, Aufstiegsmöglichkeiten und Karrierechancen weitgehend fehlen, können Leistungsdifferenzen kaum entsprechend gewürdigt werden. Der wesentliche Anreiz, der im deutschen

System „freier Berufe" besteht, beruht darauf, Klienten und Kunden durch freundlichen Service und kompetente Behandlung zufrieden zu stellen und diese dadurch an sich zu binden. Freundlichkeit und Servicequalität stehen im Mittelpunkt, weil aufgrund enger gesetzlicher Rahmenbedingungen und Verwaltungsvorschriften den einzelnen Professionsmitgliedern nur geringe Spielräume etwa bei der Preisgestaltung, dem Angebot zusätzlicher Dienstleistungen, beim Marketing und der Werbung zur Verfügung stehen. Aufgrund der restriktiven Regelungen findet zwischen den deutschen Professionals Konkurrenz nur in einer relativ moderaten Ausprägung statt – ganz im Unterschied zur Praxis vor allem in den USA.

Bei den deutschen Professionen fallen einzig die hohen Werte für die Bedeutung der Leistungsbewertung bei den psychologischen Psychotherapeuten aus dem Rahmen. Deren Situation ist sehr spezifisch wegen des sog. „Gutachterverfahrens". Dieses ist notwendig, wenn die Therapie eines Klienten bzw. Patienten von einer gesetzlichen Krankenkasse gezahlt werden soll. In diesem Fall muss von der behandelnden Psychotherapeutin ein Bericht verfasst werden, der die Diagnose und einen Behandlungsplan enthält. Dieser Antrag wird von Gutachtern beurteilt, die entscheiden, ob und in welchem Umfang die Kasse für die Therapie zahlt. Bei unserer Untersuchung wurde viel Kritik gegenüber dem aufwändigen und zeitraubenden Verfahren dieses „peer review" geäußert. Der Schwerpunkt der Kritik richtete sich dagegen, dass zu viele der Gutachter Mediziner oder medizinische Psychotherapeuten seien oder dass sie konkurrierenden psychologischen Schulen angehörten, also nicht Kollegen (*peers*) im engeren Sinne darstellten. Es gab ein weit verbreitetes Gefühl unfairer Behandlung durch die „Gutachter", das auf Uneinigkeiten über die gemeinsame Wissensgrundlage der Arbeit, Therapieansätze und Arbeitsmethoden in dieser neuen Profession beruhte (für Einzelheiten vgl. Heisig/Littek 2003).

3.2 Beurteilung der Arbeit und ihre Auswirkungen

Häufigkeit der Beurteilung und Bewertung der Arbeit

Bei den Mitgliedern von Professionen, die wir nach der Häufigkeit von Beurteilung und Bewertung der Arbeit („how often are you assessed or appraised?") befragt haben, zeigen sich sowohl nationale Unterschiede als auch erhebliche Differenzen zwischen den einzelnen Professionen.

Tabelle 3: Häufigkeit der Beurteilung und Bewertung der Arbeit
(Angaben in %)

Deutschland	Apotheker	Rechtsanwälte	Unternehmens-berater	Psychologische Psychotherap.
Nie	40,6	65,5	28,5	19,6
weniger als einmal pro Jahr	1,6	0,7		0,3
unregelmäßige Zeitpunkte	38,0	20,0	31,7	36,8
regelmäßig*	19,7	13,8	39,8	43,3
England	Pharmacists	Solicitors	Human Res. Managers	Counselling Psychologists
Nie	30,5	35,8	11,1	16,0
weniger als einmal pro Jahr	6,2		1,7	3,8
unregelmäßige Zeitpunkte	14,4	12,3	10,8	14,1
regelmäßig*	49,0	51,9	76,4	65,0

*Darunter fallen die Ausprägungen:
jährlich, halbjährlich, vierteljährlich, monatlich, vierzehntägig

Dass Beurteilungen und Bewertungen der Arbeit *nie* durchgeführt werden, trifft in hohem Maß auf die deutschen Professionen zu. Mit einem Spitzenwert von 65,5 Prozent geben die deutschen Rechtsanwälte an, dass ihre Arbeit niemals bewertet und beurteilt wird. Auch bei den Apothekern ist der Anteil, der angibt, niemals bewertet und beurteilt zu werden, groß. Sie folgen an zweiter Stelle mit 40,6 Prozent. Einen nicht annähernd so hohen Wert weisen in diesem Punkt die Unternehmensberater auf, von denen nur 28,5 Prozent angeben, dass ihre Arbeit niemals beurteilt und bewertet wird.

Auch in England finden sich mit 35,8 Prozent bei den *solicitors* und mit 30,5 Prozent bei den *pharmacists* immerhin noch beachtliche Anteile, bei denen eine Beurteilung und Bewertung der Arbeit nie stattfindet. Hierbei dürfte es sich vor allem um Selbstständige und Mitarbeiter aus kleineren Betrieben handeln, in denen die Arbeitsteilung gering, die Hierarchie wenig ausgeprägt und die Formalisierung von Abläufen wenig entwickelt ist.

Regelmäßige Beurteilungen und Bewertungen – einmal oder mehrmals pro Jahr – werden entsprechend den Organisationsformen vor allem in England vorgenommen. Dabei liegen mit den *human resource managers* (mit 76,4 Prozent) und den *counselling psychologists* (mit 65 Prozent) zwei Gruppen deutlich an der

Spitze, die beide vorzugsweise in Großorganisationen beschäftigt sind. Merklich seltener geben gut die Hälfte (51,9 Prozent) der *solicitors* an, dass ihre Arbeit regelmäßig beurteilt und bewertet wird; sie arbeiten schon eher in kleineren Firmen. Auch die *pharmacists* als unterste Gruppe liegen mit 49 Prozent aber noch deutlich vor sämtlichen deutschen Professionen.

Eine ausgesprochen geringe Rolle spielen Beurteilung und Bewertung der Arbeit bei den deutschen Apothekern und Rechtsanwälten. Nur 19,7 Prozent der Apotheker und 13,8 Prozent der Rechtsanwälte geben an, dass eine *regelmäßige* Beurteilung und Bewertung ihrer Arbeit stattfindet. Andererseits geben immerhin 43,3 Prozent der Psychotherapeuten an, dass ihre Arbeit regelmäßig beurteilt und bewertet wird. (Hier dürfte wiederum die besondere Situation des Gutachterverfahrens eine Rolle spielen). Ebenfalls recht hoch ist auch der Anteil bei den Unternehmensberatern, von denen 39,8 Prozent vermerken, dass sie einer regelmäßigen Beurteilung und Bewertung unterzogen werden. Da bei dieser Berufsgruppe vor allem Selbstständige und Beschäftigte in Kleinbetrieben untersucht wurden, kann davon ausgegangen werden, dass in diesem Fall die Bewertung der von den Beratern erbrachten Dienstleistungen meist von den Kunden vorgenommen wurde.

Auffällig ist auch, dass die Beurteilung und Bewertung der Arbeit in Deutschland offensichtlich *weniger systematisch* erfolgt als in England. In Deutschland findet die Beurteilung und Bewertung der Arbeitsleistung von Professionsmitgliedern, wenn sie denn überhaupt vorgenommen wird, überwiegend zu unbestimmten Zeitpunkten statt. Dies lässt sich zumindest teilweise wiederum durch die deutlichen Unterschiede in der Betriebsgröße und der Beschäftigungsstruktur erklären.

Über diese in der Organisationsgröße liegende Begründung hinaus deuten unsere Untersuchungsergebnisse darauf hin, dass eine formelle Beurteilung und Bewertung der Arbeitsleistung in England auch deshalb wichtiger und verbreiteter ist, weil hier das Verhalten der Professionals weit weniger durch gesetzliche Vorgaben und Beschränkungen des Zugangs zu professionellen Tätigkeiten reguliert wird. Dies können wir als *vorgelagerte Regulierung* bezeichnen.

Zur korrekten Beurteilung des realen Ausmaßes an Regulierung professionellen Handelns ist es aber wichtig, nicht nur darauf sein Augenmerk zu lenken. Wenn die Regulierungsniveaus professioneller Arbeit in verschiedenen Ländern miteinander verglichen werden, wird in den meisten Fällen – wie auch bei Paterson et al. (2003) – fast ausschließlich das Ausmaß an *vorgelagerter Regulierung* in den Blick genommen. Das ganze Ausmaß an Regulierung ergibt sich aber erst, wenn auch die Eingriffe mit berücksichtigt werden, die aufgrund mangelnder

Qualität von professionellen Dienstleistungen, bei „Marktversagen" und Konflikten immer wieder punktuell notwendig werden. Wir bezeichnen dies als *nachgelagerte Regulierung*.

Der von uns durchgeführte deutsch-englische Vergleich zeigt, dass ein geringes Maß an *vorgelagerter Regulierung* offenbar ein höheres Maß an *nachgelagerter Regulierung* notwendig macht. Während das deutsche System darauf ausgerichtet ist, die Kompetenz und Vertrauenswürdigkeit der Dienstleister und die Qualität ihrer Arbeit durch *im Voraus wirkende Mechanismen* (wie bspw. die staatliche Kontrolle über die Ausbildung) sicherzustellen, geht es in England, wo der Zugang zur Profession und deren Dienstleistungen staatlich weniger reglementiert sind, vor allem darum, die Qualität der Dienstleister und ihrer Arbeit während und nach der Leistungserstellung zu kontrollieren, um gegebenenfalls Gegenmaßnahmen einzuleiten und korrigierend zu intervenieren.

In England legen eher die Berufsverbände die qualifikatorischen Anforderungen und Verhaltensstandards fest, die zur Erlangung eines Titels (wie „chartered counselling psychologist") berechtigen, und bemühen sich dann darum, *Royal Charter* dafür zu erlangen. Gleichzeitig sorgen die großen Unternehmen durch organisatorische Maßnahmen dafür, dass bei den von ihnen angebotenen professionellen Dienstleistungen gewisse Qualitätsstandards eingehalten werden. Als Fazit ist somit festzuhalten, dass das deutsche System professioneller Organisation gekennzeichnet ist durch eine ausgeprägte *vorgelagerte Regulierung*. Demgegenüber weist das britische System ein weit größeres Ausmaß an *nachgelagerter Regulierung* auf. Dieser Sachverhalt findet in der sozialwissenschaftlichen Diskussion kaum Beachtung. Er ist aber für die Beurteilung der Regulierungsdichte von professionellem Handeln insgesamt absolut relevant (siehe auch unten).

Beurteilungsinstanzen

Der unterschiedliche Kontext, in dem professionelle Arbeit in beiden Ländern geleistet wird, wird noch deutlicher, wenn man die Instanzen miteinander vergleicht, von denen die Beurteilung und Bewertung der Arbeit vorgenommen wird. In England spielt dabei das Top-Management mit Anteilen von 36,2 Prozent bei den *human resource managers*, mit 32 Prozent bei den *solicitors* und mit 26,4 Prozent bei den *pharmacists* eine signifikante Rolle. In Deutschland tritt das Top-Management lediglich bei den Unternehmensberatern mit immerhin 13,6 Prozent in Erscheinung, wobei allerdings davon auszugehen ist, dass es sich

Die Organisation professioneller Arbeit in Deutschland 97

hierbei meist eher um das höhere Management von Kundenunternehmen als um das eigene handeln dürfte. Ansonsten liegen bereits die Werte für die Apotheker mit 6,7 Prozent bereits im einstelligen Bereich. Bei Psychotherapeuten und Rechtsanwälten kommt aufgrund der Betriebsstruktur die Ebene des Top-Managements als betriebliche Instanz erwartungsgemäß so gut wie gar nicht mehr vor.

Auch die unmittelbaren Vorgesetzten spielen in Deutschland lediglich bei einer Berufsgruppe, den Apothekern, mit 35,8 Prozent eine gewisse Rolle. Alle anderen deutschen Berufsgruppen geben hier verschwindend geringe Werte an. Umgekehrt spielen die unmittelbaren Vorgesetzten in England bei der Beurteilung und Bewertung der Arbeit der Professionals offenbar eine herausragende Rolle. Für *pharmacists, human resource managers* und *counselling psychologists* sind die unmittelbaren Vorgesetzten diejenige Instanz, die bei der Beurteilung und Bewertung der Arbeit das Geschehen bestimmt. Dies zeigen die Werte, die mit 69,9 Prozent bei den *pharmacists*, mit 68,1 Prozent bei den *human resource managers* und mit deutlichen 74,3 Prozent bei den *counselling psychologists* extrem hoch liegen. Lediglich bei den *solicitors* sind die unmittelbaren Vorgesetzten mit exakt 15 Prozent nur von geringer Bedeutung. Demgegenüber spielen bei den *solicitors* offenbar auch in größeren Betrieben aufgrund der eher partnerschaftlichen Struktur mit 74,5 Prozent die Kollegen eine ausschlaggebende Rolle bei der Beurteilung und Bewertung der Arbeit. Auch bei den *human resource managers* spielt die Beurteilung und Bewertung der Arbeit durch die Kollegen mit 44,4 Prozent eine große Rolle.

Die einzige Instanz, der in Deutschland eine große Bedeutung bei der Beurteilung und Bewertung der Arbeit zukommt, sind die Klienten, Mandanten oder Kunden. Diese nehmen mit 62,9 Prozent bei den Unternehmensberatern, mit 47 Prozent bei den Psychotherapeuten, mit 35 Prozent bei den Rechtsanwälten und mit 33,2 Prozent bei den Apothekern eine wichtige Rolle ein. In England liegen die Werte für die Kunden nur bei den *counselling psychologists* mit 23,9 Prozent und bei den *human resource managers* mit 21,8 Prozent recht hoch. Für *solicitors* und *pharmacists* betragen die Werte für die Kunden dagegen lediglich 8 Prozent respektive 7,4 Prozent. Als Besonderheit fallen in Deutschland bei den Psychotherapeuten die Gutachter mit 62,3 Prozent ins Gewicht. Da in der Regel der Klient nicht zahlt, sondern die Kassen, sind die Kassen also eher als die Kunden zu betrachten. Bei den *pharmacists* in England stellt der *Pharmaceutical Society Inspector* mit 44,4 Prozent eine Instanz dar, der bei der Kontrolle der Arbeit eine hohe Bedeutung zukommt. Weil die Bedingungen durch Vorschriften im Voraus weniger klar geregelt sind, spielt eben Kontrolle im Nachhinein eine größere Rolle.

Diese Befunde legen die Vermutung nahe, dass der geringere Grad an individueller Regulierung von professionellen Tätigkeiten in England durch ein weitaus höheres Maß an Überwachung und Kontrolle der unmittelbaren Arbeit kompensiert wird. Das kann entweder durch formelle Kontrollen von hierarchisch vorgeschalteten Instanzen oder eher informell durch die Interaktion mit den Kollegen innerhalb der eigenen Organisation geschehen. Infolge des unterschiedlichen Ansatzes bei der Regulierung professioneller Arbeit haben sich in beiden Ländern ganz offensichtlich unterschiedliche Formen der gesellschaftlichen und betrieblichen Arbeitsteilung und der Organisation von professioneller Arbeit herausgebildet, die sich, trotz gewisser Annäherungen, in ihren Grundstrukturen bislang als relativ stabil erweisen.

Konsequenzen aus der Beurteilung und Bewertung des Arbeitshandelns

Die Differenzen in der Organisation professioneller Arbeit in Deutschland und England zeigen sich auch in den unterschiedlichen Konsequenzen, zu denen die Beurteilung und Bewertung der Arbeit in beiden Ländern führt. Dabei wollen wir Auswirkungen auf das Einkommen, die berufliche Karriere und die Teilnahme an Fort- und Weiterbildung in Augenschein nehmen.

Da im deutschen freiberuflichen System ein enger direkter Kontakt zwischen dem Professional und dem Abnehmer der Dienstleistung besteht, wirkt sich das konkrete Arbeitsverhalten des Dienstleisters unmittelbar auf sein *Einkommen* aus. Dies zeigt sich deutlich, wenn wir die Aspekte „Beurteilung und Bewertung der Arbeit" und „Einkommen" zusammen betrachten. Dann zeigt sich, dass dort, wo die Beurteilung und Bewertung der Arbeit der Professionals, wie bei den Unternehmensberatern und den Rechtsanwälten, überwiegend durch die Mandanten bzw. Kunden erfolgt, sich dies auch unmittelbar auf das Einkommen der Professionals auswirkt. Bei den Unternehmensberatern ist das in 66,3 Prozent der Fälle so, bei den Rechtsanwälten in 53,8 Prozent. Im Klartext heißt dies, dass zufriedene Kunden wiederkommen und offenbar auch höhere Preise bzw. Gebühren akzeptieren.

Demgegenüber hat bei den Apothekern die Beurteilung und Bewertung ihrer Arbeit, die mit 33,3 Prozent ebenfalls fast ausschließlich durch die Kunden erfolgt, nur einen geringen Einfluss auf das Einkommen. Fast drei Viertel (73,1 Prozent) der befragten Apotheker geben an, dass sich Beurteilungen und Bewertungen nicht auf ihr Einkommen auswirken. Die große Unabhängigkeit der Apotheker von Kundenerwartungen hängt vermutlich mit dem zum Zeitpunkt der Befragung noch sehr hohen Maß der Regulierung des Marktes zusammen, die einen Wettbewerb zwischen den Apotheken weitgehend ausschloss.

Vergleichsweise große Konsequenzen für das Einkommen hat die Beurteilung und Bewertung der Arbeit in England mit 58 Prozent für die *human resource managers* bzw. mit 45 Prozent für die *pharmacists*. Beide Berufsgruppen werden nach eigenen Aussagen allerdings nicht direkt von ihren Kunden, sondern hauptsächlich von ihren unmittelbaren Vorgesetzten bewertet. Auffällig ist andererseits bei den englischen *solicitors* und *counselling psychologists* der hohe Anteil derjenigen, die einen Einfluss von Beurteilung und Bewertung der Arbeit auf ihr Einkommen mit 78,3 Prozent und 79,8 Prozent verneinen.

Beurteilung und Bewertung der Arbeit haben in Deutschland lediglich noch einen gewissen, wenn auch gegenüber England deutlich geringeren Einfluss etwa auf die Formulierung von Zielen und Vereinbarungen. Darüber hinaus zeitigen sie ansonsten kaum spürbare Effekte. Demgegenüber ergeben sich in England aus der Beurteilung der Arbeit weitaus vielfältigere und deutlichere Konsequenzen. Beurteilungen und Bewertungen der Arbeit wirken sich dort (mit Ausnahme der *solicitors*) bei allen Professionen signifikant auf *Karrierechancen* sowie auf die *Fort- und Weiterbildung* („training and further education") aus – auch wenn es hierbei wiederum auffällige Unterschiede zwischen den einzelnen Professionen gibt.

Beim Blick auf die Daten zu den Konsequenzen aus der Beurteilung und Bewertung von Arbeitshandeln wird deutlich, dass im Vergleich zu England in Deutschland für fast alle Professionen kaum Karriereaussichten genannt werden (Tabelle 4). Dies liegt wiederum an der kleinbetrieblichen und freiberuflichen Struktur der deutschen Professionen. Für Selbstständige gibt es keine „Karriere" im Sinne von Aufstieg, vielmehr spielen für berufliches Wohlergehen andere Kriterien eine Rolle. Hohe Werte bei den Auswirkungen auf die Karriere weisen dagegen in England typischerweise diejenigen Professionals auf, die in hierarchische Großorganisationen eingebunden sind.

Tabelle 4: Auswirkung von Beurteilungen und Bewertungen auf
Karriereaussichten („ja")
(Angaben in %)

Deutschland	Apotheker	Rechtsanwälte	Unternehmens-berater	Psychologische Psychotherap.
	13,1	14,1	16,2	4,9
England	Pharmacists	Solicitors	Human Res. Managers	Counselling Psychologists
	38,6	15,8	52,7	33,1

Noch deutlicher werden die Unterschiede bei den Konsequenzen, die aus Beurteilung und Bewertung der Arbeit für die *Fort- und Weiterbildung* gezogen werden, wie Tabelle 5 zeigt.

Tabelle 5: Auswirkung von Beurteilungen und Bewertungen auf Fort- und
Weiterbildung („ja")
(Angaben in %)

Deutschland	Apotheker	Rechtsanwälte	Unternehmens-berater	Psychologische Psychotherap.
	13,1	20,3	14,6	23,7
England	Pharmacists	Solicitors	Human Res. Managers	Counselling Psychologists
	60,9	35,8	81,7	60,3

Festgestellte *Qualifikationsdefizite* werden in den größeren privatwirtschaftlichen und öffentlichen Unternehmen, in denen die Professionals in England angestellt sind, offensichtlich weitaus stärker als von den Selbstständigen in Deutschland durch Fort- und Weiterbildungsmaßnahmen zu kompensieren versucht. Dies gilt, wie die Tabelle zeigt, insbesondere für die *human resource managers*, die *pharmacists* und die *counselling psychologists*. Bei den *solicitors* spielt dies eine weitaus geringere, im Vergleich mit den deutschen Professionen jedoch noch immer eine recht große Rolle.

Die erheblich geringeren Angaben für Deutschland besagen nicht, dass der *Fort- und Weiterbildung* hier insgesamt eine untergeordnete Bedeutung zukommt. Vielmehr hängen ihr Umfang und ihre thematische Ausrichtung hier sehr stark von der *Eigeninitiative* des „Freiberuflers" ab, der eigene Prioritäten setzt. Darüber hinaus spielen in Deutschland gerade in diesem Zusammenhang die Kammern und Verbände ein wichtige Rolle, die sich zunehmend um verbindliche Vorgaben für eine kontinuierliche berufliche Weiterqualifizierung bemühen und diesen Bereich auch durch zusätzliche Zertifizierungen regeln. So sind immer mehr zusätzliche Spezialisierungsmöglichkeiten entwickelt worden. Beispielsweise gibt es auf einigen Gebieten den *Fachanwalt*, ähnlich spezielle fachliche Zusatzqualifikationen finden sich bei den Apothekern oder Psychotherapeuten. Es liegt aber bei den Professionals, selbst zu entscheiden, in welchem Ausmaß sie sich darin engagieren wollen. Das ist im Allgemeinen sehr hoch; teils, weil es von der Berufsordnung gefordert wird, teils, auch um sich komparative Vorteile innerhalb der Berufsgruppe zu schaffen. Sich beispielsweise zum Fachanwalt weiterzubilden, geschieht überwiegend aus ökonomischem Interesse, weil man sich durch die Spezialisierung von den Kolleginnen und Kollegen ohne die Zusatzqualifikation abhebt und als Fachanwältin bzw. Fachanwalt in der Regel ein höheres Einkommen zu erzielen ist. Insgesamt bahnt sich hier eine Entwicklung erst an, welche für die Leitprofession der Mediziner schon lange Realität ist.

Kostenerwägungen

Generell lässt sich feststellen, dass Kostenüberlegungen für die Arbeitsanforderungen in den professionellen Berufen in beiden Gesellschaften in den letzten zehn Jahren an Bedeutung gewonnen haben. Unterschiede im Beschäftigtenstatus und der Unternehmensgröße spielen keine besondere Rolle bei der Betrachtung von Kostenüberlegungen. Was in diesem Zusammenhang zunächst auffällt, ist, dass die Kostenentwicklung in den letzten zehn Jahren auch an die insgesamt sehr gut verdienenden britischen *solicitors* und die deutschen Apotheker besonders hohe Anforderungen gestellt hat. Geringfügig schwächer, wenn auch auf durchgängig sehr hohem Niveau, sind aber auch alle anderen Professionen sowohl in Deutschland als auch in England von einem zunehmenden Kostendruck betroffen. Eine gewisse Ausnahme bilden lediglich die *counselling psychologists*, die ihre Tätigkeiten überwiegend in der Großorganisation des öffentlichen nationalen Gesundheitsdienstes ausüben und so offenbar weniger direkt mit Kosteneinsparungen konfrontiert worden sind.

Tabelle 6: Gestiegene Arbeitsanforderungen durch Kostenüberlegungen („ja")
(Angaben in %)

Deutschland	Apotheker	Rechtsanwälte	Unternehmens-berater	Psychologische Psychotherap.
	89,0	84,8	79,3	80,0
England	Pharmacists	Solicitors	Human Res. Managers	Counselling Psychologists
	75,6	90,2	84,2	53,2

3.3 Die Rolle der Kunden und Klienten

Kundenerwartungen und Arbeitsleistung

Eine stärker auf Selbstständigkeit bzw. Freiberuflichkeit beruhende professionelle Organisation mit entsprechend kleinen Betriebsformen lässt einen direkten und persönlichen Kontakt zu Kunden und Klienten in Deutschland deutlich ausgeprägter zu als in England. Demgemäß könnte man erwarten, dass die Arbeit der deutschen Professionen in stärkerem Maße durch die Anforderungen der Kunden und Klienten bestimmt wird als die ihrer britischen Kollegen. Die Antworten zeigen überraschenderweise jedoch umgekehrt, dass die Arbeit der britischen Professionals noch stärker von den Anforderungen und Erwartungen der Kunden und Klienten bestimmt wird als die ihrer jeweiligen deutschen Gegenüber.

Tabelle 7: Bedeutung der Erwartungen von Kunden/Klienten für die Arbeitsleistung („hoch und sehr hoch")
(Angaben in %)

Deutschland	Apotheker	Rechtsanwälte	Unternehmens-berater	Psychologische Psychotherap.
	79,2	82,6	90,5	71,9
England	Pharmacists	Solicitors	Human Res. Managers	Counselling Psychologists
	97,6	97,4	98,6	99,4

Eine genauere Analyse der Untersuchungsergebnisse lässt vermuten, dass dieses Ergebnis durch die Tatsache zustande kommt, dass die Mitglieder der britischen Professionen in ihrer Arbeitssituation stärker mit einander widersprechenden Anforderungen konfrontiert werden. Während die Erwartungen der Kunden, Klienten und Mandanten in Deutschland von den „Freiberuflern" wie auch den angestellten Mitarbeiterinnen und Mitarbeitern in kleinen Betrieben, Praxen und Kanzleien als integrale Bestandteile ihrer Tätigkeit begriffen werden, müssen die britischen Professionals bei ihrer Arbeit einen Ausgleich zwischen den organisationalen Zielen und Anforderungen des Beschäftigungsbetriebes und den Wünschen der Kunden und Klienten herstellen. Die Befriedigung der Wünsche der Kunden und Klienten ist für die Mitarbeiterinnen und Mitarbeiter in größeren Organisationen nicht so selbstverständlich wie für Selbstständige bzw. Mitarbeiter in einem Kleinbetrieb. Häufig besteht überhaupt kein direkter persönlicher Kontakt, nicht selten wird gar das Anliegen eines einzelnen Klienten von verschiedenen Spezialisten für verschiedene Teilaspekte bearbeitet (etwa in den großen *law firms*). „Kundenzufriedenheit" ist dann ein von der Organisation abstrakt gesetztes Ziel, das unter den von der Organisation gestalteten Bedingungen und Vorgaben zu erreichen ist.

Beschwerden und gerichtliche Auseinandersetzungen

Die auffälligsten Unterschiede zwischen der deutschen und englischen Situation zeigen sich, wenn wir das Ausmaß an Beschwerden von Kunden und Klienten und die gerichtlichen Auseinandersetzungen um die von den Professionals erbrachten Dienstleistungen in den Blick nehmen. In beiden Dimensionen sind die britischen Professionen deutlich stärker betroffen als ihre deutschen Kollegen, wie die Tabellen 8 und 9 zeigen. Während Beschwerden von Kunden bzw. Klienten insgesamt nur für 22,2 Prozent der englischen Professionals *keine* Rolle spielen, trifft das immerhin für 45,1 Prozent aller deutschen zu.

Tabelle 8: Gestiegene Arbeitsanforderungen durch Beschwerden von
Kunden/Klienten („ja")
(Angaben in %)

Deutschland	Apotheker	Rechtsanwälte	Unternehmensberater	Psychologische Psychotherap.
	37,3	14,8	14,9	13,7
England	Pharmacists	Solicitors	Human Res. Managers	Counselling Psychologists
	55,7	44,9	36,2	20,5

Die Professionals mit der dramatischsten Zunahme bei Beschwerden wie auch gerichtlichen Auseinandersetzungen (*litigation*) sind offensichtlich die britischen *pharmacists*. Obwohl in Deutschland ebenfalls die Apotheker am stärksten eine Zunahme von Beschwerden beklagen, sind gerichtliche Auseinandersetzungen bei ihnen, ganz im Gegensatz zu den britischen Kollegen, selten. Ähnlich große Unterschiede zeigen sich zwischen den *solicitors* und Rechtsanwälten. Bei den *solicitors* sind sowohl Beschwerden als auch gerichtliche Auseinandersetzungen seitens der Klienten weit verbreitet. Dabei geht es nicht selten auch um Konflikte über die Kostenhöhe, was in Deutschland wegen der gesetzlich geregelten Gebührenordnungen in dieser Form nicht auftritt. Größere Probleme in Deutschland vermelden lediglich die Rechtsanwälte, bei denen es bemerkenswerterweise sogar häufiger zu gerichtlichen Auseinandersetzungen als zu Beschwerden kommt.

Ein unmittelbarer Vergleich der anderen Professionen ist schwieriger, weil sie sich hinsichtlich der Aufgabenstellungen, der Beschäftigungsverhältnisse und der organisatorischen Kontexte stärker unterscheiden. Insgesamt wird aber deutlich, dass Beschwerden von Kunden und Klienten und gerichtliche Auseinandersetzungen (*litigation*) innerhalb des liberaleren, weniger regulierten Systems in England eine viel größere Rolle spielen als im hoch verregelten Deutschland.[9]

Tabelle 9: Gestiegene Anforderungen durch Zunahme gerichtlicher Auseinandersetzungen („ja")
(Angaben in %)

Deutschland	Apotheker	Rechtsanwälte	Unternehmens-berater	Psychologische Psychotherap.
	14,4	39,7	9,7	12,0
England	Pharmacists	Solicitors	Human Res. Managers	Counselling Psychologists
	64,5	55,8	67,9	41,7

Ein wichtiger Vorteil des deutschen Systems ist den Befunden zufolge offensichtlich, dass durch die strikteren beruflichen Regeln und die direktere Verknüpfung zwischen den Dienstleistungsanbietern und ihren Kunden bzw. Klienten aufgrund der kleinbetrieblichen Struktur vergleichsweise wenig Beschwerden und gerichtliche Auseinandersetzungen erzeugt werden. Die kleinbetriebliche

---

9 Wie weit aber dabei auch die Kunden oder Klienten sich in England kämpferischer zeigen als die in Deutschland, wo Verbraucherschutz und seine Artikulation noch geringer entwickelt sind, muss dahingestellt bleiben.

Struktur der deutschen Praxen und Kanzleien mit ihrem engen persönlichen Kontakt und den transparenten Arbeitsweisen wird offenbar auch von den Kunden und Klienten sehr geschätzt. Dagegen steht der Aspekt, mehr auch auf die Kostenseite zu achten, bei den Empfängern der Dienstleistungen noch weniger im Vordergrund.

Diese Vermutung wird auch durch eine einschlägige Untersuchung gestützt, bei der deutsche Unternehmen als Kunden zu ihrer Zufriedenheit mit dem Service großer deutsch-britischer *law firms* befragt wurden. Die Autoren kommen zu dem Ergebnis (Handelsblatt vom 13. November 2002), dass sich die Klienten von ihren Anwälten ausgequetscht fühlen. Mit der Übernahme deutscher Kanzleien durch große anglo-amerikanische *law firms* sei der Service anonymer und zugleich teurer geworden. 86 Prozent der Antwortenden beklagen, dass sie keinen persönlichen Ansprechpartner mehr haben, und 80 Prozent befürchten, dass die Gebühren weiter steigen werden. Die *law firms* seien nur an ihrem eigenen Profit interessiert, lautet einer der Kritikpunkte. Insgesamt zeigten sich dieser Erhebung zufolge die deutschen Mandanten nicht sehr zufrieden mit den Veränderungen, die sich durch das Größenwachstum und die Übernahme von deutschen Kanzleien ergeben. Andererseits steht außer Frage, dass durch die Globalisierung der Wirtschaft Aufgabenfelder entstehen, die sich – wie z. B. multinationale Unternehmenszusammenschlüsse – von traditionellen kleinen Kanzleien einfach nicht bewältigen lassen. Mit ihren grenzüberschreitenden Dienstleistungen bilden große *law firms* zugleich eine der ganz wenigen Ausnahmen unter den Professionen, die ansonsten bemerkenswerterweise kaum je über jeweilige nationale Grenzen hinaus tätig sind (vgl. so auch Freidson 2001).

3.4 Regulierung professioneller Arbeit

Formen und Instanzen

Regulierung ist im Zusammenhang mit Professionen von eminenter Bedeutung. Nicht nur die Frage danach, *wer* professionelles Handeln reguliert – der Staat oder die Berufsgruppen selbst – spielt dabei eine Rolle, sondern ebenso die nach *Art und Ausmaß* von Regulierung, und nicht zuletzt auch die nach der *Ebene*, auf der Regulierung ansetzt. In einem Vergleich der Regulationssysteme bei den „Freien Berufen" (*liberal professions*) der verschiedenen Länder in der Europäischen Union zeigt sich Deutschland bei vielen Einzelaspekten als hoch verregelt.[10] Im Vergleich zu England weist Deutschland generell eine weit stärkere Ausprägung von Regulierung auf, und zwar sowohl bezüglich der Regulierung des *Marktzugangs* wie auch der Regulierung des *Marktverhaltens*.

Ausmaß der Regulierung

Bei der Frage nach der Angemessenheit der Regulierung durch den Staat bringt in unserer Untersuchung die Mehrzahl der britischen Professionals zum Ausdruck, dass sie diese als angemessen („about right") empfindet, und nur eine Minderheit bezeichnet sie als zu hoch. Die Situation in Deutschland ist dagegen differenzierter. Hier empfindet nur bei den Rechtsanwälten eine leichte Mehrheit die Regulierung durch den Staat nunmehr als angemessen.

Tabelle 10: Einschätzung des Grades der Regulierung durch den Staat (Angaben in %)

Deutschland	Apotheker	Rechtsanwälte	Unternehmensberater	Psychologische Psychotherap.
angemessen	24,2	52,4	45,2	38,0
zu hoch	72,2	42,9	36,3	52,5
zu gering	1,0	0,7	5,6	4,4
England	Pharmacists	Solicitors	Human Res. Managers	Counselling Psychologists
angemessen	74,6	66,7	52,2	64,6
zu hoch	22,3	28,5	42,3	3,3
zu gering	0,7	3,8	2,4	23,6

Mit 72,2 Prozent empfindet eine große Mehrheit der Apotheker die Regulierung als zu hoch. Das ist ausgerechnet die Berufsgruppe, die am stärksten durch Regelungen „geschützt" ist und die diesen Status durch ihre eigenen Verbände, allen voran die ABDA, zu erhalten sucht – selbst gegen eigene Mitglieder, die sich mehr Verhaltensfreiheiten am Markt wünschen.[11]

---

10 Dabei gilt allerdings, dass bei Berücksichtigung einer Vielzahl von Faktoren – von Ausbildung bis Organisationsformen – das Gesamtbild für die unterschiedlichen Professionen sehr differenziert ausfällt (Paterson et al. 2003).
11 Inzwischen ist hier allerdings eine leichte Entspannung zu verzeichnen, und zwar durch eine Lockerung des Mehrbesitzverbots und eine Liberalisierung des Wettbewerbs durch die Zulassung von Internet-Apotheken im Zuge der Gesundheitsreform.

Ein hohes Ausmaß an staatlicher Regulierung haben in der jüngeren Vergangenheit mit dem Psychotherapeuten-Gesetz auch die psychologischen Psychotherapeuten erfahren. Dies schränkt ihre professionelle Handlungsfreiheit merklich ein, hat aber andererseits Zufriedenheit mit dem neu errungenen Status als formell anerkannte Profession gebracht (siehe Heisig/Littek 2003). So gibt hier nur gut die Hälfte (52,5 %) die staatliche Regulierung als zu hoch an.

Auf der britischen Seite erreichen nur die *human resource managers*, die die staatliche Regulierung als zu hoch einschätzen, mit 42,3 Prozent einen Wert, der an die deutschen Werte heranreicht. Auffällig ist, dass die *counselling psychologists* als einzige Berufsgruppe mit 23,6 Prozent deutlich ein *zu geringes* Ausmaß an Regulierung beklagen. Auch sie haben erst vor einigen Jahren formelle Anerkennung und somit Schutz als Profession durch „Royal Charter" errungen. Diese Anerkennung bedeutet allerdings nur ein „title licensing", weshalb die Gruppe sich in der Praxis weiterhin einer Konkurrenz durch andere, insbesondere die mit höherem Status versehenen klinischen Psychologen ausgesetzt sieht.

Auswirkungen der Regulierung

Wenn die Auswirkungen auf die Arbeitsanforderungen in Betracht gezogen werden, die aus den Veränderungen der Regulierung und der rechtlichen Rahmenbedingungen resultieren, dann fallen die Unterschiede zwischen beiden Ländern erheblich geringer aus, als man aufgrund der unterschiedlichen Ausgangsbedingungen innerhalb der jeweiligen nationalen Regulationsregime vermuten müsste. Das zeigt die folgende Tabelle.

Tabelle 11: Zunehmende Anforderungen durch Regulierung („ja")
(Angaben in %)

Deutschland	Apotheker	Rechtsanwälte	Unternehmensberater	Psychologische Psychotherap.
	71,5	48,5	22,8	75,5
England	Pharmacists	Solicitors	Human Res. Managers	Counselling Psychologists
	79,4	81,4	73,7	59,6

Nahezu alle professionellen Berufsgruppen in beiden Ländern verzeichnen eine deutliche Erhöhung der Arbeitsanforderungen aufgrund der Zunahme von Regulierung und rechtlichen Vorgaben. Dabei liegen die britischen *solicitors* und *pharmacists* mit überwältigenden Mehrheiten von 81,4 Prozent bzw. 79,4 Prozent klar an der Spitze. Dies kann als ein deutliches Indiz dafür gesehen werden, dass das bislang liberalere System der britischen Professionen inzwischen zunehmend stärkeren staatlichen Eingriffen unterworfen wird. Diese resultieren zumindest teilweise aus den Defiziten nicht mehr gelingender Selbstregulierung bei den Professionen, die insbesondere am hohen Ausmaß von Beschwerden und gerichtlichen Auseinandersetzungen seitens der Kunden bzw. Klienten unübersehbar hervorgetreten sind. Hier zeigen sich die Elemente einer stärkeren *nachgelagerten Regulierung*, die durchaus auch in Form direkter Eingriffe durch die staatliche Administration daherkommt. Der Selbstverwaltung und Selbstorganisation werden so in England engere Grenzen gezogen. Eine Tendenz der Annäherung der ehemals konträren Modelle professioneller Steuerung ist unverkennbar (Lane/Littek/Potton 2002).

Auffällig unter deutschen Professionen ist der bei den Rechtsanwälten mit 48,5 Prozent vergleichsweise geringe Anteil derer, die auf zunehmende Anforderungen durch Regulierungen verweisen. Diese Bewertung trägt offensichtlich der Tatsache Rechnung, dass in dieser Profession einige gesetzliche und standesrechtliche Regulierungen, welche die Ausübung der Berufsfreiheit im Verständnis einzelner Mitglieder zu sehr beeinträchtigten, auch von einzelnen Mitgliedern durch Klagen vor Gericht in den vergangenen zwei Jahrzehnten zu Fall gebracht wurden. Dadurch wurden hier größere Freiheiten der Niederlassung, der Partnerschaftsformen, der Werbung usw. – gleichsam gegen Verbände und Obrigkeit – erstritten. Nicht zuletzt aus diesem Grunde stellen unter den von uns untersuchten deutschen Professionen die Rechtsanwälte denn auch diejenige dar, die sich am stärksten gewandelt hat. Hier ist am ehesten auch von „Modernisierung" zu sprechen – bei allem Vorbehalt dahingehend, den Begriff nicht zu positiv wertgeladen zu verstehen.

4. Die Zukunft der professionellen Organisation in Deutschland. Ein Ausblick

Anhand unserer empirischen Befunde haben wir herausarbeiten können, dass bei der Organisation und Kontrolle professioneller Arbeit (noch) deutliche Unterschiede zwischen Deutschland und England – einem bewusst gewählten Kontrastmodell – bestehen. Diese resultieren aus dem jeweiligen Regulationsmodus, dem die Professionen in beiden Gesellschaften unterliegen. Der wiederum hat seinen Ursprung in der Art und Weise, in der Professionen in beiden Ländern entstanden sind und sich etabliert haben. Die in Deutschland vorherrschende hochgradige Regulierung kann als langfristige Folge einer Professionalisierung von oben gesehen werden, hinter der generell eine spezifische Rolle des Staates im Wirtschaftsleben steht. Dagegen resultiert das eher marktförmig organisierte und auf Eigeninitiative bauende System der Professionen in England aus der dort verfolgten Professionalisierung von unten, die von den Berufsausübenden ausging und vom Staat jeweils nachträglich sanktioniert wurde.

In Deutschland findet sich eine der Berufsausübung *vorgelagerte Regulierung*. Diese zielt darauf ab, eine hohe Dienstleistungsqualität und „Kundenzufriedenheit" durch hohe Anforderungen an die Qualifikation und das Verhalten der Professionsmitglieder sicherzustellen. Um dies zu gewährleisten, wird die Ausübung der Tätigkeit durch Gesetze, Verordnungen und Erlasse klar geregelt. Die Struktur professioneller Tätigkeiten wird in Deutschland weitgehend durch ein administratives System bestimmt, das von der ordnungspolitischen Vorstellung ausgeht, dass eine professionelle Dienstleistung von einem freiberuflich Tätigen zu erstellen ist. Dazu gehört auch die Festlegung verbindlicher Preise für professionelle Dienstleistungen, die weitgehend politisch-administrativ durch den Erlass von „Gebührenordnungen" festgelegt werden. Dementsprechend bleiben den Professionsmitgliedern vergleichsweise geringe Spielräume sowohl bei der organisatorischen Gestaltung von Aufgaben wie bei der Arbeitsausübung und den Preisen. Dies hat zur Folge, dass es für die einzelnen Professionsmitglieder nur geringe Spielräume und Anreize für Spezialisierungen, Beschäftigungsformen und Angebotsalternativen gibt. Aufgrund der rigiden Regulierungen ließen sich etwa durch Größenwachstum keine bzw. nur marginale Konkurrenzvorteile erzielen.

Da Gesetzgebung und parlamentarische Entscheidungen weitgehend über die Form der Ausübung professioneller Tätigkeiten entscheiden, kommt dem Lobbying im Vorfeld von Gesetzgebungsverfahren durch Einflussnahme auf die politischen Akteure in Deutschland eine große Bedeutung zu. Über die Einhaltung der Berufsordnung wachen die Kammern als Selbstverwaltungsorgane wie aber auch die individuellen Mitglieder der Profession.

In England sind Professionen seit jeher in ein stärker marktwirtschaftliches System eingebettet, in dem die Professionen selbst für die Regulierung ihrer Angelegenheiten sorgen. Sie kontrollieren in erheblich größerem Umfang auch den Zugang zur Profession, indem sie eigene Zugangsregeln definieren. Darüber hinaus spielen Traditionen und Konventionen eine äußerst wichtige Rolle. Ein Beispiel dafür ist, dass trotz geänderter gesetzlicher Grundlagen etwa im juristischen Bereich an der überkommenen Trennung zwischen *solicitors* und *barristers* immer noch – wenn auch schwindend – festgehalten wird. Das in England deutlich größere Maß an Autonomie der Professionen wird allerdings in zweierlei Hinsicht eingeschränkt. Zum einen durch das Rechtssystem, das bei Streitfällen und Streitigkeiten eingeschaltet wird, um Konflikte und Auseinandersetzungen beizulegen, was offensichtlich häufiger als in Deutschland geschieht. Zum anderen durch den Staat, der bei „Marktversagen" und Defiziten in der Regelungskompetenz der professionellen Organisation wegen der gesellschaftlichen Relevanz professioneller Dienstleistungen direkt in den Prozess der Leistungserstellung interveniert, indem er höhere Qualitätsstandards festlegt und die Kontrollen verstärkt. Anders als in Deutschland spielt in England bei professioneller Arbeit eine der Dienstleistungserbringung *nachgelagerte Regulierung* eine bedeutsame Rolle.

Aufgrund der Befunde unseres deutsch-britischen Vergleichs können wir vermuten, dass sich in dem Maße, in dem die Regelungen des Berufszugangs und der Berufsausübung liberalisiert werden bzw. weitgehend entfallen, die Formen der Überwachung und Kontrolle der Dienstleistungserbringung von professionellen Anbietern verändern werden. Durch Abbau von Exklusivrechten auf die Erbringung professioneller Dienstleistungen und die Öffnung des Marktzugangs auch für nichtprofessionelle Anbieter wird die Zahl der Dienstleistungsanbieter deutlich zunehmen. Die Professionen werden somit in Zukunft stärker darauf achten müssen, die Kunden, Klienten oder Mandanten von der Überlegenheit ihres Dienstleistungsangebots zu überzeugen – etwa von der höheren Qualität, die gleichzeitig einen höheren Preis rechtfertigt. In diesem Zusammenhang ist zu vermuten, dass Streitigkeiten und gerichtliche Auseinandersetzungen sowohl zwischen Anbietern und Kunden als auch zwischen verschiedenen Dienstleistungsanbietern auch in Deutschland zunehmen werden. Mit einer Liberalisierung wird ein Übergang zu mehr nachgelagerter Regulierung verbunden sein, und damit werden Institutionen wie Verbraucherschutz, Gerichte und Schiedsstellen auch in Deutschland an Bedeutung gewinnen. Dazu zählt auch die Beurteilung der Dienstleistungsqualität verschiedener Leistungsanbieter durch „unabhängige" Institutionen, Rating-Agenturen, auch Zertifizierung oder Qualitätssiegel. Das sind Formen der Qualitätssicherung und der Kundeninformation, die bislang in Deutschland im Bereich professioneller Arbeit noch relativ wenig entwickelt sind.

Dass sich Deregulierung und „Vermarktlichung" zunehmend durchsetzen werden, ist vor dem Hintergrund zweier Entwicklungen zu erwarten, die sich gegenseitig verstärken. In Deutschland setzt die Regierung mit ihrer *Politik* inzwischen auf Deregulierung bei den „Freien Berufen", wobei auch dezidiert die Professionen einbezogen sind. Absicht ist, durch Lockerung des sehr hohen Niveaus der Regulierung eine *Stimulierung der wirtschaftlichen Aktivitäten* sowie durch Belebung von Konkurrenz über Senkung der Zugangsschranken zugleich eine *Senkung der Kosten* für die Nutzer der professionellen Dienstleistungen zu erzielen (BMWI 2002). Diese nationalen Bestrebungen werden forciert durch Aktivitäten auf der europäischen Ebene, wo die europäische Kommission versucht, im Zuge der Angleichung der Regulierungsstandards im Bereich Freier Berufe in den Mitgliedsstaaten gleichzeitig ebenfalls eine „Liberalisierung der Märkte" für professionelle Dienstleistungen durchzusetzen.

Diese Politik wurde entwickelt vor dem Hintergrund, dass auch in der deutschen Beschäftigungsstatistik einzig die „Freien Berufe" in den letzten Jahren große Steigerungsraten verzeichnen, angesichts einer ansonsten anhaltenden Stagnation am Arbeitsmarkt und ständig steigender Arbeitslosenzahlen. Es herrscht offensichtlich die Vorstellung vor, dass mit der Beseitigung von Regulierungen diese Zunahme noch mehr gesteigert werden könnte.

Die erhoffte Wirkung kann aber dadurch konterkariert werden, dass Marktsättigung bei den betreffenden Dienstleistungen eintritt. Preisdumping bei Verschlechterung des Services und der Qualitätssicherung sind möglicherweise Folgen. Von „Aldisierung" oder „McDonaldisierung" professioneller Dienstleistungen wird schon bei den Rechtsanwälten gesprochen (Keuchel/Steinbeis 2003). Die dramatische Zunahme des Angebots von Juristen, die mangels alternativer Beschäftigungsmöglichkeiten auf den Markt für Rechtsberatungen drängen, führt bereits heute dazu, dass Anwälte im Supermarkt um Kunden werben oder Laptop-Anwälte ohne eigenes Büro ihre Dienstleistungen im Internet anbieten. Als Gegenstrategie kann „Markenbildung" betrieben werden. So gibt es bereits Fälle von Franchise-Vergaben für Kanzleien im Rechtsanwaltsbereich (vgl. Handelsblatt vom 9.7.2003 sowie Spiegel Nr. 16 vom 10.04.2004).

In Richtung einer Liberalisierung von professionellen Dienstleistungen zur Stimulierung wird auch bei der EU-Kommission gedacht. Damit will man zum einen Diskriminierungen abbauen auf dem Weg zu einer wirklichen Europäisierung des Arbeitsmarkts und zum anderen vor allem auch Kostenreduzierungen für die Kunden und Verbraucher erzielen. Allerdings ist man von umfassenden Liberalisierungsmaßnahmen noch weit entfernt. Zu unterschiedlich und zu sehr im jeweiligen nationalen Kontext durch Kultur, Geschichte, Rechtssystem institutionell verankert sind die einzelnen Professionen, als dass einheitliche Regulierungsstandards sich einfach verordnen ließen. Das Problem beginnt bereits damit, dass in den verschiedenen Ländern keineswegs identische Professionen existieren, und es beruht vor allem darauf, dass völlig unterschiedliche Institutionalisierungen professioneller Organisation wirksam sind. Sie sperren sich gegen eine Vereinheitlichung.

Wird Deregulierung, Liberalisierung ins Auge gefasst, so muss also in jedem Falle unbedingt der *nationale Kontext*, in dem das professionelle Handeln steht, Berücksichtigung finden. Erst darin lässt sich verstehen und beurteilen, was „Deregulierung" *konkret für Deutschland* bedeuten würde und welche Regulierungen an anderer Stelle dann wiederum notwendig würden, was auch beinhaltet, welche Regulierungen dann an anderer Stelle wiederum notwendig würden.

Einiges, was in Deutschland bei einer marktgerichteten Liberalisierung eintreten könnte, lässt sich am englischen Modell erkennen. Einzelne Professionen, allen voran die Apotheker, aber auch die Rechtsanwälte und Mediziner, hegen erhebliche Befürchtungen vor einer möglichen „Anglisierung". Eine „Anglisierung" der professionellen Arbeit würde tatsächlich aber einen vollständigen Systemwechsel bedeuten. Dies kann nicht funktionieren, weil die britischen institutionellen Rahmenbedingungen in ihrer ganzen Komplexität in Deutschland nicht existieren und auch nicht mal eben einfach erzeugt werden können.

Professionen als Freie Berufe in kleinbetrieblicher Form mit hohen Regelungsmauern sind wie Inseln im Meer der liberalen kapitalistischen Wirtschaftsordnung heutigen Zuschnitts. Dem Druck Richtung Flexibilisierung, Innovationsfähigkeit, Effizienzsteigerung durch Spezialisierung und Kooperation werden sie sich in der dynamischen Wirtschaftsordnung auf Dauer nicht immer erneut widersetzen können. Auch die Kunden und Klienten werden hohe und steigende Dienstleistungskosten nicht immer wieder tatenlos hinnehmen. Überdies ist zu erwarten, dass sich Konkurrenz von außen durch Europäisierung bzw. Internationalisierung zumindest in einigen Tätigkeitsbereichen verstärken und so zusätzlichen Veränderungsdruck ausüben wird.

In neu entstehenden bzw. expandierenden Aufgabenbereichen wie beispielsweise der Beratung wird es zu keiner Professionalisierung im klassischen Sinn kommen, weil hier die Tätigkeiten keiner einheitlichen Wissensbasis bedürfen, damit aber auch nicht aus exklusivem Wissen ein exklusives Betätigungsfeld herleiten können. Hier ist eher eine Substitution von Profession durch Organisation zu vermerken, wie sie bereits bei Unternehmensberatern anzutreffen ist (Rudolph/Okech 2004). Die Professionalisierung der Tätigkeit dürfte hier eher dem angelsächsischen Modell folgen, in dem Organisationen die Verhaltensstandards definieren und für die Qualität von Dienstleistungen einstehen.

Mit der von der Politik angedachten, vielleicht auch erwarteten Liberalisierung der bisherigen rigiden professionellen Abschottung ist in Deutschland der Beginn eines „Professionalismus-Diskurses" der Professionen zu beobachten. Die Professionen wollen sich offensichtlich mehr der Öffentlichkeit stellen und damit auf eine Argumentation einlassen, die sich stärker auf inhaltlich-qualitative Aspekte ihrer Dienstleistungserbringung bezieht. Bislang setzen die Interessenvertreter der professionellen Gruppen, die Kammern und Verbände bei ihrem Lobbying zu sehr nur auf formale Aspekte, damit ihre Arbeit vom Staat durch Gesetze und Regelungen geschützt werde.

Das System der professionellen Organisation in Deutschland mit seinem Gewicht von Freiberuflichkeit und Kleinbetrieblichkeit zeitigt unübersehbar eine Reihe von Nachteilen. Dazu gehören Überregulierung, große Beharrungstendenz bis hin zu Modernisierungsfeindlichkeit sowie auch ein relativ hohes Kostenniveau. Eine geringe Bereitschaft ist erkennbar, sich den Modernisierungserfordernissen durch Globalisierung und Internationalisierung zu stellen. Hinzu kommt, dass die kleinbetriebliche Struktur eine Ausdifferenzierung der Wissensbasis und Spezialisierungen behindert. Dadurch wird langfristig die Wissensgrundlage bedroht, weil Erweiterungen des Wissens, die auf der Basis funktionaler Arbeitsteilung entstehen können, unterbleiben.

Andererseits hat die kleinbetriebliche Struktur aber auch *Vorteile* aufzuweisen. Dazu zählen der enge Bezug und Kontakt zu den Kunden und Klienten, recht eindeutig zurechenbare Verantwortlichkeiten, relativ hohe Qualitätsstandards zumindest in personalen Dienstleistungen sowie ein geringeres Ausmaß an Konflikten und gerichtlichen Auseinandersetzungen. Das deutsche System nur als „antiquiert" für die moderne, dynamische Wissensgesellschaft zu betrachten, wäre somit nicht gerechtfertigt. Modernisierung unter Bewahrung von Vorzügen und Qualitätsstandards muss das Ziel sein.

Für Professionen besteht ein Spannungsverhältnis zwischen Regulierung und Expansion, das nicht brisant wurde, solange der Zuwachs und die Veränderung von Wissen nicht dramatisch war. Dies ändert sich in der modernen Wissensgesellschaft, in der die Bedeutung von Wissen wie die Handhabung von Wissen eine neue Qualität erlangen (u. a. Stehr 2001; Willke 2001). Hier wird der Zugang zum Wissen – unterstützt durch die neuen Informationstechnologien – „demokratisiert" und erleichtert. Vor diesem Hintergrund sehen sich Professionen, die sich als exklusive Gruppe profilieren und versuchen, ihre Exklusivität durch Zugangsbeschränkungen zu sichern, in ihrer gesellschaftlichen Bedeutung bedroht. Wo Kammern und Verbände eine restriktive Politik im traditionellen Sinne betreiben, bleibt zwar die Exklusivität der Berufsgruppe und der Status der

Profession erhalten, aber auf die Gefahr eines generellen Bedeutungsverlustes innerhalb der Wissensgesellschaft hin.
Umgekehrt verlieren Professionen, die – wie beispielsweise die Rechtsanwälte – stark expandieren, ihre Exklusivität. Mit Blick auf die moderne Wissensgesellschaft erobern sie aber ein größeres Terrain und sind als Berufsgruppe zukunftsfähig, auch wenn dies mit einer möglichen Einbuße an Privilegien, Status und in etlichen Fällen auch Einkommen einhergeht.
Die Professionen befinden sich somit in einem Dilemma. Wenn sie sich der Wissensgesellschaft anpassen, Zugangsbeschränkungen aufheben und eine Expansion zulassen, verlieren sie zunehmend ihren exklusiven Status als Profession. Widersetzen sie sich diesem Prozess, werden sie zunehmend abhängiger von Regulierungen, die ihnen ihre Exklusivität garantieren, aber zugleich eine riskante Abkapselung von der Dynamik der übrigen Arbeitswelt bedeuten. Das kann sich nicht in alle Zukunft fortsetzen.

Anhang

Methodik der Untersuchung

Unsere international vergleichende Untersuchung wurde in enger Kooperation vorbereitet und nach abgestimmtem Vorgehen gleichzeitig in beiden Ländern durchgeführt. Beteiligt war in England ein Team der Universität Cambridge (*Centre for Business Research* sowie ESRC) unter Leitung von Christel Lane und Frank Wilkinson, in Deutschland ein Team der Universität Bremen (*Institute Arbeit und Wirtschaft* sowie *Arbeit-Beruf-Bildung*) unter Leitung von Wolfgang Littek und Ulrich Heisig.
Nach theoretisch-konzeptionellen Vorarbeiten fand die empirische Erhebung in zwei Schritten statt. Zunächst wurden in jedem der beiden Länder *führende Vertreter* von professionellen Vereinigungen, Verbänden und Kammern befragt. Pro Profession wurden zwei bis vier qualitative *Experteninterviews* durchgeführt, die zwischen zwei und drei Stunden dauerten – in Deutschland z. T. noch differenziert nach Landes- und Bundesebene.
Auf Basis dieser Erkenntnisse wurde ein ausführlicher *Fragebogen* erstellt, der sich an *individuelle Mitglieder* der je vier ausgewählten Professionen richtete. In beiden Ländern wurden Fragebögen jeweils landesweit an je etwa 1000 im Zufallsverfahren ausgewählte Professionsmitglieder postalisch versandt. Diese

Befragung einzelner berufstätiger Professionals bildete den Schwerpunkt der Untersuchung. Es wurde große Sorgfalt darauf verwandt, dass der englische und der deutsche Fragebogen sowie die Expertenleitfäden sich so weit wie möglich entsprachen. Dabei mussten dennoch spezifische Besonderheiten beider Länder berücksichtigt werden (von Unterschieden im Beschäftigungsverhältnis mit Dominanz der Selbstständigkeit hier und Abhängigkeit dort, bis hin zum Fehlen der Kammern in England usw.). Zudem war es bei der Übersetzung notwendig, einige Fragen aufgrund von Unterschieden zwischen den Ländern dem jeweiligen nationalen Kontext anzupassen.

Der ausführliche Fragebogen beinhaltete in zehn Hauptabschnitten die *Themengebiete* Arbeitszufriedenheit und Loyalität, Basisinformationen zum Beschäftigungsverhältnis, Qualifizierung (einschließlich Fort- und Weiterbildung), Handlungs- und Entscheidungsspielräume bei der Arbeit (*levels of discretion*), Einfluss des Wandels auf Arbeitszufriedenheit und „morale", Beziehungen zu anderen Professionen und Berufen (inklusive Konkurrenz), Beschäftigungssicherheit, professionelle (Selbst-)Organisation in Vereinen, Vereinigungen, Verbänden oder Kammern (letztere nur in Deutschland), generelle (demographische) Informationen sowie abschließend weitere Kommentare zu als wichtig erachteten Problemen.

Die meisten Fragen waren geschlossen, mit offenen Anteilen bei etwas komplexeren Sachverhalten. Zudem gab es offene Fragen am Schluss, die zu Erläuterungen und persönlichen Erklärungen einladen sollten. Die jeweilige Sampleauswahl nach landesweitem Zufallsverfahren konnte in England aus den Mitglieder-Dateien der Berufsverbände vorgenommen werden. Das war in Deutschland nicht möglich aufgrund des Datenschutzes, der von den Kammern und Berufsvereinen ins Feld geführt wurde. So musste hier auf die bundesweiten „Gelben Seiten" für die Auswahl zurückgegriffen werden. Das Auswahlverfahren hat somit insgesamt dazu beigetragen, dass das deutsche Sample einen *bias* in Richtung Niedergelassene und Selbstständige unter den Professionals aufweist. Um dem entgegenzuwirken, wurden als Ausnahme bei den Apothekern gezielt 200 Adressen aus dem „Bundesverband der Angestellten in Apotheken" (BVA) sowie weitere Adressen der alle umfassenden Apothekerkammer Niedersachsen berücksichtigt.

Der *Rücklauf* zwischen den acht einzelnen Berufsgruppen in beiden Ländern war recht unterschiedlich. Mit Quoten zwischen rund 15 bis 32 Prozent (etwas geringer aufgrund besonderer Umstände nur bei den Unternehmensberatern in Deutschland, den *solicitors* in England) aber durchaus beachtlich. Das gilt angesichts der Tatsache, dass in Deutschland ohne verbandliche Unterstützung bei der „Zielfindung" gearbeitet werden musste und insgesamt die umfangreichen Fragebögen ohne „Vorwarnung" sozusagen „kalt" den einzelnen Professionals zugingen.

(Ausführlicher in Lane et al. 2002, 2003 bei der *Anglo-German Foundation*. Siehe auch *www.profession.uni-bremen.de*).

Literaturverzeichnis

Abbott, Andrew (1988): The System of Professions. Chicago, University of Chicago Press.
Abbott, Andrew (2001): Professions, Sociology of. In: Smelser, N.J./Baltes, P.B. (Hg.): International Encyclopedia of the Social & Behavioral Sciences. Oxford: Elsevier Sciences, Bd. 18, S. 12166-12169.
BMWi: Bundesministerium für Wirtschaft und Technologie (Hg.) (2002): Bericht der Bundesregierung über die Lage der Freien Berufe. BMWi-Dokumentation 509. Berlin.
Evetts, Julia (2003): The Sociological Analysis of Professionalism: Occupational Change in the Modern World. In: International Sociology 18 (2), S. 395-415.
Freidson, Eliot (1986): Professional Powers. A Study of the Institutionalization of Formal Knowledge. Chicago, London: University of Chicago Press.
Freidson, Eliot (1994): Professionalism Reborn. Chicago, London: University of Chicago Press.
Freidson, Eliot (2001): Professionalism – The third Logic: On the Practice of Knowledge. Chicago and London: University of Chicago Press.
Heisig, Ulrich/Littek, Wolfgang (2003): Der schwierige Weg zur Profession. Zur Lage der niedergelassenen Psychologischen Psychotherapeuten im Jahr 2 der neuen Zeit. In: Psychotherapeutenjournal 1/2003, S. 7-19.
Hennsler, Martin/Kilian, Matthias (2003): Positionspapier zur Studie des Instituts für Höhere Studien, Wien: Economic Impact of Regulation in the Field of Liberal Professions in Different Member States. Institut für Arbeits- und Wirtschaftsrecht der Universität zu Köln, Institut für Anwaltsrecht an der Universität zu Köln, Köln September 2003. Download von der Homepage der Bundesrechtsanwaltskammer. In: URL: http://www.brak.de.
Keuchel, Jan/Steinbeis, Maximilian (2003): Schöne bunte Arbeitswelt. 49,90 Euro für eine Rechtsberatung – die Aldisierung macht auch vor den Kanzleien nicht halt. Handelsblatt Nr. 148 v. 5.8.2003, S. 8.
Lane, Christel/Littek, Wolfgang/Potton, Margaret (2002): The Professions between State and Market: A cross-national study of convergence and divergence. In: European Societies 4 (2), S. 235-260.

Lane, Christel/Wilkinson, Frank (2002): Professions and Organisations: a Cross-National Comparison of Professional Work and Identity. Paper for „Second Interim Workshop of the Research Network Sociology of Professions". ESA, Paris 2.-4. Mai 2002.

Lane, Christel/Wilkinson, Frank/Littek, Wolfgang/Heisig, Ulrich/Brown, Jude/Burchell, Brendan/Mankelow, Roy/Potton, Margaret/Tutschner, Roland (2002): The Future of Professionalised Work in Britain and Germany. London: Anglo German Foundation (Abschlussbericht).

Lane, Christel/Wilkinson, Frank/Littek, Wolfgang/Heisig, Ulrich/Brown, Jude/Burchell, Brendan/Mankelow, Roy/Potton, Margaret/Tutschner, Roland (2003): The Future of Professionalised Work. UK and Germany Compared. London: Anglo-German Foundation (Revidierte Fassung). In: URL: http://www.agf.org.uk/pubs/pdfs/1232web.pdf.

Lane, Christel/Wilkinson, Frank/Littek, Wolfgang/Heisig, Ulrich/Brown, Jude/Burchell, Brendan/Mankelow, Roy/Potton, Margaret/Tutschner, Roland (2004a): The Future of Professionalised Work in Britain and Germany: 1. Human Resource Managers and Business Consultants. London: Anglo German Foundation.

Lane, Christel/Wilkinson, Frank/Littek, Wolfgang/Heisig, Ulrich/Brown, Jude/Burchell, Brendan/Mankelow, Roy/Potton, Margaret/Tutschner, Roland (2004b): The Future of Professionalised Work in Britain and Germany: 2. Solicitors and Advocates. London: Anglo German Foundation.

Lane, Christel/Wilkinson, Frank/Littek, Wolfgang/Heisig, Ulrich/Brown, Jude/Burchell, Brendan/Mankelow, Roy/Potton, Margaret/Tutschner, Roland (2004c): The Future of Professionalised Work in Britain and Germany: 3. Pharmacists. London: Anglo German Foundation.

Lane, Christel/Wilkinson, Frank/Littek, Wolfgang/Heisig, Ulrich/Brown, Jude/Burchell, Brendan/Mankelow, Roy/Potton, Margaret/Tutschner, Roland (2004d): The Future of Professionalised Work in Britain and Germany: 4. Counselling Psychologists and Psychotherapists. London: Anglo German Foundation (alle 4 Einzelreports auch online verfügbar unter www.agf.org.uk).

Littek, Wolfgang (2001): Labor, Division of. In: Smelser, N.J./Baltes, P.B. (Hg.): International Encyclopedia of the Social & Behavioral Sciences. Oxford: Elsevier Sciences, Bd.12, S. 8220-8226.

Littek, Wolfgang/Heisig, Ulrich (2003a): Wer regelt professionelles Handeln? Ein Blick auf den „Staat" am Beispiel neuerer Entwicklungen bei Rechtsanwälten, Apothekern und Psychotherapeuten im deutsch-britischen Vergleich. In: Allmendinger, J. (Hg.): Entstaatlichung und soziale Sicherheit. Verhandlungen des 31. Kongresses der DGS in Leipzig 2002, 2 Bde. + CD-Rom. Opladen: Leske + Budrich, CD-Rom, Ad-hoc-Gruppe „Professionelles Handeln", S. 1-10

Littek, Wolfgang/Heisig, Ulrich (2003b): Professions compared. Expanding and restricting strategies in the professions of law, pharmacy, psychotherapy, and business consultancy. In: Svensson, L.G./Evetts, J. (Hg.): Conceptual and Comparative Studies of Continental and Anglo-American Professions. Department of Sociology, Research Report Nr. 129. Göteborg University, S. 109-121.

Macdonald, Keith M. (1995): The Sociology of the Professions. London: Sage.

Oevermann, Ulrich (1996): Theoretische Skizze einer revidierten Theorie professionalisierten Handelns. In: Combe, A./Helsper, W. (Hg.): Pädagogische Professionalität. Frankfurt/M.: Suhrkamp, S. 70-182.

Oevermann, Ulrich (2002): A Revised Structural Model of Professionalisation. Paper zum „Second Interim Workshop of the Research Network Sociology of Professions". ESA, Paris 2.-4. Mai 2002.

Paterson, Iain/Fink Marcel/Ogus, Anthony (Institut für höhere Sudien, Wien) (2003): Economic impact of regulation in the field of liberal professions in different Member States. Studie für die Europäische Kommission. DG Wettbewerb. Forschungsberichte. Hauptbericht Teil 1, und Berichte 2 und 3, Brüssel.

Pfadenhauer, Michaela (2003): Professionalität. Eine wissenssoziologische Rekonstruktion institutionalisierter Kompetenzdarstellungskompetenz. Opladen: Leske + Budrich.

Rudolph, Hedwig/Okech, Jana (2004): Wer andern einen Rat erteilt ... Wettbewerbsstrategien und Personalpolitik von Unternehmensberatungen in Deutschland. Berlin: Edition Sigma.

Siegrist, Hannes (Hg.) (1988): Bürgerliche Berufe. Zur Sozialgeschichte der freien und akademischen Berufe im internationalen Vergleich. Göttingen: Vandenhoeck & Ruprecht.

Stehr, Nico (2001): Wissen und Wirtschaften. Frankfurt/M.: Suhrkamp.

Steinbeis, Maximilian (2002): Mehr Freiheit für die Freiberufler. Europäischer Gerichtshof unterwirft Standesorganisationen dem EU-Kartellrecht. Handelsblatt Nr. 36 v. 20.2.2002, S. 2.

Stichweh, Rudolf (1994): Wissenschaft, Universität, Professionen. Frankfurt/M.: Suhrkamp.

Svensson, Lennart G./Evetts, Julia (Hg.) (2003): Conceptual and Comparative Studies of Continental and Anglo-American Professions. Research Report 129, Department of Sociology, Göteborg University.

Weber, Max (1972): Wirtschaft und Gesellschaft (5., revidierte Auflage). Tübingen: J.C.B. Mohr.

Wetterer, Angelika (Hg.) (1995): Die soziale Konstruktion von Geschlecht in Professionalisierungsprozessen. Frankfurt/M., New York: Campus.

Willke, Helmut (2001): Dystopia. Studien zur Krisis des Wissens in der modernen Gesellschaft. Frankfurt/M.: Suhrkamp.

www.profession.uni-bremen.de

Evolving Professions: An Institutional Field Approach

W. Richard Scott

Our conceptions of professions vary as a function of two conditions. They are influenced, first, by changes in the composition, structure and behavior of those occupations that we identify by this label; and, second, they are affected by changes in the theoretical lenses we bring to bear on these occupations. I thus embrace a post-positivist conception in which all our scientific analyses involve some combination of elements selected from the „empirical environment" of observations and other combinations of elements that we and our colleagues collectively create in the „metaphysical environment" of assumptions and theoretical models (Alexander 1982). All our conclusions, findings, and scientific „truths" are admixtures of these empirical and metaphysical elements.

In this paper, these two big ideas are elaborated and illustrated. [The two topics are too large and complex to be fully explored]. Part 1 examines changes over time in our conceptions of professions, what assumptions and implicit premises we bring to the subject. Two widely-employed early models – the functional and the conflict – are described and a third approach, contrasting professions and bureaucracies, is discussed. A fourth model – the institutional – is briefly introduced. Associated with these changing theoretical lenses are changes in level of analysis. These connections are also briefly discussed. Part I concludes with a discussion of some important changes in the empirical phenomena – the kinds of professions and their organizational arrangements.

Part 2 presents a conceptual framework that elaborates the new institutional model to account for the nature of the professions and applies the argument at the organizational field level. This framework is by no means complete and remains a work in progress. Part 3 utilizes the framework to present, compare, and contrast two empirical studies of changes in professional systems: (1) a study I conducted together with colleagues of changes in the healthcare delivery system in the U.S. (Scott et al. 2000) and (2) a study conducted by the Alberta group (Greenwood/Hinings/Cooper forthcoming) of changes in professional service organizations serving a global market. Although these studies differ in important respects, they suggest the utility of the proposed institutional field framework to capture important aspects of the ongoing evolution of professions.

1. Changing Conceptions; Changing Occupations

1.1 Theoretical Lenses

Just as the professions have long been identified as somewhat distinctive occupational groups and approaches to complex work, scholars have for many years pondered the bases of this distinctiveness. Early students focused on professions as unusual occupations and attempted to specify and account for their distinctive characteristics. Scholars such as Carr-Saunders and Wilson (1933), Marshall (1951), Parsons (1954), Goode (1957) and Greenwood (1957) compiled lists of varying length to identify the defining characteristics, including practice based on formal knowledge, claims for autonomy in conducting work, norms espousing a service orientation, and certification by the state. Professional occupations were being contrasted, sometimes implicitly, sometimes explicitly, with (1) market-based occupations and (2) bureaucratic organizations.

Functionalist Models. Scholars argued that two conditions in combination militate against the type of work performed by professionals being conducted as a conventional market-based transaction. First, the work is complex and uncertain, requiring both in-depth knowledge and experience-based practice. Second, the work is of vital importance to clients involving, for example, matters of life or death (medicine), salvation (religion), or justice (law). This combination of complexity and importance renders inappropriate market-based approaches, since clients are not in a position to evaluate the value of services received. Collegial controls, codes of ethics, and state-licensure arise to confront market failures and safeguard these transactions.

Those contrasting professionals with bureaucracies stressed that lengthy training is required to prepare the former for the broader and more general roles performed in contrast to the more highly formalized and specialized positions characteristic of bureaucrats. Also, it was argued that decisions regarding services rendered should be dictated by client need rather than by organizational rules or hierarchical controls. Discretion must be located in the provider, who is both knowledgeable and informed about the details of the case, rather than in a distant manager.

In this manner a professional „logic" attempted to ward off both control by customers (in markets) and control by managers (in organizations), insisting that it should rightfully reside in providers oriented to serving client needs, subject only to the oversight of similarly oriented and trained colleagues (Freidson 2001). The defining characteristics distinguishing professionals, and the related arguments made in justification for their distinctive work arrangements provide a *functionalist* rationale for these privileged occupations. Each of the characteristics associated with the professions is explained in terms of their consequences – the functions they are expected to perform in improving work performance. Knowledge is necessary to confront complexity; discretion is needed to manage uncertainty; norms ensure that providers' efforts will benefit clients; and state certification restricts practice to qualified providers. Other, secondary characteristics receive similar treatment. Most famously, the high status and handsome remuneration accorded to professionals is explained as necessary to recruit top talent and compensate for prolonged schooling (Davis/Moore 1945).

Conflict Models. The broad consensus regarding the validity of functionalist explanations, persisting from the 1930s through the 1950s, was challenged by a new generation of scholars during the 1960s and '70s. Conflict models that viewed existing social structures as reflections more of power considerations than efficiency imperatives were first applied to organizations (e.g., Dahrendorf 1959; Gouldner 1954), and subsequently spread to studies of professions (e.g., Freidson 1970; Larson 1977; Derber 1982; Krause 1977). Interest in this perspective was fueled by increased attention to differences (and conflicts) among aspirant professional occupations, for example, between the allopathic, homeopathic, and osteopathic physicians (e.g. American Medical Association 1953; Starr 1982: 93-112) and to the varying historical development and position of professional occupations in differing societies (e.g., Field 1967; Jackson 1970; McClelland 1991; Millerson 1964). Such studies helped to dislodge scholars from a commitment to a generic model of profession and stimulated interest in viewing professions in their broader social and historical context (Scott/Backman 1990).

Freidson's (1970) influential account of the privileged position of physicians in the U.S. vis-à-vis other medical occupations gave priority to the role of political power over technical expertise. In examining the success of physicians in gaining a dominant position over alternative medical providers, pharmacists, nurses, and multiple ancillary personnel, Freidson (ibid.: 79) concludes:

„[T]he process determining the outcome [in the medical division of labor] is essentially political and social rather than technical in character – a process in which power and persuasive rhetoric are of greater importance than the objective character of knowledge, training, and work".

And in her comparative study, Larson (1977) noted that the distinctive trajectory traced by the development of lawyers and physicians in the U.S. in contrast to England reflected differences in the role of the state, class structure, and types of competing occupations. She warned that it is inappropriate to generalize from the development of such professions in the relatively open U.S. stratification and educational systems (see Bledstein 1976) to the experience of similar occupations in more closed and highly bureaucratized societies.

While functionalist arguments stressed the benefits associated with professional forms to clients and the general public, conflict analysts emphasized the ways in which professionals themselves were advantaged by these distinctive structures. As Jones (1991) observes, functionalists pointed to the contributions professionals made to their environment while conflict theorists emphasized the ways professionals controlled their environment. Bearding the functionalist lion, conflict theorists insisted that professionals were motivated by a concern on the part of practitioners to protect their monopoly status and market position, regulating supply and suppressing competition, rather than by the concern to maintain standards and meet the needs of clients.

Contrasting Professional and Bureaucratic Models. At about the same time that conflict models were being proposed and elaborated, other scholars observed that professionals, although distinctive, often found themselves as employees of bureaucratic organizations. Hughes (1958) was among the first to discuss the nature of „institution-bound" professionals (including librarians, social workers and academics) – whose work was inextricably linked to an organizational setting. A number of researchers turned their attention to such professions (or „semi-professions", see Etzioni 1969), including teachers (Becker 1953; Gouldner 1957-58), engineers (Perrucci/Gerstl 1969), nurses (Corwin 1961), and social workers (Scott 1969). Blau and I (1962: 60-63) attempted to contrast the structure of professional and bureaucratic systems in a manner that would recognize their similarities – e.g., administration based on abstract principles, emphasis on expertise and specialization, on achievement vs. ascription, and affective neutrality (ibid.: 60-63) – but also stress their differences – in particular, in control mechanisms, with professional systems placing less emphasis on formalization and hierarchical controls and more on socialization and collegial controls (see also, Hall 1968).

Professionals that conducted their work within bureaucratic structures confronted varying degrees of hierarchical control. In an early article, (Scott 1965), I described two contrasting models of professional organizations – a *heteronomous* form in which the autonomy of professionals is circumscribed and they are subject to routine administration supervision (often by office holders who are themselves professional) and an *autonomous* form in which professionals organize themselves as a collegial staff to exercise collective control over the work performed. The former are exemplified by public schools and social work agencies; the latter by law firms, universities, and private hospitals. In later work I described an emerging third model – labeled a *conjoint* form – in which administrators and professionals exercise relatively equal power, coexisting „in a state of interdependence and mutual influence" (Scott 1982: 230). In this form, professionals assume increased responsibility for the design and maintenance of broader organizational systems while administrators have a larger role in decisions affecting the design of work systems and conduct of work. For example, in contemporary hospitals in the U.S., managers now assume greater responsibility for structures affecting the cost and quality of healthcare. As organizations have embraced more complex and uncertain work, it is more common to see a complex combination of professional and administrative controls being employed (Scott 2003b: 258-60).

In related work, Mintzberg (1979) portrays the „professional bureaucracy" as one of five distinctive organizational forms. He argues that it differs from the conventional bureaucracy in that the „operating core" – the sites where work is performed – is more central and consequential than other facets of the organization, including the administration; standardization of work is achieved through socialization and occupational mechanisms, rather than managerial control; and decision-making systems are more decentralized.

These and other discussions of the modifications occurring in bureaucratic systems employing professional personnel variously employ both functionalist and conflict arguments to account for the adjustments in forms. Some versions emphasize the functionalist arguments regarding the distinctive nature of the tasks performed by professions. Organizations are obliged to hire professionals in order to successfully cope with a range of complex and uncertain tasks. Indeed, as Larson (1977: 198) points out: „Professionalization...makes the use of discretion predictable" – and managers crave predictability! Others favor a more political account, suggesting that the monopoly power exercised by professionals is sufficiently strong to trump or to tame the natural tendency of managers to insist on reliance of hierarchical controls. Because professionals are able to successfully cope with important sources of uncertainty, they thereby acquire power in their host organizations (Hickson et al. 1971; Pfeffer 1992).

Institutional Models. An institutional account places great stress on the importance of regulative, normative, and cultural-cognitive forces in the makeup of society (Scott 2001). In modern societies, regulative processes are primarily the province of the state, but normative and cultural-cognitive bases of control are dominated by professional actors. Whereas in earlier times, religious figures defined social norms, in today's rationalized societies, the role of setting standards and defining „appropriate" behavior is increasingly monopolized by scientific and professional groups. And while such processes operate at all levels – from the trans-societal or world-system level to the interpersonal level – the organizational field level is a particularly hospitable site for the application of these theories. The organization field level focuses on a broad social arena, such as higher education or acute-care health services, and encompasses both similar and different occupational and organizational bodies at work in this arena together with their regulators and sources of funding (DiMaggio/Powell 1983; Scott 1994). I elaborate the institutional model in Part 2.

Models and Levels. Three models have been introduced and briefly described. Each is associated with a particular level of analysis. The functionalist focuses on a particular occupation or a single population of organizations, for example, the profession of medicine or a population of social work agencies. The conflict model recognizes the existence of competing occupations or populations of organizations, reflecting the assumption that power and privilege must be gained and defended against rival claimants. Studies employing this model may examine competition between physicians and osteopaths (e.g., Starr 1982) or conflicts between law and accounting offices (e.g., Abbott 1988). As noted, the institutional model is particularly suited to the organization field level of analysis. This level allows an examination of the complex division of labor present in most social arenas together with attention to the varying collective actors that play important roles in creating, defending, and challenging the institutional order in place.

1.2   The Empirical Environment

Not only our ideas, but our social practices and relations change over time. Briefly, five types of changes appear to be of particular significance in the world of professions.

From Social Trusteeship to Expertise. It appears that there has been a shift over time in the relative salience of the elements comprising the modal professional during the past century. In part, these developments reflect not so much changes in the mix of elements, but in the types of occupations that have gained prominence among those claiming professional status (see below). Brint (1994) characterizes this change as involving a diminished importance of the *social trustee* aspects of professionalism and an increased emphasis on *specialized expertise* as the basis for professional claims.

The social trustee model of professionalism stresses the altruistic, civic-minded, moral aspects of professional status. From the later decades of the 19th century well into the 20th century, university leaders, who were instrumental in expanding the base of professionalism, as well as leaders of professional associations such as the *American Medical Association* and the *American Bar Association*, placed great emphasis on the public service component of professional practice (Bledstein 1976). Many of these advocates viewed professional service as a calling different from, if not in out-right opposition to, capitalist marketplace values and practices. At least in ideology, lawyers did not simply practice law, but assumed responsibility for the well-being and reliable functioning of legal institutions. Similarly physicians saw themselves as the champions and defenders of the people's health.

Developing in the shadow of this model was another one whose rationale stressed technical expertise. Associated with professions such as engineering and the sciences and fueled by a new faith in science and technology, this ideology gave higher priority to instrumental utility than to altruistic service. As Brint (1994: 40) points out:

„Expert professionalism implied not just the ability to make authoritative judgments and to solve problems based on disciplinary training, but also that the training and skills received were highly valued in the market for services".

Such views were highly consistent with the development and rapid expansion of the late-developing business-oriented professions of accounting, financial services, management, and corporate law. For example, it was not until the period 1960-80, that U.S. business schools began to successfully assert a claim to a (social) scientific foundation underlying managerial practice (Gordon/Howell 1959; Schlossman/Sedlak/Wechsler 1987). The numbers and influence of these new types of professions has grown rapidly in recent decades. Under this revised model of professionals, their expertise and services are available to the highest bidder.

From Clinical to Collective Professionals. Another important trend is a developing bifurcation in styles of work affecting every profession. Whereas the main focus in all professions has been on knowledge and skill exercised by rank-and-file participants who carry on the hands-on work of delivering services to particular clients – *clinical* orientation –, a growing proportion of the labor force within every profession is somewhat remote from practice, working at a more corporate or *collective* level. The roles played by these collective professionals vary across occupations and time, but include administration, teaching, research, and policy-setting, as well as services aimed at broader communities rather than individual clients (e.g., epidemiology and public health).

The distinction being made does not refer simply to differences in „level" of work, but to divergent views of how to conduct and manage the work. In his analysis of healthcare systems, Alford (1975) argues that the clinical and the collective [Alford's term was „corporate"] professional represent distinctive structural interests, the former concerned with protecting autonomy and local discretion, the other with developing broader systems and controls to improve overall levels of effectiveness and efficiency of practice. Within the medical system, collective professionals are to be found in „medical schools, public health agencies, insurance companies, hospitals, and health planning agencies." All of them „share an interest in maintaining and extending the control of their organizations over the work of the professionals whose activities are key to the achievement of organizational goals" (ibid.: 192).

Alford employs the term „corporate rationalizers" to refer to this group, but this label seems inappropriate to me since *all* professionals are attempting to rationalize work at one or another level. Those working at the broadest levels – research or public health – are likely to emphasize improvement of the average level of care, for example by developing protocols to guide practitioners or planning services to meet the needs of entire communities. Those working at organizational levels strive to maximize their goals, for example, by instituting quality management systems in hospitals (Westphal/Gulati/Shortell 1997). Clinicians, for their part, focus on the needs of the individual client, often providing more services than would be warranted if the needs of others were taken into account. The first two of these categories are those I term „collective" professionals, the third, „clinical" – but all embrace an ideology that cerebrates rationalized practices, albeit at different levels (Scott 1985).

Because of recent concerns for the escalating costs of professional services, whether educational, legal, or medical – especially those paid for by public funds – professionals operating at the collective level have grown in numbers and gained in influence during the past few decades. A clinical mentality and clinical criteria of rationality are prone to produce more, and more expensive, services than the public can support.

Varying State Involvement. While the first two empirical topics reveal a clear trend line over time, the relation between the state and professions traces no clear temporal pattern. Given their close dependence on state structures to back their claims, professions are necessarily greatly affected by the nature of the state at the time of their development as well as by changes over time in state involvement. It is widely recognized that states vary in their structure and scope of influence – from totalitarian systems that penetrate virtually every aspect of social life to liberal systems that limit their purview to core functions, giving a wide birth to the operation of autonomous civic institutions. Less widely recognized is the great variation that exists within a given state, at any given time, in the stance taken to different professions. Controls over and supports afforded by the state to physicians vary from those directed toward lawyers or accountants. And, both of these conditions vary greatly over time, more draconian controls giving way to liberal regimes, and intrusive policies being replaced by laissez-faire approaches.

A major contribution of the conflict theorists to the study of professions has been their recognition of the important role played by the state (Freidson 1970; Larson 1977). Krause (1991: 4) reports a continuum of professional-state relations from the relatively „free" professions with limited state involvement in the American case to the „state-involved" professions of Western Europe to the „state-located and state-employed" professions of Eastern Europe and the former Soviet Union.

However, as noted, state-professional relations present a constantly shifting pattern. Just as recent events have witnessed great changes in state structures in Eastern Europe and the Soviet sphere, so have Western countries redefined their implicit contracts with professionals (Institut für Freie Berufe 1993). The privileged monopoly position enjoyed by many professional groups has been altered in many Western states. The use of standard fees has been challenged, and bans against competitive bidding and advertising have been removed, giving market forces a greater play in governing service provision (Havighurst 1982; Robinson 1999).

Changing Mix of Occupations. In addition, and perhaps most importantly, the types of occupations successfully claiming the professional mantle have changed over the last century-and-a-half. The early collection of assortment of physicians, lawyers, clergy, and academics were subsequently joined by scientists, engineers, and accountants, and have more recently been augmented by managers, consultants, and financial specialists. As previously noted, these late-arriving occupations embrace a model of professionalism that emphasizes technical expertise over social trusteeship. And this is a model that is much more compatible with entrepreneurial and business modes of control.

Changing Styles of Work. For many years professional groups organized themselves to function as „free" professions: occupations who exercised control over the nature of the work to be done, the modes of working, and the selection of persons qualified to carry out the work. From the beginnings of the twentieth century, these independent professionals were joined by corporate professionals: those who were employed within large-scale bureaucratic organizations. As noted, adjustments were often made by these systems to accommodate the special needs and requirements of professionals. Recently a new style of work has become more widespread. Barley and Kunda (forthcoming) describe the rise of the „itinerant professional": a professional who contracts out his or her services to a changing set of employers. They suggest that this mode of working is particularly characteristic of the burgeoning collection of professionals working in information technology.

2. Crafting an Institutional Lens at the Field Level

To better chart and understand the evolution of the professions that continues up to the present time, I propose an institutional approach and suggest that it is particularly useful when applied at the level of an organizational field.

Elaborating an Institutional Model. In a formulation I have developed with colleagues (Scott et al. 2000), we differentiate between two interdependent but analytically distinct aspects of field structure: the material-resource features and the institutional features. *Material-resource* elements refer to the physical, material, and technological factors that enter into the supply and production of goods and services as well as the demographic and geographic factors that influence demand and consumption patterns. *Institutional factors* include the conceptual models that guide the roles available to individual actors and the forms (or archetypes) applied to collective actors (organizations), the logics that govern behavior within the field, and the governance structures that exercise control over field activities. Note that these factors roughly correspond to the three institutional „pillars" that I have identified: the cultural-cognitive, the normative, and the regulative (Scott 2001). More so than many fields that are strongly defined by materialist factors such as technologies, professional fields are defined by sets of cultural-cognitive models and normative systems established and defended by dominant professional groups. Examples of professional fields would include healthcare, higher education, and accounting services. Of course, all organizational fields exist within and are affected by broader environments, themselves containing distinctive material-resource and institutional features (Scott/Mendel/ Pollack 2005).

Within the *cultural-cognitive* sphere, more than any other social group, professionals exercise influence

„(...) by controlling belief systems. Their primary weapons are ideas. They exercise control by defining reality – by devising ontological frameworks, proposing distinctions, creating typifications, and fabricating principles or guidelines for action" (Scott/Backman 1990: 290).

From the periodic table and the „laws" of physics to the medical diagnostic categories and the differentiation of civil and criminal law, the formulations that undergird professional practice are diverse and changing sets of cultural-cognitive constructions. While many of these constructions have a materialist referent and undergo continuous correction and improvement on the basis of empirical observations (e.g., the sciences), others rely entirely on the construction of a set of „social facts" whose authority resides exclusively in the willingness of others to subscribe to its precepts and assumptions (e.g., legal and religious systems) (Searle 1995). Successful professional groups exercise cultural authority (Starr 1982). Their „orders" are obeyed because others believe that they are in a unique position to create and apply the formal knowledge required to cope with important complexities and uncertainties.

Professionals also define *normative* standards, attempting to specify what individuals, groups, and societies „should" do in order to achieve desired objectives. Professional bodies operate at all levels including the trans-societal or world system level, as various professional associations and non-governmental organizations issue proclamations, policy papers, and „benchmarks" for practice (Brunsson et al. 2000; Meyer 1994). The topics under their purview vary from health and welfare standards to animal and women's rights. Professional bodies within societies are attuned and adjust to these wider developments, but there remains great variation within societal systems.

And while no professional body has the authority to pass laws or issue executive commands, the close relation between professions and the state assures that professionals will exercise great influence over the *regulative* sphere. Many professions are able to obtain state backing in certification and licensure processes that enable them to claim sole jurisdiction over specified kinds of activities and titles. Many types of positions – both public agencies and private organizations – are reserved for those with appropriate professional qualifications (Freidson 1986). Professional accreditation may be required as a condition for eligibility for state funding. And, of course, when political bodies deal with matters falling within the purview of a professional body, they must attend carefully to their interests and views.

The insight that professional authority is based on the ability to create and apply a set of cultural-cognitive and normative constructions that provide guidance in confronting numerous types of uncertainty, and that such authority spills over into the regulative arena, is at the core of the institutional perspective. This view also highlights the relevance of wider and higher levels of analysis – collective actors such as professional schools, research institutes, and professional associations operating at regional, national and transnational levels all play influential roles. These are the types of actors that are directly involved in creating and defending the jurisdictional claims of a given professional body against its rivals, as Abbott (1988) has argued.

Struggles and Settlements. As already discussed, a field-level approach identifies a field of diverse actors – both individual and collective – who are engaged in a set of interdependent activities together with associated funding and regulatory systems. The actors in a field must take each other's actions into account, whether they are engaged in cooperative, competitive, or conflicting activities. Early accounts emphasized common interests and shared logics: fields relatively free of conflict. More recent work recognizes that fields are arenas of contention, containing not only dominant, but challenging and suppressed interests (Hoffman 1997). [Note that this history of institutional lenses parallels that of those employed in studying the professions.] That political sociology and social movement theory are more relevant to the analysis of organizational fields is beginning to be recognized (Hoffman/Ventresca 2002; Davis et al. 2004). Fields vary among themselves and over time in their level of coherence, shared beliefs and logics of action, and stability of relations. They vary, in short, in their type and level of *structuration* (Giddens 1979; DiMaggio/Powell 1983).

DiMaggio (1991) provides an early instructive example of this approach in his study of the early stages in the creation of the field of fine art museums in the U.S. He examines conflicts among competing professionals in the models proposed to govern the design of museums, cogently noting that the conflicts that exist in all fields are particularly apparent at the time when fields are in early stages of formation (structuration). While other studies examined comparative statics, comparing two or more fields at a given point in time, much of the recent research has employed a longitudinal approach. Also, while earlier studies, such as DiMaggio's, focused on the emergence of a new field or industry, more recent studies have examined later stages of evolution in which fields are reconstituted or move toward dissolution, decline and renewal – destructuration and restructuration processes (e.g. Davis/Diekmann/Tinsley 1994; Holm 1995; Hoffman 1997; Thornton 2002; Powell/Jones 2004).

To illustrate these rather abstract concepts and show their application to contemporary professional systems undergoing change, I briefly review two empirical studies – of changes in health delivery systems in one metropolitan community within the U.S. and the emergence of multi-business firms at the transnational level.

3. Institutional Change: Two Cases

My colleagues and I have examined changes in the organization of healthcare delivery systems in the San Francisco Bay Area, and the Alberta group* has examined changes in the organization of professional services by companies serving a global market. I review and comment on these studies as exemplars of an institutional field approach.

3.1 Evolving Healthcare Systems

Our study of the evolution of healthcare delivery systems examined changes occurring over a 50 year period – 1945-1995 – in one metropolitan area of the U.S. (Scott et al. 2000; Ruef/Scott 1998; Scott 2003a; Scott/Mendel/Pollack 2005). Five organizational populations were selected for systematic study: hospitals, health maintenance organizations (HMOs), home health agencies (HHAs), end stage renal (kidney) disease centers (ESRDCs), and integrated healthcare systems. The intent was to include examples of more traditional treatment units (hospitals) as well as newer forms (HMOs, HHAs); and instances of more generalized forms (integrated systems) as well as more specialized units (ESRDS). Following the schema discussed earlier, we developed numerous indicators to trace changes over time in (1) the number and distribution of professional roles and organizational forms or archetypes employed; (2) the types of social logics that govern activities in the sector; and (3) the types of governance structures overseeing field activities.

---

* The research group at the University of Alberta, Edmonton, Canada has conducted research on professional organizations for over a decade. The group includes D.J. Cooper, R. Greenwood, C.R. Hinings, and R. Suddaby, among others.

Three Eras. Analysis of the data revealed the existence of three periods or eras during the field of study, each characterized by the prevalence of different forms, logics and governance structures. Era I, beginning in the early decades of the 20th century (before the formal period of study) and extending to 1965 was labeled the era of *professional dominance*. Primary types of providers were independent physicians and community „voluntary" hospitals. The prevailing social logic stressed the importance of „quality of care" as defined by physicians. Principal governance structures were professional associations, especially the *American Medical Association* (AMA), supplemented by state licensure of healthcare personnel. However, toward the end of this era, the AMA began its period of decline as more physicians joined specialty associations.

Era II commenced in 1965 with the passage of the Medicare/Medicaid programs, and hence is labeled the era of *federal involvement*. With the passage of this bill, over half the costs of hospital services were shifted virtually overnight to the public sector. The proportion of specialist physicians continued to increase, and many more physicians moved their practice into medical groups. Hospitals grew in size (again with the aid of public funding) and complexity. The logic stressing quality of care was joined by a new emphasis on „equity of access" to healthcare services. Physicians' interests became increasingly fragmented, and the AMA declined in power while the *American Hospital Association* (AHA) grew in size and influence. Because of increased public funding and rising medical costs, public planning and regulatory agencies increased in numbers and power, sharing governance functions with professional associations.

Era III began in 1982 and continues up to the present time. It is labeled as a period characterized by *managerial control and market mechanisms*. It has involved changes in the social logics that public officials employ to rein in continuing escalations in healthcare costs. Whereas earlier policies followed a public utility regulatory model, the new logics relied on privatization of public facilities, increased managerial controls, and the use of incentives to encourage both patients and providers to reduce levels of care. The dominant social logic stresses „efficiency" of healthcare delivery. These logics are strongly reflected in the growth of HMO forms – forms designed both to ration care and to put physicians at financial risk for the costs of care delivered. Professional and public governance systems have been augmented by the arrival of for-profit healthcare organizations and by the much stronger role played by administrators in hospitals and managers in HMOs and health plans. [However, the role and power of physicians vis-à-vis managers varies greatly within and across these forms (Robinson 1999)]. Managerial associations are beginning to rival the power of physicians' associations. During this era, hospital survival was more strongly associated with accreditation by the AHA than with accreditation by the AMA or other physicians' governing bodies (Ruef/Scott 1998).

In most respects, the field of healthcare delivery in this region has undergone destructuration. A field that was highly predictable, governed primarily by a single professional association and its providers, conducted within relatively few distinctive organizational forms, and oriented around a single social logic now exhibits many competing professional associations, multiple (and often blurred and intersecting) organizational forms, and numerous, competing logics. Physicians remain central players, but have lost power to managers (in HMOs, hospitals, and integrated healthcare systems), to nurses (in HHAs), and to public officials. The most distinctive organizational form – the voluntary community hospital – a form that exemplified the autonomous professional model, is beleaguered and marginalized. It must compete with for-profit hospitals and hospital-chains as well as with a plethora of more specialized forms (e.g. ESRDCs) that have carved out and captured one after another of its more profitable services. A sub-set of physicians has attempted to compete by learning the new logics. A growing number of physicians are seeking managerial training and certification as „medical executives" (Montgomery 1990), and it is largely entrepreneurial physicians who have organized the free-standing ESRDCs.

Thus, the social logics long associated with the dominant professional group have been weakened by the fragmentation of physicians into multiple speciality associations. This has allowed the state to exert increased influence in the sector. Earlier efforts (in Era II), under the control of liberal Democrats, increased public funding to support increased access for underserved groups. Later efforts (in Era III), under the control of conservative Republicans, employed market mechanisms to reduce coverage and services. Throughout the period of study, the numbers and influence of „corporate" professionals (within medicine) and managerial professionals (with business backgrounds) has increased so that at the current time governance functions over the healthcare sector are shared by multiple professional bodies, public officials, and managers of healthcare systems and organizations.

3.2 Evolving Professional Service Organizations

For the past decade, a research group at the University of Alberta has followed the evolution of professional service organizations, beginning with English and

Canadian examples but, of necessity, shifting to chart developments at the global level. The research program focuses on tracking and explaining changes over time in organizations employing professionals, in particular, accounting firms. Each organization is assumed to embrace an organizing model or *archetype* – a „set of structures and systems that reflects a single interpretive scheme" (Greenwood/Hinings 1993: 1052). Note that this concept incorporates both the notion of cultural-cognitive models that guide the design of organizational arrangements as well as of social logics that guide practice. Incremental changes in these features are ongoing, but organizations tend to evolve toward the adoption of a single archetype. Second-order or fundamental change occurs, by definition, when one dominant archetype defining an organizational population is replaced by a different archetype.

Two Archetypes. The archetype long associated with the professional service firm is that of the *professional partnership* (Greenwood/Hinings/Brown 1990) – a form similar to that I have labeled the „autonomous" professional organization. This form:

> „emphasizes collegiality, peer evaluation, autonomy, informality, and flexibility of structure. Collegial, group based policy decision-making is juxtaposed with individualized, autonomous day-to-day activities" (Hinings/Greenwood/Cooper 1999: 130).

The partnership model fuses ownership and control and combines professional and managerial tasks. Task performance is governed by professional knowledge with evaluation being exercised by peers. Strategic control is relatively weak, since decision-making is decentralized; integration and coordination is left primarily to the professionals themselves (ibid.: 133).

Beginning during the last quarter of the 20th century, this professional-partnership model began to confront strong challenges due to changes in both the competitive market and the institutional environment. Auditing tasks, which had long been the centerpiece of accounting, began to become more routinized and commodified so that business clients shopped around for the cheaper service. At the same time, clients expressed needs for other types of business services, so that accounting firms were under pressure to diversify (Hinings/Greenwood/Cooper 1999).

At a different level and on a larger scale, the forces of globalization were at work, increasing the volume of world trade, the speed of information transmission and the flow of financial resources, and vastly expanding the number and size of multi-national enterprises. These enterprises, in turn, sought to secure rapid and unified financial and business services from accounting and related firms. Accounting service firms attempted initially to respond by creating networks among the autonomous partnership firms. Soon, however, these alliances gave way to formal mergers and to heightened concentration with the emergence of the Big Ten Accounting firms. During the late 1980s and 1990s, further consolidation occurred as the Big Ten gave way to the Big Six and to today's Big Four (Aharoni 1999; Hinings/Greenwood/Cooper 1999).

In addition to these market-driven changes, the institutional environment has been in flux. Accounting firms found themselves coming under greater scrutiny from regulatory agencies, on the one hand, and confronting increased competition because of deregulation policies, on the other.

Associated with all these changes, as might be expected, was a change in the reigning archetype defining these new dominant forms. The larger accounting firms adopted what the Alberta group terms a *managed professional business* form, closely related to what I have labeled the „conjoint form". This archetype is characterized by an interpretive scheme that gives high priority to strategic planning and marketing and to structures aimed at tighter integration and coordination of activities. Market logics and managerial practices are introduced such that differences between professional service organizations and other business units are de-emphasized. Remnants of the partnership model are retained, but also transformed with the increased usage of „partners-in-charge" and other more hierarchical features. Professional specialization is increased as is differentiation, with the introduction of a variety of business and legal services.

Changing from one to a different archetype is never simple or straightforward, and always involves conflicts. Older vested interests resist and new interests – often associated with new types of actors – are created (Greenwood/Hinings 1996). To be successful and enduring, such changes must be legitimated by the dominant players, especially by governance structures such as professional associations and regulatory bodies. Thus, the researchers examine the important role played by the *Canadian Institute of Chartered Accountants*, who elected to legitimate the shift toward multidisciplinary practices, so long as these were carried out within a framework of „core shared values and ethics" (Greenwood/Suddaby/Hinings 2002: 72). By contrast, other associations, such as the *American Bar Association*, have strongly resisted the incorporation of lawyers into managed professional businesses (Suddaby/Greenwood 2003).

In examining large-scale institutional change affecting professional practice, the Alberta group has given close attention to the multiple processes at work – concern on the part of participants for consistency in organizing archetypes, conflicts of interests within and among professional groups, reinterpretations of norms and values, and rhetorical strategies employed to convince others, but especially, one's own constituencies about the legitimacy of a position taken.

3.3 Concluding Comment

Two studies of changes in professional systems as these are observed at the level of an organizational field have been summarized. Although it is not possible to convey the detail and scope of these studies, I hope that my overview provides some indication of the insights to be gained from these types of investigations. While neither study could claim to give systematic attention to all important players in the two arenas, both provided a lens sufficiently wide to bring into focus important interdependencies among various kinds of players in professional service arenas – multiple professionals and professional associations, regulatory authorities, financial intermediaries, and organized consumer interests. Insights I believe are gained from these studies include the following:

- Fundamental change in institutional beliefs and practices often takes place relatively slowly, over years and decades, not months, so that researchers attempting to understand such processes will benefit from longitudinal studies of longer rather than shorter duration.
- No profession and no class of professional organizations operate in a vacuum. Changes involving one type of player have implications for others. What accountants do affects other types of business service professionals as well as lawyers, among others. What happens to hospitals affects home health agencies and health maintenance organizations.
- Organizations adapt to change in their wider environment. Often the changes are modest and incremental, but sometimes they change in dramatic and fundamental ways, replacing one mode of organizing – one archetype – for another.
- However, I believe the most profound societal changes involve not the adaptation of individual organizations or sets of organizations but the replacement of one type of organization or one type of profession with another. Such changes are important because each type of organization or profession embodies different social logics.
- Too many scholars associate governance activities with public bodies. Although public players are always important, much of the governance that takes place in many arenas, especially those dominated by professionals, in-

volves cultural and normative controls exercised by the professions themselves. Such powers are increasingly being challenged by neo-liberal ideologies and public policies, but they remain strong up to the present time.
- Understanding the dynamics of professions requires attention to multiple, differing types of actors: the professional participants, professional associations, competing professional groups, educational units, employing organizations, and agencies of the state. An organizational field approach encourages attention to these many types of players.

References

Abbott, Andrew (1988): The System of Professions: An Essay on the Division of Expert Labor. Chicago: University of Chicago Press.
Aharoni, Yair (1999): Internationalization of Professional Services. In: Brock, David M./Powell, Michael J./Hinings, C.R. (eds.): Restructuring the Professional Organization: Accounting, Health Care and Law. London: Routledge, pp. 20-40.
Alexander, Jeffrey C. (1982): Theoretical Logic in Sociology, Vol. 1: Positivism, Presuppositions, and Current Controversies. Berkeley, CA: University of California Press.
Alford, Robert R. (1975): Health Care Politics: Ideological and Interest Group Barriers to Reform. Chicago: University of Chicago Press.
American Medical Association, Committee for the Study of Relations between Osteopathy and Medicine (1953): Report: Journal of the American Medical Association 152 (8).
Barley, Stephen R./Kunda, Gideon (Forthcoming): Gurus, Guns, and Warm Bodies. Princeton, NJ: Princeton University Press.
Becker, Howard S. (1953): The Teacher in the Authority System of the Public School. In: Journal of Educational Sociology 27, pp. 128-41.
Blau, Peter M./Scott, W. Richard (2003 [1962]): Formal Organizations: A Comparative Approach. Chandler: San Francisco. Reprinted: Stanford University Press.
Bledstein, Burton J. (1976): The Culture of Professionalism: The Middle Class and the Development of Higher Education in America. New York: W.W. Norton.
Brint, Steven (1994): In the Age of Experts: The Changing Role of Professionals in Politics and Public Life. Princeton, NJ: Princeton University Press.
Brunsson, Nils/Jacobsson, Bengt and Associates (2000): A World of Standards. Oxford, UK: Oxford University Press.
Carr-Saunders, Alexander M./Wilson, P. A. (1933): THE PROFESSIONS. Oxford: Clarendon.
Corwin, Ronald G. (1961): The Professional Employee: A Study of Conflict in Nursing Roles. In: American Journal of Sociology 66, pp. 604-15.
Dahrendorf, Ralf (1959): Class and Class Conflict in Industrial Society. Stanford, CA: Stanford University Press.

Davis, Gerald F./Diekmann, Kristina A./Tinsley, Catherine H. (1994): The Decline and Fall of the Conglomerate Firm in the 1980s: The Deinstitutionalization of an Organizational Form. In: American Sociological Review 59, pp. 547-70.

Davis, Gerald F./McAdam, Doug/Scott, W. Richard/Zald, Mayer (eds.) (2004): Social Movements and Organization Theory. New York: Cambridge University Press.

Davis, Kingsley/Moore, Wilbert (1945): Some Principles of Stratification. In: American Sociological Review 10, pp. 242-49.

Derber, Charles (1982): Professionals as Workers. Boston: G.K. Hall.

DiMaggio, Paul J. (1991): Constructing an Organizational Field as a Professional Project: U.S. Art Museums, 1920-1940. In: Powell, Walter W./DiMaggio, Paul J. (eds.): The New Institutionalism in Organizational Analysis. Chicago: University of Chicago Press, pp. 267-92.

DiMaggio, Paul J./Powell, Walter W. (1983): The Iron Cage Revisited: Institutional Isomorphism and Collective Rationality in Organizational Fields. In: American Sociological Review 48, pp. 147-60.

Etzioni, Amitai (1969): The Semi-Professions and their Organizations. New York: Free Press.

Field, Mark G. (1967): Soviet Socialized Medicine: An Introduction. New York: Free Press.

Freidson, Eliot (1970): Profession of Medicine: A Study of the Sociology of Applied Knowledge. New York: Dodd, Mead & Company.

Freidson, Eliot (1986): Professional Powers: A Study of the Institutionalization of Formal Knowledge. Chicago: University of Chicago Press.

Freidson, Eliot (2001): Professionalism: The Third Logic. Chicago: University of Chicago Press.

Giddens, Anthony (1979): Central Problems in Social Theory: Action, Structure, and Contradiction in Social Analysis. Berkeley: University of California Press.

Goode, William J. (1957): Community within a Community: The Professions. In: American Sociological Review 22, pp. 194-200.

Gordon, Robert A./Howell, James E. (1959): Higher Education for Business. New York: Columbia University Press.

Gouldner, Alvin W. (1954): Patterns of Industrial Bureaucracy. Glencoe, IL: Free Press.

Gouldner, Alvin W. (1957-58): Cosmopolitans and Locals: Toward an Analysis of Latent Social Roles, I, II. In: Administrative Science Quarterly 2, pp. 281-306; 444-80.

Greenwood, Ernest (1957): The Attributes of a Profession. In: Social Work 2, pp. 45-55.

Greenwood, Royston/Hinings, Christopher R. (1993): Understanding Strategic Change: The Contribution of Archetypes. In: Academy of Management Journal 36, pp. 1052-81.

Greenwood, Royston/Hinings, Christopher R. (1996): Understanding radical organizational change: Bringing Together the Old and the New Institutionalism. In: Academy of Management Review 21, pp. 1022-54.

Greenwood, Royston/Hinings, Christopher R./Brown, J. (1990): ‚P²-form' Strategic Management: Corporate Practices in the Accounting Industry. In: Academy of Management Journal 33, pp. 725-55.

Greenwood, Royston/Hinings, Christopher R./Cooper, David (forthcoming): An institutional theory of change: Contextual and interpretive dynamics in the accounting industry. In: Powell, Walter W./Jones, Daniel (eds.): How Institutions Change. Chicago: University of Chicago Press.

Greenwood, Royston/Suddaby, Roy/Hinings, Christopher R. (2002): Theorizing Change: The Role of Professional Associations in the Transformation of Institutionalized Fields. In: Academy of Management Journal 45, pp. 58-80.

Hall, Richard H. (1968): Professionalization and Bureaucratization. In: American Sociological Review 33, pp. 92-104.

Havighurst, Clark C. (1982): Deregulating the Health Care Industry: Planning for Competition. Cambridge, MA: Ballinger.

Hickson, David J./Hinings, Christopher R./Lee, C.A./Schneck, R.E./Pennings, J.M. (1971): A ‚Strategic Contingencies' Theory of Intraorganizational Power. In: Administrative Science Quarterly 16, pp. 216-29.

Hinings, Christopher R./Greenwood, Royston/Cooper, David (1999): The Dynamics of Change in Large Accounting Firms. In: Brock, David M./Powell, Michael J./Hinings, Christopher R. (eds.): Restructuring the Professional Organization: Accounting, Health Care and Law. London: Routledge, pp. 131-53.

Hoffman, Andrew W. (1997): From Heresy to Dogma: An Institutional History of Corporate Environmentalism. San Francisco: New Lexington Press.

Hoffman, Andrew W./Ventresca, Marc J. (eds.) (2002): Organizations, Policy, and the Natural Environment: Institutional and Strategic Perspectives. Stanford, CA: Stanford University Press.

Holm, Petter (1995): The Dynamics of Institutionalization: Transformation Processes in Norwegian Fisheries. In: Administrative Science Quarterly 40, pp. 398-422.

Hughes, Everett C. (1958): Men and their Work. Glencoe, IL: Free Press.

Institut für Freie Berufe an der Friedrich-Alexander-Universität Erlangen-Nürnberg (1993): Freie Berufe in Europa. Bonn: Freie Berufe.

Jackson, John A. (ed.) (1970): Professions and Professionalization. London: Cambridge University Press.

Jones, Anthony (1991): Preface. In: Jones, Anthony (ed.): Professions and the State: Expertise and Autonomy in the Soviet Union and Eastern Europe. Philadelphia: Temple University Press, pp. vii-x.

Krause, Elliot A. (1977): Power and Illness: The Political Sociology of Health and Medical Care. New York: Elsevier.

Krause, Elliot A. (1991): Professions and the State in the Soviet Union and Eastern Europe: Theoretical Issues. In: Jones, Anthony (ed.): Professions and the State: Expertise and Autonomy in the Soviet Union and Eastern Europe. Philadelphia: Temple University Press, pp. 3-42.

Larson, Margali Sarfatti (1977): The Rise of Professionalism: A Sociological Analysis. Berkeley: University of California Press.

Marshall, Thomas H. (1951): The Recent History of Professionalism in Relation to Social Structure and Social Policy. In: Marshall, Thomas H.: Citizenship and Social Class. Cambridge: Cambridge University Press, pp. 128-55.

McClelland, Charles E. (1991): The German Experience of Professionalization: Modern Learned Professions and their Organization from the Early Nineteenth Century to the Hitler Era. New York: Cambridge University Press.

Meyer, John W. (1994): Rationalized Environments. In: Institutional Environments and Organizations: Structural Complexity and Individualism. Thousand Oaks, CA: Sage, pp. 28-54.

Millerson, Geoffrey (1964): The Qualifying Associations: A Study of Professionalization. London: Routledge & Kegan Paul.

Mintzberg, Henry (1979): The Structuring of Organizations. Englewood Cliffs, NJ: Prentice-Hall.

Montgomery, Kathleen (1990): A Prospective Look at the Specialty of Medical Management. In: Work and Occupations 17, pp. 178-97.

Parsons, Talcott (1954): Essays in Sociological Theory. Glencoe, IL: Free Press.

Perrucci, Robert/Gerstl, Joel E. (1969): Profession without Community: Engineers in American Society. New York: Random House.

Pfeffer, Jeffrey (1992): Managing with Power: Politics and Influence in Organizations. Boston, MA: Harvard Business School Press.

Powell, Walter W./Jones, Daniel L. (eds.) (2004): How Institutions Change. Chicago: University of Chicago Press.

Robinson, James C. (1999): The Corporate Practice of Medicine: Competition and Innovation in Health Care. Berkeley: University of California Press.

Ruef, Martin/Scott, W. Richard (1998): A Multidimensional Model of Organizational Legitimacy: Hospital Survival in Changing Institutional Environments. In: Administrative Science Quarterly 43, pp. 877-904.

Schlossman, S./Sedlak, M./Wechsler, H. (1987): The ‚New Look': The Ford Foundation and the Revolution in Business Education. In: Selections 14 (3), pp. 8-28.

Scott, W. Richard (1965): Reactions to Supervision in a Heteronomous Professional Organization. In: Administrative Science Quarterly 10, pp. 65-81.

Scott, W. Richard (1969): Professional Employees in a Bureaucratic Structure: Social Work. In: Etzioni, Amitai (ed.): The Semi-Professions and their Organization. New York: Free Press, pp. 82-140.

Scott, W. Richard (1982): Managing Professional Work: Three Models of Control for Health Organizations. In: Health Services Research 17, pp. 213-40.

Scott, W. Richard (1985): Conflicting Levels of Rationality: Regulators, Managers, and Professionals in the Medical Care Sector. Journal of Health Administration Education 3 (2), Part II, pp. 113-31.

Scott, W. Richard (1994): Conceptualizing Organizational Fields: Linking Organizations and Societal Systems. In: Derlien, Hans-Ulrich/Gerhardt, Uta/Scharpf, Fritz W. (eds.): Systemrationalität und Partialinteresse. Baden-Baden: Nomos, pp. 203-19.

Scott, W. Richard (2001): Institutions and Organizations(2nd ed.). Thousand Oaks, CA: Sage.

Scott, W. Richard (2003a): The Old Order Changeth: The Evolving World of Health Care Organizations. In: Mick, Stephen S./Wyttenbach, Mindy E. (eds.): Advances in Health Care Organization Theory. San Francisco, CA: Jossey-Bass, pp. 23-43.

Scott, W. Richard (2003b): Organizations: Rational, Natural and Open Systems. Upper Saddle, NJ: Prentice Hall.
Scott, W. Richard/Backman, Elaine V. (1990): Institutional Theory and the Medical Care Sector. In: Mick, Stephen S. (ed.): Innovations in Health Care Delivery: Insights for Organization Theory. San Francisco: Jossey-Bass, pp. 20-52.
Scott, W. Richard/Mendel, Peter J./Pollack, Seth (2005): Environments and Fields: Studying the Evolution of a Field of Medical Care Organizations. In: Powell, Walter W./Jones, Daniel L. (eds.): How Institutions Change. Chicago: University of Chicago Press, forthcoming.
Scott, W. Richard/Ruef, Martin/Mendel, Peter J./Caronna, Carol A. (2000): Institutional Change and Healthcare Organizations: From Professional Dominance to Managed Care. Chicago: University of Chicago Press.
Searle, John R. (1995): The Construction of Social Reality. New York: Free Press.
Starr, Paul (1982): The Social Transformation of American Medicine. New York: Basic Books.
Suddaby, Roy/Greenwood, Royston (2003): Rhetorical Strategies of Legitimacy: Vocabularies of Motive and New Organizational Forms. Paper presented at the Academy of Management Meetings, Seattle, WA.
Thornton, Patricia H. (2002): The Rise of the Corporation in a Craft Industry: Conflict and Conformity in Institutional Logics. In: Academy of Management Journal 45, pp. 81-101.
Westphal, James D./Gulati, Ranjay/Shortell, Stephen M. (1997): Customization or Conformity? An Institutional and Network Perspective on the Content and Consequences of TQM Adoption. In: Administrative Science Quarterly 42, pp. 366-94.

Die akademische Profession und die Universitäten: „New Public Management" und eine drohende Entprofessionalisierung

Uwe Schimank

Wenn man Talcott Parsons' Analyse des amerikanischen Universitätssystems aus den frühen siebziger Jahren wieder liest (Parsons/Platt 1973), beschleichen einen seltsame Gefühle. Auf der einen Seite klingt vieles relativ altmodisch – und das war es vermutlich sogar schon damals. Auf der anderen Seite stößt man auf weitsichtige Beobachtungen und Ideen, die nach wie vor und vielleicht gerade heute bedeutsam sind, um bestimmte Entwicklungen und Spannungen zu verstehen, die seitdem in den Hochschulsystemen vieler westlicher Länder zur vollen Entfaltung gelangt sind.

Ein Thema, das Parsons zu jener Zeit beschäftigte, war die Rolle der akademischen Profession in den Governance-Strukturen der Universitäten und des Universitätssystems. Er sah Universitäten, insbesondere die Graduate Schools als deren intellektuellen Kern, als Organisationen, die von der akademischen Profession dominiert werden – und zwar in einem noch viel stärkeren Maße, als etwa Krankenhäuser von Ärzten dominiert werden. Vereinfacht gesagt sind Universitäten nichts anderes als die organisatorische Basis der akademischen Profession – unverzichtbar, aber der höheren Macht des „professional complex" untergeordnet. Organisationen, die dem Dienst an der Profession verpflichtet sind: Auch zu jener Zeit war dies schon in erheblichem Maße eine Fiktion; aber seitdem hat sich die Realität noch weiter von dieser Vorstellung entfernt.

Damit ist das Thema meines Beitrags formuliert. Ich möchte den Einflussverlust der akademischen Profession in Universitätsangelegenheiten beschreiben und soziologisch interpretieren. Am Schluss werde ich fragen, was getan werden könnte, um zumindest das erforderliche Minimum an professionellem Einfluss wiederherzustellen. Mein empirisches Anschauungsmaterial ist das deutsche Universitätssystem. Aber die Tendenzen, die hier aufgezeigt werden können, sind in allen westlichen Ländern vorzufinden. Deutschland ist diesbezüglich sogar ein Nachzügler im Vergleich zu Großbritannien, den Niederlanden oder Österreich.

1. Meso- und Makroebene der Governance

Als Startpunkt meiner Erörterungen werde ich eine sehr kompakte Kombination zweier abstrakter Dichotomien präsentieren, die beide schon seit langem als Orientierungspunkte von Governance-Analysen dienen. In der Organisationsforschung ist dies die Dichotomie von Organisation vs. Profession; in der Gesellschaftstheorie hat die Dichotomie von Markt vs. Staat eine ähnliche Bedeutung.

1. Organisation vs. Profession. Das besondere Verhältnis formaler Organisationen zu ihrem professionellen Personal war implizit bereits Thema von Max Webers (1922: 125-130, 551-579) Verständnis der bürokratischen Herrschaft. Er sah „professional competence (...) as an integral and essential element of bureaucratic organisation" (Waters 1989: 951). Natürlich sind Professionen nur eine von mehreren Arten berufsförmiger Experten, die in Bürokratien wichtige Positionen einnehmen; aber für Weber ist spezialisierte Expertise im Allgemeinen – „Fachwissen" – eine der Zentralkomponenten der „rational-legalen Herrschaft" in formalen Organisationen.

Bei Weber sieht dies noch wie eine harmonische Komplementarität aus; jedenfalls gibt es keinerlei Hinweise auf Spannungsverhältnisse. Parsons' Kommentierung von Webers Bürokratiemodell unterscheidet dann analytisch zwei Arten von Autorität: hierarchische Befugnisse auf der einen Seite und professionelle Expertise auf der anderen (Waters 1989: 949-951). Auf dieser Linie haben sich seit den fünfziger Jahren eine große Anzahl von empirischen und theoretischen Studien der Aufgabe gewidmet, das zutiefst spannungsreiche Verhältnis von Profession und Organisation aufzuzeigen.[1]

Professionelle sind „schwierige" Organisationsmitglieder – ob es sich nun um Ärzte oder Sozialarbeiter, um Lehrer oder Juristen handelt.

Mit Elliot Freidson (2001: 180) lässt sich eine Profession idealtypisch durch fünf Elemente kennzeichnen:

> „[F]irst, a body of knowledge and skill which is officially recognized as one based on abstract concepts and theories and requiring the exercise of considerable discretion; second, an occupationally controlled division of labor; third, an occupationally controlled labor market requiring training credentials for entry and career mobility; fourth, an occupationally controlled training program which produces those credentials, schooling that is associated with ‚higher learning' (...), and provides opportunity for the development of new knowledge; and fifth, an ideology serving some

---

1 Siehe als Auswahl Blau/Scott (1962: 60-74); Hartmann 1964; Scott 1965, 1966, 1969; Montagna 1968; Harries-Jenkins 1970; Hall/Lawler 1970; Engel 1970; Benson 1973; Larson (1977: 178-207); Freidson 1984 und Waters 1989.

transcendent value and asserting greater devotion to doing good work than to economic reward."

Die Spannungen zur bürokratischen Organisation sind leicht auszumachen. Professionelle Mitarbeiter formaler Organisationen sind zwischen zwei konfligierenden Loyalitäten hin- und hergerissen – noch genauer: zwischen einer Loyalität, die auf Identifikation beruht, und einer Loyalität, die interessenbasiert ist, wobei das Interesse sich oftmals darauf reduziert, seinen Lebensunterhalt zu verdienen. Immer wieder geraten professionelle Standards der Arbeitserledigung mit organisatorischen Vorgaben in Konflikt; die professionelle Autonomie wird durch organisatorische Kontrollmechanismen verletzt; und die kollegiale Gleichheit unter Professionellen stößt sich an organisatorischen Rangunterschieden und auf individuellen Leistungen basierenden Entlohnungen und Karriereverläufen. Unablässig müssen sich Professionelle in diesen verschiedenen Hinsichten organisatorischen Strukturen unterwerfen: Dies ist die zentrale Botschaft all jener Studien, die sich mit dem Verhältnis von Profession und Organisation beschäftigt haben.

Die akademische Profession und ihr Verhältnis zur Universität hat in diesen Untersuchungen kaum Beachtung gefunden.[2] Das ist bedauerlich, weil bereits ein kurzer Blick auf die Universitäten womöglich gezeigt hätte, dass das Spannungsverhältnis von Profession und Organisation auch anders aufgelöst werden kann. Ohne sich explizit auf die gerade angesprochenen Studien zu beziehen, bemerkt Parsons (1968: 542):

„But if the involvement of professionals in complex organizations (...) has forced very substantial modifications in the way in which professional services are run, the converse is just as true – and probably even more important. The involvement of high-level professional personnel in most types of modern organization has been the occasion for major changes in the character of the organizations themselves."

Es geht mir hier nicht darum, wer mehr Recht hat: Parsons oder die anderen. Doch Universitäten – in den Vereinigten Staaten ebenso wie in Deutschland – sind in der Tat eine Art von Organisation, die jedenfalls für lange Zeit hochgradig auf die Anforderungen der professionellen Arbeit ihres akademischen Personals, insbesondere der Professoren, zugeschnitten gewesen sind. Mit Verweis auf

---

2 Siehe allerdings Parsons 1968 ebenso wie Freidson 2001, die sich in ihren allgemeinen Professionsanalysen immer wieder auch auf die „profession of learning" (Parsons 1968: 537) beziehen. Parsons/Platt 1973 und Ben-David 1991 widmen sich in ihren Studien des modernen Wissenschaftssystems und der Universitäten auch eingehender der akademischen Profession.

dieses Beispiel lässt sich zumindest konstatieren, dass die Organisation nicht immer die Oberhand über die Profession behält.

2. *Staat vs. Markt.* Bevor dieser Gedankengang weitergeführt wird, muss ich noch ganz kurz die andere Dichotomie von Governance-Mechanismen einführen, die eine sehr viel längere Tradition hat als die von Organisation vs. Profession und im Laufe dieser Zeit hochgradig ideologisiert worden ist: die Unterscheidung von Staat und Markt.[3] Wenn man in Fragen der Governance vom Staat spricht, ist damit die Regulierung und Steuerung gesellschaftlicher Dynamiken durch zentralisierte politische Entscheidungen gemeint. Markt meint demgegenüber eine Interdependenzbewältigung zwischen Akteuren durch dezentralisierte Konkurrenz. Beide Governance-Mechanismen unterscheiden sich also in zwei miteinander verknüpften Hinsichten. Der Staat regiert durch autoritativ gesetzte Regeln, und er ist letztlich ein überlegener Akteur, der viele andere in einem bestimmten Handlungsfeld reguliert und steuert. Auf dem Markt findet demgegenüber wechselseitige Beobachtung zwischen vielen Akteuren statt, von denen jeder versucht, seine Konkurrenten zu übertreffen; und zu diesem Zweck kann keiner etwas anderes tun, als sich an den Status quo anzupassen, der sich aus dem bereits geschehenen oder antizipierten Handeln und handelndem Zusammenwirken der jeweils anderen ergibt (Scharpf 1997: 109). Wie Adam Smith' berühmte Formel der „invisible hand" festhält, vollzieht sich Interdependenzbewältigung auf einem Markt transintentional, während der Staat Interdependenzbewältigung mit einer „visible hand"[4] intentional betreibt.

Die Intensität, mit der Staat und Markt als Governance-Mechanismen wirken, kann erheblich variieren. Der Konkurrenzdruck des Marktes kann hoch oder niedrig sein; und die Richtung, wohin dieser Druck die Akteure führt, kann eng vorgegeben sein oder den Akteuren ein breites Spektrum von Optionen offen lassen. Ebenso können autoritative Vorgaben von Seiten des Staates auf der einen Seite aus Regulierungen bestehen, die spezifische Arten des Handelns vorschreiben oder verbieten. Auf der anderen Seite kann es sich auch um Steuerung im Sinne relativ genereller Zielvorgaben handeln, in deren Rahmen die gesteuerten Akteure dann noch einen erheblichen Spielraum dafür haben, wie sie den Zielsetzungen nachkommen.[5] Zudem variiert auch, wie intensiv die Konformität mit Regulierungen und Zielvorgaben kontrolliert wird und wie streng Abweichungen negativ sanktioniert werden.

---

3 Siehe nur Lindblom 1977 als generelle Darstellung dieser beiden Governance-Mechanismen.
4 Unter diesen Titel stellt Alfred Chandler (1977) seine Rekonstruktion der amerikanischen Industriegeschichte – was zeigt, dass Großunternehmen, wenn sie bestimmte Märkte dominieren, in eine Richtung gehen, die sich staatlicher Governance annähert.
5 Siehe hierzu Luhmanns (1973) Unterscheidung von „Konditional-" und „Zweckprogrammen".

Wie endlose wohlbekannte Debatten über Markt- und Staatsversagen zeigen, haben beide Governance-Mechanismen ihre eingebauten Mängel. Interessanterweise weisen sowohl die wissenschaftlichen als auch die ideologischen Debatten über diese Mängel ein ganz anderes Muster auf als die zuvor skizzierte Diskussion über das Verhältnis von Profession und Organisation. Die allermeisten Beobachter würden sich nicht einseitig entweder zur Profession oder zur Organisation bekennen. Das Spannungsverhältnis zwischen diesen beiden Governance-Mechanismen wird vielmehr durchgängig als ein – pathetisch überspitzt – tragisches porträtiert, weil beide Mechanismen je für sich als gut funktionierend angesehen werden – und aus diesem Grunde auch als unverzichtbare Strukturkomponenten der modernen Gesellschaft. Im Gegensatz dazu stellen Staat und Markt ein polarisiertes Gegeneinander dar. Die meisten wissenschaftlichen Beobachter sind klare Befürworter eines der beiden Mechanismen und gestehen dem je anderen Mechanismus nicht mehr als eine marginale Rolle zu. Daher triumphieren Marktapologeten über jedes Beispiel des Staatsversagens und umgekehrt. Infolgedessen werden nicht nur sozialwissenschaftliche Erörterungen, sondern auch öffentliche Debatten beider Governance-Mechanismen zwischen Extremen hin- und hergerissen, wobei jede Seite eine zeitweilige Deutungshoheit gewinnt, um früher oder später von der anderen Seite abgelöst zu werden.

Zusammengefasst gibt es also zwei wichtige Diskussionen über Governance in der modernen Gesellschaft. Die eine findet auf der Mesoebene von Organisationen statt, die andere auf der Makroebene der Gesellschaft und ihrer Teilsysteme. Auf der Mesoebene geht es um das Verhältnis von Profession und Organisation, auf der Makroebene um das Verhältnis von Markt und Staat. Ein analytischer Bezugsrahmen für die Betrachtung der Governance von Universitäten und Universitätssystemen muss beide Ebenen verknüpfen. Die Dichotomie von Organisation und Profession bezieht sich auf die *intra*organisatorische Dimension von Universitäten, während die Dichotomie von Staat und Markt den *inter*organisatorischen Kontext des Universitätssystems in seinem Verhältnis zum politischen System anspricht. Burton Clarks (1983, 1998) bekanntes Dreieck von Governance-Mechanismen des Universitätssystems, das er später zu einem Viereck ausgebaut hat, berücksichtigt diese beiden Ebenen implizit. Ich werde im Weiteren diese Typologie von vier grundlegenden Governance-Mechanismen benutzen, um darzustellen, wie sich die Governance des Universitätssystems seit den achtziger Jahren verändert und welche Folgen dies für die akademische Profession gehabt hat.

2. Das traditionelle Governance-Regime der deutschen Universitäten und die Herausforderung des „new public management"[6]

Humboldts Universitätsidee von „Einsamkeit und Freiheit" wurde in Preußen Anfang des 19. Jahrhunderts durch einen autoritären Staat implementiert, der den Universitäten – genauer: den Professoren – wissenschaftliche Autonomie und andere Privilegien um den Preis der politischen Unterordnung gewährte (Ben-David 1971: 108-138). Dieser „historische Kompromiß" (Daxner 1997: 359) ging damit einher, dass der Staat sich verpflichtete, die Universitäten zu finanzieren. In einer sehr stark ausgeprägten Pfadabhängigkeit ist das deutsche Universitätssystem bis heute durch diese Kombination einer unumstrittenen Alimentierung und Kontrolle durch den Staat auf der einen Seite und einer gleichzeitigen Respektierung der „Freiheit von Forschung und Lehre", die heute sogar Verfassungsrang genießt, auf der anderen Seite charakterisiert. Rechtlich schlägt sich dies darin nieder, dass Universitäten gleichzeitig öffentlich-rechtliche Anstalten und autonome Korporationen sind (Kimminich 1982). In diesem Sinne porträtiert Clark (1983: 140) das deutsche Universitätssystem als eine Kombination von hoher politischer Regulierung durch den Staat und hoher professioneller Selbstkontrolle durch „academic oligarchies".

Hier interessiert besonders die letztgenannte Komponente. Eine genauere Betrachtung enthüllt die sehr starke individuelle Position jedes einzelnen Professors – und nochmals hervorgehoben der Lehrstuhlinhaber. Sie sind die Säulen einer „chair-based-organisation" – und weil an einer Universität meistens Hunderte von Lehrstuhlinhabern wirken, stellt sich die Gesamtstruktur des deutschen Universitätssystems als ein Muster von „small monopolies in thousands of parts" dar (ebd.: 140).

Dabei gründet sich die organisatorische Stellung eines Professors auf die akademische Profession. Denn seine Berufung ist der letzte Schritt in einer akademischen Karriere, in der der Betreffende eine lange Sozialisation in seiner jeweiligen *scientific community* durchlaufen und sich wissenschaftliche Reputation für seine Forschung erworben hat. Der Berufung vorausgegangen ist die Habilitation als abschließende formelle Prüfung durch die Profession nach Diplom bzw. Magister und Promotion. Der oligarchische Charakter der akademischen Selbststeuerung in Universitäten ergibt sich aus diesem Karriereverlauf. Lehrstuhlinhaber sind die formell, vor allem aber auch informell einflussreichsten Entscheidungsbeteiligten in deutschen Universitäten; die anderen Professoren, die verschiedenen Arten von wissenschaftlichen Mitarbeitern und nichtwis-

---

6 Siehe Schimank et al. 1999 für eine ausführlichere Darstellung.

senschaftlichen Beschäftigten sowie auch die Studierenden nehmen demgegenüber deutlich untergeordnete Stellungen ein.[7]
Da jeder Lehrstuhl eine hochgradig autonome Organisationseinheit darstellt, ist die akademische Selbststeuerung in Universitäten sehr dezentralisiert. Mit der verfassungsmäßig garantierten „Freiheit von Forschung und Lehre" im Rücken können Lehrstuhlinhaber ähnlich agieren wie kleine Geschäftsleute, denen eine Anzahl von Mitarbeitern zur Verfügung stehen. Doch als Beamte genießen Professoren zusätzlich insbesondere das Recht, nicht kündbar zu sein. Zusammengefasst sind Lehrstuhlinhaber also kleine Geschäftsleute, die nicht Bankrott gehen können.

Aus der Perspektive jedes Lehrstuhlinhabers stellt sich die Universität als Ganzes und der Fachbereich, dem er angehört, als lokale Korporation akademischer Kollegen – der anderen Lehrstuhlinhaber – dar, zwischen denen eine grundsätzliche Gleichheit der Rechte und Chancen besteht. Diese „collegial association" (Parsons/Platt 1973: 124-129) schlägt sich in den Entscheidungsverfahren der Universitäten nieder. Formell werden in Universitäten und Fachbereichen Mehrheitsentscheidungen getroffen. Es gibt keine ausgeprägte Hierarchie. Leitungsfiguren – insbesondere Rektoren und Dekane – können sich über Mehrheiten nicht hinwegsetzen. Faktisch werden die allermeisten Entscheidungen sogar einstimmig getroffen. Informell wird diese akademische Selbststeuerung auf der Ebene der Lehrstuhlinhaber informell durch Kollegialität geprägt. Jeder von ihnen kann unter normalen Umständen erwarten, dass keine Entscheidungen getroffen werden, die seine Interessen verletzen. *Implizite Nichtangriffspakte* transformieren das Mehrheitsprinzip in eine Struktur von Vetomacht-Positionen aller Lehrstuhlinhaber; und diese Vetomacht wird üblicherweise benutzt, um die eigenen Interessen zu verteidigen (Schimank 1995: 222-258).

Diese Nichtangriffspakte resultieren aus einer Reihe von Gesichtspunkten. Jeder Lehrstuhlinhaber kann sich klar machen, was die anderen täten, wenn er sich „unkollegial" verhielte. Erstens würde er emotional aufwühlende Konflikte mit Personen schaffen, denen er oftmals täglich über den Weg läuft und mit denen er in vielen Angelegenheiten auskommen muss. Zweitens würde die Solidarität des Fachbereichs oder der Universität gegen Drohungen von außen – insbesondere von staatlicher Seite – geschwächt werden. Drittens würde die Mobilisierung einer Mehrheit für das jeweilige eigene Interesse einen enormen Aufwand mit sich bringen, um zerbrechliche Interessenkoalitionen aufzubauen und aufrechtzuerhalten. Viertens hätte man selbst für den Fall, dass dies gelänge und

---

7 In den siebziger Jahren errangen auch die anderen Statusgruppen der Universitäten einige Partizipationsrechte. Doch die dominante Stellung der Lehrstuhlinhaber blieb bestehen.

eine Mehrheitsentscheidung für das eigene und gegen das Interesse eines Kollegen getroffen werden würde, zu befürchten, dass andere in Zukunft Ähnliches versuchen würden; und man könnte nicht sicher sein, selbst stets auf der Siegerseite zu sein. In den allermeisten Fällen werden Lehrstuhlinhaber durch eine Gemengelage dieser Gesichtspunkte davon abgehalten, „unkollegiale" Initiativen zu ergreifen.

Daher nimmt es nicht wunder, dass die akademische Selbststeuerung unter den Lehrstuhlinhabern eine ausgeprägte Tendenz zum Erhalt des organisatorischen Status quo zeigt. Mit dieser Tendenz verbindet sich die irritierende Erfahrung eines „receding locus of power": „[W]herever or at whatever level one applies to the organization, the ‚real' decisions always seem to be taken somewhere else" (Noble/Pym 1970: 435/436).[8] Insbesondere die staatliche Seite hat dies bereits seit geraumer Zeit als zentrale Ursache der Reformunfähigkeit der deutschen Universitäten kritisiert – wozu u. a. die Unfähigkeit gehört, personelle und finanzielle Ressourcen entsprechend Leistungskriterien und Gesichtspunkten der Profilbildung umzuverteilen. Um diesem organisatorischen Stillstand abzuhelfen, propagieren viele Beobachter „mehr Markt!", womit sie größeren Konkurrenzdruck zwischen und innerhalb von Universitäten meinen, und „starke Leitungen!", also eine Stärkung der hierarchischen Selbststeuerung durch Dekane und Rektoren. Zwischen beiden Rezepten wird oft ein enger Zusammenhang gesehen. Nur ein hoher Konkurrenzdruck, der in Bestandsbedrohungen für Universitäten oder Fachbereiche kulminiert, stärkt die Leitung auch bei unpopulären Maßnahmen gegen die Nichtangriffspakte der akademischen Selbststeuerung[9]; und nur eine durchsetzungsfähige Leitung, die eine ausgeprägte „corporate identity" ihrer Universität schafft, kann hinreichende Wettbewerbsfähigkeit herstellen.

Dies ist also die Kernbotschaft des um sich greifenden „new public management" für die deutschen Universitäten: Das alte Governance-Regime, das von Profession und Staat dominiert wird, soll durch ein neues ersetzt werden, in dem Markt und Organisation vorherrschen. Der Staat bleibt allerdings trotz einer erheblichen Deregulierung als mächtiger Akteur im Spiel (Braun/Merrien 1999; Braun 1999). Erstens wird diese weitreichende Transformation des Governance-Regimes, die in Deutschland gerade erst Fahrt gewinnt, durch staatliche Akteure initiiert, konzipiert und den Universitäten buchstäblich aufgezwungen. Der Staat

---

8 Die zitierte Studie fand dieses Phänomen in einer großen professionalisierten Behörde vor. Siehe Schimank 2001 zum selben Phänomen in deutschen Universitäten.
9 Erst kürzlich äußerte sich in einer Expertenrunde des Wissenschaftsrats ein hoher Beamter aus dem Wissenschaftsministerium eines Bundeslandes so: „Nur existenzgefährdende Bedrohungen schaffen Bewegung."

– also die für die Universitäten zuständigen Ministerien der sechzehn Bundesländer und des Bundes – tritt als zentraler „change agent" auf. Zweitens behält der Staat auch im neuen Governance-Regime beträchtlichen Einfluss auf die Universitäten – allerdings eine unterschiedliche Art von Einfluss als vorher. An die Stelle bürokratischer Regulierung tritt ein „management by objectives". Diese im Universitätssystem zuvor kaum existente Art von politischer Steuerung wird entweder vom jeweiligen Ministerium selbst betrieben, oder es delegiert sie an neu geschaffene Universitätsräte, in denen Repräsentanten außerwissenschaftlicher Bezugsgruppen der Universitäten – vor allem der Industrie – und des Staates mit der Universitätsleitung langfristige Ziele der Universitätsentwicklung aushandeln.

3. Misstrauen in professionelle Selbststeuerung

Ein Vergleich des traditionellen Governance-Regimes der deutschen Universitäten mit den zentralen Ideen des „new public management" macht deutlich, dass das nun geforderte und schrittweise implementierte neue Governance-Regime und das alte völlig gegensätzlich sind (vgl. Abb. 1).

Abbildung 1: Traditionelles Governance-Regime vs. „new public management"

	traditionelles Governance-Regime	„new public management"
politische Regulierung	+	–
politische Steuerung	–	+
Konkurrenzdruck	–	+
professionelle Selbstkontrolle	+	–
hierarchische organisatorische Selbststeuerung	–	+

Zielscheibe des „new public management" an Universitäten ist insbesondere die „academic oligarchy". Da der Staat lediglich seine Rolle verändert, aber so einflussreich bleibt wie zuvor, und Marktkräfte sowie organisatorische Hierarchien sehr viel stärker werden, gibt es in diesem Schauspiel, das wir gerade erleben, nur einen großen Verlierer: die akademische Profession. Ihre Schwächung ist es, um die sich beim „new public management" alles dreht, auch wenn dieses Ziel nirgends explizit formuliert ist. Um eine Unterscheidung von W. Richard Scott (1965) aufzugreifen: Universitäten werden von „autonomous" in „heteronomous professional organizations" verändert. Das tiefere Motiv hinter diesem Angriff auf die akademische Selbststeuerung besteht darin, dass Politiker ebenso wie Studierende, die Industrie ebenso wie andere gesellschaftliche Gruppen viel von ihrem früheren Vertrauen in die akademische Profession verloren haben; und damit erscheint es ihnen nicht länger angeraten, die professionelle Autonomie der Professoren in so weitreichendem Maße wie bisher zu respektieren.

Es war wiederum Parsons, der herausgestellt hat, dass die akademische Freiheit, wie sie Universitätsprofessoren genießen, ebenso wie die Autonomie jeder anderen Profession auf *Vertrauen* basiert. Es handelt sich um das Vertrauen der anderen gesellschaftlichen Akteure in die feste Bindung der Professoren an den Wert der „cognitive rationality", den die Universitäten als zentrale Organisationen des „cognitive complex" des Treuhandsystems der modernen Gesellschaft realisieren sollen (Parsons/Platt 1973: 123-162). Dieses Vertrauen in Akteure ist in ein Metavertrauen in die Funktionalität dieses Arrangements für die Gesellschaft eingebettet. Paradox formuliert: Dass Professoren durch ein intrinsisches Erkenntnisstreben geleitet werden und dabei möglichst wenig externen Vorgaben unterliegen, wurde lange Zeit als Garantie dafür angesehen, dass die Universitäten die von ihnen erwarteten Leistungen für die Gesellschaft erbrachten.

Vertrauen ist ein sehr weit verbreitetes Ingredienz sozialer Beziehungen, insbesondere solcher Beziehungen, in denen auf der einen Seite ein Produzent bestimmter Güter oder Dienstleistungen und auf der anderen Seite dessen Kunde oder Klient steht. So erweist es sich beispielsweise für beide Seiten als vorteilhaft, wenn Eltern ihren Kindern vertrauen und umgekehrt, oder wenn zwischen einem Immobilienmakler und einem Hauskäufer ein gewisses Vertrauensverhältnis besteht. Allerdings spielt Vertrauen in den meisten sozialen Beziehungen nur eine sekundäre, manchmal nur sehr marginale Rolle; es ist förderlich, aber nicht notwendig, um die Stabilität und Leistungsfähigkeit der betreffenden Beziehung zu gewährleisten. Bei Professionen ist das anders. Im Unterschied zu anderen Berufen, die durch bürokratische Regeln, Marktkonkurrenz oder demokratische Verfahren kontrolliert werden, kontrollieren sich die Professionen als Kollektivitäten selbst, und jeder einzelne Professionelle kontrolliert sich selbst innerhalb dieser Kollektivität. Der Status der Profession gegenüber ihren Klienten beruht auf deren Vertrauen in diese Selbstkontrolle. In dem Maße, in dem dieses Vertrauen sich verflüchtigt, geraten die Professionen in Schwierigkeiten.

Der politische Druck in Richtung einer Installierung von „new public management" an den deutschen Universitäten zeigt also an, dass das Verhältnis zwischen der akademischen Profession auf der einen Seite und ihren verschiedenen Klienten sowie den diese repräsentierenden staatlichen Akteuren auf der anderen Seite schwieriger geworden ist. Zwei Hauptquellen eines wachsenden Misstrauens lassen sich ausmachen, die wiederum mit zwei anderen Entwicklungen koinzidierten. Eine davon konfrontierte die staatlichen Akteure mit einer einschneidenden Restriktion, während ihnen die andere Entwicklung eine gute Gelegenheit bot, um tätig zu werden. Damit haben vier Kräfte zusammengewirkt, um die bislang starke Stellung der akademischen Profession deutlich zu schwächen und das Governance-Regime der deutschen Universitäten unter massiven Transformationsdruck zu setzen. Jeder dieser vier Kräfte wende ich mich nun kurz zu.

1. Größenwachstum. Von der Mitte der sechziger bis zur Mitte der siebziger Jahre expandierte das deutsche Universitätssystem in starkem Maße. Viele neue Universitäten wurden gegründet, und die bereits bestehenden Universitäten wuchsen. Die Anzahl der Studierenden verdoppelte sich in diesem Zeitraum ebenso wie die Anzahl des wissenschaftlichen Personals der Universitäten. Seitdem sind die Studierendenzahlen noch immer weiter gestiegen, während die Anzahl der Professoren und weiteren Wissenschaftler an den Universitäten aufgrund von zunehmenden Finanzproblemen des Staates stagnierte.

Diese kurze Expansionsphase hatte eine Reihe von längerfristigen Auswirkungen,[10] von denen zwei hier bedeutsam sind. Die eine dieser beiden Auswirkungen besteht darin, dass das rasche Personalwachstum innerhalb weniger Jahre – angetrieben durch den Zwang, mit noch schneller wachsenden Studierendenzahlen zurechtzukommen – den unvermeidlichen Effekt hatte, dass viele mittelmäßige Wissenschaftler in relativ jungen Jahren rekrutiert wurden, um für eine entsprechend lange Zeit Professoren zu werden. Es wäre ohne Zweifel eine Übertreibung, wenn man behauptete, dass die Professorenschaft zuvor eine in völliger Hingabe an ihre Berufung tätige professionelle Elite gewesen sei. Doch es dürfte zutreffen, dass das Qualitätsniveau der Gesamtpopulation deutscher Universitätsprofessoren seit den sechziger Jahren gesunken ist – so wie das in jedem anderen Beruf auch passiert wäre, wenn plötzlich die Nachfrage nach Arbeitskräften innerhalb von zehn Jahren sprunghaft ansteigt, ohne dass gleich-

---

10 Neil Smelser (1974) zeigt ganz ähnliche Folgen des Wachstums für das kalifornische Hochschulsystem für den Zeitraum von den fünfziger bis zu den siebziger Jahren auf.

zeitig eine entsprechende Angebotssteigerung erfolgen konnte.[11] Eine zweite Auswirkung des Übergangs in ein System der „mass higher education" (Gibbons et al. 1994: 70-89) trug vielleicht noch mehr zu einer seitdem erfolgten Qualitätsverschlechterung der Arbeit der akademischen Profession bei. Je breiter die Kluft zwischen den immer weiter wachsenden Studierendenzahlen und dem stagnierendem Bestand an wissenschaftlichem Personal der Universitäten wurde, desto schwerer hatten viele Professoren an ihrer Lehrbelastung zu tragen (Schimank 1995: 80-123). Auch wenn sie einige Wege gefunden haben, mit diesem Problem zurechtzukommen, musste die Qualität ihrer Lehre und ihrer Forschung unter der Überfüllung der Universitäten mit Studierenden leiden. Dass ein wachsender Anteil der Bevölkerung mit eigenen Augen Professoren erlebt, die nicht in der Lage sind, den Erwartungen gerecht zu werden, die an ihre Rolle gestellt werden, sollte als Ursache für die öffentliche Desillusionierung über die akademische Profession nicht unterschätzt werden.

2. Forderungen nach außerwissenschaftlicher Relevanz. Nach dem Zweiten Weltkrieg gab sich die Wissenschaftspolitik in allen westlichen Ländern für lange Zeit mit dem diffusen Versprechen eines langfristigen „return on investment" zufrieden, den akademische Forschung im Allgemeinen und Forschung an Universitäten im Besonderen abwerfen würe. Diese Doktrin, die in Vannevear Bushs berühmtem Report für den amerikanischen Präsidenten aus dem Jahr 1944 mit dem Titel „Science, the Endless Frontier" formuliert worden war, setzte sich in einer eher weichen Art von politischer Steuerung um, die sich selbst auf eine großzügige Förderung der Wissenschaft beschränkte und lediglich einige Akzente auf technologisch besonders bedeutsame Forschungsfelder wie etwa die Atomforschung setzte. Dieses „goldene Zeitalter" – aus der Perspektive akademischer Autonomie – endete abrupt in den siebziger Jahren und wurde von einer politischen Steuerung abgelöst, die sehr viel hartnäckiger auf der außerwissenschaftlichen Relevanz akademischer Forschung bestand (Stucke 1993; Braun 1997). Der Technologietransfer von den Universitäten zur Industrie und zu anderen Nutzern von Forschungsergebnissen, etwa dem Militär oder dem Gesundheitswesen, war eine der Forderungen, die seitdem aufgekommen sind und nicht an Nachdruck verloren haben (Schimank 1988). Die forschungspolitische Prioritätensetzung auf technologisch vielversprechende wissenschaftliche Entwicklungen, Versuche des „forecasting" von wissenschaftlichen Durchbrüchen mit einem starken Anwendungspotential, und ganz allgemein eine Betonung von „tar-

---

11 Nach diesem Zeitraum stieg das Angebot in der Tat – nicht zuletzt wegen der gestiegenen Studierendenzahlen. Aber dann waren alle Professuren für Jahrzehnte besetzt, und es wurden keine neuen mehr geschaffen.

geted basic research" sind mittlerweile geläufige Phänomene. Donald Stokes (1997) spricht von einer Trajektorie akademischer Forschung in Richtung von „Pasteur's quadrant", wobei Louis Pasteur sein Paradebeispiel für einen Wissenschaftler ist, der Grundlagenforschung betreibt, aber dennoch genaue Vorstellungen über deren gesellschaftlichen Nutzen hegt und zielstrebig verfolgt.[12] Die inzwischen bekannte These eines „new mode of knowledge production" fasst all diese Entwicklungen griffig zusammen (Gibbons et al. 1994).[13]

Der so genannte „mode 2" sieht für die Forschung ebenso wie für die Lehre an Universitäten eine ambivalente Rolle vor. Auf der einen Seite werden Universitäten, wie es auch Parsons (1971: 94-98) in den frühen siebziger Jahren postulierte, als Eckpfeiler der entstehenden „knowledge society" (Stehr 1994) angesehen.[14] Auf der anderen Seite wird sehr deutlich artikuliert, dass die Universitäten dieser tragenden Rolle nur dann gerecht werden können, wenn sie sich in Forschung und Lehre viel stärker als bisher den Bedürfnissen der gesellschaftlichen Umwelt öffnen. In Bezug auf die Lehre bedeutet das, dass diese sich endlich daran orientieren solle, hoch qualifizierte Arbeitskräfte für die verschiedenen gesellschaftlichen Teilsysteme zu produzieren, anstatt nach wie vor so zu tun, als ob jeder Student vorhabe, ein Wissenschaftler an einer Universität und letztlich ein Professor zu werden. Mit Bezug auf die Forschung sieht der „mode 2" vor, dass sie sich an Zielvorgaben außerwissenschaftlicher Akteure orientiert und in enger Koordination und Kooperation mit Wissenschaftlern außerhalb der Universitäten – etwa in Industrielabors – und mit den außerwissenschaftlichen Nutzern der Forschungsergebnisse stattfindet. Das alte lineare Modell einer Einbahnstraße von der Grundlagenforschung zu technologischen Innovationen, das ausschließlich einen „supply push" vorsieht, muss durch ein Modell der Wechselwirkung zwischen technologischen Bedürfnissen und grundlagentheoretischen Problemstellungen ersetzt werden, das sehr viel stärker auch den „demand pull" akzentuiert.[15]

---

12 Siehe auch Bruno Latours (1984) Analyse der „pasteurization of France".
13 Genau dieselbe Botschaft wurde in den frühen siebziger Jahren als ideologische Verfälschung der wahren Mission von Wissenschaft hart kritisiert – siehe die deutsche Debatte über die „Finalisierung der Wissenschaft" (Weingart 1997). Dass sich diese Art von Kritik heute kaum noch Gehör zu verschaffen vermag, ist ein guter Indikator dafür, wie wenig mittlerweile das traditionelle Selbstbild der akademischen Profession nach außen zu überzeugen vermag.
14 Bei Luhmann (1975: 19) findet sich eine sehr ähnliche Einschätzung.
15 Dies ist eindeutig nicht das Bild, das Parsons vorschwebte. Er postulierte, dass – in seiner Terminologie – das L-Subsystem der Universitäten die Führungsrolle übernehmen würde (Parsons/Platt 1973: 90-102). „Mode 2" spricht diese Rolle hingegen dem A- und G-Subsystem zu: den „undergraduate studies" und „professional schools" in der Lehre sowie der anwendungsorientierten Forschung.

Einige Professoren haben sich diesen wissenschaftspolitischen Herausforderungen gestellt und sie als Chance gesehen, von denen die eigene wissenschaftliche Arbeit früher oder später profitieren könnte. Dies war allerdings nur eine Minderheit, die sich auch hauptsächlich in ganz bestimmten Disziplinen und Wissenschaftsfeldern konzentriert hat. Die Mehrheit der Professoren reagiert bis heute eindeutig defensiv. Dahinter steht die alles andere überschattende Furcht eines Verlustes an professioneller Autonomie. In Deutschland wird in dieser Hinsicht nach wie vor die berühmte Formel der „Einsamkeit und Freiheit" zitiert – und mittlerweile in einer immer verbitterteren Stimmungslage. Dass diese Art der Abschottung von den staatlichen Stellen als Brüskierung angesehen wird, überrascht nicht. Sie interpretieren das Verhalten der Mehrheit der Professoren als Verweigerung verwöhnter Bewohner des Elfenbeinturms. Die Standpunkte prallen frontal aufeinander: Was die eine Seite als notwendigen Freiraum ansieht, um eine letztlich der Gesellschaft insgesamt nutzbringende Arbeit zu tun, wird von der anderen Seite als tief greifendes Desinteresse an den Bedürfnissen der Gesellschaft gedeutet. Derart misstrauisch, lesen die staatlichen Akteure Autonomie als Verantwortungslosigkeit.

3. Finanzknappheit. Die Einschätzung, dass eine erhebliche Anzahl der Professoren in ihrer Arbeit Fähigkeit und Engagement vermissen lassen, und der Widerstand der meisten Professoren gegen die Forderung, der außerwissenschaftlichen Relevanz ihrer Arbeit mehr Beachtung zu schenken, haben einander wechselseitig verstärkt. Beide Tendenzen sind dann nochmals durch die zunehmende Finanzknappheit der staatlichen Akteure verstärkt worden. Die deutsche Wirtschaft leidet seit den siebziger Jahren an chronischen Wachstumsproblemen. Selbst in kurzen Erholungsphasen ist die Arbeitslosigkeit kaum zurückgegangen; die Anzahl der Arbeitslosen ist vielmehr immer weiter gestiegen. Als Folge dieser wirtschaftlichen Probleme sind die staatlichen Steuereinnahmen zurückgegangen, und ein größerer Anteil von ihnen ist für wirtschafts- und sozialpolitische Ausgaben aufgewendet worden, worunter andere Aufgabenfelder wie die Hochschulpolitik immer mehr gelitten haben.

Wie man für die Universitäten das Beste aus dieser schlechten Situation machen sollte, war für die staatlichen Akteure sehr schnell klar. Ihre Hauptsorge gilt der Effizienz der Mittelverwendung. Die finanziellen Ressourcen der Hochschulen sollen so umverteilt werden, dass im Hinblick auf Qualität und Relevanz das meiste aus den verknappten Mitteln herausgeholt wird. Das setzt aussagefähige regelmäßige und umfassende Evaluationen von Lehr- und Forschungsleistungen voraus, um auf dieser Basis Entscheidungen treffen zu können, die die verfügbaren Ressourcen innerhalb der Universitäten und zwischen ihnen umverteilen. Die sich verschärfende finanzielle Zwangslage hat also auf die staatlichen Akteure einen Druck dahingehend ausgeübt, ihr geschildertes Misstrauen hinsichtlich der Qualität und Relevanz dessen, was die Universitäten leisten, nicht einfach auf sich beruhen zu lassen, sondern zum Anlass von Interventionen zu nehmen.

4. Generationswechsel. Unzweifelhaft bemühen sich die staatlichen Akteure aufgrund der geschilderten Entwicklungen darum, das „new public management" an den deutschen Universitäten zu implementieren, um dem dreifachen Ziel näher zu kommen, die Qualität, die Relevanz und die Effizienz von Lehre und Forschung an den Universitäten zu verbessern. In allen drei Hinsichten wird die professionelle Autonomie der Professoren, wie sie von der „academic oligarchy" als Governance-Mechanismus getragen wird, als wichtigste retardierende Kraft gegen notwendige Änderungen angesehen. So gesehen macht die Transformation des Governance-Regimes der Universitäten sehr viel Sinn.

Die erwünschten Effekte des „new public management" auf das Verhalten der Professoren werden allerdings durch den Tatbestand begrenzt, dass den staatlichen Stellen und den Universitätsleitungen eine entscheidende „Last-Resort"-Option (Emerson 1981) nicht zur Verfügung steht. Wie bereits erwähnt, können Professoren nicht gekündigt werden, sondern genießen eine unbeschränkte Arbeitsplatzsicherheit. Als Beamte können sie unter keinen Umständen – abgesehen von schweren kriminellen Verstößen – aus dem Dienst entfernt werden. Somit ist es nur begrenzt möglich, einen Professor, der dauerhaft schlechte Leistungen liefert, negativ zu sanktionieren und darüber unter Druck zu setzen, sich mehr anzustrengen; noch kann ein schlechter durch einen besseren Professor ersetzt werden. Mit solchen Maßnahmen kann nicht einmal gedroht werden.

Unter diesen Umständen ist es eine glückliche Koinzidenz gewesen, dass derzeit viele Professoren pensioniert werden und neue rekrutiert werden können. Dieses „window of opportunity" ist noch mehrere Jahre offen; und die staatlichen Stellen sind entschlossen, dies zu nutzen. Neu eingestellte oder ihre Profession wechselnde Professoren müssen u. a. ein neues Bezügesystem akzeptieren, in dem ein nennenswerter Anteil ihres Einkommens leistungsabhängig bemessen wird. Auch die Grundausstattung einer Professur – Mitarbeiter- und Sekretariatsstellen, Räume und technische Ausstattung – wird nicht länger auf Dauer vergeben, sondern nur noch auf Zeit. Weiterhin hoffen die staatlichen Stellen, dass die neue Generation von Professoren im neuen Governance-Regime sozialisiert werden wird und sich dementsprechend nicht mehr so stark mit der professionellen Autonomie identifizieren wird wie die nun ausscheidende Generation.

Zwischen diesen vier Kräften der Veränderung bestehen Spannungsverhältnisse. Um nur eines zu erwähnen: Der massive Anstieg der Studierendenzahlen hat die Universitäten und Professoren dazu gedrängt, sich mehr auf die Lehre als auf die Forschung zu konzentrieren, während der „mode 2" auf einem Primat der Forschung besteht. Trotzdem haben diese Kräfte insgesamt zusammengewirkt, um auf staatlicher Seite ein großes Interesse zu wecken, an den deutschen Universitäten ein neues Governance-Regime zu installieren. Was letztendlich dabei herauskommen wird, muss sich noch zeigen. Dass der Veränderungsdruck dieses Mal stärker ist, als er jemals nach 1945 gewesen war, lässt sich jedenfalls nicht länger bestreiten. „Aussitzen" lässt er sich wohl nicht länger.

4. Verteidigung professioneller Selbststeuerung

Parsons (1968: 545) war Ende der sechziger Jahre überzeugt, dass auf die Professionen eine strahlende Zukunft wartet:

> „It is my view that the professional complex, though obviously still incomplete in its development, has already become the most important single component in the structure of modern societies. It has displaced first the ‚state', in the relatively early modern sense of that term, and, more recently, the ‚capitalistic' organization of the economy."

Parsons erwartete also, dass die Profession der dominante Governance-Mechanismus der modernen Gesellschaft werden würde, dem sich der Staat, der Markt und die Organisation unterordnen würden. Für die akademische Profession hätte Parsons diese allgemeine Einschätzung nochmals unterstrichen, denn er sah ja – wie zuvor bemerkt – die Universitäten als Zentrum der nahenden „knowledge society". Inzwischen leben wir in dieser Art von Gesellschaft, in der insbesondere wissenschaftlich fundiertes Wissen alle Gesellschaftsbereiche und Handlungsfelder immer mehr durchdringt – von Unternehmensstrategien bis zu Eheproblemen, von der Umweltpolitik bis zum Spitzensport. Doch die akademische Profession hat in erheblichem Maße öffentliches Prestige und Vertrauen eingebüßt, und ihre Autonomie innerhalb des Universitätssystems ist manifest gefährdet.

Hinterher ist man immer klüger, und ich habe Parsons keineswegs deshalb zitiert, um mich über seine Wunschträume für die Profession, der er selbst angehörte, lustig zu machen. Es ist ganz im Gegenteil eine bittere Ironie, dass der Angriff auf die Profession gerade auch in denjenigen Organisationen stattfindet, aus denen die Professionen ihren Marsch durch die moderne Gesellschaft ange-

Die akademische Profession und die Universitäten 159

treten sind und wo sie nach wie vor ihren „Heimathafen" gehabt haben. Mehr noch: Im selben Moment, in dem diese Organisationen im Begriff sind, zum Zentrum der Wissensgesellschaft zu werden, wenden sie sich gegen die akademische Profession.

Dieser Vorgang wirft eine Vielzahl von Fragen auf. Aus der Perspektive der akademischen Profession – der ich nun mal ebenfalls angehöre – sollte vor allem gefragt werden, was getan werden könnte, um professionellen Status und professionelle Selbststeuerung nicht nur zu erhalten, sondern zurückzugewinnen. Ich muss mich hier auf einen Aspekt beschränken, der allerdings von ausschlaggebender Bedeutung ist.

Wenn meine Analyse dessen, was mit dem Einzug des „new public management" in die deutschen Universitäten geschehen ist und weiter geschehen wird, zutrifft, lässt sich schlussfolgern, dass es für die Professorenschaft von höchster Wichtigkeit ist, das Vertrauensverhältnis mit ihren außerwissenschaftlichen Bezugsgruppen und den staatlichen Akteuren wiederherzustellen. Dies kann nur so geschehen, dass glaubwürdige Anstrengungen unternommen werden, die *professionelle Autonomie mit einem neuen Verständnis von professioneller Verantwortung auszubalancieren*. In dieser Hinsicht dürften zwei Dinge besonders wichtig sein.

Das eine ist eine allgemeine Akzeptanz der prinzipiellen Berechtigung von Qualitätskontrollen, Relevanzforderungen und Effizienzerfordernissen durch die Professorenschaft. Die Zeiten des unnahbaren Elfenbeinturms sind aller Wahrscheinlichkeit nach für immer vorbei. Man muss es so lakonisch feststellen, obwohl es für viele Professoren – auch noch in der jüngeren Generation! – eine Kulturrevolution bedeutet. Entscheidend ist allerdings, dass die Akzeptanz dieser „Daumenschrauben" des „new public management" nicht bedeutet, dass man gleichzeitig die Standards akzeptiert, die von den staatlichen Stellen ebenso wie von der Universitätsleitung bei Evaluationen, Ressourcenzuweisungen und Rekrutierungsentscheidungen angelegt werden. Diese Standards sind in der Tat meistens krude und voreingenommen.

Ein aktuelles Beispiel liefert das für die Hochschulen zuständige nordrhein-westfälische Ministerium. Es beurteilt die Fachbereiche und Institute der nordrhein-westfälischen Universitäten je nach Disziplin anhand von zwei simplen Indikatoren: der Absolventenzahl pro Lehrendem und den Drittmitteln pro Professor. Schwierigkeiten bekommen dann diejenigen Fachbereiche und Institute, die in einer dieser beiden Dimensionen oder sogar in beiden deutlich unter dem Durchschnitt der jeweiligen Disziplin liegen – und diese Schwierigkeiten können so weit gehen, dass eine Schließung stattfindet. Bei einem solchem Vorgehen ist es schon eine logische Notwendigkeit, dass in all jenen Disziplinen, wo auch nur in einer der beiden Dimensionen eine Streuung der Leistungen vorliegt, eine entsprechende Anzahl von Organisationseinheiten ein Problem haben wird.[16] Das eigentliche Problem mit diesem hochschulpolitischen Vorgehen besteht allerdings nicht darin, dass es völliger Unsinn ist, einen empirischen Durchschnitt als Maßstab zu nehmen, oder darin, dass die zwei ausgewählten Indikatoren völlig irrelevant wären. Letzteres ist durchaus nicht der Fall. Doch für sich genommen, ohne weiteren Blick auf ergänzende Daten, führen sie nicht selten in die Irre. Das ist manchen Vertretern der staatlichen Seite auch durchaus bewusst. Sie begründen ihr Vorgehen dann damit, dass sie selbst mit diesen beiden Indikatoren umgehen können, weil sie keine professionelle Expertise in der entsprechenden Disziplin benötigen, um die relevanten Daten zu sammeln und zu vergleichen. Und da die Fachvertreter selbst den staatlichen Stellen keine besseren Daten geliefert haben, ziehen letztere sich darauf zurück, dass ihre eigenen Daten zumindest besser als reine Willkür sind.

Die akademische Profession könnte aus einem solchen Beispiel lernen, dass sie so schnell wie möglich ihre ganze Energie dafür verwenden sollte, selbst definierte Kriterien für Qualität, Relevanz und Effizienz ihrer Arbeit zu entwickeln und die diesen Kriterien entsprechenden Daten zu sammeln und zu verbreiten. Nur die Profession selbst vermag einen differenzierten Kriterienkatalog zu entwickeln, der es ermöglicht, entsprechend dem jeweiligen Profil einer Disziplin oder eines Fachbereichs auszuwählen und zu gewichten, welche Kriterien wie stark herangezogen werden. Zweifellos ist es richtig, völlig inadäquate „One-formula-fits-all"-Vorgehensweisen der staatlichen Akteure zu kritisieren. Doch das wird wenig Eindruck machen, solange man keine konstruktiven Alternativen präsentiert. Die akademische Profession sollte erkennen, dass es in ihrem wohlverstandenen Eigeninteresse ist, transparent zu machen, an welchen Universitäten eine bestimmte Disziplin wie leistungsstark vertreten ist. Insbesondere die wissenschaftlichen Fachgesellschaften sollten damit beginnen, in dieser Frage Farbe zu bekennen.

Wenn auf dieser Basis ein sorgfältig zusammengestellter und differenzierter Leistungsüberblick geliefert wird, müssen daraus im nächsten Schritt auch Konsequenzen gezogen werden. Diese Konsequenzen sollten intelligenter sein als eine mechanische Anwendung von Robert K. Mertons (1968) bekanntem „Matthäus-Effekt". Die staatlichen Stellen tendieren bislang dazu, die Guten zu belohnen und die Schlechten zu bestrafen. Denn das ist denkbar simpel, so dass

---

16 In der Tat bestünde die beste Verteidigungsstrategie gegen dieses Vorgehen darin, dafür zu sorgen, dass die relevanten Daten für alle Fachbereiche und Institute so ähnlich wie möglich sind.

man keine weiteren Informationen einholen und kein tieferes Verständnis der komplexen Welt der Wissenschaft erwerben muss. Klar machen sollte die akademische Profession sich freilich: Selbst wenn man sich erfolgreich gegen diese Neigung der staatlichen Seite zur Wehr setzt, wird es Fälle geben, in denen die kritische professionelle Selbstevaluation Entscheidungen verlangt, die den Interessen, vielleicht sogar den vitalen Interessen, bestimmter Fachbereiche, Institute oder Professoren zuwiderläuft und mit deren Selbsteinschätzung als leistungsstarke Mitglieder der Profession kollidiert. Dann wird ein zweiter Punkt wichtig, auf den ich hinweisen will. Er besteht darin, „unfreundliche" Entscheidungen bewusst an die hierarchische Selbststeuerung der Universitäten zu delegieren.

Diese Delegation begründet sich aus der Erkenntnis, dass eine kollegiale Gemeinschaft nahezu unfähig ist, Entscheidungen zu treffen, die einige ihrer Mitglieder zum Nachteil anderer bevorzugt – ob es nun um die Verteilung von Ressourcen oder von Prestige geht. Hier stößt professionelle Selbststeuerung an ihre Grenze, und der einzige Weg weiterzukommen besteht darin, sich externer Hilfen zu bedienen. Die Professoren müssen sich auf starke Dekane und Rektoren verlassen können, die jene „unfreundlichen" Entscheidungen treffen, die sich aus einer kritischen professionellen Selbstevaluation ergeben. Delegation bedeutet vor allem, dass die Profession sich aus allem Weiteren heraushalten muss, sobald die Universitätsleitung die entsprechenden Informationen erhalten hat. Anders gesagt: Die Profession muss es unterlassen, Widerstand gegen das zu leisten, was Dekane und Rektoren in solchen Fragen entscheiden. Wenn die akademische Profession diese Einsicht gewinnt, dass eine solche Selbstbeschränkung ihrem wohlverstandenen Eigeninteresse entspricht, könnten entsprechende Verhaltensnormen institutionalisiert werden.

Zusammengenommen laufen meine beiden Merkpunkte auf eine Rehabilitierung des Governance-Mechanismus der akademischen Selbstkontrolle im Kontext von „new public management" hinaus – oder, mit anderen Worten, auf eine Mäßigung dieses neuen Governance-Regimes. Genauer gesagt, schlage ich eine neue Arbeitsteilung zwischen Profession und Organisation vor. Der Deal sieht so aus: Wenn die Professorenschaft in der Lage ist, informative Evaluationen zu liefern, sollten Universitätsleitungen und staatliche Stellen ihre Entscheidungen darauf anstatt auf ihre eigenen Beurteilungen basieren; und wenn solche Entscheidungen auf Selbstevaluationen der akademischen Profession basieren, sollte sie diese akzeptieren.

Literatur

Ben-David, Joseph (1971): The Scientist's Role in Society. Englewood Cliffs, N.J.: Prentice-Hall.
Ben-David, Joseph (1991): Scientific Growth. Essays on the Social Organization and Ethos of Science. Berkeley: University of California Press.
Benson, J. Kenneth (1973): The Analysis of Bureaucratic-Professional Conflict: Functional vs. Dialectical Approaches. In: Sociological Quarterly 14, S. 376-394.
Blau, Peter M./Scott, W. Richard (1962): Formal Organizations. London: Routledge.
Braun, Dietmar (1997): Die politische Steuerung der Wissenschaft. Ein Beitrag zum „kooperativen Staat". Frankfurt/M.: Campus.
Braun, Dietmar (1999): New Managerialism and the Governance of Universities in a Comparative Perspective. In: Braun, Dietmar/Merrien, François-Xavier (Hg.): Towards a New Model of Governance for Universities? A Comparative View. London: Jessica Kingsley Publishers, S. 239-261.
Braun, Dietmar/Merrien, Francois-Xavier (1999): Governance of Universities and Modernisation of the State: Analytical Aspects. In: dies. (Hg.): Towards a New Model of Governance for Universities? A Comparative View. London: Jessica Kingsley Publishers, S. 9-33.
Chandler, Alfred (1977): The Visible Hand. The Managerial Revolution in American Business. Cambridge, MA: Belknap Press.
Clark, Burton (1983): The Higher Education System: Academic Organization in Cross-National Perspective. Berkeley, CA: University of California Press.
Clark, Burton (1998): Creating Entrepreneurial Universities: Organizational Pathways of Transformation. Oxford: Pergamon Press.
Daxner, Michael (1997): Hochschulentwicklung, Evaluation und Indikatoren. In: Damkowski, Wulf/Precht, Klaus (Hg.): Moderne Verwaltung in Deutschland. Stuttgart: Kohlhammer, S. 356-370.
Emerson, Richard (1981): On Last Resorts. In: American Sociological Review 27, S. 31-41.
Engel, Gloria V. (1970): Professional Autonomy and Bureaucratic Organization. In: Administrative Science Quarterly 15, S. 12-21.
Freidson, Eliot (1984): The Changing Nature of Professional Control. In: Annual Review of Sociology 10, S. 1-20.
Freidson, Eliot (2001): Professionalism. The Third Logic. Chicago: University of Chicago Press.
Gibbons, Michael et al. (1994): The New Production of Knowledge. The Dynamics of Science and Research in Contemporary Societies. London et al.: Sage.
Hall, Douglas T./Lawler, Edward E. (1970): Job Characteristics and Pressures and the Organizational Integration of Professionals. In: Administrative Science Quarterly 15, S. 271-281.
Harries-Jenkins, G. (1970): Professionals in Organizations. In: Jackson, J.A. (Hg.): Professions and Professionalization. Cambridge: Cambridge University Press, S. 53-107.

Hartmann, Heinz (1964): Funktionale Autorität. Stuttgart: Enke.
Kimminich, Otto (1982): Hochschule im Grundrechtssystem. In: Flämig, Christian et al. (Hg.): Handbuch des Wissenschaftsrechts. Bd. 1. Berlin: Springer, S. 56-90.
Larson, Magali Sarfatti (1977): The Rise of Professionalism. Berkeley: University of California Press.
Latour, Bruno (1984): The Pasteurization of France. Cambridge, MA: Harvard University Press.
Lindblom, Charles E. (1977): Politics and Markets. New York: Basic Books.
Luhmann, Niklas (1973): Zweckbegriff und Systemrationalität. Frankfurt/M.: Suhrkamp.
Luhmann, Niklas (1975): Wabuwabu in der Universität. In: Zeitschrift für Rechtspolitik 8, S. 3-19.
Merton, Robert K. (1968): The Matthew Effect in Science. In: Science 159, S. 56-63.
Montagna, Paul (1968): Professionalization and Bureaucratization in Large Professional Organizations. In: American Journal of Sociology 74, S. 138-145.
Noble, Trevor/Pym, Bridget (1970): Collegial Authority and the Receding Locus of Power. In: British Journal of Sociology 21, S. 431-445.
Parsons, Talcott (1968): Professions. In: International Encyclopedia of the Social Sciences Vol. 12, S. 536-547.
Parsons, Talcott (1971): The System of Modern Societies. Englewood Cliffs, NJ: Prentice Hall.
Parsons, Talcott/Gerald M. Platt (1973): The American University. Cambridge, MA: Harvard University Press.
Scharpf, Fritz W. (1997): Games Real Actors Play. Actor-Centered Institutionalism in Policy Research. Boulder, Col.: Westview Press.
Schimank, Uwe (1988): The Contribution of University Research to the Technological Innovation of the German Economy: Societal Auto-Dynamic and Political Guidance. In: Research Policy 17, S. 329-340.
Schimank, Uwe (1995): Hochschulforschung im Schatten der Lehre. Frankfurt/M.: Campus.
Schimank, Uwe (2001): Festgefahrene Gemischtwarenläden – Die deutschen Universitäten als erfolgreich scheiternde Organisationen. In: Stölting, Erhard/Schimank, Uwe (Hg.): Die Krise der Universitäten. Leviathan Sonderheft 20. Wiesbaden: Westdeutscher Verlag, S. 223-242.
Schimank, Uwe/Kehm, Barbara/Enders, Jürgen (1999): Institutional Mechanisms of Problem Processing of the German University System – Status Quo and New Developments. In: Braun, Dietmar/Merrien, François-Xavier (Hg.): Towards a New Model of Governance for Universities? A Comparative View. London: Jessica Kingsley Publishers, S. 179-194.
Scott, W. Richard (1965): Reactions to Supervision in a Heteronomous Professional Organization. In: Administrative Science Quarterly 10, S. 65-81.
Scott, W. Richard (1966): Konflikte zwischen Spezialisten und bürokratischen Organisationen. In: Mayntz, Renate (Hg.): Bürokratische Organisation. Köln: Kiepenheuer & Witsch, S. 201-216.

Scott, W. Richard (1969): Professional Employees in a Bureaucratic Structure: Social Work. In: Etzioni, Amitai (Hg.): The Semi-Professions and Their Organizations. New York: Free Press, S. 82-139.

Smelser, Neil (1974): Growth, Structural Change, and Conflict in California Public Higher Education. In: Smelser, Neil/Almond, Gabriel (Hg.): Public Higher Education in California. Berkeley, CA: University of California Press, S. 9-141.

Stehr, Nico (1994): Die Wissensgesellschaft. Frankfurt/M.: Suhrkamp.

Stokes, Donald (1997): Pasteur's Quadrant. Basic Science and Technological Innovation. Washington D.C.: The Brookings Institution.

Stucke, Andreas (1993): Institutionalisierung der Forschungspolitik. Entstehung, Entwicklung und Steuerungsprobleme des Bundesforschungsministeriums. Frankfurt/M.: Campus.

Waters, Malcolm (1989): Collegiality, Bureaucratization, and Professionalization: A Weberian Analysis. In: American Journal of Sociology 94, S. 945-972.

Weber, Max (1922): Wirtschaft und Gesellschaft. Tübingen: Mohr.

Weingart, Peter (1997): From „finalization" to „Mode 2": old wine in new bottles? In: Social Science Information 36 (4), S. 591-613.

Schulreform als aktive Deprofessionalisierung?
Zur Semantik der Lernenden Organisation im Kontext der Erziehung

Veronika Tacke

1. Einleitung

Im öffentlich-rechtlichen Fernsehen wurde vor einiger Zeit in gesonderten Spots auf die gesellschaftliche Bedeutung der Leistungen von Lehrern hingewiesen und für deren Anerkennung geworben. Spiegelbildlich kommen darin die öffentlichen Kritiken zum Ausdruck, denen diese Profession sich heute nicht allein in der Folge internationaler Leistungsvergleiche von Schülerkohorten ausgesetzt sieht.[1] Gesellschaftliche Erwartungen hinsichtlich der Verbesserung der Ausstattung von Schülern mit Wissen und Können für den Lebenslauf und entsprechende Steigerungen in den schulisch organisierten Vermittlungsleistungen richten sich allerdings nicht allein und direkt an die Lehrerprofession und ihre Vertreter. In der Erwartung kollektiv bindender Entscheidungen werden sie vielmehr an die Politik und deren Organisationen adressiert. Diese reagieren im Rahmen ihrer eigenen Strukturprobleme und „rules of appropriateness" (March/Olsen 1989) mit bildungs- und schulpolitischen Reformen.

Seit den 1990er Jahren werden nun bildungspolitische Reformen offensiv vorangetrieben, die auf eine stärkere „Autonomisierung" von Schulen zielen. Politisch gehören sie in den Zusammenhang von Deregulierungsprozessen, mit denen der Staat nicht zuletzt auf Haushaltsdefizite reagiert. Im Rahmen eines „New Public Management" werden in Schulen und anderen öffentlich getragenen Organisationen Instrumente der Input-Steuerung durch solche der Output-Steuerung ersetzt.[2] Schulen aller Bundesländer wurden bereits bindend verpflichtet, eigenständige „Schulprogramme" zu formulieren, die als „Zielvereinbarungen" gelten und regelmäßiger „Evaluation" zu unterziehen sind. Darüber hinaus haben Länderministerien Pilotprojekte zur Erprobung und Implementation neuer Struk-

---

1 Die Medien waren allerdings nicht allein an der Anerkennungskampagne beteiligt, sondern vielfach auch an der Kritik der Lehrerprofession. Vgl. generell dazu Stichweh in diesem Band.
2 Vgl. für Universitäten den Beitrag von Schimank in diesem Band.

turen der „Schulentwicklung" und des „Schulmanagements" aufgelegt, an deren operativer Durchführung auch private Unternehmensberatungen und Stiftungen beteiligt sind. „Moderne Managementinstrumentarien", so heißt es, „sollen den Schulen (...) dabei helfen, ihren erhöhten Verantwortungs- und Entscheidungsfreiraum effektiv im Sinne einer qualitätsorientierten Selbststeuerung zu gestalten" (Lohre 1998: 13). In Nordrhein-Westfalen etwa betrifft dies das Projekt „Schule & Co.", an dem zwischen 1997 und 2002 rund 90 Schulen aus zwei Regionen teilnahmen, sowie das Nachfolgeprojekt „Selbstständige Schule", an dem sich rund 280 Schulen aus mehreren Regionen beteiligen.[3]

In diesem Zusammenhang steht die Idee, Schulen in Lernende Organisationen zu verwandeln. Damit ist nicht nur in den genannten Projekten (vgl. ebd.: 12), sondern weit über föderale und nationale Grenzen hinweg *das* organisatorische Leitbild neuerer Schulreformen bezeichnet.[4] Zu finden ist es in bildungspolitischen Statements[5], Reformschriften und -projekten, Verbandszeitschriften der Lehrerprofession, Programmen der Lehrerfortbildung, Vereinbarungen von Arbeitgeber- und Arbeitnehmerverbänden[6] sowie auch in den Selbstbeschreibungen zahlreicher Schulen.[7] Als „neues Paradigma der Schulentwicklung" (Schratz/Stein-Löffler 1999) ist die Idee der Lernenden Organisation Schule auch zum Lehrstoff in Studiengängen an Hochschulen geworden und trifft überdies in (schul-)pädagogischen Schriften auf bemerkenswert positive Resonanz.

Als ein genuines Managementkonzept wurde die Lernende Organisation aber weder, wie die Semantik des Lernens nahe legt, im Kontext von Schule und Erziehung hervorgebracht, noch wurde das Konzept in der Politik erfunden, die es heute den Schulen anträgt. Populär wurde das Leitbild organisationalen Lernens vielmehr zunächst im Management wirtschaftlicher Organisationen. In den 1980er Jahren gewannen hier zunächst (aus Japan stammende) Konzepte der

---

3 Umfangreiche Erfahrungs- und Evaluationsberichte liegen allein zum Projekt „Schule und Co." vor (http://www.schule-und-co.de), auf die sich der vorliegende Text an vielen Stellen stützt. Die Teilnahme der Schulen an diesem Projekt beruhte auf der Zustimmung von zwei Dritteln der Lehrerkollegien; erwartbar ist aber, dass die Übernahme neuer Aufgaben des „Schulmanagements" und der „Schulentwicklung" früher oder später alle Schulen – per Erlass – erreicht.
4 Vgl. nur: Bildungskommission NRW 1995; Schratz/Stein-Löffler 1999; Rahm 2003. Korrelate im Angelsächsischen finden sich unter dem Stichwort „the learning school".
5 So auch der Bayerische Kultusminister Zehetmair 1998: „Jede einzelne Schule soll sich als lernende Organisation begreifen und weiterentwickeln" (Pressemitteilung vom 19.2.1998; http://www.stmwfk.bayern.de).
6 Siehe „Gemeinsame Erklärung der Sozialpartner zu Bildung und Ausbildung in Baden-Württemberg", November 2000.
7 So vermerkt etwa ein Gymnasium in seinem Schulprogramm: „Unsere Schule ist nicht nur eine Schule, in der gelernt wird, sondern in zunehmendem Maße auch selbst eine lernende Organisation" (http://gymnasium.lohfeld.de/schule/schulprogramm/Vorwort.htm [15.12.2004]).

„kontinuierlichen Verbesserung" sowie des „Total Quality Management" an Bedeutung, in deren Nachfolge und Generalisierung sich schließlich die Formel der Lernenden Organisation etablierte (siehe Senge 1990, 1996).[8] In den 1990er Jahren diffundierte das Konzept sodann in nahezu beliebige andere gesellschaftliche Organisationskontexte, darunter staatliche Verwaltungen (Pröhl 1998), Universitäten (Franke 1999), Kindertagesstätten (Müller o.J.), Krankenhäuser (Borsi 2000), Kirchen (Bangert 2000; Projektgruppe 2004), Gefängnisse (Flügge et al. 2001) – und Schulen (Heider 1998; Schratz/Stein-Löffler 1999; Thiel/ Szewczyk 2003).[9]

Generell stellt sich für alle Typen ‚professioneller Organisationen' die Frage, inwieweit Stärkungen ihres Managements mit Deprofessionalisierungen der in ihrem Kern tätigen professionellen Berufsgruppen einhergehen. Zumal die Schule den Sonderfall einer „professionellen Monokultur" darstellt, gilt das für die Lehrerschaft in besonders einschlägiger Weise. Darüber hinaus aber, und auf diesen Punkt richtet sich das Interesse des vorliegenden Textes, scheinen besonders mit der manageriellen Leitvorstellung der Schule als Lernender Organisation spezifische Potentiale der Deprofessionalisierung für die Lehrerschaft verbunden zu sein.

Den zentralen Grund dafür vermutet der vorliegende Beitrag in der bislang übersehenen Tatsache, dass die Semantik der Lernenden Organisation auf einer strukturellen *Analogiebildung zur Erziehung* beruht. Das meint zunächst, dass die Semantik des organisationalen Lernens ihre Schemata und Plausibilitäten aus dem gesellschaftlichen Strukturkontext der Erziehung bezieht. Als ‚einheimische' Semantik kann sie daher insbesondere innerhalb der Erziehung – und bei der Lehrerschaft – Zustimmung und Unterstützung finden. Analogiebildung besagt allerdings darüber hinaus, dass ‚nur' Strukturähnlichkeiten vorliegen. Strukturell gehört das Konzept der Lernenden Organisation in den Kontext organisatorischen Managements, nicht dagegen der professionellen Erziehung. Mit

---

8 Hierbei ist zu unterscheiden zwischen der Formel der „Lernenden Organisation" und Konzepten organisationalen Lernens, die es in der Organisationstheorie sehr viel länger gibt. Verbindungen sind aber evident: So hat Peter Senge, der die Lernende Organisation über mehrere Bestseller populär gemacht hat (insbesondere: Senge 1990), Schüler von Chris Argyris, der als ein Klassiker in der Theorie organisationalen Lernens gelten kann (vgl. Argyris/Schön 1978, 1996).
9 Das Konzept gehört einerseits in die Rubrik der vergänglichen „management fads and fashions" (Abrahamson 1991; Kieser 1996), andererseits wird hier angenommen, dass Managementkonzepte, die sich semantisch auf anerkannte Problemstellungen (Funktionen) der Gesellschaft stützen, eine höhere Halbwertzeit aufweisen. Das gilt für Konzepte des „Lernens" oder „Wissens" im Unterschied z. B. zum „lean management" (Womack et al. 1991) oder der „fraktalen Fabrik" (Warnecke 1992).

Reformpädagogik hat diese Organisationsreform jedenfalls wenig zu tun.[10] Für den genuin und allgemein organisatorischen Bezug des Konzepts spricht seine Verwendung in beliebigen, auch nichtprofessionellen Organisationskontexten. Mehr noch scheint die für Erziehung einschlägig relevante Unterscheidung von professionellem und organisatorischem Wissen im Kontext der Idee der Lernenden Organisation keine Rolle zu spielen. Dennoch vermag die erziehungseigene Semantik des Lernens es offenbar, Lehrer für diese Reform – und die eigene Deprofessionalisierung – zu engagieren. Soweit die Fortexistenz der Profession die Unterscheidung von professionellem und organisatorischem Wissen voraussetzt, würde die Lernende Organisation mit ihrer Erziehungsanalogie also nicht nur zur Auflösung der Profession beitragen, sondern diesen Effekt zugleich mit semantischen Mitteln abfedern.

Im Folgenden wird das Konzept der Lernenden Organisation im Hinblick auf Konfusionen von professionellem und organisationalem Wissen analysiert und dabei den Strukturbedingungen der Adaption des Konzepts im Schulkontext sowie den Strukturfolgen für die Profession der Lehrer nachgegangen. Der Text ist dabei wie folgt aufgebaut: Im Anschluss an die Klärung einiger begrifflicher Ausgangspunkte (2.) wird zunächst die Semantik des organisatorischen Lernens entlang ihrer Erziehungsanalogie analysiert (3.). An einzelnen Aspekten werden dabei semantische Bestimmtheiten und Unbestimmtheiten beleuchtet, deren Bedeutung darin gesehen wird, in der kommunikativen Verwendung der Semantik als Einschränkungen und Mehrdeutigkeiten wirksam zu werden. Erst auf dieser Grundlage wird das Konzept schließlich im Kontext seiner Verwendung in Schule und Erziehung betrachtet (4.). Neben der Frage nach kontextspezifischen Struktur*bedingungen*, die die Adaption des Managementkonzepts der Lernenden Organisation durch die Lehrerprofession und die (schul-)pädagogische Reflexion erläutern helfen, wird der Frage nach Struktur*folgen* der kommunikativen Verwendung dieser Semantik nachgegangen. Sie werden in Deprofessionalisierungseffekten gesehen und speziell auf beobachtbare Konfusionen professionellen und organisatorischen Wissens in der „Lernenden Organisation Schule" zurückgeführt.

---

10 Es sei denn, aus Reform*pädagogik* wird *Reform*pädagogik: „Schulentwicklung ist ein Verfahren, das historische Reformpostulate in modernes Organisationsmanagement umdenkt" (Rahm 2004: 4).

2. Erziehung und Organisation – als Struktur- und Wissenskontexte

2.1 Erziehung, Lehrerprofession und organisierte Unterrichtsinteraktion

Mit der Lehrerschaft steht hier eine *Profession* im Zentrum, d. h. eine jener besonderen Berufsgruppen, die auf der Grundlage je spezifischer Wissenskomplexe existentiell relevante Probleme individueller Personen (Klienten) in gesonderten Interaktionssituationen bearbeiten. Entstanden im Übergang von der stratifikatorisch zur funktional differenzierten Gesellschaft, konnten Professionen sich dort herausbilden und eine Sonderstellung behaupten, wo die von ihnen zur Verfügung gestellten Lösungsangebote für lebenspraktische Probleme individueller Personen gesellschaftlich in besonderer Weise geschätzt werden und als alternativlos gelten. In diesem Sinne sieht Parsons die mit Professionen bezeichneten Wissenssysteme und angebotenen Hilfen für Individuen in zentralen gesellschaftlichen Werten – wie Gesundheit, Gerechtigkeit, Seelenheil, Lernen – verankert, die von den Professionen treuhänderisch verwaltet werden (Parsons/Platt 1973; vgl. Stichweh 1992). Der gesellschaftlichen Verankerung und Sonderstellung professioneller Wissenssysteme korrespondiert in der Systemtheorie die Beschreibung, dass Professionen in der modernen Gesellschaft in Funktionssystemen der Gesellschaft vorkommen – und zwar nur in solchen, deren Bezugsproblem sich auf die Veränderung der personalen Umwelt der Gesellschaft bezieht. Professionen verwalten in diesen Systemen die Anwendungsprobleme der Wissenskomplexe des Systems und nehmen die Rolle von Leitprofessionen ein, sofern sie die Erstellung von deutenden Lösungen im System monopolisieren können und andere Berufsgruppen im System dominieren (vgl. Stichweh 1996, 2000b sowie in diesem Band). Die Lehrerprofession zählt zwar nicht zu jenen klassischen Professionen, die mit ihren Wissenssystemen bereits als ,gelehrte Korporationen' der Juristen, Mediziner und Theologen mit der frühmodernen Universität entstehen und ihre gesellschaftliche ,Sonderstellung' begründen konnten.[11] Gleichwohl übernimmt mit der Ausdifferenzierung des modernen Erziehungssystems, also in Bezug auf dessen spezifische und exklusive, universelle und als alternativlos anerkannte gesellschaftliche Problemstellung (= Funktion), keine andere als die Profession der Lehrer die Rolle einer Leitprofession in diesem System. Mit ihrer auch staatlich zertifizierten Alleinzuständigkeit für den Schulunterricht erlangt sie in Bezug auf die Anwendung erziehungsspezifischen

---

11 Dafür ist, so Stichweh (1992: 38), maßgeblich, dass die Außenwirkung der frühmodernen Professionen zunächst allgemein als ,Lehre' vorgestellt wurde, so dass die Existenz einer eigenen, schulischen Lehrprofession unplausibel erscheinen musste.

Wissens eine dominante Position gegenüber anderen Berufsgruppen innerhalb des Systems, die für vorschulische Erziehung wie für Erwachsenenbildung gleichwohl entstehen.[12]

Die generelle Problemstellung und gesellschaftliche Funktion, die die Profession der Lehrer anwendungsbezogen spezifiziert, besteht in der Absicht, Individuen Wissen und Können für den Lebenslauf zu vermitteln (Luhmann 2002). Schon weil diese Erziehungsabsicht in entsprechenden Interaktionen vom Lehrer mitgeteilt und vom Schüler verstanden werden muss, ist Erziehung nur als Kommunikation möglich. Die an Absichten orientierte Kommunikation referiert zugleich auf Bereitschaften und Absichten des Schülers, sich entsprechendes Wissen und Können anzueignen. Der Bezug auf Absichten dient der professionellen Erziehungskommunikation dabei als Anhalts- und Resonanzpunkt für die Frage, was „dem Schüler" vermittelbar bzw. nicht vermittelbar ist (Kade 1977) und wie die Vermittlung von Wissen und Können im Einzelnen spezifiziert und erreicht werden kann (Markowitz 1998).[13]

Dem entspricht, dass das besondere Wissen, das Professionen generell auszeichnet und vom Professionellen im Rahmen spezieller Ausbildungen an Hochschulen erworben wird, die Form eines abstrakten und universellen Regelwissens hat (Oevermann 1996). Es kann nicht routineförmig und im technischen Sinne angewendet werden, sondern hat im Rahmen der professionellen Falldeutung lediglich orientierende Funktion.[14] Der Grund ist im Falle der professionellen Erziehung darin zu finden, dass der Lehrer sich nicht nur an die positive Möglichkeit halten kann, dass dem Schüler Wissen und Können vermittelbar ist, sondern er immer auch mit der negativen Möglichkeit rechnen und diese reflexiv handhaben muss, dass sich Wissen und Können bei Schülern als nicht vermittelbar herausstellt. Erfolg und Misserfolg erweisen sich dabei stets erst an den kommunikativen Feedbacks des Schülers, die unvorhersehbar sind.[15] Es ist diese genuine Unbestimmtheit des Erfolgs professioneller Fallbearbeitung, die das so

---

12 Im Zuge der Entwicklung von ‚wissensgesellschaftlichen' Ansprüchen an „lebenslanges Lernen" gewinnen sie an Bedeutung – und tragen damit auch jenseits der hier im Weiteren thematisierten Strukturbedingungen zum Verlust der Sonderstellung der Lehrerschaft bei (vgl. Kurtz 2004).

13 So gesehen, impliziert die Referenz auf Schüler keine Bezüge auf höchstpersönliche Individuen, obgleich Professionelle Probleme von Personen bearbeiten. „Der Schüler" ist vielmehr eine sinnhaft-funktionale Konstruktion, die im Hinblick auf die Absicht der Erziehung besagt, dass das Publikum, also „jeder Schüler dadurch ansprechbar [ist], dass man sich auf ihn als ein Wesen bezieht, welches durch Sozialisation und andere Lebenspraxis daran gewöhnt ist, sein eigenes Verhalten als durch eigene Absichten veranlasst zu begreifen. Und er ist auch daran gewöhnt, von anderen in diesem Sinn aufgefasst zu werden" (Markowitz 1998: 11).

14 Vgl. zusammenfassend zu diesem Argument Ulrich Oevermanns: Terhart (1992: 119ff.).

15 Siehe als organisationssoziologischem Klassiker zu diesem Feedback-Problem von „people processing technologies": Thompson 1967.

genannte Technologiedefizit der Professionen bezeichnet (Luhmann/Schorr 1982). Sie begründet, dass Professionswissen nicht technisch anwendbar, sondern nur deutend applizierbar ist.[16] Die moderne Erziehung ist nicht nur von professionellen Formen der Respezifikation der generalisierten Erziehungsabsicht abhängig, sondern darüber hinaus auch von *organisatorischen* Respezifikationen, die auf organisiertem Entscheiden beruhen (Luhmann 2002). Dies betrifft zum einen solche organisatorischen Spezifikationen, die rechtlich bindend sind und auf politisches Entscheiden zurückgehen (also nicht folgenlos von der einzelnen Schule ignoriert werden können). Zum anderen betrifft dies die Entscheidungen der Einzelschule (die entsprechend nur in ihren Grenzen und für ihre Mitglieder Geltung beanspruchen können). In diesem Sinne gehören Unterricht in Jahrgangsklassen, Differenzierung von Schultypen, Rahmencurricula und Schulprogramme, Stunden- und Stellenpläne, Lehrer-, Fach- und Schulkonferenzen samt deren Entscheidungen über Noten und Versetzungen, Schulausflüge oder Ressourcenfragen zu den organisatorischen Respezifikationen der generalisierten Erziehungsabsicht. Sie gehen auf organisiertes Entscheiden zurück und sind zugleich Prämissen für weiteres Entscheiden.

Die Schulglocke, die zweifellos zum organisatorischen Inventar der Erziehung gehört, mag hier exemplarisch verdeutlichen, wie professionelle und organisatorische Spezifikationen ineinander greifen. Wahrnehmbar für alle Beteiligten erinnert die Klingel an den stundenplangemäßen Beginn des Unterrichts und verschafft dem Lehrer damit organisatorische Rückendeckung für die Erwartung, dass die Interaktion in der Schulklasse nun für einen bestimmten Zeitraum ‚ungestört' nach professionell bestimmten Gesichtspunkten vonstatten gehen kann. Das erneute Klingeln macht dagegen die organisatorische Einschränkung dieser Gelegenheit hörbar. Sie entlastet damit zugleich die professionelle Intervention, der eine eigene Stoppregel fehlt. Denn gerade die Unterrichtsinteraktion ist es, die Feedbacks von Schülern und damit Anhaltspunkte für professionelle Eingriffe produziert, wobei die Zahl und Individualität der ‚Fälle', die zu berücksichtigen sind, sowie die Vergänglichkeit situativer Anlässe für Vermittlungsleistungen nicht zum Abbruch, sondern zur Fortsetzung der Interaktion drängen.

Unterrichtsinteraktion ist damit einerseits der Kern professionell bestimmter Erziehungskommunikation, andererseits handelt es sich um eine „organisierte Interaktion" (Kieserling 1999), die durch organisatorische Entscheidungen in ihrer spezifischen Form ermöglicht, das heißt: eingeschränkt und entlastet ist. Er-

---

16 Zum professionellen Handlungswissens gehört vor diesem Hintergrund der Aufbau von Erfahrungswissen in der Applikation des abstrakten Regelwissens (hier: „Unterrichtspraxis").

ziehungs- und organisationsspezifische Strukturen werden dabei als Konditionierungen in das Interaktionssystem Unterricht übernommen. Das gilt für die asymmetrischen Rollen von Lehrer und Schüler ebenso wie für den prinzipiell revidierbaren Status der Teilnehmer als Mitglieder einer bestimmten Schule.[17]

Jede einzelne Unterrichtsstunde bleibt trotz aller Konditionierung und Respezifizierung durch Organisation und professionelle Erziehung jedoch eine Interaktion *sui generis*. Sie konstituiert sich als Interaktion unter den spezifischen Bedingungen der Anwesenheit der Teilnehmer und bringt unter den damit bezeichneten Bedingungen reflexiver Wahrnehmungen des Wahrgenommenwerdens eine eigene Interaktionsordnung (Goffman 1994) hervor (vgl. Vanderstraeten 2004: 64ff.). Das bedeutet, dass die Interaktion ein eigenständiger Systemzusammenhang ist, der als solcher ein Eigenrecht sowohl gegenüber der Erziehung wie auch der Organisation behält. Das schließt im Extremfall die Möglichkeit ein, dass die erziehungsspezifischen und organisatorischen Konditionierungen in der Interaktion dementiert oder sabotiert werden können. Das gilt u. a. dann, wenn es bei Schülern an einem Mindestmaß an Commitments fehlt oder es dem Lehrer nicht gelingt, hinreichende Autorität aufzubauen (ebd.: 65). Dafür ist von Bedeutung, dass Lehrer es – im Unterschied zu Professionellen, die sich ihren Klienten als isolierten Einzelfällen zuwenden – in Schulklassen mit „Großinteraktionen" (Kieserling 1999) zu tun haben, in denen dann einerseits zwangsläufig hohe Passivitätszumutungen der Kommunikation typisch sind, andererseits besondere Dynamiken der Interaktion entstehen können. Dies gilt verstärkt durch den Umstand, dass Schüler als vergleichsweise ‚uneinsichtige' und ‚kritische' Klienten gelten können, weil ihre Teilnahme am Unterricht mitunter nicht auf Freiwilligkeit und Selbsteinsicht in Lernbedarfe beruht, sondern auf Schulpflicht (Vanderstraeten 2004: 66). Nicht zuletzt aus diesen Gründen lassen sich in Unterrichtsinteraktionen „bisweilen recht phantasievolle Strategien des ‚opting out' finden" (ebd.).

Schon weil die professionelle Form der Spezifikation von Erziehungsabsichten interaktionsabhängig ist, können organisatorische Spezifikationen nicht an ihre Stelle treten. Erziehung kann nicht als Organisation durchgeführt werden, und eine Unterrichtsinteraktion kann im Falle ihres Scheiterns auch nicht an die Organisation abgetreten werden (etwa auf einer anderen Ebene der organisatorischen Hierarchie fortgeführt werden). Für die professionelle Intervention bedeutet dies, dass es „im Erziehungssystem keinen Ersatz für das [gibt], was in konkret bestimmten Interaktionen zu leisten ist" (ebd.: 57). Damit ist umgekehrt

---

17 Die Frage, ob und inwieweit Schüler begrifflich als Organisations*mitglieder* beschrieben werden können, kann hier offen gelassen werden.

nicht gesagt, dass Unterricht in Schulen notwendig und durchgängig eine professionell bestimmte Erziehungsinteraktion darstellt. Zwar ist jede professionelle Kommunikation von Interaktion abhängig, aber deshalb nicht jede Interaktion auch von professioneller Spezifikation. In diesem Sinne wird zur empirischen Frage, inwieweit Unterrichtsinteraktionen sich auf professionelle Formen der Spezifikation von Erziehungsabsichten stützen oder andere, vor allem organisatorische Spezifikationen und Konditionierungen, an Bedeutung gewinnen. Wo (und in dem Maße wie) dies geschieht, verliert die „organisierte Interaktion" Unterricht dann den Charakter einer professionell bestimmten Erziehungsinteraktion.

2.2 Zur Bedeutung von Organisationswissen

Professionen zeichnen sich, wie zuvor erwähnt, durch ihre spezifischen Wissenskomplexe aus, die als Regelwissen in der professionellen Interaktion zur Applikation kommen und in speziellen Ausbildungen erworben werden. Generell ist auch Organisation ohne ein zugehöriges Kontextwissen nicht denkbar. Allerdings beruht weder die Einnahme von Leistungsrollen in Organisationen noch die Teilnahme an ihrem operativen Vollzug (Entscheidungen) auf einem gesellschaftlichen Wissenskomplex, der dem der Professionen ohne weiteres vergleichbar wäre. So ist selbst für die Einnahme der als Management bezeichneten Spitzenfunktionen in Organisationen keine spezifische Ausbildung erforderlich, noch sind Hochschulausbildungen im Bereich Organisation und Management denjenigen der Ausbildung für Professionen vergleichbar spezifisch.

Im gesellschaftlichen Vergleich professioneller und managerieller Wissenskomplexe wird dabei ein Unterschied sichtbar, der für das hier behandelte Problem bedeutsam ist. Denn anders als die professionellen Wissenskomplexe, die zusammen mit der Wissenschaft entstanden sind (vgl. Stichweh in diesem Band), ist das für Organisationswissen zuständige und als Management bezeichnete gesellschaftliche Wissenssystem kognitiv nicht in der Wissenschaft verankert. Die normativen Handlungslehren sowie Managementkonzepte und Techniken werden vielmehr zu großen Teilen außerhalb der Wissenschaft entwickelt, etwa in Beratungsfirmen. Die Tatsache, dass der gesellschaftliche Aufstieg von Wissenssystemen mit diesem Merkmal als Ausdruck der Herausbildung der so genannten Wissensgesellschaft verstanden wird (vgl. Stichweh 2002), ist im vorliegenden Zusammenhang bedeutsam, weil mit dieser Beschreibung der Gesellschaft auf die Multiplizierung der gesellschaftlichen Orte der Wissensproduktion sowie auch auf den Verlust der Sonderstellung gesellschaftlicher ‚Wissenseliten' aufmerksam gemacht wird. Zusammen mit dem Aufstieg des Managements gerät in der Wissensgesellschaft die Exklusivität jenes gesellschaftlichen Sonderwissens unter Druck, das mit den Professionen klassisch bezeichnet ist.

Dieser wissensgesellschaftliche Kontext wird relevant auch auf der Ebene von Organisationen und betrifft speziell das hier betrachtete Managementkonzept der Lernenden Organisation. Das gilt in zweifachem Sinne. Denn soweit Lernen die Aneignung von Wissen meint, handelt es sich bei Konzepten wie der Lernenden Organisation oder dem Wissensmanagement nicht um beliebige Managementmoden, sondern sie erscheinen als organisationsspezifische Antworten auf die Wissensgesellschaft und ihre Herausforderungen. Und soweit mit der Wissensgesellschaft auf das Entstehen neuer Orte der Wissensproduktion und den gleichzeitigen Verlust der Sonderstellung spezifischer Wissenseliten hingewiesen wird, wäre die Lernende Organisation auch noch in einem zweiten Sinne als ein ‚wissensgesellschaftlich' einschlägiges Managementkonzept zu verstehen. Als organisatorischer Ort des manageriellen Wissens erscheinen in der Lernenden Organisation nicht mehr exklusiv die klassisch als Management beschriebenen organisatorischen Spitzenpositionen. Vielmehr wird das gesamte organisatorische Personal der Erwartung der Aneignung von Organisationswissen unterworfen. Durch seine Teilnahme am fortgesetzten, gleichsam lebenslangen Organisationslernen wird das Personal in managerielle Funktionen einbezogen und so zum dislozierten Träger von Managementwissen.

Im Falle des Typs der professionellen Organisation, und zumal in professionellen Monokulturen, betrifft diese Inklusion in managerielle Funktionen das professionelle Personal. Konfusionen von professionellem und organisatorischem Wissen sind dabei insbesondere im Falle von Schulen (als Erziehungsorganisationen) zu erwarten. Denn wie die folgenden Analysen der Semantik organisationalen Lernens zeigen, handelt es sich bei der Lernenden Organisation nicht nur um ein im vorgenannten Sinne ‚wissensgesellschaftliches' Managementkonzept, sondern zugleich um eines, das seine Semantik exklusiv aus dem Erziehungssystem der Gesellschaft bezieht. Obgleich es also strukturell auf organisatorisches Wissen zielt, knüpft es semantisch an die Erziehung und damit einen professionellen Wissenskomplex an.

3. Die Semantik der Lernenden Organisation zwischen Erziehung und Management

3.1 Wissenssoziologie: Semantik und Struktur

Mit der Unterscheidung von Struktur und Semantik schließt der vorliegende Beitrag an ein wissenssoziologisches Argument aus der soziologischen Systemtheorie an (Luhmann 1980; Stichweh 2000a). Es besagt zum einen, dass gesellschaftliche Semantiken auf sozialstrukturellen Grundlagen (d. h. der Differenzierungsform der modernen Gesellschaft) beruhen, die die Plausibilität der Semantiken in der Kommunikation stützen. Zum anderen besagt das Argument, dass von der Verwendung von Semantiken in der Kommunikation strukturelle Folgen ausgehen, weil die damit bezeichneten Erwartungen kommunikative Anschlüsse und Möglichkeiten selektiv einschränken.

Dies mag jenseits theoretischer Klärungen ein Beispiel erläutern, das heute in Organisationen eine ähnliche Prominenz erlangt hat wie die hier behandelte Lernende Organisation: die Semantik des „Kunden" (vgl. Tacke/Wagner 2005). Sozialstrukturell bezieht diese Semantik ihre Plausibilität aus dem Kontext der modernen Wirtschaft. Die Rolle des Kunden wird – strukturspezifisch und semantisch plausibel – im Kontext wirtschaftlicher Organisationen in Bezug auf deren Leistungen eingenommen. An der Tatsache dagegen, dass zunehmend auch Patienten (Gesundheitssystem), Bürger (politisches System) oder Schüler und Studenten (Erziehungssystem) als Kunden bezeichnet und beschrieben werden, zeigt sich zunächst, dass Semantiken in der modernen Gesellschaft ‚auf Reisen gehen' können (Czarniawska/Joerges 1996). Sie können nicht nur in den Systemkontexten, die sie sozialstrukturell hervorgebracht haben und die ihnen ihre spezifische Plausibilität verleihen, verwendet werden.[18] Darüber hinaus macht das Beispiel einsichtig, dass von der Verwendung von Semantiken in der Kommunikation Struktureffekte erwartet werden können, weil die gewählten semantischen Schemata die Beliebigkeit der Kommunikation und ihre Fortsetzung in bestimmter Weise einschränken. So teilen Befürworter wie Gegner der gesellschaftlichen Ausbreitung der Kundensemantik die Erwartung, dass es für die Kommunikation einen strukturbedeutsamen Unterschied macht, ob Individu-

---

18 Die moderne Gesellschaft weist einerseits eine ‚trennende' Struktur funktionaler Differenzierung auf, verfügt andererseits über eine Semantik funktionaler Differenzierung. Diese ist in der Gesamtgesellschaft auch über Systemgrenzen hinweg aktualisierbar. Demgemäß kann in der Erziehung zwar z. B. nicht politisch entschieden und nicht wirtschaftlich kommuniziert werden (Operation), aber Politik und Wirtschaft können in der Erziehung Thema der Kommunikation sein (Beobachtung).

en z. B. im Kontext der Schule weiterhin in der erziehungsspezifischen Semantik des Schülers oder in der wirtschaftlich kontextuierten Semantik des Kunden bezeichnet und adressiert werden.[19]

An der Semantik der Lernenden Organisation fällt in dieser Theorieperspektive zunächst und zum einen auf, dass sie strukturell an zwei Systemkontexte zurückgebunden ist: Denn während Lernen zur Semantik des Erziehungssystems der Gesellschaft gehört (und damit auch auf eine Profession verweist), ist mit Organisation ein anderer, eigenständiger Systemkontext bezeichnet. Die semantische Konstruktion des „organizational learning" kann in diesem Sinne als Oxymoron verstanden werden (vgl. Weick/Westley 1996). Schon dies lässt in der kommunikativen Verwendung Konfusionen in Bezug auf den Unterschied von Erziehung und Organisation und entsprechend von professionellem und manageriellem Wissen erwarten.

Darüber hinaus fällt in dieser wissenssoziologischen Perspektive zum anderen auf, dass die Idee des Lernens *von* Organisationen sich, wie eingangs bereits erwähnt, auf eine strukturelle Analogie zum Erziehungssystem der Gesellschaft stützt. Diese Strukturanalogie soll im Folgenden zunächst dazu dienen, Bestimmtheiten und Unbestimmtheiten dieser semantischen Konstruktion zu beschreiben, also Einschränkungen und Mehrdeutigkeiten sichtbar zu machen, die sie für Kommunikation beinhaltet.

3.2 Absichten: Erziehung und Sozialisation

Die Literatur zum Themenfeld Organisationslernen ist heute in Umfang und Vielfalt kaum noch zu überblicken (vgl. exemplarisch: Dierkes et al. 2001). Neben der bekannten Pluralität theoretischer Ansätze und ihrer Begriffe hat dazu nicht zuletzt das enorme anwendungsbezogene Interesse an diesem Thema beigetragen. Erstaunlich ist vor diesem Hintergrund, dass die Theorie des organisationalen Lernens selbst bisher nicht zur Kenntnis genommen hat, dass Lernen spätestens jetzt in zwei Varianten zu beschreiben ist.[20] In der Erziehungsanalogie

---

19 Ohne das gesellschaftliche Wissen um die strukturelle Rückbindung von semantischen Plausibilitäten wie auch um ihre Struktureffekte machte weder die offensive Übertragung der Semantik des Kunden auf nichtwirtschaftliche Organisationen noch die Widerständigkeit gegen diese Sinn.
20 Jede angemessene Theorie organisationalen Lernens (die bisher fehlt) müsste in ihrer Rekonstruktion des Lernproblems diesen Unterschied berücksichtigen. Niccolini/Meznar (1995) haben – ohne die Analogie zur Erziehung und ihre Produktivität zu sehen – darauf aufmerksam gemacht, allerdings in letztlich psychologischen Kategorien von „bewusstem" und „unbewusstem" Lernen gesprochen. Richtig ist, dass es um ein Beobachtungsproblem (erster und zweiter Ordnung) geht, soziologisch dann aber um Kommunikation.

Schulreform als aktive Deprofessionalisierung?

formuliert, betrifft dies die Unterscheidung von Sozialisation und Erziehung, die bekanntlich auf beiden Seiten Probleme des Lernens bezeichnet.[21] Im Sinne von Sozialisation bezeichnet Lernen eine Form der Strukturänderung, die konstant und unvermeidlich stattfindet, auch ohne entsprechende Intervention. Sie ist kein beabsichtigtes Geschehen, vielmehr liegt entsprechenden Konzepten die Annahme zugrunde, dass ein System (sei es ein psychisches oder ein organisatorisches System) nicht *nicht* lernen kann – was und wie auch immer es lernt.[22] Im Falle von Erziehung dagegen impliziert das Lernen eine *Absicht der Erziehung*, die als solche im Rahmen des Lerngeschehens – vom Erzieher an den Zögling – kommuniziert werden muss.

Zumal das empirische Interesse sich auf diesen Fall ‚beabsichtigten' Organisationslernens bezieht, können ‚sozialisatorische' Beschreibungen des Lernens im Weiteren beiseite gelassen werden – damit auch alle Fragen einer angemessenen und umfassenden Theorie organisationalen Lernens.[23]

Die Unterscheidung von Sozialisation und Erziehung macht gleichwohl bereits einen relevanten Aspekt des Problems sichtbar: Denn während ein Beobachter von sozialisatorischem Lernen seine eigene Rolle in der Beschreibung des Lernens latent hält, muss der als Erzieher beteiligte Beobachter zwangsläufig aus der Latenz heraustreten. Er ist am Geschehen beteiligt und ist hinsichtlich der kommunizierten Erziehungsabsicht auf Selbstrechtfertigung angewiesen.[24] Wie dies im Falle der Absicht der ‚Erziehung' von Organisationen geschieht, wird im Weiteren noch zu fragen sein. Man kann allerdings erwarten, dass diese Selbstrechtfertigung nicht lediglich die Form auf Anfrage nachgeschobener Erklärungen hat, sondern vielmehr schon in der Art und Weise der Beschreibung des Lernproblems selbst zu finden ist. Prominent in dieser Funktion ist z. B. (auch in Konzepten organisationalen Lernens) die Unterscheidung von Stufen des Lernens. Sie rechtfertigt die Interventionen der Erziehung und die Rolle des Erzie-

---

21 Denn während dieser Unterschied in der erziehungswissenschaftlichen Reflexion gut etabliert ist, wird er in der Diskussion um organisatorisches Lernen bisher nicht reflektiert.
22 Als Referenzautoren in Bezug auf Organisationen können hier insbesondere gelten: March/Olsen 1975; Levitt/March 1988; March 1991; Weick 1991; Weick/Ashford 2001. Das deskriptive Interesse richtet sich dabei z. B. auf die Beschreibung von Kompetenzfallen, Prozessen abergläubischen Lernens oder Fragen nach dem widersprüchlichen Verhältnis gegensätzlicher Lernvoraussetzungen (Exploration/Exploitation).
23 Vgl. für Referenzautoren die Fußnote 8 oben.
24 Nota bene! Unterscheidungen von Formen des Lernens haben ihre Funktion in der Selbstrechtfertigung ‚erzieherischer' Intervention, stellen damit aber keine vollständige Theorie des Lernens bereit (sei es von Individuen oder Organisationen). Lernen ist vielmehr, wie auch Erziehungswissenschaftler wissen, stets Selbstsozialisation. Und auch ‚höherstufiges' Lernen ist dann im Prinzip ohne Instruktion und Intervention möglich.

hers mit der Aussicht und dem Versprechen, über einfaches Lernen hinaus auch zu höheren Formen des Lernens zu verhelfen. Obwohl die Analogiebildung sich als aufschlussreich erweist, hat als empirisch fraglich zu gelten, ob und inwieweit Lernen und damit verbundene Erziehungsabsichten auch für Organisationen heute als notwendig betrachtet und als hinreichend begründet abgenommen werden. Mit Erziehung ist zwar in Bezug auf Individuen eine gesellschaftlich anerkannte und alternativlose Problemstellung (gesellschaftliche Funktion) bezeichnet, es ist aber weder die Lehrerprofession noch das Erziehungssystem der Gesellschaft für das Lernen von Organisationen zuständig. Angenommen werden kann aber, dass Konzepte des Organisationslernens über ihre Analogiebildung zur Erziehung an den Selbstrechtfertigungsformen von Erziehung und den selektiven Bestimmtheiten ihrer Semantik partizipieren. Dieser Frage gehen die beiden folgenden Punkte nach.

3.3 Der Wert des Lernens

Dass Managementkonzepte semantisch an „nette Begriffe" (Luhmann) anschließen und diese im Modus von Gemeinsamkeitsunterstellungen als Werte kommunizieren, ist weder ungewöhnlich noch überraschend. Und zweifellos gehört Lernen in diese Kategorie: Lernen ist in der Gesellschaft (zumal in der Erziehung) positiv besetzt und geschätzt, jedenfalls mit Blick auf Individuen.[25] Die Übertragung dieses Wertes auf Organisationen (Lernende Organisation) mag dann nahe liegen, aber ihr Erfolg ist damit noch nicht erklärt. Immerhin drängen sich Rückfragen auf: Können Organisationen überhaupt lernen? Handelt es sich nicht lediglich um eine Metapher, die auf einem Anthropomorphismus beruht?

Ein genauerer Blick zeigt, dass Konzepte des Organisationslernens Rückfragen dieser Art abschneiden und in der Art und Weise der Behandlung des Problems zur Wertbildung des Lernens auch von Organisationen beitragen. Denn gerade weil und sofern es sich um Theorien des organisationalen Lernens handelt, wird in ihrem Kontext weder nach den Bedingungen der Möglichkeit des Lernens von Organisationen gefragt, noch nach funktionalen Äquivalenten. Vielmehr wird die Möglichkeit, *dass* Organisationen lernen können, mit der Wahl ihres Grundbegriffs bereits angenommen und mit Bestimmtheit kommuni-

---

25 Gerade die Moden des Managements (Kieser 1996) mit ihren wechselnden Wertbezügen lassen gut erkennen, dass von den als „geltend" unterstellten Gemeinsamkeiten nicht ausgegangen werden kann, Werte vielmehr prätendiert und dort kommuniziert werden, wo ihre Geltung in Frage steht.

ziert. Das ist aber nicht alles, denn mit der Feststellung der Möglichkeit verknüpft sich – wie man am Erziehungssystem der Gesellschaft ablesen kann – zugleich eine normative Erwartung: Wer lernen kann, der soll auch lernen! Der Mechanismus, der vom Können zum Sollen führt, besteht in einer Generalisierung: Solange die Feststellung von Lernfähigkeit offen hält und noch nicht festlegt, was und wie gelernt werden soll, kann die Frage, ob gelernt werden soll, als Unbestreitbarkeit behandelt werden. Im Bezugshorizont der Lernfähigkeit (die in diesem Sinne als Kontingenzformel im Erziehungssystem fungiert) wird Lernen zum alternativlosen Problem. Alternativlosigkeit bedeutet dabei, dass auch scheiternde Erziehung keinen Abbruch von Bemühungen um Lernen mehr begründen kann. Scheiternde Erziehung ist vielmehr Anlass, es weiter, noch einmal und anders zu versuchen.

In der Soziologie ist bekannt, dass die Prätention von Werten in der Kommunikation verzichtbar wäre, wenn die Ablehnung der damit bezeichneten Gemeinsamkeitsunterstellungen nicht möglich sein (bzw. nicht nahe liegen) würde. Man kann sich in der Gesellschaft immer auch an andere Werte halten, seien dies Effizienz, Frieden, Gerechtigkeit, Tierschutz oder Gesundheit. Für die Erziehung und für ihre Leitprofession ist allerdings der Wert des Lernens aus strukturspezifischen Gründen unablehnbar. Zweifellos gilt dies nur für individuelles, nicht schon für organisatorisches Lernen. Zugleich steht der Übertragung des Wertes auf Organisationen nicht viel entgegen, genügt doch die kommunikative Etablierung der Abnahme (Nichtablehnung) der Prämisse, dass Organisationen lernen können.

Aber besagt die Semantik der Lernenden Organisation tatsächlich, dass die Organisation lernen soll – oder sind es doch nur die Individuen in der Organisation?

3.4 Individuelles oder organisatorisches Lernen?

Auf die Unterscheidung von individuellem und organisationalem Lernen trifft man in Texten zum organisationalen Lernen immer – und dies nicht zufällig. Regelmäßig wird dabei mit Bestimmtheit angenommen, dass individuelles Lernen die Voraussetzung für das Lernen der Organisation sei (vgl. Senge 1996: 171).

Selbsterklärend ist das allerdings nicht, denn durchaus sind organisatorische Strukturänderungen möglich und vorstellbar, die ganz ohne Lernen von Individuen auskommen. Wo Strukturänderungen z. B. nicht im Schema des Lernens, sondern beispielsweise dem der Evolution thematisiert werden, werden Lernoder andere Beiträge von Individuen nicht erwartet.[26] Die Bestimmtheit, dass zunächst Individuen lernen müssen, damit die Organisation lernen kann, ist, anders gesagt, der Semantik des Lernens und ihrer strukturellen Analogie zur Erziehung geschuldet: Etabliert die Analogie dabei einerseits, wie gesehen, die Vorstellung, dass auch Organisationen lernen können, macht ihre Referenz auf Erziehung es zugleich in hohem Maße unwahrscheinlich, sich dieses Lernen anders als mit Bezug auf Individuen und deren Lernen vorzustellen. Und wiederum dürfte das innerhalb der Erziehung und für ihre Profession mehr gelten als irgendwo anders in der Gesellschaft, ist die Erziehung doch gesellschaftlich für das Lernen von Individuen zuständig und die Profession tagtäglich mit Individuen in Lernsituationen befasst.

Die Analogie zur Erziehung drängt im Konzept der Lernenden Organisation also die Unterscheidung Individuum/Organisation auf und mit ihr die Bestimmtheit der Konsequenz: Wenn Organisationen lernen sollen, dann müssen Individuen lernen![27] Damit aber stellt sich die Anschlussfrage: *Wie* kann denn aus individuellem Lernen organisationales Lernen werden? In Texten zum organisationalen Lernen wird dies als ein Ebenenproblem Individuum / Organisation dargestellt, wobei nahe gelegt wird, dass dieses Problem irgendwie auf dem Wege der Aggregation lösbar sei. In populären Konzepten taucht dabei regelmäßig „Teamlernen" auf, dass als ‚missing link' zwischen individuellem und organisationalem Lernen erscheint. Spätestens hier kombiniert sich sichere Bestimmtheit mit hoher Unbestimmtheit.

Nimmt man die strukturelle Analogie zur Erziehung ernst, hilft sie auch hier weiter. Denn sie macht zunächst einsichtig, dass es keineswegs um ein Ebenenproblem geht, sondern vielmehr um ein *Adressierungsproblem*: Die Absicht der Erziehung muss an einen personalisierbaren Anderen kommunikativ adressiert werden. Einerseits und tatsächlich können dabei nicht nur Individuen, sondern

---

26 Dies belegen „populationsökologische" Konzepte in der Organisationsforschung, deren Erklärungen von organisationalen Strukturänderungen ohne Beiträge von Individuen auskommen (siehe im Überblick: Kieser/Woywode 2001). Dagegen haben „managerielle" Varianten von Evolutionstheorie („evolutionäres Management") diesbezüglich eine gewisse Nähe zur Semantik des organisationalen Lernens. Der Grund ist darin zu finden, dass Managementkonzepte generell auf vereinfachende Zurechnungen auf Handelnde angewiesen sind. Der Unterschied dürfte allerdings darin bestehen, dass Konzepte des „organisationalen Lernens" weite Teile der Mitglieder in Organisationen adressieren, „evolutionäres Management" dagegen die Verantwortlichkeit für „Evolution" beim Manager reserviert.

27 Man kann daher die Vermutung bestätigen, dass interventionistische Konzepte der Lernenden Organisation strategisch darauf abzielen, Individuen für organisationalen Strukturwandel zu engagieren (vgl. Fees 2004).

auch Organisationen als Personen kommunikativ adressiert werden.[28] So tragen ja z. B. Ministerien, Schulentwicklungsinstitute, Unternehmensberatungen das Ansinnen des organisationalen Lernens nicht nur an einzelne Lehrer, sondern an Schulen als Organisationen heran. Andererseits endet die Analogiebildung genau hier. Denn sofern es um die Realisierung einer Erziehungsabsicht geht, scheitert diese strukturell daran, dass Organisationen zwar mögliche Adressaten für Kommunikation sind, aber für Erziehungskommunikationen unerreichbar sind. Das hat zwei Gründe: Zum einen löst sich die einheitliche Adressierbarkeit einer Organisation in der Kommunikation spätestens dann in Einzeladressen auf, wenn man den direkten Kontakt zu ihr sucht: *In* Organisationen trifft man nur einzelne Individuen als Mitglieder. Zum anderen wird eine Kommunikation überhaupt nur dann als Erziehungskommunikation angesehen und verstanden, wenn sie als Interaktion stattfindet bzw. auf eine Interaktion bezogen bleibt. Sie kann also nicht als organisatorische Kommunikation vollzogen werden. Kurzum: Die formelle Entscheidung und Mitteilung einer Organisation, das Konzept der Lernenden Organisation Schule zu übernehmen[29], und die etwaigen Interaktionen, die stattfinden, um Erziehungsabsichten zu kommunizieren und entsprechendes Lernen anzuleiten, sind in ihrem Konstitutions- und Reproduktionsmodus strikt zu unterscheiden (siehe oben, Abschnitt 2.). Wo Organisationslernen als erzieherische Intervention stattfindet, müssen zwangsläufig Individuen kommunikativ adressiert werden, die dazu in gesonderten Interaktionen zusammenkommen, in denen die Rollen von Erziehern und Zöglingen erkennbar differenziert sind und die – faktisch – im Rahmen einer Organisation stattfinden, die mit ihren Mitteln und in ihren Grenzen diese Interaktionen konditioniert.

Vor diesem Hintergrund wird nun auch die Bedeutung der Semantik des „Teams" verständlich, dass das ‚missing link' zwischen individuellem und organisationalem Lernen bilden soll – selbst wenn dieser Zusammenhang in Konzepten des Organisationslernens unbestimmt bleibt.

In Analogie zur Unterrichtsinteraktion in Schulklassen finden entsprechende Interventionen in (Lern-)Gruppen statt. Diese werden als „Team" bezeichnet, weil die Erziehungskommunikation in spezifischer Weise *organisatorisch* konditioniert ist: erstens ist die Teilnahme organisatorisch veranlasst und durch Organisationsmitgliedschaft bedingt; zweitens sind organisatorische Sachverhalte Thema der Kommunikation (Strukturänderungen der Organisation), und drittens

---

28 Und im Rahmen der nachfolgend genannten Einschränkungen ist es diese Voraussetzung, die die Analogie der Erziehbarkeit von Organisationen überhaupt plausibel machen kann.
29 Sei es aus symbolisch-dekorativen Gründen (Brunsson 1989) oder zur Einleitung von Prozessen der Strukturänderung.

werden die Teilnehmer in der Interaktion unter Bezugnahme auf ihre Rolle und Zuständigkeit in der Organisation adressiert. Anders gesagt: „Team" ist in der Lernenden Organisation ein anderer Ausdruck für die Erwartung koordinierter Zusammenarbeit unter Organisationsmitgliedern.

Eine solche organisatorische Koordination kann jedoch, sofern sie als Erziehungsinteraktion stattfindet, lediglich thematisiert und simuliert, nicht aber realisiert werden. Interaktion ist nicht dasselbe wie Organisation – und speziell Erziehungsinteraktion kann nicht als Organisation stattfinden. Jedes Interaktionssystem konstituiert sich und damit auch seine Grenze gegenüber der Organisation, die sie veranlasst und in deren Kontext sie stattfindet, selbst. Der als Organisationslernen im Team ausgeflaggte Interaktionstyp ist insofern in hohem Maße durch Erwartungen der Organisation konditioniert. Schon weil er sich zugleich an Rollen und Strukturen bindet, die für Erziehung typisch sind, ist er aber nicht bruchlos und beliebig in die Organisation transportierbar, die ‚eigentlich' lernen soll.

Die Aggregation vom individuellen Lernen über das Teamlernen zum organisatorischen Lernen scheitert an der operativen Geschlossenheit aller beteiligten Systeme. Und selbst wenn Veränderungen an einem System als Lernerfolge beobachtet werden, können sie nicht kausal auf ein anderes System zurückgeführt werden. Das gilt auch für die erzieherische Intervention, die gewohnt ist, sich Lernerfolge ihrer Zöglinge selbst zuzurechnen.[30] Möglich aber ist, dass kommunikative Einschränkungen, die aus einem Systemkontext stammen, als Konditionierungen in einen anderen Systemkontext übernommen werden. Die wissenssoziologische Analyse, die hier zur Analyse der Lernenden Organisation gewählt wurde, unterstreicht dabei, dass Semantiken als Konditionierungen von Kommunikation zu beschreiben sind, die nicht nur mit ihren Bestimmtheiten, sondern auch mit ihren Unbestimmtheiten für den Fortgang der Kommunikation von Relevanz sind. Obgleich operative Anschlüsse, Übertragungen und Aggregationen, die vom Bewusstsein (lernendes Individuum) über Interaktionen (Lernen im Team) zur Organisation (Lernende Organisation) führen, ausgeschlossen sind, können kognitive Beobachtungsschemata in allen beteiligten Systemen Verwendung finden (vgl. Hiller 2005), und damit die Operationen der Systeme mit Unterscheidungen selektiv versorgen, die die Semantik bereitstellt. Anders gesagt: Die Bedeutung des individuellen und kollektiven Einübens der Semantik der Lernenden Organisation kann darin liegen, einen ‚structural drift' auch in der Organisation auszulösen, der nicht auf entscheidbaren, sondern unentscheidbaren

---

30 Dabei gehört zu den Zurechnungsgewohnheiten der Erziehung bekanntlich, dass Erfolge dem Erzieher, Misserfolge dagegen dem Schüler attribuiert werden.

Entscheidungsprämissen beruht (Luhmann 2000: 241). Wo dies der Fall ist, könnte man von einer veränderten „Beobachtungskultur" sprechen (Fuchs 1992). Im Anschluss an die Analyse der Semantik der Lernenden Organisation soll im Folgenden schließlich der Strukturkontext der Erziehung ins Zentrum gerückt und einerseits nach den kontextspezifischen Strukturbedingungen der Adaption dieser Semantik, andererseits nach den Strukturfolgen ihrer kommunikativen Verwendung für die Lehrerprofession gefragt werden.

4. Strukturbedingungen und Strukturfolgen der Adaption der organisatorischen Lernsemantik durch die Lehrerprofession

Auffällig und erklärungsbedürftig ist, dass die managerielle Idee der Lernenden Organisation innerhalb der Erziehung breit und positiv aufgegriffen wird. Als *eine* kontext-, also erziehungsspezifische Bedingung, die diese bemerkenswert positive Resonanz zu begründen vermag, hat sich zuvor die – strukturell auf einer Erziehungsanalogie beruhende – Semantik des Lernens erwiesen. Lernen ist, wie gesehen, für das Erziehungssystem und ihre Profession nicht lediglich ein ‚einheimisches' und deshalb besonders attraktives Konzept, sondern ein Wert, der – solange die Kontingenz der Lernformel nicht vorschreibt, was und wie gelernt werden soll – kommunikativ im System nicht abgelehnt und durch Enttäuschungen im Einzelfall auch nicht entkräftet werden kann. Zu Recht aber kann man einwenden und vermuten, dass die Semantik des Lernens allein noch keine hinreichende Bedingung dafür ist, dass die Lehrerprofession entsprechenden Reformansinnen staatlicher Administrationen mit ‚Engagement' entgegenkommt.

4.1 Die pädagogische Beschreibung der Organisation als Bürokratie

Tatsächlich treten zur systemeigenen Semantik des Lernens Strukturbedingungen hinzu, die über die Lernsemantik hinaus die Adaptivität der Idee der Lernenden Organisation innerhalb der Erziehung begründen. Zu diesen Strukturbedingungen gehören politisch-rechtliche Regulierungen der schulförmigen Erziehung, die innerhalb des Erziehungssystems einen antiorganisatorischen Affekt bedingen (vgl. Luhmann/Schorr 1988: 341f.).[31] Beklagt werden bis in den professionellen Kern des Unterrichts ein- und durchgreifende Einschränkungen, die – als

---

31 Allerdings ist ein ‚antiorganisatorischer Affekt' für Professionen generell typisch. Vgl. Stichweh in diesem Band.

externer Zurechnungspunkt für interne Schwierigkeiten und Enttäuschungen – „aufs Konto der Organisation gebucht werden, die in dieser Funktion dann Bürokratie genannt wird" (ebd.: 342). Dieser pädagogischen ‚Bürokratiekritik' mit ihrer Annahme der Unvereinbarkeit von ‚Bürokratie' und ‚pädagogischem Auftrag der Schule' (vgl. Terhart 1986) kommt die Idee der Lernenden Organisation Schule in doppelter Weise entgegen. Denn nicht nur unterstreicht dieses Managementkonzept, wie gesehen, den Wert des Lernens, sondern es präsentiert sich in seinen populären Fassungen auch regelmäßig mit dem Gegenbild der Bürokratie. Gemeinsam macht dies verständlich, dass die Lernende Organisation Schule unter Pädagogen zum Teil mit dem Enthusiasmus einer Befreiungstheologie kommuniziert wird: Sie verspricht das Ende der „verwalteten Schule" (Becker 1993 [1954]) und den Abschied vom „Unterrichtsbeamten" (vgl. Rahm 2003: 6). Endlich, so scheint es, könne die Bürokratie zurückgedrängt und die Schule werden, was sie ihrem Wesen nach eigentlich doch sei: eine „pädagogische Handlungseinheit" (Fend 1986).[32]

Diese Form der pädagogischen (Selbst-)Beschreibung beinhaltet bemerkenswerte Vereinfachungen, die zu folgenreichen Konfusionen führen. Deren erste betrifft den Organisationsbegriff, der seine kontextspezifische semantische Karriere offenbar nicht los wird. Sofern Organisation in der Erziehung stets Bürokratie bedeutete, erscheint die Schule als Lernende Organisation nicht nur bürokratie-, sondern damit auch organisationsfrei: sie wird „pädagogische Handlungseinheit" und „Ort des Lernens". Keineswegs aber verschwinden organisatorische Spezifikationen von Erziehungsabsichten im Rahmen veränderter politischer Steuerungsstrukturen. In der politischen Substitution von Instrumenten der Input-Steuerung durch solche der Output-Steuerung kann vielmehr die Fortsetzung der Bürokratie mit anderen Mitteln gesehen werden. Organisatorische Funktionen werden von staatlichen Verwaltungen auf die Schule übertragen. Sie werden damit von deren organisatorischem Personal, d. h. von der Profession der Lehrer, übernommen. Soweit dies geschieht, treten an die Stelle organisatorischer Fremdeinschränkungen der Profession *organisatorische Selbsteinschränkungen*. Die Profession übernimmt ihr organisatorisches (Selbst-)Management. Und sofern die bisherigen ‚bürokratischen' Einschränkungen auch Funktionen der Entlastung der Profession erfüllten, liegt zugleich nahe, dass es zu *Selbstentlastungen* der Profession kommt.

---

32 Diese Bezeichnung ist vielfach in bildungspolitische Feiertagsreden und Programme der neueren Schulreformen übernommen worden.

4.2 Das Selbstverständnis der Lehrerschaft als Profession

Eine erste Form der Selbstentlastung betrifft das Selbstverständnis der Lehrerschaft als Profession. Damit ist zugleich eine zweite begriffliche Konfusion in der pädagogischen Selbstbeschreibung angesprochen. Denn mit der Opposition von Bürokratie und Lernender Organisation korreliert in der pädagogischen Reflexion neben dem Organisationsverständnis auch das Professionsverständnis. Der Lehrer, so wird in der jüngeren schulpädagogischen Reflexion argumentiert, der unter Bedingungen bürokratischer Regulierung lediglich „Unterrichtsbeamter" sein konnte, werde in der Lernenden Organisation zum „lernenden Lehrer" und gehe *professionalisiert* aus der Schulreform hervor: „Ja, der lernende Lehrer, die lernende Lehrerin ist schlechthin ein Entwurf, der *den Lehrberuf erst zu einer Profession* werden lässt" (Rahm 2003: 1; Herv. i. O.). Diese „neue Professionalität" wird nicht darin gesehen, dass der Lehrer nunmehr (weil vermeintlich befreit von staatlicher Bürokratie) größere Autonomie in seiner genuin professionellen Erziehungstätigkeit gewinnt. Vielmehr beruht die Annahme der Professionalisierung des „lernenden Lehrers" darauf, dass er in der Lernenden Organisation Schule neuartige „Gestaltungsaufgaben" übernimmt: Kooperieren, Planen, Innovieren, Evaluieren/Forschen, Lernen, Leiten (ebd.: 6ff.). Sofern es sich bei diesen nicht um professionelle, sondern vielmehr um organisatorische Funktionen handelt und gefordert wird, dass „Lehrerinnen und Lehrer sich zunehmend dem Organisationsdenken zuwenden" sollen (ebd.: 10), liegt soziologisch die gegenteilige Diagnose nahe: Der Lehrer wird mit der Übernahme dieser organisatorischen Funktionen nicht professionalisiert, sondern *deprofessionalisiert*.

Zu unterstreichen ist, dass die empirischen Gesichtspunkte, die in der pädagogischen Selbstbeschreibung als Begründung für eine Professionalisierung des Lehrers herangezogen werden, die gleichen sind, die in der soziologischen Fremdbeschreibung Anhaltspunkt für Deprofessionalisierung sind.[33] Ersichtlich liegt der Grund für diese Eigentümlichkeit in unterschiedlichen Professionsverständnissen. Kurzsichtig wäre es aber, darin lediglich eine entscheidbare Theorie- und Begriffsfrage zu sehen. Vielmehr kann die Differenz in zeitlicher Hinsicht plausibel aufgelöst und empirisch verstanden werden. Sie deutet dann eine

---

33 Die Konfusion (bzw.: doppelte Lesart) kommt zum Ausdruck, wo es heißt, dass „teilautonome Schulen, die sich der selbstverantwortlichen Qualitätsentwicklung verschrieben haben, mit Professionellen [rechnen], die Gestaltungsaufgaben übernehmen" (ebd.: 6). Aber kann nun der Lehrer nur vor oder erst nach der Reform als Professioneller gelten?

Entspezifizierung des Professionsverständnisses *im Selbstverständnis* einer Profession an.[34] Damit ist gemeint, dass diese Berufsgruppe – trotz aller ‚bürokratischen Einschränkungen' durch staatliche Schulverwaltungen (die mit begründeten, dass auch Soziologen in der Lehrerschaft häufig lediglich eine „*semi-profession*" sehen konnten, vgl. Etzioni 1969) – den Anspruch auf spezifisch erzieherische Professionalität und Autonomie selbst hat und dabei im Verhältnis zu anderen pädagogischen Berufsgruppen im Erziehungssystem die Stellung einer Leitprofession einnehmen konnte (vgl. Dewe et al. 1992; Stichweh 1996). Vor diesem historischen Hintergrund ist in Selbstbeschreibungen einer ‚neuen Professionalität', die sich mit der Übernahme organisatorischer Funktionen begründet, eine Abkehr vom damit historisch werdenden Anspruch zu erkennen, Profession im engeren, spezifisch erzieherischen Sinne zu sein. Deprofessionalisierung ist, so gesehen, die Folge eines *Selbstentzugs* des Professionsstatus. Bemerkenswert daran ist die Konsequenz. Denn im Rahmen der (Selbst-)Beschreibung einer ‚neuen' entspezifizierten Professionalität, die letztlich nur noch so viel wie Beruflichkeit meint, ist kein Anhaltspunkt mehr gegeben, um in der – auch fortgesetzten – Übertragung erziehungs*un*spezifischer Funktionen auf die Lehrerschaft noch Deprofessionalisierungen erkennen zu können. Im Sinne einer Anpassung von Anspruchsniveaus nach unten, deren Funktion es bekanntlich ist, zukünftig große Misserfolge zu vermeiden, bedeutet der Verzicht auf den Sonderstatus einer Profession eine Selbstentlastung.

Tabelle 1: Bedingungen der Beschreibung der Professionalität des Lehrers

	Organisatorische Input-Steuerung	Organisatorische Output-Steuerung
Selbst-Beschreibung (Erziehung)	„Bürokratie" und „Unterrichtsbeamte": Bürokratische Einschränkung der Profession *verhinderte Professionalität*	„Lernende Organisation" und „lernende Lehrer": Befreiung der Profession von Bürokratie *neue Professionalität*
Fremdbeschreibung (Soziologie)	staatlich-organisatorische Einschränkung und Entlastung der Profession *Semi-Professionalität*	manageriell-organisatorische Selbsteinschränkung und Selbstentlastung der Profession *aktive Deprofessionalisierung*

---

34 Zu berücksichtigen ist allerdings, dass die Reflexion im schulpädagogischen Establishment nicht die Profession repräsentiert.

4.3 Zur Umsetzung der Idee der Lernenden Organisation in der Schule

Das Einziehen der Differenz von professionellen und organisatorischen Wissensbeständen und die Anreicherung erziehungsspezifischer Konzepte mit organisatorisch-manageriellen Aspekten ist nicht allein in den Reflexionen des schulpädagogischen ‚Establishments' an Hochschulen zu finden, sondern auch in der Lehrerprofession im engeren Sinne. In einer Reihe schulischer Reformprojekte, die sich an der Leitidee der Lernenden Organisation orientieren, beteiligen sich Lehrerkollegien heute im Einüben ihrer „neuen Professionalität" – und betreiben damit im hier verstandenen Sinne ihre aktive Deprofessionalisierung. In einer abschließenden Skizze soll im Folgenden auf die Selbsteinschränkungen und Selbstentlastungen der Profession im schulischen Kontext eingegangen und gefragt werden, ob – jenseits der bereits genannten Bedingungen – auch im schulischen Kontext Strukturgründe zu finden sind, die das Engagement von Lehrern für ihre eigene Deprofessionalisierung zu erklären vermögen. Grundlage der Skizze sind Dokumente aus dem Pilotprojekt „Schule & Co.", die allerdings als empirische Quellen mit begrenzter Aussagefähigkeit zu gelten haben. Denn sie beschreiben nicht das faktische Reformgeschehen in der Schule („action"), sondern dokumentieren ‚Reden über Reform' („talk") und sind damit der symbolischen Politik der Reform zuzurechnen (Brunsson 1989; Brunsson/Olsen 1993). Dennoch können die Dokumente Einblick in Programmatiken und Maßnahmen geben, in projektbezogene Selbstdarstellungen und ihre Semantiken sowie Begründungen von beteiligten Lehrern, die auch als solche im Hinblick auf potentielle Effekte der Idee der Lernenden Organisation ernst zu nehmen sind.[35]

Die Kernfrage ist, inwieweit die schulische Umsetzung der Idee der Lernenden Organisation nicht nur zusätzlich organisatorische Funktionen auf Lehrer überträgt, sondern auch bis in den professionellen Kern, den Unterricht, durchschlägt. Relevant ist dafür, dass im empirischen Projektzusammenhang zwischen Schulentwicklung einerseits und Unterrichtsentwicklung andererseits unterschieden wird. Allerdings wird in den Projektdokumenten beständig erwähnt und sogar als „epochemachendes Verdienst" und „hervorstechendste Innovation" von „Schule & Co." eine „Verschränkung von Unterrichtsentwicklung und Schulentwicklungsmanagement" hervorgehoben (Bastian/Rolff 2001: 5; vgl. Höfer 2002: 11). Das bedeutet konkret, dass im Rahmen einer umfassenden Qualifizierungs-

---

35 Denn selbst wenn Organisationen „talk" und „action" entkoppeln (Brunsson 1989), bleibt das Reden über Reformen nicht folgenlos. Neben den Einschränkungen für weitere Kommunikation, die mit der selektiven Verwendung von Semantiken verbunden sind, können auch „Dynamiken symbolischer Organisationspolitik" (Hasse/Japp 1997) dem Reform-Talk Strukturwert verleihen.

offensive zum einen Lehrer durch eine Unternehmensberatung in Methoden des Projekt- und Qualitätsmanagements geschult und für die Arbeit in so genannten „Steuergruppen" vorbereitet wurden.[36] Zum anderen – und durch diese Steuergruppen koordiniert – wurden Lehrerkollegien in Methoden der Unterrichtsentwicklung ‚trainiert'. Diese an einem Konzept von Heinz Klippert orientierten Trainings zielten auf den Erwerb von „Methoden-, Kommunikations- und Teamkompetenzen" und die Realisierung „kooperativer und schüleraktivierender Lernarrangements" (ebd.). An diese Trainings schlossen Unterrichtsvorbereitungen in „Teams" und sodann Umsetzungen von entsprechenden „Trainingsspiralen" im schulischen Unterricht an.

Projektdokumenten zufolge scheinen es gerade die professionellen Absichten der Lehrerkollegien gewesen zu sein, die den organisatorischen Durchgriff auf den professionellen Kern, den Unterricht, ermöglicht haben. Denn während politische Absichten der Reform zunächst lediglich auf „Schulentwicklung" im Sinne der „Umsetzung moderner Führungs- und Organisationsstrukturen" zielten (Lohre 1998: 8), forderten die sich beteiligenden Lehrerkollegien die „Integration" von Schulentwicklung und Unterrichtsentwicklung ein. Vom Projektträger erging die Maßgabe, dass im Rahmen „umfassender Qualifizierung" den „schulischen Akteuren *gleichzeitig* mit den Qualifikationen zur Unterrichtsentwicklung ebenfalls Qualifikationen zur Weiterentwicklung ihrer eigenen Organisation vermittelt werden" (Höfer 2002: 11; Herv. V.T.). Auch von einzelnen Lehrern wird das Ineinandergreifen von Schulentwicklung und Unterrichtsentwicklung wiederholt als vorteilhaft dargestellt und dabei explizit mit dem „erweiterten Lernbegriff" in Verbindung gebracht, der, wie gesehen, pädagogische und organisatorische Gesichtspunkte fusioniert:

> „Die Unternehmensberatung ‚Dyrda und Partner' hat unserer Steuergruppe vermittelt, wie wichtig Teamkompetenz ist. Heinz Klippert hat anderen KollegInnen Teamkompetenz als Titel des ‚Haus des Lernens' vorgestellt und sie von der Erweiterung des Lernbegriffs überzeugt" (Lehrer, zit. nach Körbitz et al. 2002: 84).

Obgleich mit Schulentwicklung, Unterrichtsentwicklung und Unterricht unterschiedliche ‚organisierte Interaktionen' in der Schule bezeichnet sind, die sich zweifellos entlang ihrer Themen und Rollen auch für die Beteiligten unterscheiden, fällt auf, dass die Differenz zwischen diesen schulinternen Interaktionsformen semantisch minimiert wird. Der erweiterte Lernbegriff, der organisatorisches Lernen einschließt, ermöglicht, dass von Steuergruppen (Organisation)

---

36 Aus Platzgründen bleiben hier die „regionalen Steuergruppen" unberücksichtigt.

Schulreform als aktive Deprofessionalisierung? 189

wie von Schülergruppen (Unterricht) gleichermaßen gemeinsames Lernen und eigenverantwortliches Arbeiten in Teams erwartet wird.[37] Dabei erweist sich die Semantik des Teams tatsächlich, wie oben ausgeführt, als Ausdruck der Erwartung kooperativer Zusammenarbeit unter *Organisationsmitgliedern*. Denn nicht nur für die Lehrer in schulischen Steuergruppen, die explizit organisatorische Funktionen übernehmen, sondern auch für die Schüler im Unterricht gilt, dass ihre Rolle durch Sinnbezüge und Erwartungen angereichert wird, wie sie für Leistungsrollen in Organisationen typisch sind: Zum Beispiel orientiert sich die Bildung der Teams, in denen Schüler im Unterricht eigenverantwortlich arbeiten, nicht an Gesichtspunkten spontaner Ordnung und kindlicher Sympathie, sondern Interaktionspartner werden, wie in Organisationen, durch Regeln zugewiesen. Dabei gibt es „Regelbeobachter, Zeitwächter und Gruppenverantwortliche", die in diesen Rollen nicht am fachlichen Geschehen teilnehmen, sondern – vergleichbar einem mittleren Management in Unternehmen – darauf zu achten haben, dass alle mitarbeiten (vgl. Körbitz et al. 2002: 78).[38]

In Beschreibungen, dass die Teams im Unterricht auch als „Expertenrunden" bezeichnet werden, im Verhältnis zu denen der Lehrer lediglich noch die Rolle eines „Chefexperten" einnehme (ebd.), deutet sich zugleich an, dass der Bedeutungsgewinn organisationstypischer Rollenerwartungen mit einem Bedeutungsverlust professionsspezifischer Rollen korreliert. Auch dies hängt direkt mit dem erweiterten Lernbegriff und dem Team-Konzept zusammen, implizieren sie doch, dass die Interaktion von Lehrern mit Lehrern (Steuergruppen, Unterrichtsentwicklung), von Lehrern mit Schülern (Unterricht) sowie auch von Schülern mit Schülern (eigenverantwortliches Arbeiten im Unterricht) einheitlich – als gemeinsames Lernen – gelten. Im Extrem formuliert: „Alle sind Lernende, alle sind Lehrende. Wir verstehen SchülerInnen und LehrerInnen als gemeinsam Lernende" (Schratz/Stein-Löffler 1999: 9). Solche Einheitsformeln sind ein Indiz für Deprofessionalisierung, weil sie die *Rollenasymmetrie* annullieren, die das

---

37 Zwar gehört Gruppenarbeit bekanntlich auch zu den pädagogisch begründbaren Lernarrangements, auffällig ist jedoch, dass die „Teambildung" im Klassenraum ebenso wie die anderen Trainingsbausteine im Rekurs auf den „erweiterten Lernbegriff" (Bildungskommission NRW 1995) eingeführt werden und organisatorisch dadurch begründet sind, dass sie auf die Entlastung des Lehrers zielen. Siehe dazu unten.

38 Solche Aspekte des Organisatorischen machen verständlich, wenn Schüler im Anschluss an Trainings zur „Teambildung im Klassenraum" zu Protokoll geben, das sei „irgendwie wichtig für später" (Schüler, zitiert nach Stork 2002: 88) Oder: „Wenn ich an ein Vorstellungsgespräch für eine Lehrstelle denke, dann weiß ich heute wie ich mich verhalten sollte und was ich besser nicht sagen sollte" (Schülerin, zit. nach Ziegler 2002: 93). Und schließlich, dass man auf „Beschimpfungen" von Mitschülern eher verzichte, „weil ich ja in der nächsten Woche mit demjenigen zusammenarbeiten muss" (Schüler, zit. nach Ziegler 2002: 97).

Professionellen-Klienten-Verhältnis auszeichnet. Generell ist diese Rollenasymmetrie darin begründet, dass auf der einen Seite Klienten solche Personen sind, die auf Deutungsangebote ihrer eigenen Lage angewiesen sind, weil diese in spezifischen Hinsichten für sie undurchschaubar ist. Und im Verhältnis zum Klienten und mit Bezug auf dessen Hilfsbedürftigkeit vermittelt und repräsentiert[39] auf der anderen Seite dann der Professionelle einen spezifischen Wissenskomplex und besonderen Sinnzusammenhang, von dem der Klient dabei „durch eine erhebliche Distanz getrennt" ist (Stichweh 1992: 43). Im Hinblick auf die spezifischen Wissensbezüge und Vermittlungsleistungen der professionellen Falldeutung besagt die Rollenasymmetrie dann auch, dass nicht jeder Arzt, Priester oder Lehrer sein kann – sehr wohl aber jeder Patient, Gläubiger und Schüler.

Diese Tendenz zur Symmetrisierung der Rollen wäre als ein nur symbolisches Manöver des semantischen Abfederns von Asymmetrie im Lehrer-Schüler-Verhältnis unterschätzt.[40] Vielmehr soll der Lehrer zum Schüler werden („Lehrer als Lerner", Höfer 2002: 8), zugleich der Schüler zum Lehrer („eigenverantwortliches Arbeiten", „selbstreguliertes Lernen", Haubrock/Ziegler 2002). Es ist die Erwartung der Selbstorganisation von Lernprozessen in Teams, die der Unterscheidung von Professionellem und Klient auf beiden Seiten die Grundlage entzieht. Zweifellos entfällt damit in der Schule nicht auch der Unterschied zwischen der – auf bezahlter organisatorischer Mitgliedschaft beruhenden – Leistungsrolle des Lehrers und der – auf Schulpflicht oder ‚Bildungsverträgen' beruhenden – organisatorischen Publikumsrolle des Schülers. In Frage steht jedoch, inwieweit die Rollendifferenz Lehrer/Schüler noch erkennbar auf einen erziehungsspezifischen Wissenskomplex bezogen ist, den der Lehrer im Verhältnis zum Schüler repräsentiert und als Professioneller vermittelt und appliziert. Unwahrscheinlich wird dieser Bezug auf einen professionellen Wissenskomplex, wo die Semantik der Lernenden Organisation in die Kommunikation von Professionellen übernommen wird und damit zwangsläufig auch Konfusionen zwischen pädagogisch-professionellen und organisatorisch-manageriellen Wissensbeständen, die dieser Semantik eigen sind, auslöst. Verschwunden ist der professionell vermittelte und vermittelnde Bezug auf erziehungsspezifisches Wissen spätestens dort, wo Lernarrangements im Unterricht im Verweis auf das organi-

---

39 Vgl. Stichweh (1992: 43f.) zur Bedeutung der ‚Repräsentation' einer autonomen Sinnperspektive; dies in Anlehnung an den Begriff der „stellvertretenden Deutung" bei Ulrich Oevermann (1996; vgl. Terhart 1992: 120).
40 Vergleichend interessant ist hier der Hinweis von Stichweh auf den „geselligen Klientelismus" in der Erwachsenenbildung, der persönliche Beziehungen zwischen Kursteilnehmern und Kursleitern an die Stelle der für Professionen typischen Vermittlung des Kontakts zu einer Sachthematik setzt, hinter die Personen dann zurücktreten.

Schulreform als aktive Deprofessionalisierung? 191

satorische Management der Wirtschaft begründet werden.[41] Von einer Resonanzkatastrophe der Lernenden Organisation kann jedenfalls gesprochen werden, wo Lehrer den Unterricht als eine Veranstaltung des organisationalen Lernens auffassen und sich durch entsprechende Managementtools von ihren professionellen Funktionen entlasten.[42] In welchem Ausmaß das heute geschieht, ist allerdings eine empirisch offene Frage.

Der Hinweis, dass die Implementation der Methoden der Schul- und Unterrichtsentwicklung („Methodentraining, Kommunikationstraining, Teamentwicklung und eigenverantwortliches Arbeiten") vor allem auf Entlastungen des Lehrers zielen, ist dem Projekt „Schule & Co." wiederholt zu entnehmen. Wie ein Curriculum sorgt die schulische, klassenübergreifende Implementation des Konzepts für eine Festlegung, *was* im Unterricht welcher Klasse wann zu vermitteln ist (Höfer 2002: 30ff.). Schon damit entlastet die Organisation die Lehrer-Schüler-Interaktion von entsprechenden Kontingenzen.[43] Die „Trainingsspiralen" (die zunächst die Lehrer und dann die Schüler durchlaufen), konditionieren zudem, *wie* im Unterricht kommuniziert und ‚gearbeitet' wird. Dabei wiederholen sich die Methoden und Kommunikationsformen nicht nur im Unterricht des Einzellehrers, sondern die fachübergreifende Einübung soll „Routinisierung durch kontinuierliches Aufgreifen" sicherstellen. Auf diese Weise sollen die Schulungs- und Trainingsbausteine, deren Ergebnis das „eigenverantwortliche Arbeiten" der Schüler ist, eine „deutliche Entlastung im Unterricht" bringen (ebd.: 35).[44]

Dass solche organisatorisch ermöglichten (Selbst-)Entlastungseffekte von professionellen Anforderungen für Lehrer attraktiv sind, ist durchaus wahrscheinlich; und dies nicht nur, weil sie in der Semantik des Lernens statt jener der ‚bürokratischen' Entlastung erscheinen. Immerhin sind Lehrer in der Inter-

---

41 Über ein Schulreformprojekt des „Club of Rome" wurde kürzlich in der Presse berichtet: „Auch das Lernen in der Schule soll sich dem in Unternehmen angleichen: ‚Schüler und Lehrer erarbeiten sich gemeinsam die Themen', so Beyer [Geschäftsführer des CoR-Projekts, V.T.]. Der Lehrer verliert in der Club of Rome-Schule seine dominante Rolle" (WAZ Essen Nr. 35 vom 11.2.05).
42 Dies deutet die Rede vom „classroom as a learning organization" an (Skolnick 2000). Siehe auch Lyons 1995 sowie Rosenzweig/Segovis 1996.
43 Die Methodentrainings sollen idealerweise im Rahmen des Schulprogramms der Einzelschule in einem „verbindlichen Implementationsplan für die einzelnen Jahrgänge" festgelegt werden, „der den [Lehrer-]Teams überschaubare Anforderungen abverlangt und damit sowohl für Klarheit, Kontinuität, aber auch eine gewisse Entlastung sorgt" (ebd.: 32).
44 Von Lehrern wird schließlich noch auf einen dritten Entlastungseffekt hingewiesen, der sich ebenfalls als Effekt des Organisatorischen verstehen lässt. Das Erleben von „Lehrern als Team" stärke deren Position gegenüber Schülern und Eltern (Körbitz et al. 2002: 85). Dieser Effekt beruht darauf, dass Zurechenbarkeiten hinsichtlich Zuständigkeiten und Verantwortlichkeiten von der Person des Lehrers auf die Organisation verschoben werden.

aktionssituation der Schulklasse nicht nur, wie andere Professionelle auch, mit laufenden Unsicherheiten des Erfolgs ihrer professionellen Intervention konfrontiert, sondern sie sind auch in der besonderen Situation, mit einer Vielzahl von Klienten gleichzeitig konfrontiert zu sein, die unter professionellen Gesichtspunkten individueller Berücksichtigung bedürfen.[45] Verschärfend kommt hinzu, dass der Unterricht besondere Eigendynamiken entwickeln kann, soweit er auf Teilnahmepflichten von ‚uneinsichtigen' Klienten beruht und diese in den ‚Großinteraktionen' eines Klassenverbandes zugleich hohen Passivitätszumutungen aussetzt. Unter solchen Bedingungen ist nicht unwahrscheinlich, dass Lehrer Abhilfen in Technologien suchen, die Entlastung versprechen – selbst wenn jede erfolgreiche Lösung des Technologieproblems der Erziehung durch eine Technologie die Profession dispensieren würde.

Die Aussicht der Substitution professioneller Intervention durch Technologie ist jedoch keineswegs als zwingend anzusehen. Berichten aus dem Projekt „Schule & Co." zufolge soll vielmehr gerade die Entlastung des Lehrers dafür sorgen, dass er zeitlich für genuin professionelle Einzelbetreuung im Unterricht freigestellt wird. Diese Freistellung des Lehrers – so sie stattfindet und professionell genutzt wird – könnte sich allerdings aus mehreren organisatorischen Gründen als befristet erweisen. Erstens dürfte das davon abhängen, inwieweit sich Standards professioneller Fall- und Problemdeutung auch in der Ausbildung von Lehrern erhalten, die Konfusionen von erziehungsspezifischem und organisatorischem Wissen sich also nicht bereits hier durchsetzen.[46] Zweitens wird es davon abhängen, in welchem Ausmaß Lehrer in der Schule jenseits des Unterrichts mit organisatorischen Zusatzaufgaben ausgestattet werden. Schließlich aber liegen nicht zuletzt in der zeitlichen Freistellung des Lehrers durch Methoden eigenverantwortlichen Lernens der Schüler im Unterricht erhebliche Potentiale für organisatorische Rationalisierungen. So heißt es bereits auf den ersten Seiten der Präsentation des Projekts „Schule & Co.": „Es steht fest, dass bei der noch temporär ansteigenden Schülerzahl die mittelfristige Sicherung der Unterrichtsversorgung eine schwierige Aufgabe ist. (...) Das Land wird nicht in der Lage sein, entsprechend den steigenden Schülerzahlen neue Lehrerstellen einzurichten" (Lohre 1998: 11f.). Für die Möglichkeit, dass die Entlastungen der Leh-

---

45 So schildert ein Lehrer: „[M]an kann es eigentlich nicht mehr leisten, dann eben den Unterricht so individuell vorzubereiten, dass ich für 30, 35 Schüler im Prinzip dann eben auch noch Förderpläne aufstelle. Und das ist *eine* Klasse, und man hat ja sieben, acht Klassen. Und das geht einfach nicht mehr" (Interview im Rahmen einer studentischen Feldstudie zur „Kundenorientierung", durchgeführt von Ines Kopischke in einer berufsbildenden Schule).

46 Auf Fragen der Reform der Lehrerausbildung (Radtke 2000) – die parallel als Umstellung auf modulare Bachelor- und Masterstudiengänge stattfindet – kann hier nicht eingegangen werden.

rerschaft im Unterricht professionell genutzt werden können, ist – auch damit – keine positive Prognose formuliert.

5. Schluss

Der vorliegende Text hat Bestimmtheiten und Unbestimmtheiten in der Semantik der Lernenden Organisation aufgezeigt und nach Strukturbedingungen und Strukturfolgen ihrer Adaption in der Schule gefragt. Empirische Detailanalysen bleiben notwendig vor allem im Hinblick auf faktische Strukturfolgen, die in ihrer Tragweite auch davon abhängig sind, wie sich die Kommunikation über die Lernende Organisation in Schule, Schulpädagogik und Lehrerprofession fortsetzen wird.

Vor diesem Hintergrund soll hier abschließend nicht unterschlagen werden, dass auf die Lernende Organisation Schule auch innerhalb der Erziehung mit Ablehnungen bzw. Indifferenzen reagiert wird. Ablehnungsmotive verweisen häufig auf die Herkunft der Reformkonzepte aus dem Kontext des wirtschaftlichen Managements. An Kritiken pädagogischer Herkunft (vgl. Fees 2004) kann man dabei eine gewisse Hilflosigkeit im Umgang mit der Lernenden Organisation entdecken, offenbar weil in diesem Kontext lediglich die Herkunft des Konzepts (Wirtschaft), nicht aber dessen Semantik (Lernen) zurückgewiesen werden kann.

Auch von einem Potential der Indifferenz ist auszugehen, das sich dem Vernehmen nach überwiegend unter ‚gestandenen' Lehrern findet. Denn nicht nur verfügen sie über einige Erfahrung im Umgang mit den Unsicherheiten professioneller Arbeit, sondern wissen auch um die „Reform der Reform" (Brunsson/ Olsen 1993) und beweisen damit einen gewissen soziologischen Realismus. Sie haben mehr als eine Schulreform kommen – und wieder gehen sehen.

Soziologisch evident ist in diesem Kontext jedoch auch, dass das Reden über die Welt nicht folgenlos bleibt. Über den Gebrauch semantischer Schemata schränkt die Kommunikation immer auch ein, was im Weiteren gesagt werden kann. Semantiken haben, indem sie das operative Prozessieren von sozialen Systemen mit bestimmten kommunikativen Schemata versorgen, immer auch Strukturwert (Stichweh 2000a). Ihre Bestimmtheiten schränken Horizonte des Möglichen selektiv ein, legen zugleich aber auch Widerspruch nahe. Ihre Unbestimmtheiten halten vieles offen, machen nicht zuletzt damit aber Ablehnung unwahrscheinlich.

Der Rückbezug der Semantik des organisationalen Lernens zum System der Erziehung hat sich in dieser Hinsicht als aufschlussreich erwiesen. Zum einen sind semantische Bestimmtheiten sichtbar geworden. Sie präsentieren sich als nicht-kontingente Prämissen, Kausalitäten und Werte, von denen erwartbar ist, dass sie als Einschränkungen wirksam werden, wo die Semantik des organisationalen Lernens in der Kommunikation verwendet wird. Zum anderen hat sich erwiesen, dass diese Semantik Unbestimmtheiten enthält, die sich überwiegend darauf zurückführen lassen, dass die Idee des Lernens von Organisationen ‚nur' auf einer Analogie beruht. Daraus resultiert, dass strukturell bedeutsame Unterscheidungen, so die Unterscheidung von Erziehung und Organisation und damit auch diejenige von pädagogischer Profession und organisatorischem Management, in der Semantik des organisationalen Lernens verschwimmen. Der Unterschied von Erziehung (professionellem Wissen) und Organisation (manageriellem Wissen) wird in Mehrdeutigkeiten aufgelöst. In diesem Sinne hat der Begriff des „organizational learning" tatsächlich den Charakter eines Oxymorons (Weick/Westley 1996).[47]

Während die Selbstbeschreibung der Erziehung in der Idee der Lernenden Organisation „schöne Verknüpfungsmöglichkeiten mit dem pädagogischen Sektor" sieht (Rahm 2003: 5), hat die soziologische Fremdbeschreibung das Potential für eine gleichsam „katastrophale" Bürokratisierung der Erziehung sichtbar gemacht, die auf Konfusion von erziehungsspezifischem Professionswissen und manageriellem Organisationswissen beruht. Mit dem Attribut des Katastrophalen ist hier nichts objektiv Schreckliches gemeint, sondern im soziologischen Sinne die Auflösung einer gesellschaftlich institutionalisierten Strukturdifferenz, die hinsichtlich Ausmaß und Folgen noch unabsehbar ist.

Literatur

Abrahamson, E. (1991): Managerial Fads and Fashions. The Diffusion and Rejection of Innovations. In: Academy of Management Review 16: 586-612.
Argyris, C./Schön, D.A. (1978): Organizational Learning: A Theory of Action Perspective. Reading, Mass.: Addison-Wesley.
Argyris, C./Schön, D.A. (1996): Organizational Learning II: Theory, Method, and Practice. Reading, Mass.: Addison-Wesley (deutsch 2000: Die lernende Organisation. Grundlagen, Methode, Praxis. Stuttgart: Klett-Cotta).
Bangert, M. (2000): Kirche als lernende Organisation. Bergisch-Gladbach: Thomas-Morus-Akademie Bengsberg.

---

47 Das Konzept organisationalen Lernens wird damit also explizit nicht als ein theoretisches Konzept übernommen, sondern lediglich zum Gegenstand einer wissenssoziologischen Analyse.

Bastian, J./Rolff, H.G. (2001): Vorabevaluation des Projektes „Schule & Co.". Gütersloh: Bertelsmann Stiftung.
Becker, H. (1993 [1954]): Die verwaltete Schule. In: Recht der Jugend und des Bildungswesens 2: 129-147.
Bildungskommission NRW (1995): Zukunft der Bildung – Bildung der Zukunft. Neuwied: Luchterhand.
Borsi, G. (2000): Das Krankenhaus als lernende Organisation. Heidelberg: Asanger.
Brunsson, N. (1989): The Organization of Hypocrisy. Talk, Decisions and Actions in Organizations. Chichester: Wiley.
Brunsson, N./Olsen, J.P. (1993): The Reforming Organization. London: Routledge.
Czarniawska, B./Joerges, B. (1996): „Travel of Ideas". In Czarniawska, B./Sevon, B. (Hg.): Translating Organizational Change. Berlin: de Gruyter, S. 13-48.
Dewe, B. /Ferchhoff, W./Radtke, F.O. (Hg.) (1992): Erziehen als Profession. Zur Logik professionellen Handelns in pädagogischen Feldern. Opladen: Leske + Budrich.
Dierkes, M./Berthoin-Antal, A./Child, J./Nonaka, I. (Hg.) (2001): Handbook of Organizational Learning and Knowledge. Oxford; New York: Oxford University Press.
Etzioni, A. (1969): The Semi-Professions and their Organization. Teachers, Nurses and Social Workers. London: Collier-Macmillan.
Fees, K. (2004). Schule als „Lernende Organisation". Zur Problematik des Theorieimports. In: Die deutsche Schule 96 (1): 10-22.
Fend, H. (1986): Gute Schule – Schlechte Schule. Die einzelne Schule als pädagogische Handlungseinheit. In: Die Deutsche Schule 82 (3): 275-293.
Flügge, C./Maelicke, B./Preusker, H. (2001): Das Gefängnis als lernende Organisation. Baden-Baden: Nomos.
Franke, M. (1999): Hochschule als lernende Organisation. Zweidimensionaler Wandel am Beispiel einer Universität. Hamburg: Korvac.
Fuchs, P. (1992): Die Erreichbarkeit der Gesellschaft. Frankfurt/M.: Suhrkamp.
Geser, H. (2004): Die Schule als Lernende Organisation, Ms. Zürich. In: URL: http://socio.ch/educ/t_hgeser2.pdf [15.12.2004].
Goffman, E. (1994): Die Interaktionsordnung. In: ders.: Interaktion und Geschlecht (hg. u. eingel. von H.A. Knoblauch). Frankfurt/M.; New York: Campus, S. 50-104.
Hasse, R./Japp, K.-P. (1997): Dynamik symbolischer Organisationspolitik. Umwelt- und Selbstanpassung als Folgewirkung ökologischer Leistungserwartungen. In: Birke, M. et al. (Hg.): Handbuch Umweltschutz und Organisation. München: Oldenbourg, S. 134-162.
Haubrock, M./Ziegler, A. (2002): EVA ist das Ziel. Die ‚Schule & Co'-Konzeption der Unterrichtsentwicklung. In: Höfer, C. (Hg.): Unterrichtsentwicklung im Projekt ‚Schule & Co.'. Konzepte und Erfahrungen. Gütersloh: Bertelsmann Stiftung, S. 36-40.
Heider, M. (1998): Schule als lernende Organisation. Aspekte und Anmerkungen zur aktuellen Bildungsreform. In: Schulverwaltung 9: 235-237.
Hiller, P. (2005): Organisationswissen. Eine wissenssoziologische Neubeschreibung der Organisation. Wiesbaden: VS-Verlag
Höfer, C. (Hg.) (2002): Unterrichtsentwicklung im Projekt ‚Schule & Co.'. Konzepte und Erfahrungen. Gütersloh: Bertelsmann Stiftung.

Kade, J. (1997): Vermittelbar/nicht vermittelbar: Vermitteln: Aneignen. Im Prozeß der Systembildung des Pädagogischen. In: Lenzen, D./Luhmann, N. (Hg.): Bildung und Weiterbildung im Erziehungssystem. Frankfurt/M.: Suhrkamp, S. 30-80.

Kieser, A. (1996): Moden und Mythen des Organisierens. In: Die Betriebswirtschaft 56: 21-39.

Kieser, A./Woywode, M. (2001): Evolutionstheoretische Ansätze. In: Kieser, A. (Hg.): Organisationstheorien (4. Aufl.). Stuttgart: Kohlhammer, S. 253-285.

Kieserling, A. (1999): Interaktion in Organisationen. In ders.: Kommunikation unter Anwesenden. Studien über Interaktionssysteme. Frankfurt/M.: Suhrkamp, S. 335-387.

Körbitz, A. et al. (2002): Teamkompetenz – eine Schlüsselkompetenz entdecken. In: Höfer, C. (Hg.): Unterrichtsentwicklung im Projekt ‚Schule & Co.'. Konzepte und Erfahrungen. Gütersloh: Bertelsmann Stiftung, S. 78-85.

Kurtz, T. (2004): Organisation und Profession im Erziehungssystem. In: Böttcher, W./Terhart, E. (Hg.): Organisationstheorie in pädagogischen Feldern. Analyse und Gestaltung. Wiesbaden: VS-Verlag, S. 45-55.

Levitt, B./March, J.G. (1988): Organizational Learning. In: Annual Review of Sociology 14: 319-340.

Lohre, W. (Hg.) (1998): Schule & Co. Projektreport: Das Projekt entsteht. Gütersloh: Bertelsmann Stiftung.

Luhmann, N. (1980): Gesellschaftsstruktur und Semantik, Bd. 1. Frankfurt/M.: Suhrkamp.

Luhmann, N. (2000): Organisation und Entscheidung. Wiesbaden: Westdeutscher Verlag.

Luhmann, N. (2002): Das Erziehungssystem der Gesellschaft. Frankfurt/M.: Suhrkamp.

Luhmann, N./Schorr, K.-E. (Hg.) (1982): Zwischen Technologie und Selbstreferenz. Fragen an die Pädagogik. Frankfurt/M.: Suhrkamp.

Luhmann, N./Schorr, K.-E. (Hg.) (1988): Reflexionsprobleme im Erziehungssystem. Frankfurt/M.: Suhrkamp.

Lyons, P. (1995): Classroom as Learning Organization: Challenging Assumptions and Processes. ERIC Document Reproduction Service No. ED 384/304. In: URL: http://www.edrs.com/default.cfm [15.12.2004].

March, J.G. (1991): Exploration and Exploitation in Organizational Learning. In: Organization Science 2: 71-87.

March, J.G./Olsen, J.P. (1975): The Uncertainty of the Past: Organizational Learning under Ambiguity. In: European Journal of Political Research 3 (2): 147-171.

March, J.G./Olsen, J.P. (1989): Rediscovering Institutions. The Organizational Basis of Politics. New York: Free Press.

Markowitz, J. (1998): Zum Verhältnis von Schulkultur und Unternehmenskultur. In: Keuffer, J. et al. (Hg.), Schulkultur als Gestaltungsaufgabe. Partizipation, Management, Lebensweltgestaltung. Weinheim: Deutscher Studien Verlag, S. 101-117.

Müller, B. (o.J.): Die Kindertagesstätte als lernende Organisation. In: Kindergartenpädagogik. Online-Handbuch (hg. von M.R. Textor). In: URL: http://www.Kindergarten-paedagogik.de/1047.html [15.12.2004].

Niccolini, D./Meznar, M.B. (1995): The Social Construction of Organizational Learning. Conceptual and Practical Issues in the Field. In: Human Relations 48: 727-746.

Oevermann, U. (1996): Theoretische Skizze einer revidierten Theorie professionalisierten Handelns. In: Combe, A./Helsper, W. (Hg.): Pädagogische Professionalität. Untersuchungen zum Typus pädagogischen Handelns. Frankfurt/M.: Suhrkamp, S. 70-182.

Parsons, T./Platt, G.M. (1973): The American University. Cambridge, Mass.: Harvard University Press.

Projektgruppe (2004): Lernende Organisation Kirche. Erkundungen zu Kirchenkreis-Reformen. Leipzig: Evangelische Verlagsanstalt.

Pröhl, M. (1998): Die lernende Organisation. Vertrauensbildung in der Kommunalverwaltung. Internationale Recherchen und Fallbeispiele. Gütersloh: Bertelsmann Stiftung.

Radtke, F.-O. (2000): Professionalisierung der Lehrerbildung durch Autonomisierung, Entstaatlichung, Modularisierung. In: Sowi-onlinejournal, URL: http://www.sowi-onlinejournal.de/lehrerbildung/radtke.htm [15.12.2004].

Rahm, S. (2003): Der lernende Lehrer. Skizze einer Profession aus schulpädagogischer Sicht. Beitrag zur Ringvorlesung ‚Lernen im Lebenslauf. Aufgaben und Leistungen der Erziehungswissenschaft', Ms. Bamberg. In: URL: http://www.uni-bamberg.de/ppp/schulpaedagogik/dokumente/Ringvorlesung_SS_2003.pdf [15.12.2004].

Rahm, Sybille (2004): Am Wandel wachsen. Kompetenzentwicklung in Lernenden Schulen. Ms. Bamberg. In: URL: http://www.uni-bamberg.de/ppp/schulpaedagogik/dokumente/rahm_wandel.pdf [15.12.2004].

Rosenzweig, M./Segovis, J. (1996): Using Content and Process Assessment to Improve Quality in a Mathematics Course. The Classroom as a Learning Organization. In: Assessment Update: Progress, Trends and Practices in Higher Education 8 (3).

Schratz, M./Stein-Löffler, U. (1999): Die Lernende Schule. Weinheim: Beltz.

Senge, P.M. (1990): The Fifth Discipline. The Art & Practice of The Learning Organization. New York: Currency Doubleday (deutsch 1996: Die fünfte Disziplin. Kunst und Praxis der lernenden Organisation. Stuttgart: Klett-Cotta).

Skolnick, D. (2000): More than Meets the Eye. How Relationships Enhance Literacy Learning. Pourthmouth, NH: Heinemann.

Stichweh, R. (1992): Professionalisierung, Ausdifferenzierung von Funktionssystemen, Inklusion. Betrachtungen aus systemtheoretischer Sicht. In: Dewe, B./Ferchhoff, W./Radtke, F.O. (Hg.): Erziehen als Profession. Zur Logik professionellen Handelns in pädagogischen Feldern. Opladen: Leske + Budrich, S. 36-48.

Stichweh, R. (1996): Professionen in einer funktional differenzierten Gesellschaft. In: Combe, A./Helsper, W. (Hg.): Pädagogische Professionalität. Untersuchungen zum Typus pädagogischen Handelns. Frankfurt/M.: Suhrkamp, S. 49-69.

Stichweh, R. (2000a): Semantik und Sozialstruktur: Zur Logik einer systemtheoretischen Unterscheidung. In: Soziale Systeme 6: 237-250.

Stichweh, R. (2000b): Professionen im System der modernen Gesellschaft. In: Merten, R. (Hg.): Systemtheorie sozialer Arbeit. Neue Ansätze und veränderte Perspektiven. Opladen: Leske + Budrich, S. 29-38.

Stichweh, R. (2002): Wissensgesellschaft und Wissenschaftssystem. Ms. Bielefeld. In: URL: http://www.uni-bielefeld.de/soz/iw/papers.htm [15.12.2004].

Stork, A. (2002): Lehrer – Lernen – Unterrichtsentwicklung. In: Höfer, C. (Hg.): Unterrichtsentwicklung im Projekt ‚Schule & Co.'. Konzepte und Erfahrungen. Gütersloh: Bertelsmann Stiftung, S. 86-88.

Tacke, V. (2002): Können Organisationen lernen? Zur Semantik organisationalen Wandels. Unveröff. Habilitationsvortrag, Fakultät für Soziologie, Universität Bielefeld.

Tacke, V. (2004): Organisation im Kontext der Erziehung. Zur soziologischen Zugriffsweise auf Organisationen am Beispiel der Schule als „lernender Organisation". In: Böttcher, W./Terhart, E. (Hg.): Organisationstheorie in pädagogischen Feldern. Analyse und Gestaltung. Wiesbaden: VS-Verlag, S. 19-42.

Tacke, V./Wagner, G. (2005): Die Publikumsrolle des Kunden und die Semantik der Kundenorientierung. Eine differenzierungstheoretische Analyse. In: Jacobsen, H./Voswinkel, S. (Hg.): Der Kunde in der Dienstleistung. Wiesbaden: VS-Verlag, i.E.

Terhart, E. (1986): Organisation und Erziehung. Neue Zugangsweisen zu einem alten Dilemma. In: Zeitschrift für Pädagogik 2: 205-223.

Terhart, E. (1992): Lehrerberuf und Professionalität. In: Dewe, B./Ferchhoff, W./Radtke, F.O. (Hg.): Erziehen als Profession. Zur Logik professionellen Handelns in pädagogischen Feldern. Opladen: Leske + Budrich, S. 103-131.

Thiel, R./Szewczyk, M. (2003): Lernende Organisation Schule. Ein Arbeitsbuch. Rinteln: Merkur.

Thompson, J.D. (1967): Organizations in Action: Social Science Bases of Administrative Theory. New York: McGraw-Hill.

Vanderstraeten, R. (2004): Interaktion und Organisation im Erziehungssystem. In: Böttcher, W./Terhart, E. (Hg.): Organisationstheorie in pädagogischen Feldern. Analyse und Gestaltung. Wiesbaden: VS-Verlag, S. 57-71.

Warnecke, H.-J. (1992): Die Fraktale Fabrik. Berlin: Springer.

Weick, K.E. (1991): The Nontraditional Quality of Organizational Learning. In: Organization Science 1: 116-124.

Weick, K.E./Ashford, S.J. (2001): Learning in Organizations. In: Jablin, F.M./Putnam, L.L. (Hg.): The New Handbook of Organizational Communication. Thousand Oaks, CA: Sage, S. 704-731.

Weick, K.E./Westley, F. (1996): Organizational Learning: Affirming an Oxymoron. In: Clegg, S.R./Hardy, C./Nord, W.R. (Hg.): Handbook of Organization Studies. London: Sage, S. 440-458.

Womack, J.P./Jones, D.T./Roos, D. (1991): Die zweite Revolution in der Automobilindustrie. Frankfurt/M.: Campus.

Ziegler, A. (2002): „Wir dachten, die Ampel zeigt rot". Oder: Auf dem Weg zu einer veränderten Unterrichtskultur. In: Höfer, C. (Hg.): Unterrichtsentwicklung im Projekt ‚Schule & Co.'. Konzepte und Erfahrungen. Gütersloh: Bertelsmann Stiftung, S. 92-97.

Die Institutionalisierung religiöser Kommunikation: Strukturprobleme der kirchlichen Organisation theologischer Professionalität

Volkhard Krech, Peter Höhmann

1. Einleitung

Sind die letzten Fragen und das Seelenheil organisierbar und professionalisierbar? Die Irritation, die sich einstellt, wenn man Pfarrerinnen und Pfarrer sagen hört, dass sie ihre Gemeinde wie eine mittelständische Firma führen und sich als deren Manager sehen, ist – im Vergleich zu anderen gesellschaftlichen Teilbereichen – wahrscheinlich ein Spezifikum des Religionssystems. Wie bereits Thomas O'Dea in den 1960er Jahren herausgestellt hat (O'Dea 1966: 90ff.), gerät Religion bei ihrer Institutionalisierung in eine dilemmatische Situation: Sie verweist auf die jenseitige Welt, auf das ganz Andere, das Unbekannte und muss sich doch in dieser Welt, im Bekannten, einrichten. Religion kann sich phasenweise, aber nicht dauerhaft ins Transzendente verflüchtigen. Andernfalls wäre sie kein sozialer Sachverhalt, und wir wüssten von ihr überhaupt nicht. An vielen Beispielen der Religionsgeschichte kann man mit Max Weber studieren, welche Schwierigkeiten es mit sich bringt, vom persönlichen Charisma eines Offenbarungsträgers auf das Amtscharisma umzustellen. Trotz, oder besser: gerade wegen dieser Institutionalisierungsschwierigkeiten ist Religion ein „evolutionärer Frühstarter". Wie etwa die mesopotamische Hochkultur zeigt, hat Religion sehr früh Expertenrollen ausgebildet, mit denen heiliges Wissen verwaltet wurde. Dieser evolutionäre Vorsprung liegt darin begründet, dass der religiöse Symbolbestand gerade deshalb in besonders starkem Maße kontrolliert werden muss, weil er wegen des Bezugs auf Abwesendes und Unbekanntes eine Tendenz zum „Ausufern" hat. Zugleich aber entzieht sich Religion immer wieder dem Erkannten, Geglaubten und Gewussten. Die Religionsgeschichte lässt sich somit als ein dauerndes Wechselspiel von Prozessen der Institutionalisierung und der Deinstitutionalisierung beschreiben. Die großen Reformatoren – etwa Konfuzius, Buddha, Jesus und Martin Luther – verdeutlichen dies auf exemplarische Weise.

Unter den Bedingungen der modernen, funktional differenzierten Gesellschaft kommt auch Religion, um als ein gesellschaftliches Subsystem bestehen zu können, nicht ohne die Sozialformen der Organisation und der Profession aus. Organisationen und Professionen sind unter anderem für die Leistung eines Funktionssystems, also für die Referenz auf andere gesellschaftliche Teilbereiche, zuständig. Während Organisationen als „Brückenprinzip" zwischen gesellschaftlichen Subsystemen fungieren, bedienen Professionen die Leistungsreferenz bestimmter Funktionssysteme auf personale Problemlagen. Innerhalb der funktional differenzierten Gesellschaftsstruktur muss auch das Religionssystem diesen beiden Referenzarten genügen. Diese Leistungen erbringt die Kirche als eine religiöse Organisation – zum Beispiel in Gestalt diakonischen Handelns als Brückenprinzip zwischen Religion einerseits sowie der Sozialpolitik und dem Gesundheitssystem andererseits[1] – und der Pfarrberuf als eine religiöse Profession. Pastorales Handeln wendet religiöse Kommunikation auf personale Problemlagen in spezifischen biographischen Situationen an.

Doch während etwa Wirtschaft und Politik ohne größere Probleme formale Organisationen und etwa Recht und Medizin Professionen in einem spezifisch modernen Sinne ausgebildet haben, hat religiöse Kommunikation Schwierigkeiten damit, organisations- und professionsförmig zu prozedieren. Dieser Umstand hängt mit besagten Institutionalisierungsproblemen des Religiösen, aber auch mit ambivalenten Anforderungen zusammen, die die moderne Gesellschaft an Religion stellt. Wir lassen hier außer Acht, dass andere Religionen als das Christentum gänzlich ohne eine der Kirche vergleichbare Organisation auskommen; darauf hat bereits Max Weber aufmerksam gemacht, und beispielsweise Ernest Gellner hat diesen Sachverhalt für den Islam expliziert (Gellner 1992). Unsere folgenden Analysen und Überlegungen beschränken sich auf den Bereich christlicher Religion im Kontext einer funktional differenzierten Gesellschaftsstruktur.

Während die angedeuteten Institutionalisierungsprobleme eine Besonderheit des Religionssystems darstellen, teilt der Pfarrberuf mit anderen Handlungsfeldern das Strukturproblem, dass zwischen Organisations- und Professionshandeln divergierende und zum Teil widersprüchliche Anforderungen bestehen. Im Unterschied zum formalisierten Handeln in Organisationen ist das professionelle Handeln gerade dadurch geprägt, die besondere Situation zu berücksichtigen, die aus personalen Problemlagen von einzelnen Menschen resultieren. Diese Strukturprobleme kommen insbesondere dann zum Tragen, wenn Professionen in organisatorische Abläufe eingebettet sind – also etwa im Falle von Medizinern im Krankenhaus, von Lehrern in der Schule oder von Sozialarbeitern als einer

---

1 Zu Strukturproblemen in diesem Bereich vgl. Krech (2000: 91-105).

Semiprofession in Sozialämtern.² Wir behandeln im Folgenden zwar primär die Professionalisierungsfragen des Pfarrberufs. Da die Anforderungen und Strukturprobleme pastoralen Handelns jedoch auf vielfache Weise mit Handlungen der Kirchenorganisation zusammenhängen, vermittelt die eingenommene Perspektive auch Einblicke in Strukturprobleme organisierter Religion in der modernen Gesellschaft.

Unsere folgenden Analysen, die auf verschiedenem empirischen Material beruhen, sind sowohl den internen Strukturproblemen des Pfarrberufs als einer religiösen Profession als auch den externen Schwierigkeiten gewidmet, die aus divergierenden Anforderungen von Kirchenorganisation und pastoralem Handeln resultieren. Zunächst werden wir die Frage behandeln, ob und gegebenenfalls in welchem Ausmaß der Pfarrberuf zu den Professionen im modernen Sinn zu rechnen ist. Sodann gehen wir auf einige Strukturprobleme des Pfarrberufs ein, um in einem weiteren Schritt Divergenzen zwischen Kirchenorganisation und pastoralem Handeln zu thematisieren. Ein Resümee und ein Ausblick schließen diesen Beitrag ab.

2. Der Pfarrberuf als Profession

Als die drei *klassischen professiones* gelten der Mediziner, der Jurist und der Theologe. Doch während der Mediziner und der Jurist häufiger Gegenstand professionssoziologischer Untersuchungen sind, gibt es über den Pfarrer bislang in der Hauptsache berufssoziologische, kaum aber spezifisch professionssoziologische Studien.³ Vor allem stellt sich die Frage, ob der Pfarrberuf den Transformationsprozess von einer klassischen, vormodernen zu einer Profession unter modernen gesellschaftsstrukturellen Bedingungen vollzogen hat oder dazu in der Lage ist. Diese Frage steht im Kontext des generellen Zusammenhangs von Religion und moderner Gesellschaft. Diesem Forschungsdesiderat haben wir im Rahmen verschiedener empirischer Untersuchungen Abhilfe zu leisten versucht.⁴

Um die Frage beantworten zu können, ob der Pfarrberuf zu den Professionen im modernen Sinn zählt, ist zunächst zu klären, was unter einer Profession als einer besonderen Berufsform zu verstehen ist. Von einer Profession bzw. Professionalisierung eines Berufs im modernen Sinne ist dann die Rede, wenn

---

2 Zum letzten Fall vgl. Schütze (1996: 183-275).
3 Vgl. etwa Dahm 1974; Fischer 1977; Busch 1996; als eine Ausnahme vgl. Karle 2001.
4 Krech (1997: 31-69, 209-244). Vgl. auch die Erhebung der Evangelischen Kirche in Hessen und Nassau 2002: Pfarrerausschuss der Evangelischen Kirche in Hessen und Nassau (Hg.) unter Mitwirkung von Peter Höhmann und Dieter Becker 2002.

bestimmte Strukturmerkmale beruflichen Handelns erfüllt werden. Auf eine Minimaldefinition gebracht, die von allen derzeitigen professionssoziologischen Ansätzen geteilt werden dürfte, zählen zu Professionen diejenigen Berufe, die über ein systematisches Wissen verfügen und die Standards der Ausbildung und Berufsausübung selbst kontrollieren. Dieses Wissen beinhaltet mehr oder minder abstrakte Kategorien, die in je unterschiedlichen Situationen konkretisiert werden. Professionen sind dann zuständig, wenn es um ein Problem von *einzelnen Personen* in einem *konkreten Lebenszusammenhang* geht, das ohne spezialisiertes Wissen nicht zu bewältigen ist. Sie setzen kulturelle Traditionen, das heißt Wissens- und Deutungsmuster sowie Problemperspektiven, handlungsförmig und interpretativ für die Bewältigung von individuellen Krisen und die Wiederherstellung oder Erhaltung der physischen, psychischen und sozialen Integrität von Personen ein.

Mit der Ausrichtung professionellen Handelns auf einzelne Personen in konkreten Situationen hängt ein weiteres Strukturmerkmal zusammen, auf das Rudolf Stichweh aufmerksam gemacht hat. Innerhalb der Struktur professionellen Handelns gibt es

> „der Tendenz nach *eine Überkomplexität der Situation im Verhältnis zum verfügbaren Wissen*, eine Relation, die es ausschließt, das Handeln des Professionellen als problemlose Applikation vorhandenen Wissens mit erwartbarem und daher leicht evaluierbarem Ausgang zu verstehen" (Stichweh 1994: 297).

Aufgrund der Asymmetrie von verfügbarem Wissen und spezieller Situation ist der Struktur professionellen Handelns eine Ungewissheit inhärent, und zwar „hinsichtlich der Dynamik der Situation, hinsichtlich der zu wählenden Handlungsstrategie und schließlich dem mutmaßlichen Ausgang" (ebd.). Diese Unsicherheit muss durch persönliche Eigenschaften des professionellen Akteurs kompensiert werden – etwa durch Intuition, Urteilsfähigkeit, Risikofreudigkeit und Verantwortungsübernahme –, und diese Komponenten interagieren mit Vertrauen in die Kompetenz des Professionellen auf der Seite des Klienten als dessen Investition. Die Frage ist allerdings, ob die Unsicherheit im professionellen Handeln mitkommuniziert werden darf. Stichweh hält eine demonstrative Offenlegung der Unsicherheit für ausgeschlossen, weil das Faktum oftmals existentieller Betroffenheit eher dazu zwinge, Ungewissheit zu verdecken und „sie in Formen abzuarbeiten, die das Vertrauen des Klienten nicht erschüttern" (ebd.: 296).

Ulrich Oevermann hat in Anlehnung an Studien zur Medizinerrolle von Talcott Parsons ein Strukturmodell professionellen Handelns entworfen, das den Umgang mit struktureller Ungewissheit anders beschreibt (Oevermann 1996: 70-

182). Das Verhältnis zwischen professionellem Akteur und Klienten ist diesem Modell zufolge von spezifischen Beziehungsanteilen im Sinne einer klar umrissenen Berufsrolle und zugleich von diffusen, d. h. nicht rollenförmigen Beziehungsanteilen bestimmt. Der Klient entwickelt gerade dann und deshalb Vertrauen zum professionellen Akteur, wenn und weil dieser nicht nur rollenförmig agiert, sondern auch mit vergleichsweise diffusem, interaktionsförmigem und *als solchem erkennbaren* Verhalten auf die besondere Situation eingeht. Aufgrund des unbestimmt interaktionsförmigen Anteils im professionellen Handeln fühlt sich der Klient nicht als „Fall von" behandelt. Er sieht sich vielmehr als ganze Person, als prinzipiell autonomes Individuum in einer speziellen Situation wahrgenommen und entwickelt auf diese Weise Vertrauen zum professionellen Akteur. Freilich bewährt sich Professionalität nur dann, wenn der professionelle Akteur mit dieser Unsicherheit auch professionell umzugehen in der Lage ist und sie sukzessive in eine Handlungsstrategie überführt. Dass Unsicherheit in der Kommunikation professionellen Handelns mittransportiert werden muss, wird insbesondere im Fall von somatischer und Psychotherapie deutlich. Gerade weil auch der Klient weiß, dass sein Problem nicht durch bloße Applikation von Wissen gelöst werden kann, honoriert er es als ein Zeichen von Professionalität, wenn sich der professionelle Akteur phasenweise (selbstverständlich nicht dauerhaft) unsicher zeigt und abduktiv vorgeht. Nur so ist es zu verstehen, dass viele Patienten unzufrieden sind, wenn der behandelnde Arzt eine schematische Anamnese und Diagnose anfertigt, um daraus eine zwangsläufig ebenso schematische Therapie abzuleiten. Man fühlt sich und wird eben nicht in seiner individuellen, und das heißt: erst schritt- und tastenderweise zu erschließenden, Krankengeschichte ernst genommen.

Die Frage, wie im Professionshandeln mit Unsicherheit umgegangen wird, betrifft ganz wesentlich die Frage, wie die Unterscheidung von Wissen und Nichtwissen in Handeln umgesetzt wird. Wir möchten die Frage, wie das Komplexitätsgefälle zwischen systematischem Wissen und spezieller Situation und die daraus resultierende konstitutive Unsicherheit und Offenheit im professionellen Handeln in ein Strukturmodell zu bringen ist, nicht in allgemein professionssoziologischer Hinsicht erörtern, sondern sie unserem Thema entsprechend auf die Frage nach der Struktur des pastoralen Handelns beziehen. Dabei greifen wir auf Analyseergebnisse von qualitativen Interviews und Mitschnitten von seelsorgerlichen Gesprächen zurück.[5]

Zunächst und nur ganz kurz zur semantischen Ebene: Im Bereich der religiösen Dogmatik wird die Unsicherheit in der Applikation religiösen Wissens auf

---

5 Die Analyseergebnisse sind ausführlich dokumentiert in Krech (1997: 31-69, 209-244).

eine konkrete Lebenssituation in verschiedener Weise thematisiert; beispielsweise in der Hiobfigur oder in der Doktrin vom *deus absconditus* im Unterschied zum *deus revelatus*. Diese und andere religiöse Deutungsmuster machen sich Pfarrer nicht selten zu Eigen, um vorschnelle Anwendungen dogmatischer Formeln auf die je spezifische Situation eines Klienten zu vermeiden. Auch der religiöse Experte weiß nicht sofort und immer, warum Gott auf diese oder jene Weise gehandelt hat, ist dann und wann selbst sprach- und ratlos. Indem der Pfarrer zu verstehen gibt, dass es für die Beantwortung existentieller Fragen auch und gerade in religiöser Hinsicht keine einfachen Rezepte gibt, trägt er der Betroffenheit des Klienten Rechnung und schafft auf diese Weise Vertrauen.

Des Weiteren lässt sich das von Oevermann im Gefolge von Parsons herausgearbeitete Strukturmerkmal der widersprüchlichen Einheit von zugleich spezifischen und diffusen Beziehungsanteilen auch im Falle des Pfarrberufs identifizieren:

Abbildung 1: Beziehungen zwischen Pfarrer und Gemeindeglied im seelsorgerlichen Handeln

	Pfarrer	**Gemeindeglied**
spezifische Beziehung	Verkündigung	Laie in Glaubensfragen
diffuse Beziehung	Begleitung	(religiöse) Intimität

Auf die Frage, worin der Auftrag des Pfarrers bestehe, führen die Interviewpartner in der Regel an vorderster Stelle den Bereich der Seelsorge an. Seelsorge bestehe einerseits darin, Menschen in verschiedenen Situationen ihres Lebens zu begleiten und Verständnis für ihre Lage aufzubringen. Andererseits müsse Seelsorge jedoch auch mit dem in Verbindung gebracht werden, was als Verkündigungsauftrag bezeichnet wird. In professionssoziologischer Perspektive machen diese beiden Momente der Seelsorge die Einheit von spezifischen und diffusen Anteilen in der Beziehung zwischen dem Pfarrer und seinen Klienten aus.

Während in der seelsorgerlichen Begleitung Verständnis für die Lage des Klienten aufgebracht und auf diese Weise Vertrauen geschaffen wird, manifestiert sich das rollenspezifische Handeln im Verkündigungsauftrag. In den rollenförmigen Anteilen des pastoralen Handelns geht es darum, einen exegetischen, historischen und dogmatischen Wissensbestand auf Fragen der religiösen Deutung einer spezifischen Lebenssituation anzuwenden; zum Beispiel bei Theodizeeproblemen aufgrund einer Leiderfahrung, bei religiös gedeuteten Statuspassagen oder auch ganz allgemein bei dem, was man alltagssprachlich „die Frage nach dem Sinn des Lebens" nennt. Für das Verhalten des Klienten bedeutet dies, sich als religiöser Laie zu verstehen; darin bestehen seine spezifischen Beziehungsanteile. Diffus ist sein Verhalten in dem Maße, in dem er freimütig über seine religiösen Erfahrungen und die damit verbundenen intimen Gefühle Auskunft gibt.

Mit dieser Verhältnisbestimmung ist allerdings eine grundlegende Paradoxie verbunden: Einerseits wird die Autonomie der Lebenspraxis auch in religiöser Hinsicht anerkannt. Die interviewten Pfarrer und Pfarrerinnen wollen nicht missionieren und die Klienten nicht mit Glaubensinhalten indoktrinieren, die der lebensweltlichen Erfahrung ihrer Klienten möglicherweise fremd sind. Zugleich aber müssen die Pfarrer und Pfarrerinnen die Lebenspraxis ihrer Klienten in religiöser Hinsicht als ergänzungsbedürftig wahrnehmen; andernfalls wäre ihre Aufgabe überflüssig. Die Ergänzungsbedürftigkeit der Lebenspraxis ihrer Klienten wird darin gesehen, dass die für notwendig erachtete religiöse Dimension zum Teil nur latent existiere und der Klient nicht oder nur rudimentär dazu in der Lage sei, sie glaubensförmig zu artikulieren und zu explizieren. Entsprechend wird das Angebot des Pfarrers gelegentlich als Hilfe zur „Sprachfähigkeit des Glaubens" bezeichnet. Insofern man davon ausgeht, dass der christliche Glaube als explizite Religion innerhalb einer fest umrissenen Sinnwelt mit religiösen Symbolen eine Hilfe zur Bewältigung von Problemen der Lebenspraxis darstellt – und davon muss der Pfarrer überzeugt sein, sonst wäre sein Angebot verfehlt –, stellt sich die hier beschriebene Paradoxie als „Hilfe zur Selbsthilfe" dar. Die Unterscheidung, mit denen diese Paradoxie aufgelöst oder zumindest handhabbar gemacht wird, lautet „diffuse Religiosiät" versus „expliziter Glaube".

Das Strukturmerkmal der Hilfe zur Selbsthilfe gründet in der Überzeugung, dass der Klient prinzipiell dazu in der Lage ist, sein Leben autonom zu führen. Die Intervention durch professionelles Handeln erfolgt daher freiwillig und ist zeitlich limitiert. Der moderne Gedanke von der Autonomie des Individuums ist nicht zuletzt im Bereich religiöser Kommunikation zu einem prägenden Strukturmoment geworden; mehr noch ist Religion an der Genese dieses modernen Strukturmoments wesentlich beteiligt. Die Privatisierung des Entscheidens über Glaubensangelegenheiten setzt in der Reformation ein und mündet in die Säkularisierung, und die religiöse Autonomie des Individuums (einschließlich religiöser Indifferenz) ist das religiöse Korrelat funktionaler Differenzierung. Menschen, die sich für religiöse Fragen interessieren, sind in der Regel nicht mehr dazu bereit, religiöse Glaubenswahrheiten unhinterfragt zu akzeptieren. Zu diesem Ergebnis kommen auch empirische Studien über Modi der Kirchenmitgliedschaft. „Normative Ansprüche religiöser Organisationen müssen von Individuen immer erst als eigene Verpflichtung und Leistung rekonstruiert werden" (Krüggeler 1993: 123).

Die prinzipielle Anerkennung der Autonomie des Klienten ist kein spezifisches Element des pastoralen Handelns, sondern stellt ein konstitutives Merkmal jeder Profession dar. Auch der Mediziner muss davon ausgehen, dass sein Patient prinzipiell dazu in der Lage ist, mit seiner Gesundheit eigenverantwortlich umzugehen. Er wird ihm raten, Stresssituationen zu meiden und sich gesund zu ernähren; aufzwingen kann er ein solches Verhalten jedoch nicht. Was den Pfarrberuf jedoch von anderen Professionen unterscheidet, ist eine Reihe von Problemen, von denen wir nur die folgenden skizzieren möchten.

3. Strukturprobleme des pastoralen Handelns

3.1 *Die Verlagerung des pastoralen Handelns auf die Seite der diffusen Beziehungsanteile*

Ein Problem besteht darin, dass das pastorale Handeln sich zunehmend *auf die Seite der diffusen Beziehungsanteile* im Verhältnis von Professionellem und Klient verlagert. Die Gründe hierfür sind zahlreich, auf komplexe Weise miteinander verschränkt und können an dieser Stelle nicht vollständig expliziert werden. Einer der Gründe für diese Verlagerung scheint darin zu bestehen, dass die Theologie als Disziplin angesichts ihrer prekären Stellung im Wissenschaftskanon Probleme hat, die Differenzierung von Disziplin und Profession intern zu reproduzieren und beide aufeinander zu beziehen. Sie hat zwar bereits früh begonnen, eine Elite in Form der Professorenschaft gegen die Pfarrer abzugrenzen und die Unterscheidung von Systematischer und Praktischer Theologie eingeführt. Ebenso früh war es aber nicht wenigen Theologieprofessoren ein Greuel, Pfarrer auszubilden.[6] Und heute klagen viele Theologieprofessorinnen und -professoren angesichts des zunehmenden wissenschaftsinternen Legitimationsdrucks erst recht über die Zumutungen, sich mit praktischen Erfordernissen des Pfarrberufs auseinander zu setzen und praxisbezogene Wissensbestände auszuarbeiten.

---

6 Diese Aufgabe stellte zum Beispiel für Julius Wellhausen, einem der Protagonisten bei der Etablierung moderner Bibelphilologie am Ende des 19. Jahrhunderts, ein Problem dar, das ihn dazu bewog, von der theologischen Fakultät zur Orientalistik zu wechseln.

Die zunehmende Beschränkung der Theologie auf ihre disziplinären Anteile hat zur Folge, dass die Pfarrer während ihres Studiums zwar mit profundem und beeindruckendem Wissen ausgestattet werden, das von Sprachkenntnissen des Hebräischen, Altgriechischen und Lateinischen über philologische Methoden, Archäologie und Kirchengeschichte bis zu philosophischer und sozialwissenschaftlicher Bildung reicht; für das pastorale Handeln, das dieses Wissen zur Anwendung bringen soll, sind sie jedoch häufig unzulänglich ausgebildet. Auch der anschließende Besuch des Predigerseminars während des Vikariats leistet diesem Mangel keine Abhilfe, weil in der theologischen Forschung offenbar keine angemessenen Applikationsmethoden entwickelt werden können. Homiletik (Predigtlehre) beschränkt sich nicht selten auf rhetorische Untersuchungen, die Lehre vom Gemeindeaufbau konzentriert sich auf soziologische Überlegungen, und das Fach Seelsorge ist häufig von psychologischen Paradigmen geleitet.[7]

In Kombination mit der Prämisse von der Autonomie des religiösen Individuums führt der Mangel an Applikationsmethoden und -techniken dazu, dass sich das pastorale Handeln von seinen rollenförmigen Anteilen auf die diffusen Anteile verlagert. Der Pfarrer wendet immer weniger religiöses Expertenwissen methodisch und situativ geleitet auf die spezifische Lebenssituation einer Person an, sondern er „begleitet" die Klienten: Er gibt zu verstehen, dass er sie versteht, teilt ihre Aporien und Ratlosigkeit, entwickelt Empathie für etwaige Leidenserfahrungen und dupliziert damit häufig nur die Selbstbeschreibung der Klienten. Bestenfalls leistet das pastorale Handeln das, was lebensweltlich situierte religiöse Kommunikation ebenso gut zu leisten imstande ist.[8]

Die Verlagerung des pastoralen Handelns von den spezifischen auf die Seite der diffusen Beziehungsanteile zeigt sich auch darin, wie Pfarrer und Pfarrerinnen die für ihre Arbeit wichtigsten Kenntnisse und Fähigkeiten bewerten.

---

7 Diese Beobachtungen sind nicht als Kritik an der Theologie gemeint, sondern sind als Ausdruck von Strukturproblemen im Verhältnis von Disziplin und Profession zu verstehen, die auch andere Fächer wie etwa die Pädagogik und die Psychologie teilen.
8 Wir betonen noch einmal, dass es sich bei diesen Verlagerungen nicht um einen Mangel persönlicher Kompetenzen handelt, sondern dass sie Teil der Institutionalisierungsschwierigkeiten und der Probleme der Reproduktion sozialer Strukturen des Religiösen unter modernen Bedingungen sind.

Abbildung 2: Die wichtigsten Kenntnisse und Fähigkeiten
einer Pfarrerin/eines Pfarrers (%)

seelsorgerische Kompetenz	67,3	Parteilichkeit in der Nachfolge	12,6
theologischer Standpunkt	53,8	Überzeugungskraft	12,1
Leitungskompetenz	41,2	Charisma	11,9
pädagogisches Geschick	40,8	theologisch-wissenschaftliches Interesse	9,4
Teamfähigkeit	30,5	Entscheidungskompetenz	9,2
Integrationsfähigkeit	29,4	Know how in der Verwaltung	6,4
Motivationsfähigkeit	26,9	Umgang mit Macht	6,3
Schriftauslegung	25,7	Freude am Diskurs	6,2
Zuverlässigkeit	24,2	Zielgruppenorientierung	5,0
Sensibilität	24,0	Verhandlungsgeschick	2,1
profunde Bibelkenntnisse	13,2		

Die Tatsache, dass die seelsorgerliche Kompetenz am höchsten bewertet wird, spiegelt das Verständnis des Pfarrberufs als einer Tätigkeit, die sich auf einzelne Personen in spezifischen Lebenssituationen richtet. Für das Selbstverständnis des pastoralen Handelns als einer Profession spricht zudem der Sachverhalt, dass die befragten Pfarrer und Pfarrerinnen die Kompetenz in Verwaltungsangelegenheiten, den Umgang mit Macht und Verhandlungsgeschick sehr niedrig bewerten. Gegen die Auffassung des pastoralen Handelns im Sinne der widersprüchlichen Einheit von spezifischen und diffusen Beziehungsanteilen sprechen jedoch die folgenden Befunde: Zum einen werden persönliche Eigenschaften wie Zuverlässigkeit und Sensibilität, die eine wesentliche Bedingung für die Herstellung und Aufrechterhaltung von Vertrauen sind, vergleichsweise niedrig bewertet. Zum anderen kommt dem theologischen Wissen offenbar im Vergleich zu Interaktionskompetenzen eine nachgeordnete Stellung zu. Zwar wird der eigene theologische Standpunkt an zweiter Stelle genannt, fällt jedoch in der Bewertung im Vergleich zur seelsorgerlichen Kompetenz um einige Prozentpunkte ab. Vor allem aber ist signifikant, dass das Interesse an der theologischen Wissenschaft sehr gering ausfällt. Seelsorgerliche Kompetenz wird offenbar primär als Fähigkeit verstanden, Menschen zu begleiten. In professionssoziologischer Perspektive bedeuten diese Präferenzen die Konzentration auf die diffusen Beziehungsanteile im Verhältnis von professionellem Akteur und Klienten, während die Anwendung und vor allem die Reflexion der spezifisch theologischen Deutungsmuster und Problemperspektiven nachrangig bewertet werden.

Wir können an dieser Stelle nicht beurteilen, ob diese Befunde ein Ausdruck der genannten Probleme der akademischen Theologie ist, zwischen Disziplin und Profession zu differenzieren und beide zugleich aufeinander zu beziehen, oder aber ob sie dem „Druck der Lebenswelt", der Privatisierung des Religiösen und den damit zusammenhängenden Verortungsproblemen organisierter Religion unter modernen Bedingungen geschuldet sind. Letzteres gehört jedenfalls ebenso zu den Strukturproblemen des pastoralen Handelns, wie im Folgenden gezeigt wird.

3.2 Die Frage des objektiven Bedarfs pastoralen Handelns und verschiedene Bedarfsdefinitionen

Ein zweites Problem des pastoralen Handelns als einer Profession besteht in dem Sachverhalt, dass der *objektive Bedarf für professionelles Handeln* nicht in gleicher Selbstverständlichkeit gegeben ist, wie es zum Beispiel bei Medizinern, Juristen oder Lehrern der Fall ist. Wenn die Notwendigkeit von Religion nicht auf anthropologischer, sondern nur auf gesellschaftlicher Ebene behauptet werden kann – worauf Niklas Luhmann wiederholt hingewiesen hat –, dann stellt sich ein Bedarf in religiösen Angelegenheiten auf der Ebene von Personen nicht ohne weiteres ein. Jedenfalls können wir uns in religiöser Hinsicht weitaus leichter und ohne spürbare Konsequenzen indifferent verhalten, als das für unsere Gesundheit oder Integrität als Rechtssubjekt gilt. Gibt es unter modernen Bedingungen neben der physischen, psychischen und sozialen auch eine religiöse Integrität einer Person? Worin besteht sie gegebenenfalls, und kann sie optional sein?

Empirische Befunde aus repräsentativen Erhebungen zeigen, dass professionelles Seelsorgehandeln nur noch selten gefragt ist. Auf die Frage, mit wem man sich über religiöse Themen unterhält, antworten die Befragten einer Repräsentativuntersuchung von Kirchenmitgliedern wie folgt:[9]

Abbildung 3: Gespräche über religiöse Themen (%)

nie	31,0	in kirchlichen Gruppen	9,6
mit Familienangehörigen	54,4	mit Arbeitskollegen	6,9
mit Freunden und Bekannten	39,2	mit Menschen aus der Nachbarschaft	13,9
mit Pfarrer/-in oder anderen kirchlich Beschäftigten	15,6	mit anderen	6,9

Von den rund 70 Prozent, die über religiöse Themen sprechen, tun dies zu etwa 55 Prozent mit Familienangehörigen und zu fast 40 Prozent mit Freunden oder im Bekanntenkreis, aber nur zu etwa 16 Prozent mit Pfarrern oder anderen kirchlich Beschäftigten. Dieser Befund lässt sich unter anderem mit den oben skizzierten Problemlagen erklären. Was diese Entwicklung für die Kirchenorganisation und den Pfarrberuf bedeutet, bleibt zu untersuchen. Jedenfalls ist die Kirche wie jede Organisation auf Interaktionserfolg angewiesen. Und den Interaktionsanschluss hat sie bislang wesentlich durch das pastorale Handeln zu gewährleisten versucht.

Erschwerend kommt hinzu, dass, falls überhaupt Bedarf für pastorales Handeln reklamiert wird, die *Möglichkeit unterschiedlicher Bedarfsdefinitionen* besteht. Jedenfalls ist diese Möglichkeit nicht *strukturell* ausgeschlossen. Beispielsweise kann eine Amtshandlung – etwa eine Taufe, eine Trauung oder eine Beerdigung – von Klienten in Anspruch genommen werden, weil sie Konventionen oder Erwartungen des sozialen Umfelds entsprechen, weil die Klienten den gegebenen Anlass in einem feierlichen Rahmen begehen wollen oder das religiöse Bedürfnis haben, Statuspassagen rituell zu begehen. Im Falle dieser Motivlagen ist nur die „Priesterfunktion" des Pfarrers, nur ein rituelles Handeln erwünscht.

Der Pfarrer hingegen will – jedenfalls, wenn er seinen Beruf als eine Profession versteht – seine Aufgabe nicht auf eine „rituelle Dienstleistung" reduziert sehen. Deshalb nimmt er einen Kontakt – etwa in Gesprächen vor und nach sol-

---

9 Es handelt sich um die vierte Kirchenmitgliedschaftsuntersuchung der Evangelischen Kirche in Deutschland. Die Erhebung ist im Winter 2002 durchgeführt worden, und die Befunde werden derzeit ausgewertet.

chen Amtshandlungen – zum Anlass, seinen Verkündigungsauftrag wahrzunehmen. Dies tut er möglicherweise aber, ohne als professioneller Akteur gefragt zu sein. Der Pfarrer sieht sich in den Amtshandlungen mit der Frage konfrontiert, – wir zitieren aus einem Interview – „inwieweit da Botschaft oder Verkündigung überhaupt erwünscht ist". Hierin besteht der entscheidende Unterschied etwa zur Therapie, die nur auf der Grundlage eines „Arbeitsbündnisses" zwischen Therapeut und Klient zustande kommt, worauf Oevermann in Anlehnung an Sigmund Freud hinweist (Oevermann 1996: 70-182). Im Falle der Therapie begibt sich der Klient *freiwillig* in eine von beiden Seiten *gleich definierte* Beziehung. Der Klient weiß, dass er hilfsbedürftig ist, und legt dieses Wissen als Motiv zugrunde, das Arbeitsbündnis zu schließen. Er tut das in der Erwartung, mit der kompetenten Hilfe des Therapeuten sein Problem lösen zu können. Im Verhältnis Pfarrer/Klient macht es dagegen das Strukturmoment möglicher unterschiedlicher Erwartungen schwierig, ein Arbeitsbündnis herzustellen.

3.3 Divergierende Erwartungen an die Kongruenz von Beruf und Lebensführung/privater Sphäre

Ein weiteres Strukturproblem des Pfarrberufs besteht in den ausgeprägten und hohen Erwartungen an die persönliche Lebensführung von Pfarrerinnen und Pfarrern. Das Pfarrhaus steht traditionellerweise besonders im Blickfeld der Gemeindeglieder. Dieser Umstand unterscheidet den Pfarrberuf von anderen Professionen, innerhalb derer Beruf und Privatsphäre auseinander gehalten werden. Selbstverständlich sind, wie oben beschrieben, personale Kompetenzen nötig, um den Interaktionserfordernissen gerecht werden zu können. Diese müssen jedoch nur im professionellen Handeln selbst zum Einsatz kommen. Das jeweilige für eine Profession konstitutive Ethos bezieht sich in der Regel ausschließlich auf das professionelle Handeln und dessen Gemeinwohlorientierung. Ob etwa eine in der Eheberatung tätige Psychologin verheiratet ist oder ob ein Lehrer Kinder hat, ist für die Frage der Qualität des jeweiligen professionellen Handelns unerheblich. Wenn ein Anwalt seine Steuern hinterzieht, mag ihn das moralisch diskreditieren. Deshalb muss er aber noch lange kein schlechter Anwalt sein – nicht zuletzt in Bezug auf das Steuerrecht. Gänzlich anders steht es im Falle des Pfarrberufs. Beispielsweise wird dem römisch-katholischen Priester zuweilen nicht zuletzt deshalb seine seelsorgerliche Kompetenz abgesprochen, weil er ehe- und kinderlos ist. Er könne über die Lebenswirklichkeit von Ehepartnern und Eltern, so die Begründung des Misstrauens, nicht kompetent urteilen, weil es ihm an der nötigen *eigenen* Erfahrung fehle.[10] Solche Integritäts- und Authentizitätszumutungen, wie sie sich in der Erwartung an die Kongruenz von Beruf und persönlicher Lebensführung äußern, resultieren nicht zuletzt aus einem dem Protestantismus erwachsenen Verständnis von Personalität. Der Protestantismus hat in der Rechtfertigungslehre zwar einerseits die religiöse Differenz von Person und Werk akzentuiert. Andererseits trägt er bis heute unter anderem über die Figur der Motivation zu Authentizitäts- und Integritätssuggestionen bei.[11] Die religiöse Herkunft mag ein Grund dafür sein, warum solche Erwartungen gerade an professionelle Akteure im religiösen Feld und nicht oder jedenfalls weniger an jene in anderen Handlungsbereichen gerichtet werden.[12]

Wie die folgenden Befunde zeigen[13], wird die Grenze zwischen Beruf und Privatsphäre zwar von Pfarrerinnen und Pfarrern gezogen, von den ehrenamtlich engagierten Gemeindegliedern jedoch abgelehnt.

---

10 Nur am Rande sei bemerkt, dass dieses Argument zur Konsequenz hat, dass etwa in der Suchtberatung tätige Menschen nur dann kompetent helfen können, wenn sie selbst suchtabhängig sind oder es zumindest einmal waren. Abgesehen von dieser merkwürdigen Integritätszumutung an Pfarrer als professionelle Akteure verkennt diese Haltung, dass es in der Seelsorge nicht um kompetente Familienberatung, sondern um die religiöse Deutung etwaiger Probleme geht.
11 Das im römischen Katholizismus im Zuge moralischer und religiöser Devianz von Priestern entwickelte Amtsverständnis, demzufolge die Handlungen *ex opere operato*, d. h. qua Amtsvollzug, wirken, hat den Erwartungen an personale Integrität frühzeitig Einhalt geboten – und zwar gerade aus der Sorge um die Qualität und Dignität der religiösen Handlungen angesichts der menschlichen Unzulänglichkeiten heraus. Daher mutet das römisch-katholische Amtsverständnis im Vergleich zur protestantischen Auffassung sehr modern an.
12 Dieses Problem besteht nicht nur bei Pfarrern und Pfarrerinnen, sondern auch bei anderen professionellen Akteuren in kirchlichen Handlungsfeldern (wie etwa Sozialarbeitern und Psychologen in kirchlichen Beratungsdiensten) und tendenziell sogar bei sämtlichen in den Kirchen Berufstätigen. Im Übrigen handelt es sich nicht nur um ein allgemeines soziales Erwartungsmuster, sondern hat sich auch im kirchlichen Arbeitsrecht niedergeschlagen.
13 Quelle: Erhebung der Evangelischen Kirche im Rheinland 1998.

Abbildung 4: Berufliche und außerberufliche Anforderungen an Pfarrer/-innen bei befragten Ehrenamtlichen und Pfarrer/-innen (%)

	Pfarrer/-in	Ehrenamtliche
Lebensform soll Auswahlkriterium sein	31	66
Partner/-in muss evangelisch sein	41	64
Partner/-in muss in Gemeinde mitarbeiten	27	61
Kinder müssen Gottesdienst besuchen	18	43
Pfarrer darf seine theologische Position engagiert vertreten	57	29
Soll „moderne" theologische Themen einbringen	90	67
darf politische Einstellung in Verkündigung erkennen lassen	65	26

Die Erwartungen an eine für religiös gehaltene persönliche Lebensführung fallen bei den ehrenamtlich engagierten Gemeindegliedern durchweg höher aus als bei den Pfarrern und Pfarrerinnen selbst. Wo es hingegen um spezifisch professionelle Kompetenzen des Pfarrberufs geht, zeigen die Befunde das genaue Gegenteil. Die Erwartungen in Bezug auf das theologische Engagement sind bei den Pfarrerinnen und Pfarrern durchweg höher als bei den ehrenamtlich Engagierten.

Die Gemeindeglieder erwarten also – und honorieren folglich – weniger die spezifisch professionelle Kompetenz der professionsstrukturellen Verantwortung, theologische Deutungsmuster und Problemperspektiven nach eigenem Ermessen zu applizieren. Stattdessen schreiben sie dem Pfarrer und der Pfarrerin offenbar die Funktion einer vorbildlichen Lebensführung zu; oder genauer: einer Lebensführung, die den Ehrenamtlichen als „genuin christlich" gilt. *De facto* handelt es sich jedoch lediglich um die Reproduktion von bürgerlichen Vorstellungen, die aus dem 19. Jahrhundert stammen.[14] Für die Professionalität des Pfarrberufs im modernen Sinne sind solche Anforderungen jedenfalls im strukturellen Sinne bedeutungslos. Falls diese Erwartungen eine Bedingung für das Vertrauen in die professionellen Akteure sind, von der Pfarrerschaft und ihrem fami-

---

14 Vgl. dazu Greiffenhagen (1984). Es sei hinzugefügt, dass sich die ehrenamtlich engagierten Gemeindeglieder zumeist aus dem Bereich der so genannten Kernmitglieder rekrutieren, die wiederum überwiegend einem wertkonservativen und kleinbürgerlich geprägten sozialmoralischen Milieu angehören.

liären Umfeld aber als Zumutung erfahren werden, sind sie für das professionelle Handeln möglicherweise sogar kontraproduktiv. Übertrüge man dieses Erwartungsmuster etwa auf Mediziner, würde deren Kompetenz und das in sie investierte Vertrauen weniger an ihren diagnostischen und therapeutischen Fähigkeiten als mehr an ihrer bürgerlichen Lebensführung gemessen. Angesichts der Diversifikation der Lebensstile auch in dieser Berufsgruppe hätte diese Haltung äußerst problematische Folgen für das Gesundheitssystem.

Über die Forderung der Kongruenz von Beruf und persönlicher Lebensführung hinaus ist der Pfarrberuf vor die Schwierigkeit gestellt, die Kirchenorganisation und darüber hinaus das Religionssystem überhaupt symbolisch zu repräsentieren. Während im Falle schlechter Erfahrungen mit Medizinern oder Lehrern das konkrete Gesundheits- bzw. Bildungssystem kritisiert werden kann, nicht aber Gesundheit und Bildung überhaupt infrage gestellt sind, ist die Einstellung gegenüber religiösen Fragen oder zumindest gegenüber der Kirchenorganisation nicht selten von persönlichen Erfahrungen abhängig, die man mit dem Pfarrer oder der Pfarrerin gemacht hat.

4. Divergenzen zwischen Kirchenorganisation und pastoralem Handeln

4.1 Das Pfarramt zwischen professionellem Handeln und Management

Ein Problem, auf das man leicht stößt und zu dessen Erkenntnis es keiner intensiven Forschung bedarf, besteht in der tendenziellen Überfrachtung des Pfarramts. Sie hängt zum Teil mit der mangelnden faktischen professionellen Profilierung der spezifischen Aufgabe pastoralen Handelns (als Teil der Funktionsprobleme von Religion in der modernen Gesellschaft überhaupt) zusammen, also mit unklaren Arbeitsstrukturen. Zuweilen wird das Profil pastoralen Handelns in der „Generalistenrolle" bestimmt (vgl. z. B. Karle 2001). Damit droht jedoch das Spezifikum des Pfarrberufs im Unterschied zu anderen Handlungsfeldern verloren zu gehen. Es mag sein, dass dem Hausarzt gerade im Unterschied zu Fachärzten eine wichtige Bedeutung zukommt. Aber immerhin ist es jedenfalls programmatisch unzweifelhaft, dass auch der Hausarzt für die Erhaltung und Wiederherstellung der Gesundheit von Menschen zuständig ist. Dass ein Pfarrer hingegen beispielsweise im Vorstand eines Kindergartens oder Krankenhauses in kirchlicher Trägerschaft ökonomische Entscheidungen trifft, ist zumindest nicht unmittelbar einsichtig. Aber auch interaktionsnahe Arbeitsfelder des Pfarrers, etwa die Jugend- und Altenarbeit, unterscheiden sich nicht immer hinreichend von der Tätigkeit eines Sozialarbeiters. Der Pfarrer einer heutigen Kirchengemeinde hat nicht nur das Wort Gottes zu verkünden und Seelsorge zu betreiben, sondern ist auch Manager eines mittleren Unternehmens. Er hat nicht nur die Funktion, religiöse Deutungsmuster auf personale Problemlagen zu applizieren, sondern trägt auch die Verantwortung für organisatorische Belange der Gemeinde und muss zudem zwischen pastoralen und gemeindlichen Interaktionen einerseits und Handlungen der Kirchenorganisation (auf territorialgemeindlicher, regionaler, landeskirchlicher und nicht zuletzt auch auf dachverbandlicher Ebene) vermitteln. Nicht zufällig wird von der Pfarrerschaft der vergleichsweise hohe administrative Aufwand beklagt, der sie an der Ausübung ihrer eigentlichen Aufgaben – nämlich Seelsorge mit den Bestandteilen Begleitung und Verkündigung zu betreiben – hindere. Strukturell gesehen, resultiert diese Problemlage aus der Handlungslogik konfligierender Anforderungen von Organisations- und Professionshandeln. Die folgenden Befunde zur Auskunft über Arbeitsschwerpunkte verdeutlichen diese Problemlage:

Abbildung 5: Arbeitsschwerpunkte bei Pfarrerinnen und Pfarrern mit Schwerpunkt gemeindlicher bzw. übergemeindlicher Stelle (%)

	I	II		I	II
Gottesdienst	93,7	78,9	Mitarbeitermotivation	30,5	40,2
Seelsorge	73,2	77,7	Altenarbeit	25,7	25,0
Konfirmationsunterricht	67,1	43,3	Erwachsenenarbeit	16,9	34,8
Verwaltung	53,9	46,4	Öffentlichkeitsarbeit	16,8	30,0
Schule	33,5	49,5	Repräsentation	17,5	26,1
Leitung	32,2	42,4	Jugend	14,1	26,1
Kindergarten	37,7	26,3	Teamleitung	9,2	27,1

I – Gemeinde; II – Funktion

Die Auskunft über die Arbeitsschwerpunkte zeigt, dass die spezifisch professionellen Aufgaben Priorität besitzen. An den ersten Stellen liegen Gottesdienst, Seelsorge und Konfirmandenunterricht. An vierter Stelle folgen jedoch bereits Verwaltungsaufgaben. Interessanterweise legen die Inhaber von Funktionsämtern ein größeres Gewicht auf organisatorische Aufgaben; dazu zählen Leitung, Mitarbeitermotivation, Öffentlichkeitsarbeit, Repräsentation und Teamleitung. Die Verteilung der faktischen Arbeitsschwerpunkte steht im Übrigen in Widerspruch zu der Bewertung der für den Pfarrberuf relevanten Kenntnisse und Fähigkeiten. In der Selbsteinschätzung steht die Verwaltungskompetenz an sehr niedriger Stelle, obgleich sie faktisch zu den Arbeitsschwerpunkten zählt.

4.2 Kommunikationsprobleme zwischen kirchlichen Gremien und Pfarrer

Obgleich die Pfarrerinnen und Pfarrer, wie bereits erwähnt, zwischen dem interaktionsförmigen pastoralen und dem organisatorischen Handeln der Kirche zu vermitteln haben, gibt es offenbar große Kommunikationsprobleme zwischen den Pfarrern und kirchlichen Gremien.[15] Dies zeigt der Zufriedenheitsgrad mit dem Pfarrberuf einerseits und der Vertretung von Pfarrerinnen und Pfarrern in kirchlichen Gremien andererseits:[16]

Abbildung 6: Unzufriedenheit mit Vertretung im Berufsalltag durch Kirchenleitung, Leitendes Geistliches Amt und Synode sowie Unzufriedenheit mit dem Pfarrberuf (%)

Kirchenleitung	60,0	Synode	68,0
Leitendes Geistliches Amt	49,3	Pfarrberuf	13,1

Aus den Befunden wird ersichtlich, dass die Unzufriedenheit mit dem Pfarrberuf gering ausgeprägt ist, während mit den kirchlichen Gremien offenbar große Kommunikationsschwierigkeiten (Kirchenleitung, Leitendes Geistliches Amt und Synode) bestehen. Die Differenz deutet auf die strukturellen Divergenzen

---

15 Zu den bürokratischen Problemen als Hemmfaktor der Ausbildung eines spezifischen Profils des Pfarrberufs vgl. Bauer/Rodel 1989.
16 Quelle: Erhebung der Evangelischen Kirche in Hessen und Nassau 2002. Als eine erste Auswertung vgl. Pfarrerausschuss der Evangelischen Kirche in Hessen und Nassau (Hg.) unter Mitwirkung von Peter Höhmann und Dieter Becker 2002.

zwischen organisatorischem und professionellem Handeln und sind als Beleg dafür zu werten, dass die Pfarrerschaft sich als Profession versteht. Am stärksten ausgeprägt ist die Unzufriedenheit mit der Vertretung der Pfarrer in der Synode – dem „Laienparlament" der evangelischen Kirche auf kirchengemeindlicher, landeskirchlicher und dachverbandlicher Ebene. Dieser Sachverhalt weist auf ein weiteres strukturelles Problem hin, dass nämlich zwischen dem Pfarrer und den Gemeindemitgliedern kein eindeutiges Verhältnis im Sinne des professionellen Akteurs und seinen Klienten besteht, wie es in anderen Professionen der Fall ist. Dieses Problem kam bereits bei der Frage nach dem objektiven Bedarf pastoralen Handelns in den Blick. Es verschärft sich durch ein Element innerhalb der kirchlichen *Programmatik* jedenfalls der protestantischen Kirchen, auf das wir im Folgenden zu sprechen kommen.

4.3 Die Gemeindeglieder in der Doppelrolle als Klienten und als Akteure

Ein weiteres Problem auf dem Wege zu einer Professionalisierung des pastoralen Handelns besteht darin, dass die Gemeindeglieder Klienten und zugleich Akteure in kirchlichen Handlungen sind oder jedenfalls sein sollen. Im protestantischen Kirchenverständnis hat dieser Sachverhalt in der Aussage vom „Priesteramt aller Gläubigen" seinen Niederschlag gefunden. In einem theologisch-emphatischen Verständnis von Kirche, das sich aus neutestamentlichen und reformatorischen Einsichten speist, setzt sich kirchliches Handeln aus Aktivitäten aller Kirchenmitglieder zusammen und ist keinesfalls auf berufliches Handeln beschränkt. Wenn sich der Pfarrberuf jedoch als Profession begreifen will, müssen die Kirchenmitglieder komplementär als Klienten verstanden werden, die eine Beratung in Anspruch nehmen, ohne sich selbst als an kirchlichem Handeln Beteiligte zu sehen. Gerade diese eingenommene Rolle steht der Forderung entgegen, „ehrenamtliches" Engagement zu stärken, um die Gemeinde zu vitalisieren. Oder umgekehrt formuliert: Je stärker das so genannte Laienmoment ausgebildet ist und je weniger kirchliches Handeln berufsförmig sein soll, desto geringer sind die Notwendigkeit und Chancen einer Professionalisierung des Pfarrberufs im Sinne der genannten Kriterien.

5. Resümee und Ausblick

Wir haben die Kirchenorganisation eingangs als dasjenige Sozialsystem bestimmt, das für die Leistungsreferenz von Religion zuständig ist. Mit Hilfe des Pfarrberufs versucht sie, religiöse Kommunikation auf Personen in einer je spezifischen Lebenssituation zu beziehen. Je mehr aber der Pfarrberuf adaptive oder gar affirmative Präferenzen für die Lebenswelt von Personen ausbildet, desto weniger kann er sich professionsförmig gestalten und die genuine Funktion religiöser Kommunikation bedienen, nämlich existentielle Kontingenzen durch die Anwendung theologischer Deutungsmuster zu bewältigen. Erschwerend kommt hinzu, dass der Bedarf für professionell ausgerichtet pastorales Handeln nicht zwingend gegeben ist und unterschiedliche Erwartungen bestehen. Ein weiterer Komplex an Strukturproblemen des Pfarrberufs als einer Profession besteht in den Divergenzen zwischen kirchlichem Organisationshandeln und pastoralen Interaktionen. Der Pfarrberuf steckt gleichsam in einer Zwickmühle: Er befindet sich zwischen organisatorischen Anforderungen, die das Religiöse formalisieren, aber auch weit über religiöse Fragen hinausgehen, einerseits und der zunehmenden Diffusität des Religiösen sowie der religiösen Autonomie und der programmatischen und häufig auch reklamierten Kompetenz der Gemeindeglieder andererseits („Priesterschaft aller Gläubigen"). In dieser Zwickmühle droht zunächst das strukturelle Spezifikum professionellen Handelns, nämlich die widersprüchliche Einheit von spezifischen und diffusen Beziehungsanteilen im Verhältnis von professionellem Akteur und Klienten, verloren zu gehen. In der Folge, vielleicht aber auch im Verein mit den strukturellen Problemen, entstehen Schwierigkeiten, den Pfarrberuf inhaltlich zu profilieren und ihn mit spezifisch religiösen und theologisch reflektierten Deutungsmustern und Problemperspektiven zu versorgen. Aus der Zwickmühle droht also eine Spirale im Wechselspiel von strukturellen und inhaltlichen Problemen zu werden.

In Zeiten, in denen mit dem immensen Wissenszuwachs zugleich die kognitive Ungewissheit zunimmt, hat es auch Religion schwer, verbindliche Selbst- und Weltdeutungsmuster anzubieten. Traditionen haben nicht mehr das Gewicht und die Verbindlichkeit, die ihnen ehemals zukamen (oder jedenfalls zugeschrieben wurden), sodass entweder eine religiöse Patchwork-Identität oder aber religiöse Indifferenz entsteht. In der Folge weicht die religiöse Gewissheit der Abwägung von Risiken, und möglicherweise hat in der modernen Gesellschaft, wie

einige behaupten, der Versicherungsvertreter längst die Stelle des Pfarrers eingenommen.[17]
Das Religionssystem und die Theologie als ihre Reflexionsinstanz reagieren auf diese Entwicklung in vierfacher (miteinander kombinierbare) Weise:

- sich selbst von nichtreligiöser Anschlusskommunikation isolierend;
- offensiv in Gestalt neuer Missionsbestrebungen;
- regressiv – etwa in Gestalt eines Fundamentalismus;
- in Form einer Neuorientierung.

Dementsprechend kann sich das pastorale Handeln unterschiedlich ausrichten: Es kann sich entweder auf rituelles, streng formalisiertes Handeln (zum Beispiel in Liturgie und sakramentalem Handeln) zurückziehen und religiöses Wissen auf diese Weise konservieren und vor Ungewissheit abschotten, oder es kann versuchen, seine Funktion als eine moderne Profession neu zu bestimmen. Derzeit sind Versuche zu verzeichnen, das Problem der Applikation religiösen Wissens zu lösen, indem sich der Theologe als Experte für Ambiguität und Unsicherheit profiliert. Religion erscheint dann nicht einfach als eine Instanz zur Bewältigung von Kontingenz, sondern thematisiert sie und geht mit ihr ambivalent um. Und Glaube ist dann weniger die personalisierte Vergewisserung religiösen Wissens, sondern eher die Vermutung, das Vertrauen oder auch die Erfahrung, dass die Welt nicht im Bekannten, im möglichen Wissen und im Verfügbaren aufgeht. Wie aber theologisch reflektierte religiöse Deutungsmuster auf personale Problemlagen und die Lebensführung von Menschen – etwa in Gestalt einer sie begleitenden Frömmigkeit – künftig anzuwenden sind, und ob dabei dem Pfarrberuf als einer modernen Profession eine wichtige Rolle zukommt, lässt sich derzeit noch nicht absehen. In jedem Fall hängt sein weiteres Ergehen maßgeblich mit der Entwicklung des religiösen Feldes insgesamt zusammen.

---

17 Freilich kann diese in Mode gekommene Analogie nicht wirklich ernst gemeint sein, handelt es sich doch beim Versicherungswesen selbstverständlich nicht um ein funktionales Äquivalent von Religion. Wer das behauptet, bleibt den Nachweis schuldig, dass Versicherungspolicen eine religiöse Funktion bedienen; Kontingenzbearbeitung allein ist kein religiöses Reservat und ist es nie gewesen. Allerdings ist es durchaus evident, dass sich die Präferenzen in der „Zukunftsvorsorge" vom himmlischen Seelenheil auf irdische Vorläufigkeiten verlagert haben: „Die Tür zum Paradies bleibt versiegelt. Durch das Wort Risiko" (Luhmann 1991: 26).

Literatur

Bauer, Gerhard/Rodel, Gerhard (1989): Buß-Fertigkeiten. Elemente kriterienbewußter Arbeit im Pfarrberuf oder Wahrnehmung, Kritik und Überwindung der bürokratischen Kirche. Berlin: Alektor-Verlag.

Busch, A.S. Bernd (1996): Zwischen Berufung und Beruf. Ein Beitrag zur Stellung des Pfarrers in unserer Zeit. Leipzig: Evangelische Verlagsanstalt.

Dahm, Karl-Wilhelm (1974): Beruf Pfarrer. Empirische Aspekte zur Funktion von Kirche und Religion in unserer Gesellschaft. 3. Aufl. München: Claudius-Verlag.

Fischer, Wolfram (1977): Pfarrer auf Probe. Identität und Legitimation von Vikaren. Stuttgart: Urban-Taschenbücher.

Gellner, Ernst (1992): Der Islam als Gesellschaftsordnung. München: dtv-Klett-Cotta.

Greiffenhagen, Martin (Hg.) (1984): Das evangelische Pfarrhaus. Eine Kultur- und Sozialgeschichte. Stuttgart: Kreuz-Verlag.

Karle, Isolde (2001): Der Pfarrberuf als Profession (2. Aufl.). Gütersloh: Kaiser-Verlag.

Krech, Volkhard (1997): Soziologische Aspekte. In: Diefenbacher, Hans/Krech, Volkhard/Reuter, Hans-Richard: Reformspielräume in der Kirche. Ortsgemeinde und Regionalstrukturen am Beispiel der Evangelisch-lutherischen Landeskirche in Braunschweig. Heidelberg: Fest-Verlag, S. 31-69, 209-244.

Krech, Volkhard (2000): Religiöse Programmatik und diakonisches Handeln. Erwägungen zur Spezifik kirchlicher Wohlfahrtsverbände. In: Gabriel, Karl (Hg.): Herausforderungen kirchlicher Wohlfahrtsverbände. Berlin: Duncker & Humblot, S. 91-105.

Krüggeler, M. (1993): Inseln der Seligen. Religiöse Orientierungen in der Schweiz. In: Dubach, Alfred/Campiche, Roland J. (Hg.): Jede(r) ein Sonderfall? Religion in der Schweiz. Zürich, Basel: NZN-Buchverlag u. a., S. 93-132.

Luhmann, Niklas (1991): Soziologie des Risikos. Berlin: de Gruyter.

O'Dea, Thomas (1966): The Sociology of Religion. Englewood Cliffs, N.J.: Prentice Hall.

Oevermann, Ulrich (1996): Theoretische Skizze einer revidierten Theorie professionalisierten Handelns. In: Combe, Arno/Helsper, Werner (Hg.): Pädagogische Professionalität. Untersuchungen zum Typus pädagogischen Handelns. Frankfurt/M.: Suhrkamp, S. 70-182.

Pfarrerausschuss der Evangelischen Kirche in Hessen und Nassau (Hg.) unter Mitwirkung von Peter Höhmann und Dieter Becker (2002): Pfarrberuf im Wandel. Frankfurt/M.: Vervielfältigter Forschungsbericht.

Schütze, Fritz (1996): Organisationszwänge und hoheitsstaatliche Rahmenbedingungen im Sozialwesen. Ihre Auswirkungen auf die Paradoxien des professionellen Handelns. In: Combe, Arno/Helsper, Werner (Hg.): Pädagogische Professionalität. Untersuchungen zum Typus pädagogischen Handelns. Frankfurt/M.: Suhrkamp, S. 183-275.

Stichweh, Rudolf (1994): Wissenschaft, Universität, Profession. Soziologische Analysen. Frankfurt/M.: Suhrkamp.

A Theory of Collegiality and its Relevance for Understanding Professions and knowledge-intensive Organizations

*Emmanuel Lazega**

1. Introduction

Complex tasks that cannot be routinized define professional and knowledge intensive work. When such tasks are carried out by collective actors (such as professional committees or workgroups), cooperation and mutual adjustments by these actors are not accounted for by models such as Weberian bureaucracy. Instead of weakening the concept of bureaucracy – as did the sociology of organizations during the past century – I would like to argue that two conflicting trends currently take place in societies where the knowledge economy accounts for an increasing part of production and growth. The first trend is simply the continuation of Weberian rationalization through bureaucratization. The second trend is another kind of rationalization through collegiality and its particularistic social processes. I assume that understanding this second trend provides insights into modern professions since their practice seems to become more collective and organizational – with the further loss of independence. Competition between the two trends characterizes an increasingly large area of production, as it becomes knowledge-intensive.

The purpose of this paper is not to describe the relationship between the two trends.[1] It is to identify the organizational form that helps understanding collective action in situations of high task-related uncertainties that are dealt with by professionals and experts who tend to think of themselves as peers as they come to practice less individually and – increasingly – in teams. In this presentation, I outline a sociological view of collective action among peers by identifying colle-

---

* I would like to thank Professors Thomas Klatetzki and Veronika Tacke for their invitation to the University of Siegen in October 2003 and for their helpful comments on a draft of this presentation. I would also like to thank Richard Scott and Richard Abel who provided stimulating comments.
1 For developments about this issue, see Lazega and Mounier 2002 or Lazega 2004.

giality as an alternative organizational form. This approach creates a theoretical continuum between bureaucracy and collegiality, a continuum on which empirical organizations can be placed. It shifts the focus of research towards those kinds of articulations or „compounds" of bureaucracy and collegiality that are more frequent in knowledge-intensive societies, with all the social problems that become associated with it.

Collegial organization have the reputation of being adhocracies and collectives where the real decision always seems to be taken somewhere else. Neo-Weberian theories (see especially Waters 1989) have proposed a more systematic view and a set of formal characteristics that differentiate collegial organizations from bureaucratic or monocratic ones. Here I argue that these theories are not sufficient by themselves to explain collective action among peers. A combined Neo-Weberian and broadly conceived structural approach is needed, one that looks at the individual, relational and organizational levels at the same time. Such an approach assumes that individuals have a strategic rationality. It looks at members as niche-seeking entrepreneurs selecting exchange partners, carving out a place for themselves in the group and getting involved in various forms of status competition. From this conception of actors, it derives the existence of generic social mechanisms that are needed to sustain this form of collective action, in particular that of generalized exchange, lateral control, and negotiation of precarious values. It is rooted, first, in the analysis of the production process and task-related resource dependencies; and, secondly, in the analysis of derived governance mechanisms. The latter are theoretically derived from the notion of relational investment. Looking at such mechanisms helps understanding how a collegial organization provides structural solutions to problems of collective action among peers: how it cultivates and mitigates status competition; how it maintains performance, quality, and controls; and, finally, how it maintains a form of status differentiation that helps with organizational integration and with the negotiation of precarious professional values or definition of professionalism.[2]

This approach, in my view, is useful to understand professions and knowledge-intensive organizations more generally. Collective action among peers – that is, cooperation among individuals who are, or tend to be, formally equal in power – is an important problem in social and economic life. For example, an increasingly large number of organizations find themselves involved in knowledge-intensive production. This means that they must permanently try to adjust

---

2 See Lazega 2001 for empirical and methodological illustrations in a study of a Northeastern U.S. corporate law firm.

to legal, technological and societal changes, to encourage higher quality, innovation, and participation. These changes and adaptations are often associated with an apparent decline of Taylorian rationalization of work. In this old model, competence, and regulatory and decision-making authority are concentrated at the top; objectivation and routinization of tasks are for the bottom. As a consequence of this decline, organizations involved in knowledge-intensive work try to reduce the number of hierarchical levels in their formal structures. They try to involve many more members and stakeholders in regulatory activity. In turn, organization theorists – after a century of critique of Weberian bureaucracy as a basic principle – focus on such contemporary flattening and decentralizing organizations.

In spite of this attention, collective action among peers remained a puzzle for the social sciences. Contemporary sociology does have a tradition of thought about egalitarian relationships in organizations and society. This tradition debates the possibility of organization without hierarchy. In particular, since Robert Michels' „Political Parties" (1911), many sociologists have pointed to the fact that flat organizations are also highly structured, a theme underlying discussions of the „iron law of oligarchy" (for a review, see Rothschild and Whitt 1986). However, there is little empirically grounded work researching how organizations without permanent bosses and followers, in which all members ultimately have a formally equal say in running operations or exercising control, are able to operate.

2. The example of partnerships as an institutional form

Professional settings have been of particular interest to the study of this form of collective action. These include corporate law firms, engineering and technology firms, architecture firms, advertising agencies, medical wards, consulting firms, investment banks, scientific laboratories, religious congregations, and many other organizations bringing together recognized experts. Professional partnerships are good examples to begin with. True partnerships are special types of collective (or ‚corporate') actors. Historically, they go back to the earliest times. Their distinctive feature is the sharing of profits and losses in a common business undertaking, and they are held to be a complex entity (Rowley and Rowley 1960). From a collective action perspective, a partnership is an institutional form based on a nexus of contracts between members (practitioners and apprentices; partners and associates). As a legal form, it often assumes formal equality among partners, as well as individual and collective liability. In such collegial organizations, pressure towards consensus is strong. They bring together members who voluntarily want to satisfy their common economic, social, and cultural aspirations through an enterprise that is collectively owned and in which power is exercised as democratically as possible. It is thus a type of organization in which economic and social life are intertwined in a particularly visible way.

This contractual and voluntary basis is crystallized in a partnership agreement, a document in which partners put in writing the terms by which they govern their business affairs and organization. It provides rules for the conduct of the firm and guidelines for individual behaviour. It seeks to promote efficiency in many ways, and is therefore a powerful organizational device. These general principles are then more or less applied to specific firm situations. Partnership agreements apply to the various aspects of a firm's life, the prevailing firm philosophy regarding its practice, and how it should be undertaken. In doing so, they represent an attempt to bring an element of predictability to often very uncertain operations and to minimize the room for disputes regarding issues such as the work process, management, compensation decisions, and withdrawal terms (for the case of law partnerships, see Eickemeyer 1988). The agreement accomplishes this by setting ground rules as to each partner's rights and responsibilities in connection with these issues, and for the operation of the firm itself. In many ways, it is fundamental, because such rules and procedures help members constrain each other and reach consensus without resorting to coercion. Usually, the agreement also tries to enhance the image of the partnership as a closed professional community in which all partners have rights to participate, especially when they may not sell or transfer their partnership interest.

Agreements are usually comprehensive and difficult to modify. In traditional law firms, for example, three main issues (and consequently sources of controversy) are of particular interest to members: firm governance, compensation determination, and conflict management, including sanctions against members who do not abide by the rules. First, the agreement usually imposes a regulatory structure in which the partnership, the ‚committee of the whole', is the ultimate authority. It establishes the committees that govern the partnership and a structure to run it on a day-to-day basis, thus delegating limited authority with more or less specificity. The partners establish policy and manage the affairs of the partnership through the partnership meeting. The meeting can, for example, vest an executive committee or a managing partner with the responsibility and authority to oversee the firm's day-to-day operations. Secondly, a compensation committee is usually in charge of establishing a schedule for the distribution of cash and additions or adjustments to individual partners' capital accounts each year. This committee has to adhere to the principles agreed upon in establishing partners' shares. An agreement can provide a formula or any other method by which each partner's compensation is determined, and, in setting out this method, it makes clear what weight the firm places on various factors (for example, seniority and loyalty to the firm, finding new clients, billed hours, apprentice training, and community activities that enhance the firm's prestige). Thirdly, conflict resolution mechanisms, including arbitration and mediation, are defined to handle partners' disputes. Formal procedures are used against members who violate the rules, but often as a last resort, especially since monitoring and sanctioning are undertaken not by external authorities but by the participants themselves. In such a case, infractors are likely to be allocated graduated sanctions (depending on the seriousness and context of the offence) by other members, by officials accountable to these members, or by both. If an individual breaks the rules more systematically, sanctions can escalate until members punish the offender (and sometimes themselves) by breaking previous agreements.

Beyond the embodiment of a firm's approach to governance, compensation, and conflict resolution – which are the thorniest issues in most partnerships – the scope of such agreements is much wider. They also regulate admission to the partnership and attempt to anticipate, and provide for, inevitable events such as partner retirement, disability, withdrawal, and death, as well as issues such as the dissolution of the partnership. Indeed, one of the distinctive features of a partnership is the fact that exit is mutually controlled. Even when resulting from death, the other partners are usually able to control the repayment of capital to a partner's estate or may have treated this as an insurable event. Even a partner who resigns cannot take his capital out precipitately but must reach an accommodation with the others. Production and collective action among partners are thus formally structured. In theory, firm's members know about such arrangements and order their professional lives accordingly. If the constraint of rules disappears, so does the collective interest and the capacity to work together productively. This legal contract is a set of constraints to which partners voluntarily subscribe. The rules formulated to produce quality work and to monitor this production are jointly defined.

However, in reality formal partnership agreements are limited: they cannot structure collective action on their own. They cannot function without the commitment of the members of the firm. Commitment to this contract requires more than a purely utilitarian, short-sighted and individualistic explanation. In effect, collective action rests upon the existence of a collective interest, which includes an individual interest in collective action. In itself, this collective interest is not sufficient to create collective action; it needs to be defended by members who are willing to enforce these rules in concrete situations. Sociological theory has traditionally argued that, in order to make contracts meaningful and enforceable, members have to use constraints by managing their interdependencies and internalize informal social norms. As Durkheim once pointed out, economic contracts are fragile and always destabilized by competition (see also Blau 1964; Macaulay 1963). One indication is that such organizations often seem to resist strong pressures towards incorporation brought about by market pressures and liability issues. Thus, we are entitled to assume that partnerships are characterized by economic but also social features – summarized here by the notion of *social discipline* (Lazega 2003) – ensuring the maintenance and development of collective action.

The type of collective action specific to partnerships helps members work together and stick to their commitments. Economic cooperation and returns, while serving individual interest, are not entirely motivated by it. Social processes of exchange, recognition, control, and socialization are also involved. Thus, a collective interest exists that is supported by a collegial discipline constructed by these members. As stressed by Reynaud (1989), economic calculation, which is the basis of commitment, incorporates a ‚project', a reflection that motivates members, or at least a large majority, to cooperate, even if they have to reduce their benefits or anticipate an uncertain future gain. Malcolm Waters' approach to collegial organizations takes up such a view; it is a renewed synthetic contribution – in the tradition of Weber and Parsons – to the description of collective action among peers.

3. The collegial form of organization and its social discipline

In order to understand cooperation among peers as an issue of interest to organizations in general, saying that activities are governed by objectives and results – no longer by Taylorian standard procedures and pyramids – is not enough. A first step consists in defining the characteristics of an ideal-typical collegial organization, as distinguished from bureaucracy. A second, theory-guided step consists in identifying and analyzing generic social processes that characterize this organizational form and help it govern itself.

The first step, at the intersection of the sociological literature on organizations and on the professions, is represented by Neo-Weberian theories of the general principle of ‚collegiality'. Waters' papers (1989, 1993) on the collegial or ‚polycratic' model, for example, offer a fresh look at this old issue. He proposes a set of formal characteristics differentiating ‚collegial' or ‚polycratic' organizations from bureaucratic or monocratic ones. He defines collegial organizations as „those in which there is dominant orientation to a consensus achieved between the members of a body of experts who are theoretically equals in their levels of expertise but who are specialized by area of expertise" (1989: 956). The main organizational characteristics implied by this statement of the principle of collegiality are theoretical knowledge, professional career, formal egalitarianism, formal autonomy, scrutiny of product, collective decision making through committee systems.

Although very helpful, Waters' synthesis remains very formal. It is not sufficient by itself to explain collective action among peers, because it is based almost exclusively on the idea of voluntary contracts, formal structure, and formal consensus. This approach is limited because there are many tensions in the collegium, and there are obvious conflicts between the individual and the collective interest, for which it does not account. What is missing in this approach is a deeper understanding of the social discipline and social processes that help collegial organizations solve typical problems of collective action and cooperation. In my view, a combined Neo-Weberian and structural approach is needed for that purpose. This view assumes a conception of actors' rationality that takes into account their contextualization of their own behaviour: their calculations, but also their politicization of their behaviour, exchanges and controls through the use of identifications, status, and norms. This approach provides a deeper view of how such collegial organizations operate, a more realistic picture of the „collegial phenomenon" (Lazega 2001) – an expression echoing Michel Crozier's „Bureaucratic phenomenon" (1963). It often questions pervasive discourse on idealized collegiality among peers. As in model approaches such as Crozier's or Peter Blau's (1964), our approach to this phenomenon is based primarily on understanding power in such collective actors. Power is defined as the ability of individuals or groups in the organization to impose their will on others as a result of resource dependencies. In the case of collective action among peers, however, such dependencies are often less permanent and more complex than in bureaucracies. Power is shared, then aggregated upwards to be exercised simultaneously by several positions in a ‚polycratic' system. There are also norms concerning this exercise, especially for legitimization of inequality and justification of acceptance of inequality.

The term structural, as it is used here, refers to regularities observed in multiple and informal relationships between members – for example, strongly personalized co-workers' ties, or advice ties, or even friendship ties. Such ties provide access to key production-related resources such as co-workers' goodwill or advice, or to resources that are not directly connected with the production process, such as friendship. In an organization, stable and durable relationships represent multilateral resource interdependencies. They aggregate and combine into an informal pattern of ties that is called „structure" because it captures many kinds of opportunities and constraints for members in their attempts to manage such resources. It is important to note that, in the Weberian tradition, these social and informal relationships have long been considered by the bureaucratic model as particularistic obstacles to efficient collective action (Perrow 1986). In the collegial model, however, some of these durable relationships become the basis of a social discipline that helps members cooperate and exchange, monitor, pressure, and sanction each other, and negotiate precarious values. Without such an approach of resource interdependencies and social relationships, it is difficult to understand generic social mechanisms (Hedström and Swedberg 1998; Stinchcombe 1991) that characterize any form of collective action, particularly among rival partners (Bourricaud 1961). The specific mechanisms that help flat or collegial organizations operate are not necessarily comparable to those of more bureaucratic and pyramidal organizations, because they are based on the specificity of resource interdependencies that characterize complex relationships between formally equal partners. Sketching this system for collegial organizations (or for collegial pockets in bureaucratic organizations), therefore, requires specific methods that are able to look into complex resource interdependencies.

This theory of durable cooperation among autonomous professionals thus relies on broadly conceived structural, rational choice and institutional approaches that are combined. To combine these approaches, individuals in organizations must first be seen as interdependent members who need to get access to production-related resources (Blau 1964). Focusing on the social discipline of such settings presupposes a conception of rationality that places a strategic capacity to contextualize and politicize behaviour and exchanges at the heart of individual action. This strategic capacity is most visible in actors' investments in relationships[3] that help actors maintain or attempt to modify an opportunity structure. Contextualization, politicization and investments in relationships help actors manage their interdependencies, for example through the selection of

---

[3] A concept borrowed from Coleman 1990, but used here in a different way.

exchange partners and the maintenance of ties with them. Social ties, in that perspective, are firstly conduits for resources, and secondly commitments.

A broadly conceived structural theory can thus make behavioural assumptions about members of collegial organizations and their strategies to get access to production-related resources. Actors' politicized view of action (Crozier and Friedberg 1977) includes calculations, but also, in my view, symbolic activity such as selection of, or investments in, relationships guided by appropriateness judgements (based on recognition of identities in the selection of partners) and value judgements (negotiation of precarious values and norms) that allow individuals to handle their exchanges and controls in ways that seem advantageous to them and to their own collective. Commitments presuppose appropriateness judgements[4] that help actors evaluate their behaviour and contextualize or politicize it with the prospect of improving opportunity structure.

In this theory, *niche seeking* and *status competition* are components of actors' strategic rationality. Both represent a specific form of durability in cooperation among strategic and interdependent entrepreneurs who politicize their behaviour by using boundary management to seek relatively closed contexts in which they can find and exchange these resources at a low cost. Once in such contexts, they seek various forms of concentration of these resources so as to be in a position to define the terms of their exchanges. A multilevel dimension is built into this theory based on the notions of niche (in a system of niches) and multidimensional status. Their importance comes from the fact that they are both structurally combined and assumed to be indispensable for individual peers' commitment to a partnership agreement. Together they are basic components of both members' strategic rationality and of a series of generic mechanisms[5] that characterize the social discipline driving collegial organizations. In the following sections I propose a definition of these notions and processes.

4. Collegial organizations as systems of bounded solidarity

Empirical evidence for the existence of social niches confirms the realism of such behavioural assumptions. But niche seeking is also conceived here as a component of a generic social mechanism that produces partial suspension of

---

4 This approach relies on a symbolic interactionist theory of appropriateness judgements (Lazega 1992).
5 Such social mechanisms come close to „transformational" mechanisms as defined by Hedström and Swedberg (1998) except that they presuppose a different conception of the relationships between micro, meso and macro levels of social reality.

purely calculating behaviour – that is, bounded solidarity. A test for this efficiency of niches is the detection of the presence of such a solidarity among niche members – for example, through direct reciprocity and generalized exchange. Generalized exchange involves indirect reciprocity – which, in network-analytical terms, can be identified through cycles of transfers of resources between at least three actors. Such cycles indicate the existence of this form of social discipline between niche members, which lowers the cost of access to resources and fosters the development of a „rudimentary group structure" (Blau 1964). Members accept the need to cooperate with others without expecting immediate and direct reciprocity; they count on the fact that eventually it will come back to them indirectly. This establishes a minimal form of task-related solidarity that can be expected by a structural theory of collegial organizations.

However, bounded solidarity among interdependent entrepreneurs is fragile by definition, particularly because its positive effects must be protected from the negative effects of status competition. A structural approach, unlike that of Waters, can expect the organization's exchange system to provide this protection of bounded solidarity. To understand this positive effect of a generic social mechanism, it is useful to focus on the fact that collegial organizations are also deliberative bodies in their production processes. As already mentioned, they can be broken down into small, flexible, multifunctional, and sometimes multidisciplinary work groups that react to complex non-standardized problems to produce quality knowledge-intensive service. This has been documented, for example, in investment banks and corporate law firms (Eccles and Crane 1988; Nelson 1988). In these flexible and multifunctional partner-associate task forces that process complex problems submitted by clients, work is very intense, and interdependence among the members is strong as long as the case is not closed. Then the task force is dissolved, and the members form different task forces with other colleagues to work on other cases. Partners have to divide the work among the members of their task force and lead this work group to the client's satisfaction. Activity is thus conducted in temporary work groups in which colleagues can – and often are expected to – share knowledge. In effect, partner-associate task forces constitute the core of temporary task forces that operate through brainstorming and „status auctions" (Sutton and Hargadon 1996). Professional status competition is thus clearly encouraged among members, across rank differences (practitioner-apprentice, partner-associate), and within ranks.

4.1 Cultivating and mitigating status competition among peers

To account for the protection or reinforcement of bounded solidarity, it is useful to look at multiplexity in this exchange system. Since niches are multifunctional, a broadly conceived structural approach can expect multiplexity of ties in the exchange system to help prevent a breakdown of bounded solidarity when status competition gets out of hand. Multiplexity allows for a form of mitigation of status competition among colleagues, thus solving a ‚too-many-chefs' problem. The organization can be seen as a ‚locally multiplex' or niche-level exchange system – that is, a pattern of ties among members that helps them exchange various resources directly and indirectly, and that allows circulation of production-related resources while mitigating status competition. A case study providing a method to understand multiplex exchange systems as simply as possible is provided in Lazega and Pattison (1999). This case study illustrates this process by reducing it to the ideal-typical interplay of three types of resources that members tend to find in their niche. The first type of resource is commitment to work, or goodwill related to cooperation. The second type of resource is advice (a vital resource in knowledge-intensive organizations). The third type of resource is ‚friendship', or role distance, a form of out-of-office socialization and personal support not related to the tasks themselves.

Based on this approach to the functioning of work groups in collegial organizations, the role of interdependence of relationships in the mitigation of status competition can be precisely identified. The logic of the blending of relationships in a multiplex exchange system can be illustrated by an ideal-typical process. When deliberating about a case, practitioners and apprentices temporarily play a collegial and egalitarian game in which all arguments have equal weight. Brainstorming based on ‚status auctions' puts participants under strong pressure to reach a consensus on a solution to the problem at hand. It is considered useful for finding creative solutions to complex professional problems, but it also creates difficulties that are specific to collegial organizations. In effect, at some point, there is a need for someone, usually the partner in charge, to step in and stop the deliberation. Practitioners' status – based on greater experience, greater skill and judgement, higher seniority, or responsibility to the client – becomes a basis to justify stopping the exchanges of ideas, and making a decision about how the case will be handled and efforts allocated.

Knowledge-intensive work is thus inextricably mixed with status ‚games'. Such status games are easily accepted as long as the group succeeds in finding a consensus on collectively designed solutions. However, stopping the deliberation without consensus, as is also often the case, is tricky. Members may withdraw and not be willing to participate fully again. The form of task-related commitment and solidarity established above may quickly disappear. Professional status competition can be stimulating, but it can also lead to destructive gridlock. Status conflicts (dissenting partners puffing themselves up) can in turn have negative effects on learning and the circulation of knowledge and experience. Of course, there are moral exhortations to create consensus or defer to the partner in charge, but these can remain artificial and rhetorical. Competition can easily get in the way of cooperation, and professionals know that they can lose control of this process. Status competition is thus a double-edged sword. It is encouraged, but it needs to be contained. Understanding this process of mitigation is made possible by highlighting a specific form of multiplexity among peers – that is, the structural relationship between choices of three important sources of resources in a collegial organization. Two steps characterize (analytically speaking) the mitigation process. A first step suggests members who work together turning for advice to someone usually within their niche. Configurations in which a co-worker tie and an advice tie appear together (a compound that can be coined ‚Blau ties') should be frequent: such configurations represent status competition and the first step of its mitigation by seeking advice from higher status partners. The system of interdependence of ties confirms the existence of a first step in the dynamics of mitigation of status competition.

A second step consists in ensuring that the status competition is not simply transferred higher up, thus creating a domino effect if members of the task force turn to several third parties for advice. The solution is either to bring in only one adviser or to turn to advisers who are themselves strongly connected and able to reach consensus or defer to each other more easily than the brainstorming work group itself. Configurations in which an advice tie and a friendship tie appear together should also be frequent: they represent the use of friendship ties to prevent status competition from continuing among advisers. Note that, in this ideal-typical process, work and friendship ties are not combined directly. A specific kind of multiplexity should thus help partners control status competition by facilitating the combined circulation of blended resources. Just as power is depersonalized and then repersonalized in collegial organizations (Bourricaud 1961), local exchanges of resources in task forces play a role in mitigating status competition because they are personalized in a very selective way.

Empirical analyses looking at how relationships are blended and resources bartered in this case study confirm the existence of this ideal-typical process of protection of bounded solidarity from the potentially negative effects of status competition. This is done by stressing the positive effect of specific multiplex exchanges (an analysis of the interlocking of the three production-related relationships) for solving the ‚too-many-chefs' problem arising especially from brainstorming. This shows the value of looking at any collegial organization as a multiplex exchange system among interdependent members. Resources transferred and/or exchanged concern the production activity, both directly and indirectly although what brings the members together goes beyond just functional interdependence (Lindenberg 1997).

This multiplex exchange system also fuels social processes useful to economic performance and quality control in collegial organizations. After they make possible a form of solidarity for individualistic entrepreneurs, social niches are useful to the organization by constraining members into increased performance and contribution; they also allow knowledge sharing and thus unobtrusive quality improvements that are often difficult to track in knowledge-intensive work. In many ways, such a system provides structural solutions to structural problems.

4.2 Relational constraint and economic performance

Indeed, collegial organizations also rely on niches to pressure members into being productive. A multilevel and multiplex exchange system, inside and outside niches, should be important to various forms of performance. In effect, depending on rules for pooling and distributing resources, it is usually in partners' collective economic interest to produce as much as possible (thus pursuing their individual self-interest indirectly), but it can also be in their individual interest to let others do the work. For quasi-tenured partners, for example, there are often enormous incentives for freeriding. Getting associates to work well is also a problem: although they may be well paid, there is little chance for them to become partners. If partners can free-ride and associates threaten the quality of work, members' commitment to their labour contract (the partnership agreement for partners and the employment contract for associates) is difficult to sustain on a purely economic and legalistic basis. Because, as Durkheim (1893) pointed out, a contract is always incomplete, members need the expectation that it will be fulfilled and a ‚project' to sustain these expectations (Reynaud 1989). In other words, the contract must be combined with social ties, such as strong collaboration, advice, and friendship, both at the dyadic level and at the structural level. To show that, in such a situation, an exchange system has an effect on his or her commitment, each member's combination of ties (with all the other members) and position in the firm's relational structure must be examined and related to his or her economic performance.

Niche-level relational pressure is one process by which this opportunistic behaviour is also mitigated. In effect, as already seen, niches provide members with work-related resources, a sense of identity and their long-term interest, but there is also an element of self-entrapment in them. This brings us back to the classical idea that organizational efficiency depends on the quality and configuration of interpersonal relationships between members (see e.g. Lewin 1952). It is not only that people who have more relationships are more assimilated into the organization that makes them perform more on an economic basis. It is also that the structure of these relationships constrains them to do so. At the work-group level, pressure corresponds to high density and cohesion in strong work relationships. As already seen, the generalized exchange system supports cohesive work ties and maintains a specific form of solidarity. Such a system also constrains some of its members – those with specific relational patterns and work-group membership – into reaching higher economic performance (Lazega 1999). Analytically, this is measured using Burt's (1992) constraint scores which are particularly sensitive to the fact that peers do not discipline each other equally strong.

4.3 Status and quality control in knowledge-intensive organizations

Through status competition and its mitigation, the multiplex exchange system fulfils an additional function in collegial organizations – that of quality control. In such organizations, problems to be solved are often too complex for one person, and decisions to be made too uncertain (Waters 1989). Usually, complexity has its source in the necessity of a division of work (Durkheim 1893). But collegial organizations have added problems of complexity to solve in order to satisfy their clients. What is highly interesting in these organizations is the institutional production of certainty and simplicity. This is why these organizations are particularly common in professional work, where the core task of the worker is to achieve this certainty in a practical way (Dingwall 1976; Dingwall and Fenn 1987). There are many reasons – in any knowledge-intensive organization handling complex and non-routine problems, relying on innovation, and operating in a competitive environment – to try to enhance the quality of work. Knowledge-based services are evaluated by their level of quality, which is also difficult to measure. Thus, maintaining such a level is a problem for such firms. There is something about certainty-work that makes it difficult to pin down into an organization, although it may depend upon organizational resources for its accomplishment. Formal ex-post methods, such as official peer-review committees, are considered costly, difficult to implement, often inefficient, and too strongly politicized. A structural approach argues that the firm relies on its exchange system to provide an informal, structural, and preventive solution to this problem of quality control.

Collegial organizations count on a more proactive form of quality control – for example, the fact that its members seek each other's second opinions and share their experiences before they make decisions or send opinions out to clients. In the status competition process, members observe and evaluate (mostly informally) each other's production: they praise big successes, and indirectly sanction (that is, criticize and gossip about) blunders and mistakes (Bosk 1979). When they seek third parties for advice during the mitigation process, they do so first within their own niche. Thus, collegial organizations also rely on social niches to facilitate quality control when formal peer-review systems fail to produce results. Knowledge construction depends on these social relationships. Reasoning exclusively in terms of human capital, as economists and management theories have done for a long time, presupposes that, once in business, members freely share their knowledge and experience with one another. Rather, a structural theory views quality control as depending on status auctions and competition. It is in members' collective economic interest to share information and experience as much as possible, but it is also in their individual interest – given the status competition process – to do so while increasing their individual credit as much as possible by stressing the value of their own knowledge and experience. Therefore, the niche is certainly where status competition and knowledge management happen at the same time. But members also compete by expanding out of the local task force and niche boundaries to reach and use sources of advice with firm-wide status. This leads to the hypothesis of a very centralized and hierarchical pattern in advice networks, in which a few members of collegial organizations are the key to quality control because they accumulate and distribute knowledge and experience in the firm.

These members are sought out for advice by their peers regardless of niche boundaries because they have professional status. The issue here is not so much who knows what, but who has the authority to know, and how is this authority negotiated, constructed, and maintained. In effect, advisers often do not have more technical information to solve a problem; they are rather in a position to take responsibility for decisions regarding quality. Attention to one aspect of a case rather than to another may be the object of a debate. Authority to know helps members impose a certain focus of attention during and after a deliberation. In the selection of relevant and appropriate information, actors need the authority to make an issue salient: peers with status can impose that. Knowledge cannot be shared without authority arguments allowing selected members to assert their authority to know.

Since members tend to work together in temporary task forces nested in more stable niches, it is likely that they will find advisers with this authority to know within this niche. But it is also likely that they will find them outside the niche, thus using resources provided by the firm as a whole (firm-wide status of specific partners) to manage local problems raised by the work process. It allows such members to impose their standards and criteria of quality and to perform much of the firm's proactive quality control. Indeed, one of the informal rules related to the circulation of advice within collegial organizations is the seniority rule: one does not seek advice from people ‚below'. This concentration of the authority to know may be paradoxical in an organization where members are jealous of their formal professional discretion and individual authority to know. But this social process of capitalization and sharing of knowledge only works because it is informal.[6]

5. Collegial organizations as lateral control regimes

One of the central problems of collegial organizations is dealing with behaviour perceived to be opportunistic. The issue of conformity is of particular importance in formally egalitarian bodies in which free-rider problems quickly arise. As mentioned in the Introduction, direct command or the use of administrative hierarchy are not considered appropriate means for exercising control, because professionals have many ways of neutralizing formal authority (Freidson 1975, 1986; Gouldner 1954). Therefore, a second-order free-rider problem arises as well – the problem of who will bear the costs of monitoring and enforcement among the formally equal members (Cartwright 1965; Hechter 1984; Heckathorn 1989, 1990; Kandel and Lazear 1992; Oliver 1980; Yamagishi 1986). Collegial organizations, even when they do not shy away from monitoring collective economic efficiency, need ways of controlling and pressuring members or task

---

[6] For more about this issue and about other problems such as balancing the powers of partners with different kinds of status in collegial organizations, see Lazega 2000b.

forces other than hierarchy. Unable to pull rank on peers, members of collegial organizations need decentralized controls. How do such controls operate and deal with the costs of control?

Here the existence of multiplex and personalized ties in social niches, as well as status competition, are again essential to providing an answer.[7] The way in which a formally egalitarian organization gains „quasi-voluntary compliance" (Levi 1988) with its rules and agreements must be explained by looking at how costly graduated and unobtrusive ways (through which such pressures are exercised) are considered to be. Enforcement through negative sanctions can be costly for the sanctioner, particularly when control is mobilized for the protection of the common good in a formally egalitarian body. Attempting to put pressure on other members on behalf of the firm can be costly in relational terms: infractors may accumulate resentment, partners may blame the sanctioner – especially if he or she has personal ties to the deviant party – for failing to achieve results. Thus, it becomes an issue how the organization keeps costs of enforcement low? As noted by Bourricaud (1961: 385), Reynaud (1989) and Ostrom (1990), sanctions are usually not automatic. They are not independent of the person who applies them, of the person to whom they are applied, and of the characteristics and relationships of both. Any process of early monitoring and sanctioning must therefore help select sanctioners and build access to infractors. Elsewhere (Lazega 2000a; Lazega and Krackhardt 2000) I have argued that informal processes contribute to maintaining low costs, in particular the politicized use of social resources or relationships between members, as well as a specific form of status called ‚protector of the common good'. Practitioners are reluctant to systematically invest their own personal ties for the protection of the common good when the target is not part of their own social niche and relational capital. They also do not have enough such personal ties to cover the entire partnership. They are thus forced to make choices outside their niche and personal network – hence pressure is exercised on some members to become such protectors.

In effect, a structural approach asserts that, the more I need to control others whose job is important to me so that I can do my own job, and the more impor-

---

[7] Theories of collective action have already shown that conformity of members to the rules governing the management of common resources requires social control and informal conflict resolution mechanisms (Black 1984; Coleman 1990; Ellickson 1991; Fortado 1994; Hechter 1984, 1987; Heckathorn 1990; Lazega 2000a; Lindenberg 1993; Morrill 1995; Ostrom 1990; Reynaud 1989; Taylor 1987; Wittek 1999). Compliance to the rules is contingent on the compliance by others, and therefore members spend time and energy monitoring each other. Infractors are likely to be allocated graduated sanctions by other members, by officials accountable to these members, or by both. Such sanctions range from economic losses to social marginalization, then finally to expulsion.

tant the relationships with these others are, the more likely it is that I will have an informal and personalized way of monitoring and sanctioning them that signals that I am interested in these relationships. As part of what Freidson calls „the rule of the collegium", members tend to avoid open face-to-face conflicts, as well as direct and coercive exercises of power. Therefore, graduated sanctions start with convergent expressions of normative expectations, unobtrusive and unsolicited advice and the spread of gossip. In Freidson's and Buford's words (1963), colleagues informally ‚talk to' infractors in order to curb behaviour perceived to be unprofessional or opportunistic. In effect, social ties provide access to infractors and focus their attention, because they represent the existence of underlying resource dependencies. In Mintzberg's words (1979), there is „mutual adjustment" among peers working in „adhocracies". Others refer to this process as gaining „quasi-voluntary compliance" (Levi 1988), or as achieving autonomous regulation (Reynaud 1989), concertive control (Barker 1993), or compliant control (Heckathorn 1990). Colleagues show infractors that lack of conformity has been detected, must be discussed, and may involve external social costs, such as marginalization or stopping exchanges at various levels. Because interdependent partners need social resources to perform effectively, they are also more exposed to pressure from partners who control these resources. These processes do not necessarily guarantee by themselves that peers will be able to maintain an enduring institution, but a structural theory asserts that any complex system of rules needs them to survive over time. Little is known about the selection of early sanctioners and monitors among peers. Applying rules among them is never unambiguous because monitors, infractors, and sanctioners are all formally equals. Many views of influence assume that it is based on solidary relations, such as friendship (Breiger 1990; Granovetter 1985). It can be argued that such relations provide channels through which disputes can be mediated before they escalate (Lazega and Vari 1992; Morrill 1995). There is a relationship between cost of control and choices of suitable sanctioners in the collegial organization. This selection and underlying expectations are influenced by factors such as formal dimensions of structure, and by relative status of the protagonists of the control drama (interdependence and control over resources). It is driven by the convergence of colleagues' expectations, which together exercise a constraint on levers of social control to intervene.

Collegial organizations are thus characterized by lateral control regimes. I use the word regime to stress that selection of sanctioners (and the whole social mechanism) is politicized in a normative way. The type of relational influence examined here among peers is based on two dimensions of collective action: on the one hand, common interests and resource dependencies; on the other hand, normative prescriptions regarding, for example, avoidance of conflict escalation. In a collegial context, important sanctioners should also be less controversial than others: they should be able to speak on behalf of the firm without raising controversies, and without triggering additional conflicts, or being suspected of representing specific coalitions, or individually benefiting from exercising pressure. Influence stems from members' utilitarian logic – from their considerations of potential losses in social resources or costs incurred when exercising (or being subject to) early monitoring and sanctioning – but also from an informal consensus that emerges from a trained capacity of all partners to choose lateral sanctioners. Members do use their relationships, or ‚spend' their own relational capital for the purpose of enforcing collective decisions. However, they use it to protect their own relational capital. In order to make lateral control function beyond their social niche, they also build up collective and convergent expectations that designate, for the same purpose, a limited number of members with a protector-of-the-common-good status to enforce their previous agreements. Such a social construction of the status of protectors is inseparable from normative considerations.

In sum, when the total cost of control can constitute a severe constraint on any group's ability to attain solidarity and reproduce itself, knowledge of this lateral control regime helps to understand how members keep monitoring costs low, and therefore keep themselves motivated to carry on monitoring each other. The structural approach contributes to a theory of collective action among peers, particularly by identifying a pattern that is both structural and normative in peers' mutual monitoring of conformity to a set of their own rules.

6. Collegial organizations and the regulatory process

As emphasized above, solidarity and compliance require social norms. This points to the third generic mechanism for which a broadly conceived structural perspective needs to account: the redefinition of the rules of the game by the members. In addition to building niches as appropriate contexts for part of their exchanges, members compete for status and the power to define the terms of these exchanges. It is therefore useful to emphasize the interpenetration of the interactional and cultural realms, of interdependencies and values, and to contend that contracts and resource dependencies are not sufficient by themselves to maintain cohesion and solidarity in a social group. Members need to commit themselves to priorities in a system of norms and values that contribute to make these contracts meaningful and enforceable. This is particularly the case in organizations where members have regulatory interests and rights, and are confronted with issues that require principled and long-term choices between policy options.

More specifically, this relationship between interdependencies and values can be approached by questions such as how the resource dependencies among members of an organization – as an indication of power relationships among them – eventually affect the capacity of their social group to change its own rules, including important rules such as that related to the distribution of resources among themselves. The Parsonian approach (Parsons 1951) to culture is useful here to look at some aspects of the interplay between structure and norms, if only at the regulatory stage of this interplay. In effect, rules are expressed in policy options and they also represent underlying values. They can thus be considered to be cultural characteristics of the organization. This is consistent with traditional sociological thinking: a system of interpersonal relations and exchanges driving a system of production, on the one hand, which is inseparable from a system of norms, values, or symbols, on the other hand. Through the latter, individuals orient themselves reciprocally in a stable and consistent frame of anticipation (Bourricaud 1961: 77). Members try to promote their own personal interests in their exchanges. But they have to do this by defending values that help them redefine the terms of these exchanges. In turn, however, this assertion and defence of values is itself a structurally constrained process that maintains a form of regulatory stability in the organization. Consequently, it often favours the status quo.

Building on Weber's and on Merton's work (1957), Selznick (1957) combines structure and norms by using the notion of precarious values. As mentioned in the introduction, a precarious value is one that is essential to the viability of the collectivity but in which most members may have no direct stake. It is always in danger of losing its flag carriers and representatives – that is, active support from organized interest groups and elites (at the societal level) that helps preserve it as a candidate for top priority on the list of all competing values. Values are preserved, within organizations, by subunits entrusted with that preservation. Client satisfaction, internal coordination, innovation and quality of professional knowledge, societal needs, and employee interests would not be defended if not represented by powerful subunits or members for which the values in question are paramount (Simpson 1971).

Like any organization, collegial ones have many goals, and hence a chronic lack of normative integration. Members of an organization, especially a collegial one, do not have rigid overarching „common values" (Crozier and Friedberg 1977). Normative integration, sociologists have argued repeatedly, is achieved by an ongoing debate over rules, norms, and values fuelled by incompatibility between different interests and different forms of status (Kellerhals et al. 1988). As shown by many authors (Dingwall 1999; Freidson 1999; Hughes 1958), professional rules and values, in addition to the law, are the key to the structuring of collective action among professional colleagues. Actors, if they want to win, sometimes have to redefine their priorities in terms of values (Friedberg 1993). For example, partners feel free to develop and change their own conception of professionalism. They calculate their interests, but they also ‚negotiate' their values (Kuty 1998). They fuel debates concerning professionalism, especially when members with superior economic power (for example, controlling access to large and lucrative clients) try to impose their own hierarchy of values, their own rules of the game, and their own terms for multiplex exchanges. For example, in decisions of recruitment through cooptation, peers often reach a conflict between loyalty (typically clientelistic criterion) and excellence (ideally bureaucratic and professional criterion).

In particular, a debate about norms is restarted when policies have to be adjusted. Managerial, professional, and entrepreneurial ideologies can conflict in the definition of organizational policies. The ‚regulatory' debate among members focuses on the rules that they define for their collective action, the „rules of the game" (Reynaud 1989). Negotiating precarious values is the ultimate way for members to politicize their exchanges and indirectly seek favourable terms for them. The context of this debate, the conditions under which it is pre-structured, is a basic micro-political issue that raises the question of participation in change.

This points to a process of upstream pre-structuring of the negotiation of precarious values that is central to collective action among peers. In collegial organizations, a variety of subunits and constituencies try to exercise power and defend precarious values through conflicts with other subunits that support other values. Members with status who interpret the partnership agreement and ‚read' its underlying norms belong to such subgroups representing a precarious value. Their status is a temporary claim to interpret or redefine a norm in an attempt to convince oneself and others to comply ‚voluntarily' to the current rules of the game. They influence policy making and debates about professional behaviour more than other members. For example, administrators – or minders – can step in to arbitrate when conflicts threaten to get out of hand. But their hierarchical status can be challenged, especially on behalf of various conceptions of professionalism.

Note that, up to now, characteristics of the collegial organization were derived from the work process itself. It could be argued that the process of task-related mitigation of status competition works also for reaching regulatory decisions – that is, choices concerned with organizational policy making. But regulatory decisions formally involve all peers, and therefore it is important here to come back to the more commonly accepted context of government by committee (Baylis 1989; Waters 1989; Wheare 1955) in order to look at the main mechanism used by collegial organizations to manage potential tensions between different values and norms underlying policy options. Contrary to Waters' assessment, however, there are several essential features of debates on professionalism that differ from simple orientation to the best specialized knowledge. In particular, no member can have the last word, once and for all, in such formal discussions. Moreover, a single member can dramatize lack of consensus on various issues and prevent consensus building. A modus vivendi is, therefore, usually established among peers. In formal committees and deliberations, such as partnership meetings, debates would be endless if not structured by a mechanism that selects members who will carry more weight than others in regulatory work. A structural approach helps in understanding, in part, this modus vivendi and its construction. The latter is in fact an oligarchic process even in a one-person-one-vote organization (Dahl 1985). In effect, peers' participation in the regulatory debate is informally restricted. I have argued elsewhere (2001) that only multi-status members with locally inconsistent forms of status (i.e. „multi-status oligarchs") are in a position to help their peers in reaching a temporary form of consensus about priorities in such values.

The relationships between interests, values, and policies are not direct and straightforward. A social mechanism characterizing the regulatory deliberation among peers introduces complex status games that weigh on policy decisions. As a social mechanism, this form of regulatory deliberation invoking precarious values has a structural basis. It is particularly important in an organization with many goals and not much normative integration. In spite of strong pressure towards consensus in many types of collegial organizations, this political process maintains an underlying turbulence of critical debates. Recall that such debates are important to prevent standardization and bureaucratization of any firm.

A broadly conceived structural approach provides a theory of collective action among peers. This theory takes into account three generic social mechanisms that help to solve the most important problems facing collegial organizations. It uses behavioural assumptions about members' strategic rationality (their niche seeking and their involvement in competition for status) as driving forces for exchanges, controls, and regulation. These mechanisms have a strong informal dimension but nevertheless contribute to the governance of the organization. They provide structural solutions to problems familiar to interdependent entrepreneurs, such as how to cultivate and mitigate status competition; how to maintain performance, quality, and controls; and finally how to maintain organizational integration and help with the negotiation of precarious professional values. In sum, this theory explains the ways in which legally constraining economic contracts and informal social mechanisms are combined to sustain cooperation among collaborating professionals who are often also rival partners.[8]

7. Holding one's own in the company of peers

This approach shows that the collegial form raises social problems that challenge both the sociology of organizations and the sociology of the professions. A theory of collegiality is intellectually useful because it provides a theory of collective action that is truly disentangled from the Weberian bureaucratic model. However, many social problems that are not dealt with in current sociology of organizations and the professions become accessible in this approach.

This form of organization offers its members many ways to carve a place for themselves in the group. They compete for a great variety of forms of status, which is socially integrative – as long as they are focused on work. However, in spite of what more idealistic approaches to cooperation would assert (Desroche 1976; Meister 1972), it is at the same time a socially very constraining environment (Barker 1993). The social discipline and forms of collective responsibility underlying collective action among peers are important components of knowledge-intensive work and of flat organizations. But they are also very demanding. Particularistic ties matter for governance of organizations in a systematic way when a balance between niche seeking and status competition is maintained so as to help generic social mechanisms. Such a balance is difficult to achieve. Knowledge-intensive collective actors are not suited to a more kind and gentle coordination. They are generally organizations in which rival partners or interdependent entrepreneurs need to become even more strategic (in areas of their lives

---

[8] The collegial form and its characteristic social mechanisms remain ideal-typical. For a discussion of the scope of the collegial form and the variables suggesting paths for generalization of its social discipline to knowledge intensive firms, see Lazega 2001.

that were left outside the standard work relationships in more typical bureaucracies), and then find niches where strategic and opportunistic behaviour can be suspended.

The issues of multidimensionality of status and status competition, in particular, change the relationship between the individual and the group in collegial settings, when compared to more monocratic and bureaucratic ones. Status is not only based on seniority and money; it has a particularly strong dimension of prestige, of symbolic recognition of a member's contribution, and of ongoing critical judgements about members' quality. To define their place in the group, members need to invest in a form of status, cultivate status competition and learn how to mitigate it, and defend a conception of ‚professionalism'. Whether or not they try to become a primus inter pares in some way (economic, managerial, professional), they always need to get involved in the complex task-oriented exchange system of the firm. This is a much more stressful form of organizational assimilation than in many bureaucratic organizations, one that requires adjustments to highly complex and personalized mechanisms for solidarity and control.

Partnerships or their functional equivalent bring together partners with great incentives to run their business well and invest in the group. It is less easy for such members to stay away from the risks of participation. Withdrawal from the group is less likely than in bureaucratic organizations, even if collegial and participationist utopias have their limits. The existence of social niches means that one must learn to personalize (embed) and depersonalize (disembed) work relationships and business transactions. This may amount to increased exploitation, as in the case of associates, if they can be dropped before reaping the return on such – often ambiguous and demanding – relational investments. It becomes increasingly difficult to externalize social costs in such organizations. Often, there are not many persons outside the organization (such as family or friends) ready to incur such costs when they reach a certain level. More research is thus needed on how actors can hold their own in such a context of intense personalization and depersonalization of work relationships for exchange, control, and regulation.

A broadly conceived structural approach assumes – as seen above – that members have to become political players in order to hold their own and defend their interests in such collegial organizations. Since professional practitioners in knowledge-intensive organizations are often formally equal, they have to allow each other to speak on behalf of the collective and recognize each others regulatory interests. This implies that informal authority of members with status is based not only on control of all sorts of resources (important clients, workforce, day-to-day operations, technical competence, experience), but also on their capacity to manipulate relationships to create consensus concerning their firm-specific strategic culture. By this I mean a political know-how allowing them to be players in a power game de-emphasizing unilateral impositions of strength and encouraging learning and mutual prescription in negotiations. This requires a capacity to share with others a certain code of collegial relations and an ideology of collegiality (Frischkopf 1973) – that is, a certain conception of professionalism. For example, an adversarial and pushy professional culture, on the one hand, and a personalized and unobtrusive lateral control, on the other hand, are not always easy to combine for partners in a corporate law firm. This also requires rhetorical manipulation of an ideology of collegiality in debates about professionalism, especially when members with market power try to pressure others for consensus around their own conception of professionalism.

Forwarding one's own interests while at the same time contributing to the protection of common resources, and to the maintenance of long-term institutional arrangements, is a difficult task. Seen from the outside of collegial organizations, strategies for handling potentially negative effects of status competition – such as preventing task forces from being too stable, relying on mitigating friendship ties, plotting peer-driven ‚police' intervention on behalf of collective interests – may seem unrealistic or paradoxical. Seem from within, they must be learned and shrewdly used. Similarly, understanding interdependencies is the key to establishing a partial order at the structural level through manipulations of relationships and subsequent social mechanisms. For example, niche members' ‚bounded solidarity' picks up their structural equivalence and makes it indispensable for firm-level solidarity. Although niche-building/seeking members are entitled to participate in regulatory activity, to speak up in partnership meetings, and to claim their share of status, they also have to subscribe to priorities among many common goals, learn how to exchange in highly multiplex and personalized situations, and do all this in ways considered acceptable and legitimate by their peers. In other words, cooperating peers have to be willing and able to play politics – the complexity of which is only sketched in this paper.

In sum, a combined Neo-Weberian and structural approach clearly raises and disentangles key questions with regard to collective action among peers in professional and knowledge-intensive organizations characterizing modern societies. But one of the main questions raised by this approach is that of the willingness of individuals to invest so much in their professional lives. This points to the problem of a new relationship to work in a knowledge-intensive, organizational society characterized by ‚flexible' labour markets and multilateral relationships between all sorts of ‚stakeholders'. I argue that failure to take into account the social mechanisms that help rival peers design structural solutions to problems of collective action would mean failure of economic sociology to understand how an increasing number of individuals defend their interests in this organizational society.[9]

8. Conclusion

Where work cannot be routinized, Taylorism is inappropriate. The shift from goods to services, the spread and penetration of mass culture, and the endless potential for technological innovation all suggest that production will increasingly be characterized by complexity and variability. From the consumer's perspective, as well, the market cannot guarantee quality because of profound informational asymmetries with producers and the consumer's difficulty (indeed, virtual impossibility) of evaluating the service before it is consumed. Hence the persistence – despite decades of debunking – of what Elliot Freidson (2001) calls „Professionalism: The Third Logic". Much of the interest in professionalism has centred around how to fulfil its promises to consumers. Other leading scholars in the sociology of the professions, such as Abel (2003), think that professionalism's promises are largely fraudulent efforts to deny consumers the benefits of market competition without delivering compensating guarantees of quality and integrity.

Here I tried to provide a different approach to the problem by focusing on producers and the problems of collective action among peers. These include: getting, organizing, and doing work; maintaining quality; distributing income; preserving unity; reproducing workers; controlling deviance; and balancing continuity with change. One can address these questions by studying the internal dy-

---

9 The issue of polycracy and collegiality has serious regulatory implications too, which should also be of closer interest to the sociology of the professions and economic sociology. In other words, the social discipline and mechanisms at work here raise questions about the capacity of professions to respect their ethical commitments and to regulate themselves – most notably in the business world, the recent Enron case being emblematic of this point. Collegial self-governance and collective responsibility often conflict with professional rules of ethics on behalf of the profession's economic privileges. Ethical commitments are a key area on which a broadly conceived structural approach to collegial organizations, particularly professional service firms, can shed some light. For a specific treatment of this topic based on the management of conflicts of interests in corporate law firms (collegial organizations that are unable, like many others, to make unfriendly decisions, especially on a weekly basis) see for example Lazega 1994.

namics of professional firms. This helps in identifying conflicting trends of rationalization through bureaucracy and through collegiality. Competition between the two trends characterizes an increasingly large area of production, as it becomes knowledge-intensive.

In spite of the difficulties raised by durable cooperation among rival peers, knowledge of mechanisms fleshing out rationalization through collegiality can help members of collegial settings, whether recognized professionals or not. Many social mechanisms are not beyond the control of interdependent entrepreneurs involved in unstandardized decision-making or production. This knowledge can help manage and lower the costs of many dimensions of workplace democracy that they can achieve. Societies whose economy is increasingly based on sophisticated knowledge will increasingly depend on such organizations for competitive advantage. There should also be much to learn from extending this broadly conceived structural approach to any formally democratic system, action, and regulatory change. In my view, this kind of knowledge would generally contribute to more democracy and accountability in the organizational society.

Bibliography

Abel, Richard (2003): English Lawyers between Market and State: The Politics of Professionalism. Oxford: Oxford University Press.
Barker, James (1993): Tightening the Iron Cage: Concertive Control in Self-Managing Teams. In: Administrative Science Quarterly 38: 408-37.
Baylis, Thomas A. (1989): Governing by Committee: Collegial Leadership in Advanced Societies. Albany, NY: SUNY Press.
Black, Donald (1984): Social Control as a Dependent Variable. In: Black, Donald (ed.): Toward a General Theory of Social Control. New York: Academic Press, pp. 1-36.
Blau, Peter M. (1964): Exchange and Power in Social Life. New York: John Wiley.
Bosk, Charles (1979): Forgive and Remember. Chicago: University of Chicago Press.
Bourricaud, François (1961): Esquisse d'une théorie de l'autorité. Paris: Plon.
Breiger, Ronald L. (1990): Social Control and Social Networks. A Model from Georg Simmel. In: Calhoun, Craig/Meyer, Marshall W./Scott, W Richard (eds.): Structures of Power and Constraint: Papers in Honour of Peter M. Blau. Cambridge: Cambridge University Press, pp. 453-476.
Burt, Ronald S. (1992): Structural Holes: The Social Structure of Competition. Cambridge, Mass.: Harvard University Press.
Cartwright, Dorwin (1965): Influence, Leadership, Control. In: March, James G. (ed.): Handbook of Organizations. Chicago: Rand McNally, pp. 1-47.

Coleman, James S. (1990): Foundations of Social Theory. Cambridge, Mass.: Harvard University Press.
Crozier, Michel (1963): Le Phénomène bureaucratique. Paris: Seuil.
Crozier, Michel/Friedberg, Erhard (1977): L'Acteur et le systeme. Paris: Seuil.
Dahl, Robert A. (1985): A Preface to Economic Democracy. Berkeley; Los Angeles: University of California Press.
Desroche, Henri (1976): Le Projet coopératif. Paris: Editions ouvrières.
Dingwall, Robert (1976): Accomplishing Profession. In: Sociological Review 24: 331-49.
Dingwall, Robert (1999): Professions and Social Order in a Global Society. In: International Review of Sociology 9: 131-40.
Dingwall, Robert/Fenn, Paul (1987): A Respectable Profession? Sociological and Economic Perspectives on the Regulation of Professional Services. In: International Review of Law and Economics 7: 51-64.
Durkheim, Emile (1893): De la division du travail social. Paris: Presses Universitaires de France.
Eccles, Robert G./Crane, Dwight B. (1988): Doing Deals: Investment Banks at Work. Boston: Harvard Business School Press.
Eickemeyer, John H. (ed.) (1988): Law Firms Agreements and Disagreements. New York: Practising Law Institute.
Ellickson, Robert C. (1991): Order without Law: How Neighbours Settle Disputes. Cambridge, Mass.: Harvard University Press.
Fortado, Bruce (1994): Informal Supervisory Control Strategies. In: Journal of Management Studies 31: 251-74.
Freidson, Eliot (1975): Doctoring Together: A Study of Professional Social Control. New York: Elsevier.
Freidson, Eliot (1986): Professional Powers. Chicago: University of Chicago Press.
Freidson, Eliot (1999): Theory of Professionalism: Method and Substance. In: International Review of Sociology 9: 117-30.
Freidson, Eliot (2001): Professionalism: The Third Logic. Chicago: University of Chicago Press.
Freidson, Eliot/Buford, Rhea (1963): Processes of Control in the Company of Equals. In: Social Problems 11: 119-31.
Friedberg, Erhard (1993): Le Pouvoir et la règle. Paris: Seuil.
Frischkopf, Arthur (1973): Modes de gestion facultaires et transformations à l'Université: Fonctions et dysfonctions de la collégialité. Doctoral Thesis. Université Catholique de Louvain.
Gouldner, Alvin W. (1954): Patterns of Industrial Bureaucracy. New York: Free Press.
Granovetter, Mark S. (1985): Economic Action and Social Structure: The Problem of Embeddedness. In: American Sociological Review 91: 481-510.
Hechter, Michael (1984): When Actors Comply: Monitoring Costs and the Production of Social Order. In: Acta Sociologica 27: 161-83.
Hechter, Michael (1987): Principles of Group Solidarity. Berkeley; Los Angeles: University of California Press.
Heckathorn, Douglas (1989): Collective Action and the Second-Order Free-Rider Problem. In: Rationality and Society 1: 78-100.

Heckathorn, Douglas (1990): Collective Sanctions and Compliance Norms: A Formal Theory of Group-Mediated Social Control. In: American Sociological Review 55: 366-84.
Hedström, Peter/Swedberg, Richard (1998): Social Mechanisms. Cambridge: Cambridge University Press.
Hughes, Everett (1958): Men and their Work. Glencoe, Ill.: Free Press.
Kandel, Eugene/Lazear, Edward (1992): Peer Pressure and Partnerships. In: Journal of Political Economy 100: 801-17.
Kellerhals, Jean/Coenen-Huther, Josette/Modak, Marianne (1988): Figures de l'équité: La Construction des normes de justice dans les groupes. Paris: Presses Universitaires de France.
Kuty, Olgierd (1998): La Négociation des valeurs: Introduction à la sociologie. Brussels: De Boeck & Larcier.
Lazega, Emmanuel (1992): Micro-Politics of Knowledge: Communication and Indirect Control in Workgroups. New York: de Gruyter.
Lazega, Emmanuel (1994): Les conflits d'intérêts dans les cabinets américains d'avocats d'affaires: concurrence et auto-régulation. In: Sociologie du Travail 35: 315-36.
Lazega, Emmanuel (1999): Generalized Exchange and Economic Performance. In: Leenders, Roger/Gabbay, Shaul (eds.): Corporate Social Capital and Liabilities. Boston: Kluwer, pp. 237-265.
Lazega, Emmanuel (2000a): Enforcing Rules among Peers: A Lateral Control Regime. In: Organization Studies 21: 193-214.
Lazega, Emmanuel (2000b): Teaming Up and Out? Cooperation and Solidarity in a Collegial Organization. In: European Sociological Review 16: 245-66.
Lazega, Emmanuel (2001): The Collegial phenomenon. The social mechanisms of cooperation among peers in a corporate law partnership. Oxford: Oxford University Press.
Lazega, Emmanuel (2003): Rationalité, discipline sociale et structure. In: Revue française de sociologie 44, pp. 305-330.
Lazega, Emmanuel (2004): L'acteur au travail dans la société organisationnelle contemporaine. In: Postel, Nicolas/Sobel, Richard (eds): L'Acteur au travail. Lille: Le Septentrion.
Lazega, Emmanuel/Krackhardt, David (2000): Spreading and Shifting Costs of Lateral Control in a Law Partnership: A Structural Analysis at the Individual Level. In: Quality and Quantity 34: 153-75.
Lazega, Emmanuel/Mounier, Lise (2002): Interdependent entrepreneurs and the social discipline of their cooperation: The research program of structural economic sociology for a society of organizations. In: Favereau, Olivier/Lazega, Emmanuel (eds): Conventions and Structures in Economic Organization: Markets, Networks, and Hierarchies. Cheltenham: Edward Elgar, pp. 147-199.
Lazega, Emmanuel/Pattison, Philippa E. (1999): Multiplexity, Generalized Exchange and Cooperation in Organizations: A Case Study. In: Social Networks 21: 67-90.
Lazega, Emmanuel/Vari, Stéphane (1992): Acteurs, cibles et leviers: Analyse factorielle des relations de contrôle indirect dans une firme américaine d'avocats d'affaires. In: Bulletin de Méthodologie Sociologique 37: 41-51.

Levi, Margaret (1988): Of Rule and Revenue. Berkeley; Los Angeles: University of California Press.

Lewin, K. (1952): Group Decision and Social Change. In: Swanson, G.E./Newcomb, T.M./Hartley, E.L. (eds.): Readings in Social Psychology. New York: Holt, pp. 459-473.

Lindenberg, Siegwart (1993): Club Hierarchy, Social Metering, and Context Instruction. Governance Structures in Response to Varying Self-Command Capital. In: Lindenberg, S./Schreuder, H. (eds.): Interdisciplinary Perspectives on Organization Studies. London: Pergamon Press, pp. 195-220.

Lindenberg, Siegwart (1997): Grounding Groups in Theory: Functional, Cognitive, and Structural Interdependencies. In: Markovsky, B./Lovaglia, M./Troyer, L. (eds.): Advances in Group Processes 14, Greenwich, Conn.: JAI Press, pp. 281-331.

Macaulay, S. (1963): Non-Contractual Relations in Business. In: American Sociological Review 28: 55-66.

Meister, Albert (1972): La Participation dans les associations. Paris: Les Editions Ouvrières.

Merton, Robert K. (1957): Social Theory and Social Structure (2nd ed). Glencoe, Ill.: Free Press.

Michels, Robert (1962 [1911]): Political Parties: A Sociological Study of the Oligarchical Tendencies of Modern Democracy. New York: Free Press.

Mintzberg, Henry (1979): The Structuring of Organizations. Englewood Cliffs, NJ: Prentice-Hall.

Morrill, Calvin (1995): The Executive Way: Conflict Management in Corporations. Chicago: Chicago University Press.

Nelson, Robert L. (1988): Partners with Power: The Social Transformation of the Large Law Firm. Berkeley: University of California Press.

Oliver, Pamela (1980): Rewards and Punishments as Selective Incentives for Collective Action: Theoretical Investigations. In: American Journal of Sociology 85: 356-75.

Ostrom, Elinor (1990): Governing the Commons: The Evolution of Institutions for Collective Action. Cambridge: Cambridge University Press.

Parsons, Talcott (1951): The Social System. Glencoe, Ill.: Free Press.

Perrow, Charles (1986): Complex Organizations: A Critical Essay. New York: Random House.

Reynaud, Jean-Daniel (1989): La Règle du jeu: L'Action collective et la régulation sociale. Paris: Armand Colin.

Rothschild, Joyce/Whitt, J. Allen (1986): The Cooperative Workplace. Cambridge: Cambridge University Press.

Rowley, Scott/Rowley, Reed (1960 [1916]): Rowley on Partnership. New York: Bobbs-Merrill.

Selznick, Philip (1957): Leadership in Administration. Evanston, Ill.: Row, Peterson & Co.

Simpson, Richard L. (1971): Imperative Control, Associationalism, and the Moral Order. In: Turk, Herman/Richard L. Simpson (eds.): Institutions and Social Exchange. New York: Bobbs-Merrill.

Stinchcombe, Arthur L. (1991): The Conditions of Fruitfulness in Theorizing about Mechanisms in the Social Sciences. In: Philosophy of the Social Sciences 21: 367-88.
Sutton, Robert I./Hargadon, Andrew (1996): Brainstorming Groups in Context: Effectiveness in a Product Design Firm. In: Administrative Science Quarterly 41: 685-718.
Taylor, Michael (1987): The Possibility of Cooperation. Cambridge: Cambridge University Press.
Waters, Malcolm (1989): Collegiality, Bureaucratization, and Professionalization: A Weberian Analysis. In: American Journal of Sociology 94: 945-72.
Waters, Malcom (1993): Alternative Organizational Formations: A Neo-Weberian Typology of Polycratic Administrative Systems. In: Sociological Review 41: 55-81.
Weber, Max (1978 [1920]): Economy and Society (ed. by Guenther Roth and Claus Wittich). Berkeley: University of California Press.
Wheare, K.C. (1955): Government by Committee. Oxford: Oxford University Press.
Wittek, Rafael (1999): Interdependence and Informal Control in Organizations. Doctoral Thesis. ICS, University of Groningen.
Yamagishi, Toshio (1986): The Provision of a Sanctioning System as a Public Good. In: Journal of Personality and Social Psychology 51: 110-16.

Professionelle Arbeit und kollegiale Organisation.
Eine symbolisch interpretative Perspektive

Thomas Klatetzki

1. Einleitung

Im Rahmen einer theoretischen Perspektive, die Mary Jo Hatch (1997) als „modern" bezeichnet hat, werden Organisationen häufig als soziale Systeme zur Verrichtung von Arbeit verstanden (Perrow 1967; Morgan 1986). Sie werden gebildet durch die Relationierung sozialer Positionen, sodass es einer Menge von Akteuren möglich wird, „Rohmaterial" unterschiedlichster Art – seien dies nun Objekte, Subjekte oder gesellschaftliche Probleme – in gewünschter Weise zu verändern. Ein in der modernen soziologischen Literatur verbreiteter Zugang zur Beschreibung von solchen sozialen Systemen, die als professionelle Organisation bezeichnet werden, besteht darin, die Art der Arbeitsaufgaben, mit denen die als professionell bezeichneten Berufe befasst sind, zum Ausgangspunkt zu nehmen, um dann das spezifische soziale Beziehungsgefüge aufzuzeigen, das mit der Bearbeitung dieser Arbeitsaufgaben verbunden ist. Übereinstimmend wird dabei davon ausgegangen, dass es sich bei professionellen Arbeitsaufgaben um Probleme handelt, die als nichtroutinisierbar (im Gegensatz zu routinisierbar) (Perrow 1967, 1986), unbestimmt (im Gegensatz zu technologisierbar) (Jamous/Peloille 1970) oder aktiv (im Gegensatz zu träge) (Dornbusch/Scott 1975) bezeichnet werden. Alle diese Bezeichnungen sollen darauf hinweisen, dass sich für die Bearbeitung der Probleme keine standardisierten Verfahren anwenden lassen. Um dennoch solche Arbeitsaufgaben bewältigen zu können, wird in Organisationen ein spezielles Personal eingesetzt – die Professionellen – , das über die technische Kompetenz verfügt, solche nichtroutinisierbaren Aufgaben zu bearbeiten. Die Arbeit in solchen Organisationen wird dann nicht durch Vorschriften, sondern durch Delegation strukturiert (Dornbusch/Scott 1975). Dies bedeutet, dass sich der Ort der Handlungsinitiative verlagert und sich dementsprechend die Form der Organisation verändert. Im Fall routinisierbarer, bestimmbarer, träger Arbeitsaufgaben liegt der Ort der organisatorischen Handlungsinitiative zentralisiert bei denjenigen, welche die Vorschriften für das Arbeiten festlegen – das tut üblicherweise das Management – , und es ergibt sich eine hierarchische Organisationsform. Idealtypisch ist diese Hierarchie eine Monokratie mit nur einem „Herrn" an der Spitze (Weber 1972). Im Fall nichtroutinisierbarer, unbestimmter und aktiver Arbeitsaufgaben liegt der Ort der Handlungsinitiative dagegen dezentralisiert bei den einzelnen Professionellen an der „front line" (Smith 1974; Lipsky 1980; Jones/May 1992), mit der Folge, dass die Organisation eine flache, horizontale Form annimmt, die idealtypisch als ein egalitäres, polykratisches Kollegium beschrieben worden ist (Rothschild Whitt 1979; Rothschild Whitt/ Whitt 1986; Waters 1993).

Die moderne Perspektive versteht Organisationen als instrumentelle Strukturen, die objektive, „natürliche" Gesetze in zweierlei Hinsicht reflektieren, nämlich einerseits in Form ökonomischer Gesetzmäßigkeiten (Rationalität) und in Form technischer Gesetzmäßigkeiten (Technologien). Organisationen sind so gesehen als bewusst hergestellte Systeme technologischer Rationalität Ausdruck menschlicher Vernunftbegabung. Professionelle Organisationen bilden hierbei keine Ausnahme. Sie weisen lediglich die Besonderheit auf, dass die Technologien im wissenschaftlich ausgebildeten Professionellen verortet sind. Der Professionelle als „technical competent person" (Parsons 1947) ist in der modernen Perspektive zugleich eine mächtige Person, weil er für die Organisation Arbeiten verrichtet, die sonst niemand verrichten kann (Crozier/Friedberg 1979). Dass sich damit die Herrschaftsstruktur in Organisationen verändert, erweist sich dann auch als Ausdruck (wenn nicht als List) der Vernunft, denn mit dem Einsatz von Professionellen tritt in dieser Sicht Demokratie an die Stelle von Hierarchie, und ein Ausweg aus dem von Weber projizierten stahlharten Gehäuse der Hörigkeit scheint damit gefunden zu sein (Likert 1967; Schluchter 1972). In der professionellen Organisation verkörpert sich, so gesehen, die beste aller Organisationen, denn sie realisiert zugleich ökonomische Rationalität, wissenschaftlich fundierte Technologie und Demokratie.

Für die zitierte moderne Sichtweise ist charakteristisch, dass sie Organisationen als Arbeitsinstrumente sieht, die kaum durch Kultur beeinflusst sind. Da für Organisationen wissenschaftlich fundierte Technologie- und Effizienzregeln gelten, sind lokale kulturelle Sitten und Sichtweisen unerheblich. Der modernen Perspektive wohnt daher die Tendenz inne, die instrumentelle, an objektiven, „natürlichen" Gesetzen orientierte Dimension des sozialen Lebens von einer kulturellen Sphäre zu trennen, die an subjektiven, „sozialen" Prinzipien, d. h. an Werten und Normen ausgerichtet ist. Ihren organisationssoziologisch einflussreichsten Ausdruck findet diese Differenzierungstendenz zum einen in Talcott Parsons' AGIL-Schema (Parsons 1960), das zwischen einer Sphäre instrumentellen Handelns (adaption, goal-attainment) und einer Sphäre kultureller Aktivitäten unterscheidet (integration, latent pattern maintenance). Zum anderen findet diese Tendenz ihren Niederschlag in der ebenfalls von Parsons (ebd.) stammenden, aber besonders von James Thompson (1967) propagierten Unterscheidung zwischen einer technologischen, managerialen und institutionellen Dimension, wobei die technologische und manageriale Dimension die Domäne der Organisation, während die institutionelle Dimension als Umwelt der Organisation verstanden wird, gegen die der technologische Kern durch die Rationalität des Managements möglichst „abgepuffert" werden muss.

Diese Ausblendung der kulturellen, institutionellen Ebene aus der Organisationstheorie findet ihr Ende mit dem Aufkommen des Neo-Institutionalismus (Meyer 1977; Meyer/Rowan 1977), der die formale Rationalität von Organisationen als Symbol für Effizienz und Modernität und nicht als tatsächlich realisierte instrumentelle Handlungsstruktur versteht. Der Neo-Institutionalismus betont die semiotische Seite und damit die kulturelle Dimension instrumentellen Verhaltens. Der Ansatz unterscheidet zunächst noch, wohl unter dem Einfluss der modernen Perspektive, zwischen Organisationen, die in einer kulturellen Umwelt operieren, und Organisationen, die sich in einer technischen Umwelt befinden. Der Erfolg ersterer hängt von ihrer Legitimität, der letzterer von ihrer Effizienz ab (Meyer/Scott 1983). Schon bald setzt sich jedoch im Neo-Institutionalismus die Auffassung durch, dass diese anfängliche Unterscheidung falsch ist, weil alles instrumentelle Handeln als kulturelles Handeln verstanden werden muss (Powell 1991).

Die analytische Strategie, mit der der Neo-Institutionalismus nachweist, dass instrumentelles Handeln als kulturelles Handeln zu verstehen ist, besteht darin, die Unbestimmtheit und zeitliche Variabilität des Konzepts der Rationalität in empirischen Untersuchungen aufzuzeigen. Rationalität erlaubt somit eine Vielzahl unterschiedlicher sozialer Praktiken. Gleiches gilt für Technologien: Auch sie sind soziale Konstruktionen und nicht in der Realität „da draußen" entdeckte – und sich damit automatisch durchsetzende – Verfahren (Bijiker et al. 1987).

Die neo-institutionalistische Ansicht, dass instrumentelles Handeln als kulturelles Handeln zu verstehen ist, hat ihre Wurzeln in einer Perspektive, die von Hatch (1997) als „symbolisch interpretativ" bezeichnet wird. Die symbolisch interpretative Perspektive versteht organisatorische Wirklichkeiten als soziale Hervorbringungen („enactments") von Handelnden. Realität ist nicht in objektiver Form einfach da, vielmehr wird sie objektiviert, d. h. sie wird sozial derart konstruiert, dass sie als objektiv erscheint (Berger/Luckmann 1972). Die Kategorien zum Verständnis von Organisationen wie Rationalität oder Technologie sind nicht real oder natürlich in einem objektiven Sinne. Sie sind vielmehr das Produkt der Glaubensvorstellungen („beliefs") der sozialen Akteure. Die sozialen Akteure erzeugen und erhalten die Bedeutung der Kategorien, die sie anschließend benutzen, um die Welt zu verstehen. Der Mensch ist in der symbolisch interpretativen Perspektive, wie Clifford Geertz (1973: 5) es formuliert, „an animal trapped in webs of significance he himself has spun".

Im Folgenden soll die symbolisch interpretative Perspektive für eine Reformulierung der modernen Betrachtungsweise professioneller Organisation genutzt werden. Damit wird die Auffassung vertreten, dass professionelles Handeln ein symbolisches, kulturelles und nicht ein bloß technisches Handeln ist. Der Grundgedanke ist, dass professionelles Handeln eine autoritative Form der Sinnstiftung ist, bei der Realität vor dem Hintergrund legitimierter höherer symbolischer Ordnungen gedeutet wird. Auf der Basis dieser autoritativen Deutungen werden Anweisungen für das praktische „technische" Handeln abgeleitet. Professionelles Handeln im Sinne einer Behandlung („treatment") ist demnach eine abgeleitete, somit sekundäre, wenngleich nicht unwesentliche, professionelle Aktivität.

Um die symbolisch interpretative Sichtweise professioneller Organisation zu verdeutlichen, wird der Aspekt der Legitimation des professionellen Handelns als Ausgangspunkt gewählt. In einem ersten Argumentationsschritt wird James Colemans Konzeption von Organisationen als Verteilungsstrukturen von Rechten (Coleman 1986) mit Max Webers legitimationstheoretischen Überlegungen verbunden (Weber 1972). Auf diese Weise wird verdeutlicht, dass unterschiedliche Verteilungen von Handlungsinitiativen mit unterschiedlichen, auf Glauben basierenden, höheren symbolischen Ordnungen verknüpft sind. Die für professionelle Organisationen charakteristische polykratische Verteilung der Handlungsinitiativen beruht auf dem Glauben an Wissenschaft und ermöglicht eine Form der Autorität, die als Sachautorität und funktionale Autorität (Hartmann 1964; Schluchter 1972) bezeichnet worden ist (Abschnitt 2).

In einem zweiten Argumentationsschritt wird dann die Struktur professionellen Handelns erläutert, denn Legitimationen sind stets Legitimationen von etwas. In der organisations- und professionssoziologischen Literatur ist nicht immer mit der wünschenswerten Klarheit dargelegt worden, worin genau die professionelle Tätigkeit besteht (z. B. Perrow 1986; Mieg/Pfadenhauer 2003). Um hier nicht weiterhin Unklarheit bestehen zu lassen, wird anhand der Konzeption von Andrew Abbott (1988) professionelle Arbeit als Dreischritt von Diagnose, Inferenz und Behandlung bestimmt, wobei die symbolischen Tätigkeiten der Diagnose und besonders der Inferenz das Herzstück professionellen Handelns bilden. Anhand der Abbott'schen Konzeption lässt sich auch erläutern, an welchen Punkten sich Ansätze für eine Delegitimation professionellen Handelns (Kelman 2001) und damit für eine Veränderung der Machtverteilung in professionellen Organisationen finden lassen (Abschnitt 3).

Professionelles Handeln wird in diesem Text als in Übereinstimmung stehend mit höheren symbolischen Ordnungen dargestellt und erhält so die für die Ausübung von Autorität nötigen höheren Weihen. Zugleich ist das professionelle Handeln selbst wesentlich eine symbolische Aktivität. Aus den höheren symbolischen Ordnungen werden die Kategorien für die Interpretation der Wirklichkeit und das kognitive Schlussfolgern über diese Wirklichkeit gewonnen. Damit ist jedoch noch nichts darüber ausgesagt, mit welcher spezifischen Handlungsorientierung das professionelle Diagnostizieren, Inferenzieren und Behandeln in der Praxis erfolgt. In einem dritten Schritt wird daher anhand einer Profession par excellence, der Medizin, der typische „frame of mind" von Ärzten vorgestellt: die klinische Mentalität und der damit verbundene grundlegende Individualismus der Professionellen (Abschnitt 4).

Der Individualismus des einzelnen Professionellen bedeutet auf der Ebene der Gruppe, dass man es mit einem kollektiven Individualismus zu tun hat. Die für diesen kollektiven Individualismus charakteristische strukturelle Form ist das Kollegium. Vor dem Hintergrund der Wissenschaft als Legitimationsinstanz, der beschriebenen Struktur professioneller Tätigkeit als symbolischem Handeln und der individualistischen Handlungsorientierung wird in einem vorletzten Abschnitt dann die besondere Form egalitärer Kontrolle in professionellen Organisationen beschrieben, die auf der Angst vor Statusverlust beruht und zu einer horizontalen, netzwerkförmigen Stratifizierung unter den Professionellen führt (Abschnitt 5).

In einer kurzen Schlussbemerkung wird dann die Argumentation noch einmal zusammengefasst und eine Einschätzung der unter dem Label „Qualität" sich gegenwärtig vollziehenden Veränderung der Form professioneller Organisation gegeben (Abschnitt 6).

2. Professionelle Organisation und Legitimation

Die symbolisch interpretative Betrachtung professioneller Organisation setzt an zwei Ebenen sozialer Realität an: der Dimension der Signifikation und der Dimension der Legitimation. Hier soll (zunächst) die letztgenannte Dimension als Ausgangspunkt für die Diskussion genommen werden.

Um die professionelle Organisationsform unter dem Gesichtspunkt von Legitimation von Handlungsinitiativen zu verstehen, bietet sich der Rückgriff auf James Colemans Konzeption des korporativen Akteurs an (Coleman 1986). Für Coleman sind korporative Akteure fiktive, juristische Personen. Um zu verdeutlichen, was darunter zu verstehen ist, verweist er auf die Entstehung des Stadtrechts im 13. Jahrhundert. Indem z. B. in England Städten vom König Rechte verliehen wurden, bildete sich die Vorstellung eines neuen Akteurs, der nicht mit „natürlichen" Personen identifiziert werden konnte. Diese neuen fiktiven, juristischen Personen verfügen über eigene Rechte und Ressourcen und verfolgen auch eigene Interessen. Entscheidend ist, dass mit der neuen Vorstellung von korporativen Akteuren eine veränderte Form der Sozialstruktur verbunden ist. Diese neuen Körperschaften bestehen aus Positionen, nicht aus „natürlichen" Personen. „Natürliche" Personen treten nur als Positionsinhaber auf.

Colemans Grundgedanke ist, dass „natürliche" Personen durch die Einnahme von Positionen dem korporativen Akteur das Recht übertragen, in unterschiedlichem Maße über ihre Handlungen zu bestimmen. Ihre jeweils besondere Organisationsform erhalten korporative Akteure dann in Folge der besonderen Verteilung von Rechten. Für die moderne Zeit sind nach Coleman vor allem zwei organisationsstrukturelle Modelle charakteristisch, die er als „Staatssozialismus" und „pluralistische Demokratie" bezeichnet. Das Strukturmodell des „Staatssozialismus" ist ein Modell hierarchischer Organisation: Die „natürlichen" Personen verzichten auf der Basis eines Arbeitsvertrags für einen umschriebenen Zeitraum auf die Selbstbestimmung ihres Handelns. Die damit möglich werdende Koordination und Kontrolle von Handlungen wird idealerweise durch eine vertikale, pyramidenhafte Anordnung sozialer Positionen organisiert. Eine zur Spitze hin geringer werdende Zahl ranghöherer Positionen ist gegenüber einer nach unten größer werdenden Anzahl von rangniederen Positionen aufgrund ihrer Stellung in der Hierarchie („Amtsautorität") weisungsberechtigt. Die Position an der Spitze hat in dieser Idealform letztendlich die alleinige Befehlsgewalt, sodass diese Organisationsform auch als monokratisch bezeichnet wird (Waters 1989).

Dies ist völlig anders in Colemans Strukturmodell der pluralistischen Demokratie. Hier übertragen die „natürlichen" Personen nur einen Teil ihrer Rechte auf den korporativen Akteur, ein Teil verbleibt bei den Individuen und ein weiterer Teil kann auf vermittelnde, „intermediäre" Instanzen übertragen werden. Dieses Modell entspricht dem, was in der Literatur als professionelle Organisation bezeichnet wird. Die Professionellen übertragen dem korporativen Akteur zwar das Recht, formal über ihre Arbeitszeit (z. T. aber nur in begrenztem Umfang) zu verfügen. Das Recht, über die Inhalte der Arbeit zu bestimmen, verbleibt jedoch stets beim einzelnen Professionellen. Zudem zeichnet sich die professionelle Struktur dadurch aus, dass weiteren intermediären Instanzen innerhalb des korporativen Akteurs Rechte zugesprochen werden (können), nämlich kollegialen Gremien (Sciulli 1986, 1992). Die professionelle Organisationsstruktur ist somit eine polykratische (Waters 1989, 1993).

Colemans Modell der Verteilung von Rechten sieht Organisationen als Herrschaftskonstellationen. Er versteht die Verteilung von Rechten dabei als Resultat rationaler Entscheidungen und Aushandlungen (Coleman 1990) und ist mit diesem Ansatz der modernen Perspektive zur Beschreibung und Erklärung von Organisationen zuzurechnen. Seine Betonung der Rechte ermöglicht es jedoch, seine zwei organisationsstrukturellen Modelle mit der symbolisch interpretativen Sichtweise zu verbinden. Der Blick richtet sich dann auf das Element der ausgehandelten Verteilung der Rechte, das die Verteilungsstruktur rechtfertigt: die Legitimation. Unter Legitimationen werden Wissensbestände verstanden, die Antworten auf Warum-Fragen geben (Berger/Luckmann 1972; Berger 1988). Die mit den Positionen eines Organisationssystems verbundenen Rechte sind begründete, durch Legitimationen abgestützte Rechte, die das Handeln der Positionsinhaber autorisieren. Colemans unterschiedliche Modelle der Verteilung von Rechten, das staatssozialistische und das pluralistisch demokratische, gehen daher mit unterschiedlichen Legitimationen einher.

Das Konzept der Legitimation verdankt die Organisationstheorie bekanntlich Max Weber (1972). Webers drei Formen der Legitimation von Herrschaft – die rational legale, die traditionelle und die charismatische – gilt für monokratische, staatssozialistische Organisationen. In der Weber'schen Konzeption ist die Legitimation des Handelns in einer Ordnung höherer Realität verankert. Jede der drei Legitimationstypen stützt sich auf die Existenz einer Weltsicht oder Kosmologie, die die konkrete Organisation transzendiert. So stammt das Konzept des „Charisma" aus dem Vokabular des frühen Christentums und bezieht sich auf Eigenschaften eines Individuums, die der gewöhnliche Mensch nicht besitzt und denen ein göttlicher Ursprung zugeschrieben wird (Gottesgnadentum). Die charismatische Autorität hat einen heiligen Charakter, sie steht außerhalb der Alltagsroutinen und der Sphäre des Profanen. Ebenso beruht die traditionale Herrschaft auf Verhaltensregeln, deren Ursprung jenen nicht zugänglich ist, die ihnen unterworfen sind. Diese Traditionen reichen zurück in eine Vorzeit der Ahnen, sie haben „immer existiert" und können daher nicht willkürlich geändert oder in Frage gestellt werden. Sie werden vielmehr wie ein Heiligtum behandelt. Das Konzept der rational legalen Legitimation meint einen Glauben an Legalität. Die Basis dieses Legalitätsglaubens bildet das Naturrecht des Einzelnen, das als absoluter Wert existierte und an dem sich das Handeln orientierte. Der Glaube an ein Naturrecht stand für Weber im Zusammenhang mit der im Zuge der Aufklärung entstehenden Idee der Vernunft. „Vernunft" war für ihn freilich die „letzte Form, welche das Charisma auf seinem schicksalsreichen Wege überhaupt angenommen hat" (Weber 1972: 726). Für die bürokratische Organisation ist es die Legalität des Arbeitsvertrages, die die Zentralisierung der Handlungsinitiative an der Spitze letztlich legitimiert.

In der professionellen Organisation findet sich neben der Legitimation durch Legalität die Legitimation durch Wissen, genauer gesagt durch wissenschaftliches Wissen. Was dem einzelnen Professionellen in Organisationen die Selbstbestimmung seines Handelns ermöglicht, ist die Berufung auf Wissensbestände, die durch eine lange akademische Ausbildung erworben werden. Dabei wird angenommen, dass allein die Verfügung über wissenschaftliches Wissen zum Umgang mit nichtroutinisierbaren, aktiven, unbestimmten Aufgaben befähigt. Wissenschaft erlaubt es den Professionellen, die Inhalte ihrer Arbeit selbst zu bestimmen und sie ermöglicht oft auch in formaler Hinsicht eine selbstbestimmte Gestaltung der Arbeitszeiten. Heinz Hartmann (1964) setzt daher neben die charismatische, traditionelle und rational legale Autorität die funktionale Autorität. Da jeder Professionelle bei Einnahme der für ihn vorgesehenen Arbeitsposition für sich funktionale Autorität reklamieren kann, ergibt sich die für professionelle Organisationen charakteristische polykratische Struktur.

Für Weber bestand die Legitimation einer Herrschaftskonstellation primär in dem Glauben an eine vorgängige symbolische Ordnung. Die symbolische Ordnung ist in jedem Fall unabhängig von den Herrschaftskonstellationen konkreter korporativer Akteure; sie transzendiert unmittelbare Beziehungen und Handlungen. Die Legitimation des Handelns wird etabliert, indem es in einen symbolischen Rahmen gestellt wird, der es erlaubt, das Handeln als in Übereinstimmung mit der höheren symbolischen Ordnung zu interpretieren (Richardson 1985, 1987). In der Organisationstheorie ist, trotz des Auftritts des Neo-Institutionalismus, weitgehend übersehen worden, dass Webers Herrschaftssoziologie auf verschobenen religionssoziologischen Begriffen basiert (Heins 1990). Legitimieren heißt glauben und glauben machen. Die organisationsstrukturellen Verteilungen von Rechten beruhen mithin auf einer nicht-rationalen Grundlage (Collins 1975; Scott/Meyer 1994; Dobbin 1994).

Das heißt nun auch, dass die Legitimation professionellen Handelns auf einem Glauben, nämlich dem Glauben an die Potenz der Wissenschaft beruht. Zwar meint noch Hartmann (1964), dass sich die funktionale Autorität des Professionellen von anderen Autoritätsformen grundsätzlich dadurch unterscheidet, dass sie auf Wissen, d. h. auf Vernunft und nicht auf blindem Glauben basiert, aber Weber hatte bereits gegen den „optimistischen Glauben an die theoretische und praktische Rationalisierbarkeit des Wirklichen" (Weber 1972: 185) polemisiert. Für Weber stieß der wissenschaftliche Rationalismus zum einen auf einen unauflöslichen irrationalen Rest in der Welt und – gravierender – zum anderen beruht der wissenschaftliche Rationalismus selbst auf einem solchen Rest: Die Entbindung von sozial oder religiös auferlegten Denk- und Sprachgewohnheiten ist selbst in einer „letzten" Bindung verankert, nämlich der Bindung an „Vernunft". Weber behandelte somit wissenschaftliche Tätigkeit als eine asketische Praxis.

Der entscheidende Punkt all dessen ist nun, dass sich daraus eine geänderte Sichtweise auf die Arbeit ergibt, die Professionelle in Organisationen verrichten. In der modernen organisationssoziologischen Literatur werden, wie eingangs erwähnt, Professionelle als Experten verstanden, die mit nichtroutinisierbaren, unbestimmten, aktiven Arbeitsaufgaben umgehen können. Professionelle können diese besonderen Aufgaben bearbeiten, weil sie eine besondere Problemlösungskompetenz besitzen, die auf wissenschaftlichem Wissen beruht, sie sind „technically competent persons" (Parsons 1947: 60; Perrow 1986). Die besonderen Rechte und der damit verbundene Status der Professionellen in Organisationen resultieren danach aus dieser besonderen Problemlösungsfähigkeit. Mit der hier vertretenen Position ändert sich diese Sichtweise: Das wissenschaftliche Wissenssystem hat danach vor allem eine symbolische, keine technische Funktion. Das schließt nicht aus, dass Professionelle auf der Basis von Wissenschaft auch Probleme lösen (obwohl sie das nur einem mittleren Maße tun und, wie noch zu zeigen sein wird, auch tun dürfen). Wesentlich ist aber: Die Rechte und der Status von Professionellen in Organisationen sind nicht abhängig von ihrer technischen Problemlösungskapazität. Die Rechte und der Status stammen aus anderen Quellen, nämlich dem Umstand, dass diese Berufsgruppen das Privileg haben, in Verbindung mit einer höheren symbolischen Ordnung zu stehen, zu der die Laien keinen Zugang haben. Daher war für Weber (1972) der Zauberer der erste Professionelle, führte Zygmunt Baumann (1987) den Schamanen als Vorläufer der wissensbasierten Berufe an und daher stellt Randall Collins (1990) die Professionellen in einen historischen Zusammenhang mit der Autorität des Klerus (als Diener Gottes) und der des Adels (als dem Diener des Schwertes). Professionalismus ist für ihn eine moderne Variante dieser archaischen und feudalen Bemächtigung von Funktionen, die Verehrung verlangen.

Die Betonung der Legitimationsdimension durch die symbolisch interpretative Perspektive verweist darauf, dass die Verteilung von Handlungsrechten im Zusammenhang mit einem Glauben an höhere symbolische Ordnungen verbunden ist. Legitimation sind aber stets Legitimation von etwas und wenn die symbolisch interpretative Perspektive professionelle Tätigkeit nicht technisch versteht, so muss sie genau benennen, was stattdessen darunter zu verstehen ist. Im nächsten Abschnitt soll zu diesem Zweck anhand der Konzeption von Abbott (1988) die Struktur professionellen Handelns erläutert werden.

3. Die Struktur professioneller Arbeit

Andrew Abbott definiert Professionen als „exclusive occupational groups applying somewhat abstract knowledge to particular cases" (Abbott 1988: 8). Er weist damit, wie die moderne Organisationssoziologie, darauf hin, dass die Professionellen es mit stets besonderen Fällen („particular cases") und das heißt mit nichtroutinisierbaren Problemen zu tun haben. Er betont aber, dass die Bearbeitung dieser besonderen Probleme mithilfe höherer Wissenssysteme geschieht. Nach Abbott ist für die Bezeichnung einer Berufsgruppe als professionell das Merkmal des abstrakten Wissens entscheidend. Arbeit wird im Falle der Professionen nicht lediglich technisch kontrolliert – denn eben das gilt z. B. auch für das Handwerk. Vielmehr gelingt es den Professionellen, ihr Können in einen Zusammenhang mit abstrakten Wissenssystemen zu stellen – für die moderne Gesellschaft ist das die Wissenschaft – und diese Verbindung ermöglicht ihnen die Selbstbestimmung des Handelns in Organisationen.

Die entscheidende Leistung professionellen Handelns besteht aus symbolisch interpretativer Sicht in der Instandhaltung kultureller Kategorien durch die fortlaufende Konstruktion von Wirklichkeit. Erfolgreiche professionelle Berufsgruppen haben kulturelle Autorität (Starr 1982). Durch Bezugnahme auf abstrakte wissenschaftliche Wissenssysteme werden von ihnen bestehende Probleme und Aufgaben (re-)definiert und neue Probleme und Aufgaben erzeugt (Schon 1983). Es ist diese Kapazität der symbolischen Definition und Erzeugung von Problemen, die die Professionellen in die Lage versetzt, ein möglichst exklusives Anrecht auf die Bearbeitung dieser Probleme zu reklamieren. Durch die Realitätsdefinition bearbeiten Professionellen ihr „Rohmaterial", sie ändern dessen Status – in der Medizin werden z. B. aus Gesunden Kranke, in der Jurisprudenz aus Unschuldigen Angeklagte – sie schaffen (neue) kulturelle Wirklichkeiten und zugleich ein Terrain, auf dem nur sie sich betätigen können. Abbott weist dabei darauf hin, dass der Abstraktionsgrad der professionellen Wissenssysteme zur Erzeugung von Wirklichkeiten bzw. Problemen idealerweise ein mittleres Maß haben sollte. Die Abstraktion darf nicht zu hoch sein, weil dann das Wissen für Außenstehende vollends unverständlich ist und die Erlangung eines möglichst exklusiven Rechts auf die Bearbeitung von Problemen für die Professionellen schwierig wird. Ein zu geringer Abstraktionsgrad auf der anderen Seite führt dazu, dass das Wissen nicht als Expertenwissen anerkannt wird und die Problembewältigung damit als eine Sache angesehen wird, die jeder kann. In beiden Fällen steht die Legitimation des professionellen Handelns auf schwachen Füßen oder sie misslingt gar vollends.

Was die professionelle Arbeit von anderen beruflichen Tätigkeiten unterscheidet, ist, dass sie eine Form anerkannter kultureller Realitätskonstitution ist und dass mit dieser Sinnstiftung die Berechtigung für die Bearbeitung der definierten Wirklichkeit verbunden ist (Richardson 1985, 1987). Während auch andere Berufsgruppen technische Problemlösungskapazitäten besitzen (z. B. Automechaniker), während jede Berufsgruppe sich lizenzieren lassen (z. B. Taxifahrer) oder einen Ethikcode (z. B. Makler) zulegen kann, schafft und erhält nur die Verfügung über ein abstraktes Wissenssystem die Möglichkeit eines gesellschaftlichen Mandats zur exklusiven Bearbeitung von Problemen. Den verschiedenen Professionen gelingt es dabei in unterschiedlichem Maße, das Recht der exklusiven Erzeugung und Bearbeitung von Problemen für sich zu reklamieren und durchzusetzen, denn die Rechte und Privilegien einer Berufsgruppe werden von anderen professionellen Berufsgruppen bestritten und bekämpft. Während es z. B. den Medizinern weitgehend gelungen ist, Probleme der Gesundheit und Krankheit unter ihre alleinige Obhut zu bringen, befindet sich die Sozialarbeit und Sozialpädagogik in einer Situation, in der ihre Zuständigkeit für soziale Probleme fortwährend durch andere Professionen in Frage gestellt werden kann.

Genauer betrachtet setzt sich das professionelle Handeln strukturell aus drei Tätigkeiten zusammen: der Diagnose, der Inferenz und der Behandlung. Abbott bezeichnet die Inferenz, das kognitive Schlussfolgern, als die eigentliche, „reine" professionelle Tätigkeit, weil streng genommen Diagnose und Behandlung vermittelnde Tätigkeiten sind: Durch die Diagnose werden Informationen in das professionelle Wissenssystem aufgenommen und durch die Behandlung werden Informationen aus dem Wissenssystem nach außen weitergegeben und übertragen. Inferenz ist demgegenüber eine gänzlich interne professionelle Angelegenheit: Die kognitive Schlussfolgerung benutzt die durch die Diagnose verfügbar gemachten Informationen und leitet aus ihnen Behandlungsmöglichkeiten ab. Im Folgenden sollen die drei Schritte professioneller Arbeit kurz näher erläutert werden.

3.1 Die Diagnose

Die besondere kulturelle Kompetenz der Professionellen besteht darin, Realitäten wahrnehmen zu können, welche die Laien nicht in der Lage sind zu erkennen. Aufgrund dieser Fähigkeit haben Professionelle Zugang zu Wirklichkeiten, die gewöhnlichen Menschen verschlossen sind. Diese „seherische" Kompetenz ist die Diagnostik. Die professionelle Diagnostik hat einen dualen Charakter: Zum einen wird mit ihr nach der richtigen professionellen Wissenskategorie für das zu bearbeitende Problem gesucht, zum anderen werden durch die Diagnose alle Eigenschaften des Problems ausgeblendet, die aus der Sicht des professionellen Wissenssystems irrelevant sind. Genauer betrachtet besteht die Diagnostik aus zwei Prozessen: dem Sammeln und Zusammenfügen von Informationen („Collagieren") und der Klassifikation bzw. Kategorisierung.

Die Erhebung und Sammlung von Information dient den Professionellen dazu, sich ein Bild von dem anstehenden Problem zu machen. Das Zusammenfügen von Informationen beruht auf Regeln, die festlegen, welche Daten relevant oder irrelevant und welche als gültig oder ungültig anzusehen sind. Zudem gibt es im professionellen Wissenssystem Standards, die bestimmen, welches Maß an Mehrdeutigkeit bei der Informationssammlung tolerierbar ist. Was an Information die Exklusionsregeln passiert, wird zu einem Muster zusammengefügt, das klassifiziert werden kann. Da sich dabei mehrere plausible Bilder ergeben können, besteht ein wesentlicher Aspekt der Kunst der Diagnose darin, das richtige Muster auszuwählen.

Die Relevanzregeln sowie die Regeln für das, was als Evidenz gilt und was nicht, sind unterschiedlich streng. Rigorose Regeln haben den Vorteil, dass Diffusität vermieden und Eindeutigkeit für das professionelle Handeln geschaffen wird. Die damit erzeugte Spezialisierung macht eine Profession aber auch vulnerabel, weil das anderen konkurrierenden Berufsgruppen die Möglichkeit gibt, für sich eine umfassendere und damit angemessenere Sichtweise der Probleme („Ganzheitlichkeit") zu behaupten.

Das Zusammenfügen von Informationen ist der erste Schritt, mit dem das professionelle Wissenssystem das zuhandene Problem strukturiert, die Klassifikation der zweite. Klassifizieren heißt, die gesammelten Informationen auf die

Begrifflichkeit der Profession zu beziehen. Das dabei verwendete Kategoriensystem ist die professionelle Abbildung bzw. Definition der Problemlage. Die Realität wird in der Begrifflichkeit der Profession (re-)definiert und erhält eine vom Alltagswissen verschiedene Bedeutung. Die Inhalte und die Reichweite des Klassifikationssystems leiten sich dabei aus den abstrakten wissenschaftlichen Grundlagen der Profession ab. Je näher am Alltagsverständnis die diagnostischen Kategorien einer Profession sind, desto fragiler ist ihre exklusive Stellung in der professionellen Organisation.

Wie Abbott hervorhebt, ist das professionelle Kategoriensystem nicht in Form eines logisch hierarchischen Systems aufgebaut, das vom Allgemeinen zum Spezifischen hinabsteigt. Vielmehr handelt es sich um eine probabilistische Hierarchie, die vom alltäglich Bekannten zum professionell Esoterischen verläuft. Je weiter die Diagnose sich dabei in den professionell esoterischen Bereich hinein bewegt, desto logisch strukturierter wird sie. Diese Eigenschaft professioneller Klassifikationssysteme verursacht ein typisches Muster von Fehldiagnosen. So kommt es z. B. in der Medizin vor, dass bei einem Patienten erst nach mehreren Diagnosen eine Krankheit festgestellt wird, die anhand von zwei oder drei leicht feststellbaren Symptomen leicht hätte früher identifiziert werden können. Für den erfolgreichen Diagnostiker ist dabei oftmals unverständlich, warum die Krankheit von seinen Kollegen nicht früher entdeckt worden ist. Der Grund dafür ist genau der, dass bei den früheren Diagnosen aufgrund des probabilistischen Charakters des Klassifikationssystems keine logisch ableitbaren Anhaltspunkte vorhanden sind, nach welchen Informationen zu suchen ist. Aus diesem Grund werden dann diagnostische Untersuchungen nicht durchgeführt, die, wenn man die Entschlüsselung des Problems (im Nachhinein) kennt, hätten „logischerweise" vorgenommen werden müssen.

Das diagnostische Klassifikationssystem ist zum einen durch die abstrakten Grundlagen des professionellen Wissens bestimmt. Es unterliegt zudem aber auch einer Beschränkung durch die verfügbaren Behandlungsmethoden der Professionen. Das professionelle Behandlungssystem klassifiziert Probleme implizit dadurch, dass solche Probleme zusammengefasst werden, für die eine ähnliche Behandlung möglich ist. In weitgehend pragmatischen Professionen diktiert das Behandlungssystem sogar die diagnostische Klassifikation. Ein Beispiel hierfür ist die Sozialpädagogik, in der die Problemlagen junger Menschen den verfügbaren Verfahren der lokalen Jugendhilfe zugeordnet werden (Klatetzki 1995).

3.2 Die Behandlung

Ebenso wie die Diagnose übersetzt die Behandlung ein Problem in eine professionelle Struktur. Auch die Behandlung lässt sich in ein Kategorien- und ein Informationsvermittlungssystem unterteilen: An die Stelle des Erhebens und Zusammenfügens von Daten tritt hier die Weitergabe von Informationen in Form von Behandlungsvorschriften.

Das Klassifikationssystem der Behandlung wird durch die vorhandenen möglichen Formen des professionellen Treatments bestimmt. Dabei werden solche Probleme zusammengefasst, für die eine gemeinsame professionelle Behandlung möglich ist. Das Klassifikationssystem der Behandlung unterscheidet sich von dem der Diagnose, aber jede Profession ist bestrebt, zwischen den beiden Systemen möglichst eindeutige Beziehungen herzustellen. Die Einstellung der Professionen ist im Hinblick auf solche eindeutigen Zuordnungsmöglichkeiten allerdings ambivalent, denn auf der einen Seite bedeuten klare Beziehungen zwischen den zwei Systemen einen Gewinn an Sicherheit und eine Vereinfachung. Auf der anderen Seite macht eine solche Eindeutigkeit das professionelle Handeln aber routinisierbar. Es verliert damit seinen unbestimmten und damit exklusiven Charakter und eröffnet Möglichkeiten der Delegitimation und Deprofessionalisierung.

Der Weg von der Diagnose zur Behandlung ist nicht notwendig eine „Einbahnstraße". Einige Professionen haben die Option, mehrmals zwischen Diagnose und Behandlungen hin und her zu wechseln. So besteht z. B. in der Psychotherapie, aber auch in großen Teilen der Medizin die Möglichkeit, bei nicht anschlagender Behandlung eine erneute Diagnostik vorzunehmen. Andere Professionen, wie z. B. Architekten, haben dagegen nur einen Versuch: Ist die Behandlung – der Bau eines Gebäudes – einmal im Gang, gibt es keine Möglichkeit mehr, einen erneuten Entwurf anzufertigen.

Das professionelle Behandlungssystem sollte idealerweise für jedes Problem die Wahrscheinlichkeit eines erfolgreichen Treatments angeben. Eine mangelnde Effektivität der Behandlungen schwächt den Anspruch einer Profession auf exklusive Problembearbeitungen. Dies gilt auch für den Fall, dass die Wirkungen von Behandlungen schwer messbar sind. Andererseits führt eine zu einfache Messbarkeit der Behandlungsresultate dazu, dass die Profession von außen einfach zu evaluieren und damit zu kontrollieren ist. Auch eine zu hohe Erfolgsquote bei der Behandlung kann für die Profession problematisch sein, weil dies die Möglichkeit der Routinisierung und Technisierung eröffnet. Für Professionen ist daher ein mittleres Maß an Effektivität charakteristisch. Es liegt zum einen über dem, was Laien bewirken können, es liegt zum anderen unter dem, was durch Technologien erreicht wird (Dornbusch/Scott 1975). Die professionellen Behandlungen unterscheiden sich hinsichtlich ihrer Spezifität und müssen nicht von der Profession selbst ausgeführt, sondern können auch an andere Berufsgruppen übertragen werden. In der Medizin sind die Verabreichung von Medikamenten oder Injektionen durch das Pflegepersonal offensichtliche Beispiele hierfür. Auch das verdeutlicht, dass die Behandlung nicht die zentrale Tätigkeit professionellen Handelns ist. Je spezifischer die Behandlungsmethoden einer Profession aber sind, desto wahrscheinlicher verbleiben sie unter der alleinigen Kontrolle der Profession. So werden z. B. neurochirurgische Operationen allein von dafür ausgebildeten Fachärzten ausgeführt.

3.3 Die Inferenz

Um den Vorgang der Inferenz zu verdeutlichen, vergleicht Abbott (1988) das professionelle Denken metaphorisch mit dem Schachspiel. Während die Eröffnung beim Schachspiel oftmals klar und einfach ist und auch das Endspiel keine größeren Probleme aufwirft, so stellt das dazwischenliegende mittlere Spiel eine Zone der Unbestimmtheit dar, die die eigentliche Schwierigkeit und die eigentliche Kunst des Schachspielens ausmacht. Vergleicht man die Eröffnung mit der Diagnose und das Endspiel mit der Behandlung, so stellt die Inferenz die reinste Domäne professioneller Kompetenz dar, weil diese Fähigkeit sich am weitesten den Möglichkeiten der Formalisierung und Technisierung entzieht.

Kognitive Schlussfolgerungen durch den Professionellen sind also nötig, weil die Beziehung zwischen der Diagnose und der Behandlung in der Regel mehrdeutig ist. Die professionelle Inferenz erfolgt dabei auf zwei Weisen: durch Exklusion und durch Konstruktion. Inferenz mittels Exklusion ist z. B. das übliche Vorgehen in der Medizin. Wenn sich bei Behandlung eines Patienten Schwierigkeiten auftreten und/oder sich mehrere Interventionsmöglichkeiten ergeben, erfolgt entweder der Einsatz weiterer diagnostischer Untersuchungen, um bestimmte Behandlungsvarianten ausschließen zu können, oder es erfolgt eine Beobachtung und Überprüfung der Resultate „diagnostischer" Behandlungen. Anhand der Ergebnisse dieser Behandlungsversuche werden dann bestimmte Diagnosen ausgeschlossen.

Inferenz durch Konstruktion bedeutet, dass der Professionelle einen hypothetischen Zusammenhang zwischen Diagnose und Behandlung zu schaffen. Diese Konstruktion kann wie z. B. in der Architektur die Form eines Entwurfs und Bauplans annehmen oder wie beim Militär die Form eines durchgeplanten Szenarios. Während Inferenz durch Exklusion dann möglich ist, wenn mehrmals diagnostiziert und behandelt werden kann, sind Konstruktionen immer dann nötig, wenn der Weg von der Diagnose zur Behandlung nur einmal beschritten werden kann.

Inferenz durch Exklusion ist stets dann die erfolgreichere der beiden Strategien, wenn es um die Vermeidung von Katastrophen geht. Allerdings ist die Vermeidung von Katastrophen nur für einen gewissen Zeitraum ein zufriedenstellendes Erfolgskriterium. Irgendwann werden von der professionellen Intervention auch verbessernde Wirkungen verlangt. Hier haben Konstruktionen den Vorteil, dass sie schneller zum Erfolg führen. Sie sind aber zugleich mit dem Risiko des endgültigen Scheiterns behaftet.

Die Inferenz variiert im Hinblick auf ihren Umfang. Im Fall, dass bei der Lösung eines Problems nur ein Versuch möglich ist, sind die professionellen Inferenzketten so ausführlich, wie es für die Lösung des Problems nötig ist. Bei mehreren Chancen ist es dagegen möglich, die Inferenzkette früher zu beenden, zu behandeln und dann auf weitere Informationen zu warten, um die Schlussfolgerungen dann auf der Basis verbesserter Daten fortzusetzen. Dabei ist aber zu beachten, dass mehrere Möglichkeiten für Inferenzen auch bedeuten, dass mehr Fehler möglich werden, sodass das Vertrauen in die professionelle Kompetenz und Leistungsfähigkeit untergraben werden kann.

Zu viel kognitive Inferenz wie auch zu wenig schwächt das Ansehen professioneller Arbeit. Zu wenig Inferenz bedeutet Routinisierung, sodass der Einsatz von Professionellen überflüssig wird. Die entgegengesetzte Behauptung, dass jeder Fall ausführlichster Schlussfolgerungen bedarf, ist ebenfalls nicht überzeugend, denn eine Profession, die nur esoterisch erscheint, kann in einfachen Fällen nicht zeigen, wie man ohne größere Schwierigkeiten und Aufwand von der Diagnose zur Behandlung kommt. Eine solche Profession mag zwar effektiv sein, sie hat aber Probleme bei der kulturellen Legitimation der kognitiven Grundlagen, die die Wirkungen möglich machen.

Insgesamt ist festzuhalten, dass professionelle Arbeit eine Form der Wahrnehmung bzw. Deutung von Wirklichkeit (Diagnose) und im Kern eine besondere Art schlussfolgernden Denkens ist (Inferenz). Die Waffen der Professionellen sind Ideen. Sie üben Kontrolle durch die Definition von Realität aus (Scott/Backman 1990). Auf dieser Basis ist professionelle Arbeit zudem ein Bewirken von Wirkungen (Behandlung).

Speziell das Inferenzieren, aber z. T. auch das Diagnostizieren sind obskure Tätigkeiten, insofern es bisher nicht gelungen ist, diese Aktivitäten rational zu rekonstruieren und technisch handhabbar zu machen. Eben das ist ein Aspekt, der dem professionellen Handeln eine besondere Aura verleiht (ein anderer ist die Legitimation durch Wissenschaft) und der dazu beiträgt, dass professionelles Handeln auch als Kunst bezeichnet wird.

Damit ist erläutert, was aus der symbolischen interpretativen Perspektive professionelle Arbeit ist. In einem nächsten Schritt ist nun weiter darzustellen, mit welcher typischen Orientierung, mit welcher „Haltung", die Tätigkeiten des Diagnostizierens, Schlussfolgerns und Behandelns von den Professionellen in der Alltagspraxis von Organisationen ausgeführt werden.

4. Die pragmatische Orientierung professionellen Handelns

Der professionelle Dreischritt von Diagnose, Inferenz und Behandlung erfolgt vor dem Hintergrund eines abstrakten akademischen Wissenssystems. Wie jedes Wissenssystem ist auch dieses in ein Klassifikations- und Inferenzsystem unterteilt. Die abstrakte Klassifikation unterscheidet sich aber von den Kategorisierungen, die bei der Diagnostik und Behandlung vorgenommen werden. Das abstrakte Klassifikationssystem ist nicht in der Form organisiert, dass es vom Bekannten zum Esoterischen oder vom Behandelbaren zum Unbehandelbaren verläuft. Der Charakter des abstrakten Klassifikationssystems wird vielmehr durch die wissenschaftlichen Kriterien der logischen Konsistenz und Rationalität bestimmt, sodass praktische Kriterien wie z. B. effektive Handhabbarkeit keine Rolle spielen. Die abstrakten professionellen Wissenssysteme haben somit eine Beschaffenheit, die eine unmittelbare Nutzung verhindert.

Das heißt aber nicht, dass die abstrakten Wissenssysteme für die Praxis professionellen Handelns irrelevant wären. Wie mehrfach erwähnt, hängt die Fähigkeit einer Profession, sich ihr Handlungsfeld zu erhalten, wesentlich von dem Prestige und dem gesellschaftlichen Einfluss ihrer akademischen Wissensordnung ab. Neben der Legitimation professioneller Arbeit hat das akademische Wissenssystem die Aufgabe, durch Forschung neue Diagnose-, Inferenz- und Behandlungsmethoden für die Profession zu generieren. Zudem wird durch die Vermittlung des abstrakten Wissenssystems in der akademischen Lehre der Einzelne in die professionelle Welt- und Werteordnung einsozialisiert und erwirbt so wesentliche Bestandteile seiner professionellen Identität.

Die wissenschaftlichen Wissensordnungen lassen sich nicht einfach in der Praxis anwenden, weil sie der Erkenntnis der Realität dienen. Im Gegensatz dazu dient das in der Diagnostik, Inferenz und Behandlung benutzte professionelle

Praxiswissen der Lösung von Problemen. Während es im ersteren Fall um die handlungsentlastete Beschreibung und Erklärung der Wirklichkeit geht, geht es im letzteren Fall um das Eingreifen in die Realität unter der Bedingung des Handlungsdrucks – und zwar gerade auch dann, wenn eine wissenschaftliche Fundierung für die Intervention nicht verfügbar ist (Hasenfeld 1983; Beck/Bonß 1989; Dewe et al. 1992).

Das professionelle Handlungswissen hat seine eigene Logik, die sich aus der Relationierung praktischer Anforderungen und theoretischer Wissensbestände ergibt. Für die Medizin als Profession par excellence hat Eliot Freidson (1988) diese Eigenlogik als klinische Mentalität beschrieben. Das mit diesem Begriff bezeichnete Interpretationssystem der Professionellen weist folgende vier Merkmale auf:

1. Die aus der Bearbeitung von Einzelfällen resultierende pragmatische Orientierung der Professionellen bedeutet eine grundsätzliche Präferenz für das Handeln gegenüber dem Nicht-Handeln, sodass auch ein Handeln mit geringer Erfolgsaussicht dem Nichtstun vorgezogen wird. Die Präferenz für Handeln und Problemlösung impliziert weiterhin, dass der Professionelle an seine Interventionen glaubt. Nicht Skepsis kennzeichnet die Einstellung des Professionellen gegenüber seinen Handlungen – denn eben das würde ihn tendenziell paralysieren – sondern ‚Commitment'.
2. Aus der Bindung an das Handeln resultiert, dass der professionelle Praktiker sich auf die eigene Erfahrung mit konkreten Einzelfällen und nicht auf wissenschaftliche Theorien verlässt, zumal die Theorien nicht in der Lage sind, Aussagen im Hinblick auf Einzelfälle zu machen. Das Wissen der praktischen Professionellen ist daher ein Fallwissen, das eine narrative Form und nicht wie das theoretische Wissen eine propositionale Form hat (Hunter 1991; Nelson 1997).
3. Die Handlungsorientierung der Professionellen geht mit einem Gefühl subjektiver Verantwortung einher. In der Medizin ist die Verantwortung des Arztes die Verantwortung für das Wohlergehen des Patienten. Diese Verantwortung ist eine Verantwortung im Einzelfall. Sie ist mithin persönlich und direkt, sie wird subjektiv als folgenreich empfunden, weil dem Professionellen, hier dem Arzt, die Schuld bei schlechten Behandlungsresultaten zugerechnet werden kann. Everett Hughes (1958) bezeichnet daher das professionelle Wissen auch als „guilty knowledge".
4. Auch wenn Teile der professionellen Praxis, besonders in der Diagnose und Behandlung, einen redundanten Charakter haben, so ist das professionelle Handeln im Kern ein Handeln unter der Bedingung von Unbestimmtheit, das komplexe Schlussfolgerungen und das Eingehen von Risiken verlangt.

In Verbindung mit dem Verantwortungsgefühl entsteht somit ein subjektives Gefühl der Unsicherheit und Verwundbarkeit. Die Betonung von Unbestimmtheit im Einzelfall und die Erfahrung von Unsicherheit und Verwundbarkeit rechtfertigen die Berufung auf die eigene praktische Erfahrung und die damit verbundene narrative Wissensform.

Die Präferenz für das Handeln, der Bezug auf das eigene Wissen und die eigenen Erfahrungen, das subjektive Gefühl von Verantwortung und Verwundbarkeit haben nach Freidson (1975) zwei wesentliche Konsequenzen. Zum einen impliziert die klinische Mentalität eine Konzentration auf die Arbeit am Einzelfall. Nicht die disziplinierte Befolgung von Regeln, auch nicht das Streben nach materiellem Gewinn, sondern die gekonnte Bearbeitung von individuellen Problemfällen bildet den Fokus des professionellen Handelns. Im Rahmen der klinischen Mentalität kommt der Arbeit damit ein intrinsischer Wert zu. Als Belohnungen winken dem Professionellen dann der Respekt der Kollegen und das Vertrauen der Klienten.

Zum anderen impliziert das klinische Bedeutungssystem einen ‚frame of mind', den Freidson als ontologischen und epistemologischen Individualismus charakterisiert. Freidson (ebd.; 1988) wählt diese Bezeichnung zum einen, weil der Professionelle die Realität auf der Basis seiner persönlichen, partikularistischen Erfahrungen wahrnimmt und evaluiert, zum anderen, weil der Professionelle durch seine eigene Arbeit absorbiert und auch isoliert wird. Der Professionelle ist gewissermaßen seine Arbeit, weil er die obskuren Fähigkeiten der Diagnose und Inferenz verkörpert: Diagnose und Inferenz sind Formen eines „embrained" bzw. „embodied knowledge" (Blackler 1995). Das heißt zum einen, dass der Professionelle sich mit seiner Arbeit identifiziert und die Qualität seiner Arbeit mit seiner Selbsteinschätzung in Verbindung steht. Zum anderen bedeutet das, dass die eigenen Ansichten eine privilegierte Stellung haben und den Meinungen anderer Instanzen und Autoritäten lediglich eine nachgeordnete Bedeutung zukommt. Die pragmatische Orientierung der klinischen Mentalität wird verstärkt durch die Legitimationskraft der Wissenschaft und dem damit verbundenen Respekt vor der Position des Professionellen. Die Konsequenz ist, dass der Individualismus zum dominanten Element der Orientierung und des Verhaltens des Professionellen wird. Dieser Individualismus ist gleichbedeutend mit der Selbstbestimmung des Handelns; er verträgt sich schwerlich mit irgendeiner Form von Fremdbestimmung.

Es liegt somit auf der Hand, dass mit diesem Individualismus besondere Probleme der Kontrolle professioneller Arbeit verbunden sind. Die soziale Form, in der Professionelle zusammenarbeiten und sich kontrollieren, ist das Kollegium. Das Kollegium ist eine egalitäre Organisationsform, die einen kollektiven Individualismus verkörpert. Wie die professionelle Arbeit in dieser Organisationsform reguliert und kontrolliert wird, damit beschäftigt sich der folgende Abschnitt.

5. Kollegiale Kontrolle

Aus der symbolisch interpretativen Perspektive leitet sich das Recht auf selbstbestimmtes Handeln für den Professionellen erstens aus dem wissenschaftlichen Wissensbestand seiner Berufsgruppe und zweitens aus dem durch die klinische Mentalität konstituierten Individualismus ab. Diese Selbstbestimmung und -kontrolle der eigenen Arbeit definiert die Stellung des Professionellen im System organisierter Arbeitsteilung. Professionen sind Berufe, die keiner anderen Berufsgruppe unterstellt sind. Daher bezeichnet Freidson (2001) Autonomie als „the very soul of professionalism".

Eine Fremdkontrolle durch andere Berufsgruppen ist mit dem professionellen Status somit unvereinbar. Dies gilt ebenso für Kontrollen durch in formaler Hinsicht ranghöhere Positionen in der Organisation: Solange die Inhaber dieser Positionen nicht über das professionelle Wissen verfügen und die Verantwortung für die Unwägbarkeiten des Einzelfalls übernehmen, wird ihnen nicht das Recht zugestanden, das Handeln von Professionellen zu überprüfen und/oder ihnen Handlungsanweisungen zu geben. Der Individualismus professionellen Handelns geht mit einer Ablehnung von formalen Vorgaben und von Hierarchie einher. Formale Regeln werden als nicht legitim angesehen, weil situationsunabhängig festgelegte Vorschriften nicht der kognitiven Unbestimmtheit, der moralischen Verantwortung für und der persönlichen Verwundbarkeit durch professionelles Handeln Rechnung tragen. Zwar werden administrative, formale Vorgaben von den Professionellen respektiert, soweit sie für die Verwaltung der professionellen Organisation unumgehbar sind. Aber diese formalen Vorgaben finden ihre Grenze z. B. schon bei der Festlegung und Einhaltung von Arbeitszeiten, soweit dadurch die Selbstbestimmung professionellen Handelns tangiert wird.

Vor dem Hintergrund des Individualismus der klinischen Mentalität sind Eingriffe der Verwaltung eine Bedrohung der Autonomie der professionellen Position. Wie Dornbusch und Scott (1975) deutlich machen, unterscheiden Professionelle zwischen geltenden und angemessenen Autoritätsbeziehungen in Organisationen. Auch wenn Professionelle die Geltung administrativer Autorität z. B. in Bezug auf die Festlegung von Arbeitszeiten zugestehen, so „indossieren" sie doch deren Geltung nicht. Ebenso spricht Freidson (1975) davon, dass Professionelle bestrebt sind, formale Autorität zu neutralisieren. Nach Parsons' Ansicht gilt dies auch für formale Rangfolgen innerhalb der Profession:

> „Instead of a rigid hierarchy of status and authority there tends to be what is roughly, in formal status, a ‚company of equals', an equalization of status which ignores the inevitable gradation of distinction and achievement to be found in any considerable group of technically competent persons" (Parsons 1947: 60).

Parsons' „company of equals" ist eine Gruppe Gleichberechtigter: das Kollegium der Professionellen. Diese egalitäre Form hat Weber (1972) auch als herrschaftsfremde Verbandsverwaltung bezeichnet. Die Besonderheit dieser Organisationsform besteht in ihrer gleichberechtigten und somit polykratischen Struktur: Im Kollegium sind alle Mitglieder gleich entscheidungsberechtigt und nicht, wie in der Hierarchie, wenige oder nur ein Einzelner. Durch die Gleichverteilung der Entscheidungsbefugnisse wird im Kollegium die Freiheit des Einzelnen und damit die für das professionelle Handeln konstitutive Autonomie gewährleistet. Das Kollegium lässt sich somit auch als eine Veranstaltung zur Verhinderung von Hierarchie und damit Fremdbestimmung verstehen.

Indem die polykratische, egalitäre Struktur des Kollegiums die Handlungsautonomie des Einzelnen sicherstellt, ergibt sich zugleich das Problem, dass diese Organisationsform Schwierigkeiten mit der Regelung von Konflikten und der Ausübung von Kontrolle hat. Während die hierarchische Organisation über vielfältige Mechanismen der Kontrolle und der Konfliktregulierung verfügt – es können Anweisungen gegeben oder Machtworte gesprochen werden, es können Überprüfungen vorgenommen werden und Leute versetzt oder degradiert werden, – besitzt in der egalitären Gruppe kein Individuum die Autorität, ein anderes Mitglied des Kollegiums zu kontrollieren und/oder einen Konflikt in die eine oder andere Richtung zu entscheiden.

Als Folge dieser Situation werden in der kollegialen Organisationsform Konflikte vermieden und/oder „unter den Teppich gekehrt" (Douglas 1978). Das Problem bei der Vermeidung von Konflikten ist, dass diese latent weiterbestehen und zur Bildung von Fraktionen und damit tendenziell zu Spaltungen innerhalb der Gruppe der Professionellen führen. Als Reparaturmechanismus für diese Problematik lassen sich Formen wie Mehrheitsabstimmungen oder Supervisionen einsetzen, die allerdings nicht immer, vielleicht sogar in den wenigsten Fällen andauernde Konflikte lösen können. Gelingt eine Konfliktlösung oder Befriedung nicht, kommt es zu einer Fragmentierung der Organisation von in Machtkämpfen verstrickten Professionellen oder Gruppen von Professionellen.

Jenseits dieser Schwierigkeit der Regelung von Konflikten im Kollegium findet sich im Arbeitsalltag professioneller Organisationen eine spezifische Form kollegialer Kontrolle, die vielfach als Selbstregulation bezeichnet wird. Professionelle sprechen danach allein jenen Kollegen, die über das gleiche Wissen verfügen, das Recht zur Beurteilung und damit Kontrolle ihrer Arbeit zu. Die Kontrolle professioneller Arbeit durch Selbstregulation setzt am Status des Professionellen an. Angst vor Scham durch den Verlust beruflicher Anerkennung und die damit einhergehende Isolation im professionellen Beziehungssystem hält den Professionellen demnach an, gute Arbeit zu machen.

Freidson (1975) hat am Beispiel von Krankenhausärzten diese Form kollegialer Kontrolle eingehend untersucht. Er zeigt, dass die professionelle Selbstregulation durch eine bestimmte Form des Umgangs, eine professionelle Etikette, gekennzeichnet ist. Diese professionelle Etikette verlangt als erstes, dass man den professionellen Kollegen grundsätzlich vertraut. Dieses Vertrauen wird durch die Position und den Status des Professionellen gerechtfertigt: Er hat eine lange akademische Ausbildung durchlaufen, er verfügt daher über das nötige Wissen und die nötige Erfahrung, um unbestimmte Probleme zu bearbeiten und er übernimmt zudem bei seiner Arbeit die Verantwortung für eine möglichst optimale Behandlung eines jeden Einzelfalls. Kurzum, es ist zu unterstellen, dass der professionelle Kollege eine Person mit bestimmten wünschenswerten charakterlichen Eigenschaften ist (Abbott 1988). Würde dem Kollegen dagegen kein Vertrauen entgegengebracht, so würde dies bedeuten, dass sein Status und damit seine professionelle Identität in Frage gestellt würde. Da das genau das ist, was hierarchische Kontrolle tut, verlangt die kollegiale Etikette in erster Linie, den Status des Professionellen zu respektieren und zu schützen. Aus der Forderung den Status des Professionellen zu schützen, resultiert z. B. das Verbot, sich öffentlich negativ über Kollegen zu äußern.

Der Respekt und der Schutz eines einzelnen Kollegen bedeuten nun nicht ein blindes Vertrauen in der Form, dass gar keine Informationen zu seiner Kompetenz und Leistung eingeholt werden. Da im Kollegium aber niemand berechtigt ist, den anderen ohne dessen Einwilligung bei seiner Arbeit zu beaufsichtigen oder Rechenschaft von ihm zu verlangen, wird in der Regel auf informelle Informationsquellen zurückgegriffen. So liefern als erstes z. B. zusätzliche formale Abschlüsse (Doktortitel, Facharzt), die Reputation der Ausbildungsinstitution und die bisherige Karriere Hinweise zur Beurteilung der Kompetenz eines Kollegen. Eine zweite Informationsquelle ist das Hörensagen. Berichte von Klienten und anderen Kollegen dienen zur Einschätzung. Zwar verlangt die kollegiale Etikette, dass man mit Klienten nicht über Kollegen spricht, aber deren

Erfahrungen, ebenso wie die an ihnen vorgenommen Diagnosen und Behandlungen, liefern Hinweise, die zur Evaluation verwendet werden. Auch die Erfahrungen anderer Kollegen in der Zusammenarbeit mit dem Professionellen dienen dem Aufbau und der Zirkulation von Reputation. Schließlich liefern besonders die eigenen Erfahrungen aus der Kooperation mit dem Kollegen Hinweise für eine Evaluation. Hier können zum einen aus den zugänglichen schriftlichen Dokumenten Rückschlüsse auf die professionelle Logik und Intelligenz gezogen werden. Zum anderen dienen fachliche Diskussionen und informelle Gespräche („Klatsch") mit dem Kollegen als Informationsquellen.

Auf der Grundlage der so verfügbaren Informationen kommt es zu einer Bewertung der professionellen Leistung. Dabei liefern das professionelle Standardwissen und die Standardprozeduren der jeweiligen Praxis den Maßstab für das, was als akzeptable Leistung gilt. Die Anwendung dieses Maßstabs wird dadurch kompliziert, dass in der professionellen Arbeit Urteile im Hinblick auf jeweils unterschiedlich gelagerte Einzelfälle getroffen werden müssen. Deren Beurteilung auf der Basis von Standardverfahren lässt aber gerade die Besonderheiten des Falles außer Acht und wird damit der eigentlichen professionellen Kunst nicht gerecht. Hinzu kommt, dass der permanente Handlungsdruck in Rechnung zu stellen ist: Die pragmatische Orientierung der klinischen Mentalität verlangt, dass etwas getan wird, auch wenn die Datenlage als unzureichend bewertet wird. Und schließlich sind, wie oben erwähnt, aufgrund des lediglich probabilistischen Charakters des professionellen Diagnosesystems Fehler unvermeidlich. Dies gilt auch für das Behandlungssystem, weil für das professionelle Handeln typischerweise keine verlässlichen, kausal wirksamen Methoden, d. h. Technologien verfügbar sind (Perrow 1965). Als Folge dieser Situation gibt es zum einen eine breite Varianz in der Beurteilung dessen, was als akzeptable professionelle Leistung gilt. Zum anderen können aufgrund der Unbestimmtheit des Beurteilungsmaßstabs Fehler als „Meinungen" aufgefasst und damit normalisiert werden.

Freidson (1975) beschreibt dementsprechend zwei Formen professioneller Fehler: „normale" Fehler und „grobe" Fehler. Normale Fehler sind aufgrund des unbestimmten Charakters professioneller Arbeit unvermeidlich. Sie sind nachvollziehbar und entschuldbar. Grobe Fehler resultieren dagegen aus Ignoranz und Nachlässigkeit. Sie entstehen, weil die Regeln der professionellen Kunst verletzt werden und dokumentieren eine Inkompetenz, die mit dem professionellen Status unvereinbar sind. Solche Fehler sind beschämend und unentschuldbar.

Die kollegiale Reaktion auf das fehlerhafte Verhalten eines Professionellen beschränkt sich weitgehend auf die groben Fehler. Die Sanktionen gründen dabei, in Übereinstimmung mit der Regel, dass den Kollegen Vertrauen entgegenzubringen ist, auf der Annahme, dass Professionelle im Grunde intrinsisch motiviert sind, gute Arbeit zu leisten. Diese Annahme beruht im Wesentlichen auf zwei Gründen: Erstens führt, wie bereits erwähnt, die berufliche Sozialisation zu einer Identität, die mit qualitativ minderwertiger Arbeit als nicht vereinbar angesehen wird. Schlechte Medizin ist mit dem Selbstbild eines Arztes nicht kompatibel. Zweitens wird die Anerkennung der Kollegen als Motivationsquelle aufgeführt. Schlechte Leistungen führen zu Reputationsverlust und damit zu professionsinternen Degradierungen.

Aus diesen Annahmen folgt nun, dass die Sanktionen für Fehler in der kollegialen Selbstregulation auf die für Professionelle typische Motivation und Anreizstruktur abgestimmt sein sollten. Bestrafungen um der Bestrafung willen werden daher abgelehnt. Ebenso werden materielle Sanktionen, da z. B. monetäre Anreize lediglich als zusätzliche, nicht jedoch als grundlegende Motivationsquelle angesehen werden, sodass es insgesamt zu einer engen Begrenzung hinsichtlich der Form der Sanktionen kommt. Druck auf Kollegen wird vor allem auf informelle und vertrauliche Weise ausgeübt. Die präferierte Form der Sanktion ist das Gespräch hinter verschlossenen Türen. Da eine öffentliche Anprangerung als Verletzung der professionellen Etikette gilt, wird im privaten Gespräch die beste Möglichkeit gesehen, Rechenschaft zu verlangen und Peinlichkeit zu vermeiden. Das informelle Gespräch bietet zudem die Möglichkeit, die Gründe für Fehlverhalten angemessen zu analysieren und wird formalen Maßnahmen, wie z. B. Abmahnungen, auch deswegen vorgezogen, weil hierarchische Eingriffe nicht der kollegialen Struktur entsprechen. Informelle Gespräche gelten unter Professionellen bereits als schwerwiegende Sanktionsmaßnahme. Einem solchen Gespräch geht in der Regel voraus, dass unter den Professionellen bereits über den betroffenen Kollegen in negativer Weise gesprochen worden ist, sodass das Gespräch einen schleichenden, bereits fortgeschrittenen Reputationsverlust signalisiert.

Sollte das Reden „in camera" keine Wirkung zeigen, so folgt als weitere und drastischste Sanktionsmaßnahme der Boykott des Kollegen. In diesem Fall wird die Zusammenarbeit vermieden und es kommt zu einem Entzug von Reziprozität. Konkret bedeutet das, dass Klienten nicht mehr an den Kollegen weiterverwiesen werden, dass es zu keinen Konsultationen bei Problemen mehr kommt und dass auch jeglicher Austausch von kollegialen Hilfen und Gefälligkeiten vermieden wird. Der Boykott ist stets ein individueller, er erreicht seine kollektive Qualität über einen informellen Schneeballeffekt. Diese Form der Exklusion vermeidet (weitere) Konfrontationen, sie ist passiv und vage und kommuniziert keine Gründe. Der Boykott ist ein Ausschluss aus dem Kollegium, nicht aus der Profession oder der Organisation. Er entfaltet seine bestrafende Wirkung, insoweit der Betroffene sensibel ist im Hinblick auf die Meinungen der anderen Kollegen und insoweit er auf Zusammenarbeit angewiesen ist.

Strukturell betrachtet zeichnet sich die kollegiale Organisation also durch eine horizontale Stratifizierung aus. Auf der Basis von Anerkennung ergibt sich eine Staffelung in Form eines Netzwerkes, in denen diejenigen, die am meisten Respekt genießen, das Zentrum bilden (die „Stars") und diejenigen, die gering geschätzt werden, an der Peripherie zu finden sind (die „Isolierten").

6. Schlussbemerkung

Die bisherige (Re-)Formulierung der professionellen Organisation aus dem Blickwinkel eines symbolisch interpretativen Ansatzes lässt sich kurz folgendermaßen zusammenfassen:

1. Das Recht auf selbstbestimmtes Handeln, die Autonomie professioneller Problembearbeitung in Organisationen, beruht auf der Legitimation durch Wissenschaft. Eine kulturelle und funktionale Autorität tritt neben und/oder an die Stelle bürokratischer Autorität, sodass professionelle Organisationen eine polykratische Struktur aufweisen.
2. Professionelles Handeln ist symbolisches Handeln. Es (re-)produziert kulturelle Realitäten durch Diagnostik und Inferenz und führt auf dieser Basis Behandlungen durch.
3. Die Praxis professionellen Handelns ist durch eine besondere pragmatische Orientierung, eine klinische Mentalität, gekennzeichnet, die einen epistemologischen und ontologischen Individualismus konstituiert.
4. Die professionelle Form der Organisation ist das Kollegium, ein Kollektiv gleichrangiger Individualisten. Dessen Selbstregulation beruht auf der Angst vor Statusverlust und sozialer Isolation. Die professionelle Stratifikation ist netzwerkförmig.

Die in letzter Zeit in der Soziologie zu beobachtende Revitalisierung der Diskussion um Struktur professioneller Organisationen (Brock et al. 1999) lässt sich aus der Sicht des symbolisch interpretativen Ansatzes vor allem auf zunehmende Legitimationsprobleme der Wissenschaft zurückführen. Seit der Mitte des letzten Jahrhunderts macht die Wissenschaft gravierende epistemische und institutionelle Veränderungen durch, die zu einem Verlust ihres sakralen Charakters und damit zu einem Nachlassen ihrer Legitimationskraft geführt haben. Der Legitimationsverlust ist u. a. auf folgende Prozesse zurückzuführen:

- Die Selbstrelativierung des wissenschaftlichen Wissens: Die Wissenschaft als das zentrale Medium der Entzauberung der Welt hat sich im Zuge ihrer Entwicklung selbst entzaubert. Die Vermehrung wissenschaftlichen Wissens hat nicht zu einer wachsenden Berechenbarkeit der Welt geführt. Vielmehr wuchs mit dem Wissen auch das Nichtwissen und die Unsicherheit. Weil die Wissenschaft zudem selbst nachwies, dass sie kein eindeutiges und definitiv sicheres Wissen produzieren kann, unterminierte sie selbst ihren exklusiven, Überlegenheit beanspruchenden Status (Bauman 1987; Bonß 2002).
- Die Verbreitung des wissenschaftlichen Wissens: Der Ausbau von Bildungsinstitutionen, aber vor allem die Entwicklung neuer Informationstechnologien führten zu einer rasanten gesellschaftlichen Verbreitung und Zugänglichkeit wissenschaftlicher Erkenntnisse. Insofern man die Verfügung über Wissen als Machtressource versteht, führt dies zu einer Verschiebung der Macht weg von den Institutionen hin zum einzelnen Individuum (Stehr 2000). Der kulturelle Beitrag der neuen Informationstechnologien – die „Hegemonie der Informatik" (Lyotard 1986) – besteht darin, die Mittel des Handelns anstelle der Ziele zu betonen und damit eine Veränderung sozialer Wertungen zu bewirken. An die Stelle der Beschäftigung mit Wahrheit und Gerechtigkeit tritt die Beschäftigung mit Effizienz und Nützlichkeit. Wissenschaftliches Wissen wird zur Ware und ist nicht mehr das Kennzeichen eines akademisch gebildeten Geistes. Die mit den neuen Informationstechnologien einhergehende „Medialisierung der Wissenschaft" (Weingart 2001) befördert darüber hinaus Skepsis und Misstrauen gegenüber wissenschaftlichen Erkenntnissen.
- Die Anwendung wissenschaftlichen Wissens: Die Grenzen zwischen universitärer Grundlagenforschung und angewandter Industrieforschung verwischen sich; Wissensproduktion ist nicht mehr vorrangig auf die Suche nach Naturgesetzen gerichtet. Weil Wissen zur entscheidenden wirtschaftlichen Ressource wird (Drucker 1968), kommt es zu einer engeren Anbindung der Erkenntnisproduktion an soziale Anwendungskontexte. Die Produktion wissenschaftlichen Wissens ändert damit ihren Ort und ihren Charakter. Zudem bringt der Versuch der Politik, ihre Entscheidungen durch wissenschaftliche Expertise zu rechtfertigen, die Wissenschaft in Verbindung mit den politischen Lagern und involviert sie in deren Konflikte. Im Dauerclinch zwischen Gutachtern und Gegengutachtern verliert wissenschaftliches Fachwissen seine Glaubwürdigkeit.

Alle diese Prozesse führen zu einer Verringerung der sozialen Distanz zwischen Gesellschaft und Wissenschaft. Die Verwissenschaftlichung der Gesellschaft geht einher mit einer Vergesellschaftung der Wissenschaft, mit der Folge, dass deren Legitimationskraft für das selbstbestimmte Handeln der Professionellen in Organisationen nachgelassen hat. Diese Schwächung der kulturellen Autorität der Professionellen bedeutet, dass sich die rechtliche Verteilungsstruktur von Organisationen in Richtung auf die „staatssozialistische" Variante verschiebt. Ihren greifbarsten Ausdruck findet diese Verschiebung in der Dominanz, mit der das Thema „Qualität" das Geschehen in professionellen Organisationen in den letzten zehn Jahren beherrscht. Nicht mehr Wissenschaft scheint heute das Handeln zu legitimieren, der neue Gott, dem gehuldigt wird, heißt „Qualität".

Aus der Perspektive des symbolisch interpretativen Ansatzes führt die Hegemonie des Qualitätsdiskurses zu einer Veränderung der Form kultureller Instandhaltungsarbeit in professionellen Organisationen: An die Stelle der professionellen Diagnose, Inferenz und Behandlung treten standardisierte Kategorien und Verfahrensweisen. Genauer gesagt, setzt die Bürokratisierung der professionellen Organisation an der Diagnose und der Behandlung an, mit der Folge, dass die eigentliche professionelle Kernkompetenz, die Inferenz, ausgeschaltet wird.

Exemplarisch wird die Formalisierung und Fremdbestimmung des professionellen Handelns wiederum bei den Ärzten sichtbar. Welche Kategorien bei der Erstellung einer Diagnose angewendet werden, liegt nicht mehr im Ermessen des einzelnen Arztes, sondern wird durch diagnostische Schemata wie dem ICD (International Classification of Diseases) vorgegeben. Dem Professionellen kommt nicht mehr die Aufgabe zu, die Realität zu definieren. Stattdessen hat er sie nach vorgegeben Kategorien zu sortieren, und zwar auch dann, wenn die Kategorien seiner eigenen Realitätswahrnehmung nicht entsprechen. Ebenso ist der Arzt auch in der Wahl der Behandlung nicht mehr frei: Hier hat er zum einen Leitlinien zu folgen. Abweichungen von diesen Vorgaben bedürfen dabei jeweils einer besonderen Begründung. Zudem unterliegen Ärzte bei der Behandlung Effizienzerfordernissen, in dem ihm z. B. finanzielle Richtgrößen für die Verabreichung von Medikamenten vorgegeben werden, so dass sie nicht mehr das Medikament verordnen können, das sie für das beste halten.

Die Regulierung professionellen Handelns durch Verfahrensvorschriften schließt die Diagnose direkt mit der Behandlung kurz, so dass die professionelle Kernkompetenz der Inferenz, die Kunst des Urteilens angesichts von Mehrdeutigkeit, ausgeschaltet wird. Was vom Professionellen dann verlangt wird, ist die disziplinierte Konformität gegenüber den vorgegebenen „Qualitätsstandards". Das heißt aber auch: Die klinische Mentalität, deren Fokus die Problembearbeitung von Einzelfällen ist, wird ersetzt durch eine bürokratische Mentalität, die an der einwandfreien Erstellung einer standardisierten Problembearbeitung interessiert ist. Das, womit sich Professionelle ursprünglich beschäftigten, nämlich die Bearbeitung besonderer, nichtroutinisierbarer, unbestimmter, aktiver Probleme, gerät so aus dem Blick.

Schließlich wird für die Erzeugung von Qualität auch die weitgehend informelle Form der kollegialen Kontrolle zunehmend durch formale Verfahren ersetzt. Explizite Evaluationen, regelmäßige Qualitätskontrollen anhand von Befragungen, Bezahlung nach Leistung, Zielvereinbarungen usw. treten an die Stelle des Statusverlustes und des stillschweigenden Boykotts. Die Autonomie des Handelns und der kollektive Individualismus der kollegialen Kontrolle wird der Regulation durch ein „Management by Objectives" unterworfen. All das wird nicht allein durch „fachfremde" Administratoren implementiert, sondern mit Hilfe von Professionellen, die sich reflektiert, unreflektiert, nolens volens, in den Dienst des Managerialismus stellen und die Starr (1982) daher als „corporate" statt als „clinical professionals" bezeichnet hat.

Die nachlassende Legitimationskraft der Wissenschaft führt zu einer Veränderung der Struktur von Handlungsrechten in professionellen Organisationen. Diese Veränderung der Organisationsstruktur verändert auch das Wesen professioneller Arbeit und damit die Konstitutionsform sozialer Realität. Soziale Realität wird nicht mehr vom einzelnen Professionellen für einzelne Fälle erzeugt, sondern durch anonym gesetzte formale Regeln und Verfahren. Unter dem Label „Qualität" wird Wissen in organisatorischen Regeln verortet, nicht mehr in den Köpfen der Professionellen (Abbott 1991). Zwar verlangt die Anwendung der Regeln wiederum „Kopfarbeit", aber die hat nun einen bürokratischen Charakter. Aus der Sicht des symbolisch interpretativen Ansatzes ist die Verschiebung der professionellen Organisationsform in Richtung auf die staatssozialistische Variante daher ein deutliches Indiz für das nahende Ende der Professionen (Perkin 1989) und die fortschreitende Dominanz einer „verwalteten Welt" (Adorno 1972).

Literatur

Abbott, A. (1988): The Systems of Professions. An Essay on the Division of Labor. Chicago.
Abbott, A. (1991): The Future of the Professions: Occupation and Expertise in the Age of Organization. In: Research in the Sociology of Organization 8, S. 17-42.
Adorno, Th. (1972): Soziologische Schriften, Bd. 1. Frankfurt/M.

Bauman, Z. (1987): Legislators and Interpreters. Cambridge.
Beck, U./Bonß, W. (1989): Weder Sozialtechnologie noch Aufklärung? Analysen zur Verwendung sozialwissenschaftlichen Wissens. Frankfurt/M.
Berger, P. (1988): Zur Dialektik von Religion und Gesellschaft. Frankfurt/M.
Berger, P./Luckmann, Th. (1972): Die gesellschaftliche Konstruktion der Wirklichkeit. Frankfurt/M.
Bijiker, W.E./Hugehs, T.P./Pinch, T. (Hg.) (1987): The Social Construction of Technological Systems: New Directions in the Sociology and History of Technology. Cambridge.
Blackler, F. (1995): Knowledge, Knowledge Work and Organizations: An Overview and Interpretation. In: Organization Studies 16, S. 1021-1046.
Bonß, W. (2002): Riskantes Wissen? Zur Rolle der Wissenschaft in der Risikogesellschaft. In: Heinrich Böll Stiftung (Hg.): Gut zu Wissen. Links zur Wissensgesellschaft. Münster, S. 114-130.
Brock, D./Powell, M./Hinnings, C.R. (Hg.) (1999): Restructuring the Professional Organization. Accounting, Health Care and Law. London.
Coleman, J. (1986): Die asymmetrische Gesellschaft. Weinheim.
Coleman, J. (1990): Foundations of Social Theory. Cambridge.
Collins, R. (1975): Conflict Sociology. New York.
Collins, R. (1990): Changing Conceptions in The Sociology of the Professions. In: Burrage, M./Torstendahl, R. (Hg.): The Formation of Professions. London, S. 11-23.
Crozier, M./Friedberg, E. (1979): Die Zwänge kollektiven Handelns. Über Macht und Organisation. Königstein/Ts.
Dewe, B./Ferchhoff, W./Radtke, F.-O. (1992): Das Professionswissen von Pädagogen. Ein wissenschaftstheoretischer Rekonstruktionsversuch. In: dies. (Hg.): Erziehen als Profession. Zur Logik professionellen Handelns in pädagogischen Feldern. Opladen, S. 70-91.
Dobbin, F.R. (1994): Cultural Models of Organization: The Social Construction of Rational Organizing Principles. In: Crane, D. (Hg.): The Sociology of Culture. Oxford, S. 117-43.
Dornbusch, M.S./Scott, R.W. (1975): Evaluation and the Exercise of Authority. San Francisco.
Douglas, M. (1978): Cultural Bias. London.
Drucker, P. (1968): The Age of Discontinuity. Guidelines to our Changing Society. New York.
Freidson, E. (1975): Doctoring Together. A Study of Professional Control. New York.
Freidson, E. (1988): Profession of Medicine. A Study of the Sociology of Applied Knowledge. With a New Afterword. Chicago.
Freidson, E. (2001): Professionalism. The Third Logic. Cambridge.
Geertz, C. (1973): The Interpretation of Cultures. New York.
Hartmann, H. (1964): Funktionale Autorität. Systematische Abhandlung zu einem soziologischen Begriff. Stuttgart.
Hasenfeld, Y. (1983): Human Service Organizations. Englewood Cliffs.
Hatch, M. J. (1997): Organization Theory. Oxford.
Heins, V. (1990): Max Weber zur Einführung. Hamburg.

Hughes, E.C. (1958): Men and their Work. Glencoe, Ill.
Hunter, K.M. (1991): Doctors' Stories. The Narrative Structure of Medical Knowledge. Princeton.
Jamous, H./Peloille, B. (1970): Changes in the French University Hospital System. In: Jackson, J. (Hg.): Profession and Professionalization. Cambridge, S. 111-152.
Jones, A./May, J. (1992): Working in Human Service Organizations. Melbourne.
Kelman, H.C. (2001): Reflections on Social and Psychological Processes of Legitimation and Delegitimation. In: Jost, J.T./Major, B. (Hg.): The Psychology of Legitimacy. Emerging Perspectives on Ideology, Justice, and Intergroup Relations. Cambridge, S. 54-73.
Klatetzki, Th. (Hg.) (1995): Flexible Erziehungshilfen. Ein Organisationskonzept in der Diskussion. Münster.
Likert, R. (1967): The Human Organization. Its Management and Values. New York.
Lipsky, M. (1980): Street Level Bureaucracy. New York.
Lyotard, J.-F. (1986): Das postmoderne Wissen. Ein Bericht. Wien.
Meyer, J.W. (1977): The Effects of Education in an Institution. In: American Journal of Sociology 83, S. 53-77.
Meyer, J.W./Rowan, B. (1977): Institutionalized Organizations: Formal Structure as Myth and Ceremony. In: American Journal of Sociology 83: 340-363.
Meyer, J.W./Scott, R.W. (1983): Organizational Environments: Ritual and Rationality. Beverly Hills.
Mieg, H./Pfadenhauer, M. (Hg.) (2003): Professionelle Leistung – Professional Performance. Konstanz.
Morgan, G. (1986): Images of Organization. London.
Nelson, H.L. (Hg.) (1997): Stories and their Limits. Narrative Approaches to Bioethics. New York.
Parsons, T. (1947): Introduction, in: Max Weber. Theory of Social and Economic Organization. New York.
Parsons. T. (1960): Structure and Process in Modern Societies. New York.
Perkin, H. (1989): The Rise of the Professional Society. England since 1880. London.
Perrow, C. (1965): Hospitals: Technology, Structure and Goals. In: March, J. (Hg.): Handbook of Organizations. Chicago, S. 910-971.
Perrow, C. (1967): A Framework for Comparative Organizational Analysis. In: American Sociological Review 32, S. 194-208.
Perrow, C. (1986): Complex Organization. A Critical Essay. New York.
Powell, W.W. (1991): Expanding the Scope of Institutional Analysis. In: ders./DiMaggio, P.J. (Hg.): The New Institutionalism in Organizational Analysis. Chicago, S. 183-203.
Richardson, A.J. (1985): Symbolic and Substantiv Legitimation in Professional Practice. In: Canadian Journal of Sociology 10, S. 139-151.
Richardson, A.J. (1987): Accounting as a Legitimating Institution. In: Accounting, Organization and Society 12, S. 341-355.
Rothschild-Whitt, J. (1979): The Collectivist Organization. An Alternative to Rational Bureaucratic Models. In: American Sociological Review 44, S. 509-527.

Rothschild-Whitt, J./Whitt, J.A. (1986): The Cooperative Workplace. Potentials and Dilemmas of Organizational Democracy and Participation. Cambridge.
Schluchter, W. (1972): Aspekte bürokratischer Herrschaft. München.
Schon, D.A. (1983): The Reflective Practioner. How Professionals Think in Action. New York.
Sciulli, D. (1986): Voluntaristic Action as a Distinct Concept: Theoretical Foundation of Societal Constitutionalism. In: American Sociological Review 51, S. 743-766.
Sciulli, D. (1992): Theory of Societal Constitutionalism. Foundation of a Non-Marxist Critical Theory. Cambridge.
Scott, W.R./Backman, E.V. (1990): Institutional Theory and the Medical Care Sector. In: Mick, S.S. (Hg.): Innovations in Health Care Delivery: Insights for Organization Theory. San Francisco, S. 20-52.
Scott, W.R./Meyer, J.W. (1994): Institutional Environments and Organizations. Structural Complexity and Individualism. London.
Smith, D.E. (1972): Front-line Organization of the State Mental Hospital, in: Hasenfeld, Y./English, R.A. (Hg.): Human Service Organizations: A Book of Readings. Ann Arbor, S. 347-362.
Starr, P. (1982): The Social Transformation of American Medicine. New York.
Stehr, N. (2000): Die Zerbrechlichkeit moderner Gesellschaften. Weilerswist.
Thompson, J.D. (1967): Organizations in Action. Social Science Bases of Administrative Theory. New York.
Waters, M. (1989): Collegiality, Bureaucracy, and Professionalization: A Weberian Analysis. In: American Journal of Sociology 94, S. 45-72.
Waters, M. (1993): Alternative Organizational Formations: A Neo-Weberian Typology of Polycratic Forms. In: Sociological Review 25, S. 55-81.
Weber, M. (1972): Wirtschaft und Gesellschaft. Tübingen.
Weingart, P. (2001): Die Stunde der Wahrheit? Zum Verhältnis der Wissenschaft zu Politik, Wirtschaft und Medien in der Wissensgesellschaft. Weilerswist.

Organisation, Profession, *bootstrapping*

Günther Ortmann

> „Ein Beruf ist das Rückgrat des Lebens."
> *Friedrich Nietzsche: Menschliches, Allzumenschliches*

1. ‚Profession', ‚Status' und ‚Institution', um drei zentrale Konzepte einer jeden Professionssoziologie anzuführen, sind sämtlich *S-type terms* im Sinne Barry Barnes' (1983). Diese Begriffe, ihr Sinn, ihre Bedeutung, ja: ihre Gegenstände werden in performativen Sprechakten (und, wie ich gelegentlich, aber nicht jedes Mal eigens hinzufügen werde, durch entsprechendes konkludentes Handeln) konstituiert. Barnes unterscheidet in Anlehnung an Wittgenstein und vor allem die Austin/Searle'sche Sprechakttheorie *N-type terms*, Begriffe, die sich auf natürliche Eigenschaften oder Gegenstände beziehen (daher N-type: N wie Natur), von *S-type terms* (S wie *speech act*), die sich auf solche Eigenschaften oder Gegenstände beziehen, die wir erst durch selbstreferentielle Sprechakte konstituieren. *N-type terms* basieren dagegen, grob gesprochen, auf Mustererkennung. ‚Blatt' oder ‚Baum' bezeichnen Begriffe vom N-Typ. „Feind" dagegen, oder „Außenseiter", bezeichnen *S-type terms*. Außenseiter zu sein, ist keine natürliche Eigenschaft.

2. Es sei gleich eingeräumt, dass sich das, so formuliert, klarer und einfacher ausnimmt als die Dinge liegen. Bezeichnet zum Beispiel ‚Weg' einen Begriff vom N- oder vom S-Typ (oder von beidem etwas)? Das liegt nicht gleich auf der Hand. Vor allem aber lässt sich sagen: *Wenn* wir eine Route durch eine Landschaft festgelegt, also in einem performativen Sprechakt zum Weg erklärt haben *und danach handeln,* dann trampeln und befestigen wir vielleicht einen Pfad, bauen ihn aus etc., der auf diese Weise „natürliche" – soll heißen: nicht durch Sprechakte konstituierte – Eigenschaften erhält.

3. Wenn man nun ‚Weg' als Metapher für Regeln und Institutionen nimmt – man denke an Giddens' Verfahren der Praxis, an „ways of acting" –, dann sieht man, warum David Bloor (1997: 33) formulieren konnte:

> „What is an institution? It is a collective pattern of self-referring activity."

Denn Institutionen verdanken ihre Existenz selbstreferentiellen performativen Sprechakten. Die Dinge beginnen so: Es „gibt" Y, weil ein dazu autorisierter individueller oder korporativer Akteur oder einfach eine mit Autorität ausgestattete Gruppe zum Ausdruck bringt: Es ist ein Y, weil wir es sprechend zu Y gemacht haben: ein Versprechen etwa, ein Vertrag, eine Drohung, eine Kündigung.

4. Es „gibt" Professionen, Status und Institutionen, weil autorisierte respektive anerkannte Individuen, Gruppen, Organisationen oder Mehrheiten „etwas" auf die gebotene Art und Weise dazu erklärt und damit Gefolgschaft *in praxi* gefunden haben.

In der allgemeinen Form, in die John Searle (1997) die Dinge gebracht hat, lautet so ein Sprechakt:

X counts as Y within context C.
Architekten, Ärzte, Anwälte zählen als Professionals in modernen Gesellschaften.
X_{1-5} zählen als Peers in einer Kollegialorganisation.
X_6 zählt als Juniorpartner, X_7 als Seniorpartner, X_8 als Oligarch in der Anwaltspraxis A.

Dieses „counts as" beruht vielleicht auf Macht, schließlich jedoch auf einem Geltungsglauben sensu Max Weber. Die Legitimation professionellen Handelns gründet, wie Thomas Klatetzki in diesem Band scharf herausstellt, „auf einem Glauben, nämlich dem Glauben an die Potenz der Wissenschaft".

5. Was als Profession zählt, kann nicht von der Soziologie in freier Begriffsbildung definiert werden. Sondern sie muss Notiz vom Sprechen und Handeln der *lay actors* nehmen[1]: von Statusauktionen, *peer reviews*, von den alltäglichen Prozessen der performativen Definition von Professionen und professionellen Standards, etwa Arbeits- und Qualitätsstandards oder Zugangs- und Ausschlusskriterien.

Wegen der darin angelegten Zirkularität und Selbstreferentialität spricht Barnes (1983) hier von *bootstrapping* und *bootstrapped inductions*. Wir ziehen uns am eigenen Schopf aus dem Sumpf zwischen Sinnwüsten und Sinnfluten. Eine Profession kann eine Profession genannt werden, weil wir sie so nennen (ernennen und entsprechend handeln). Ein Standard ist ein Standard, weil wir etwas zum Standard erklärt haben.

6. Hier jeweils entsprechendes konkludentes Handeln hinzuzufügen, bewahrt davor, es mit der linguistischen Wende zu übertreiben. Ein Bewusstsein von der Notwendigkeit konkludenten Handelns legt Karl Weicks Schiedsrichter

---

[1] Nur *en passant* sei angemerkt, dass dann auch die Zuschreibung von Professionalität im Sinne des Gegensatzes von „Profis" und Amateuren in den Blick geraten müsste. Das würde der landläufigen Einengung des Professionsbegriffs auf hohe Standards der Qualifikation und des Berufsethos (und der Selbstbezüglichkeit der auf diesem Gebiet tätigen professionellen Forscher) wenn schon kein Ende, so doch Schwierigkeiten bereiten.

an den Tag, der in einer Baseball-Diskussion über unvorschriftsmäßige Schläge sagt: „Es gibt sie erst, wenn ich sie *pfeife*." Sein Pfeifen, aber natürlich auch das *rule following* des Batters und des Pitchers hat diese Eigenschaft des Performativen respektive Konkludenten, und es konstituiert zusammen das Regelwerk und die Regelmäßigkeiten des Baseball-Spiels (Weick 1985: 9, 14f.). Weick spricht, wie gelegentlich bemerkt worden ist, von en*act*ment, nicht von en*think*ment.

7. Mit dem damit angedeuteten Übergang vom Sprechen zum Handeln geraten wir auf die unter 2. vermerkte Weise aus der Welt der *S*- in die Welt der *N-type terms*. Nun können wir ein Baseball-Spiel an „natürlichen" Eigenschaften erkennen: an den Bällen, den Schlägern, der Kluft der Spieler, den *bases*, der Spiel- und Laufweise. So können wir irgendwann auch an beobachtbaren Eigenschaften ausmachen, ob eine Arbeit, eine Aufgabenerfüllung, ein Beruf als Profession zu zählen ist: Wird ein spezifisches Wissen benötigt, das in eigens definierten Ausbildungsgängen zu erwerben ist? Ist der Dienst, der erwiesen wird, von besonderer Bedeutung für eine Klientel? Zeichnet sich die Arbeit durch hohe Komplexität aus? Sind Standards definiert, die von einem distinkten Berufsethos zeugen? Und so fort.

8. Insofern hier Begriffe vom S-Typ im Spiel sind – oder auf dem Spiel stehen –, lautet die Frage an einschlägige Sprechakte nicht, ob sie wahr, sondern ob sie erfolgreich sind (oder sein werden). Hat der Sprecher, haben die Sprecher die Autorität oder Macht (oder können sie sie mobilisieren), ein „X zählt als Y im Kontext K" zu etablieren?

An dieser Stelle sieht man das Potential dieser bescheidenen Anleihen aus der Sprechakttheorie, funktionalistische, institutionalistische und Konflikt-Ansätze der Professionssoziologie zu integrieren. Integriert werden kann insbesondere auch jede Form strategischen Handelns, zum Beispiel bloß zeremonielle oder scheinheilige Bezugnahmen auf professionelle Standards à la Meyer/Rowan (1977), Starbuck (1982) oder Brunsson (1989). Integriert werden können Wettbewerbe um Status, wie Emmanuel Lazega sie analysiert. Integriert werden können Schlachten um Definitionsmacht, Ressourcen, Anerkennung – „politics of reality" (Patzelt 1987: 251f.). Und immer sind performative Sprechakte ein wichtiges Mittel der Auseinandersetzung sei es innerhalb von Professionen und Organisationen oder im Verhältnis von Verbänden und staatlicher Politik.

9. Indem man von der Zirkularität des *bootstrapping* Notiz nimmt, lassen sich fruchtlose Entgegensetzungen wie die von Struktur und Handlung, von Kultur und *cultural dopes*, von Prinzipien und ihren Ableitungen vermeiden. Man nehme nur das *bootstrapping* auf den beiden in Abb. 1 und 2 anvisierten Ebenen.

Professionen werden mittels performativer Sprechakte und konkludenten Handelns – unter Einsatz der üblichen Machtressourcen, versteht sich – etabliert. Wenn sie aber einmal etabliert sind, können die dadurch gewonnenen Machtressourcen – Reputation, Zugang zu den Medien, Regulationsmacht über Zugangsbedingungen zur Profession und über professionelle Standards u.v.a. – genutzt werden, um die Etablierung der Profession und ihrer Organisationen zu stabilisieren und auszubauen (Abb. 1). Ein Status beruht auf Anerkennung, aber wenn er einmal errungen ist, kann er zur Beschaffung weiterer Anerkennung genutzt werden (Abb. 2). Dass, wie Klatetzki in Erinnerung ruft, die Professionellen in einen historischen Zusammenhang mit Zauberern, Schamanen und der Autorität des Klerus gestellt werden konnten, hat viel mit solcher Zirkularität zu tun, die ja die Zirkularität des *bootstrapping* ist. Es riecht nach (faulem) Zauber, nach Magie, wie schon Searle (1997: 55) gesehen hat, Magie, die sich bei näherem Hinsehen als Selbstreferenz und Selbsterzeugung entziffern lässt. Ohne Glauben aber geht solche Selbsterzeugung nicht ab. Respekt (der Kollegen) und Vertrauen (der Klienten) sind die Namen, unter denen dieser Glaube im Alltag figuriert.

Abbildung 1: Professionen: Erzeugen und Erzeugnis

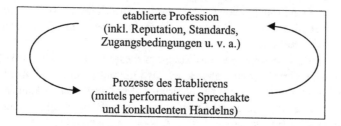

Abbildung 2: Status: Erzeugen und Erzeugnis

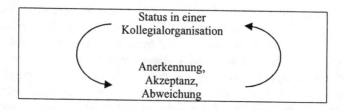

10. In dem Maße, in dem auf diese Weise eine Profession und eine autoritative professionelle Kompetenz als solche etabliert sind, ist der Professionelle in der Lage und ist es sogar sein Job, seinerseits ein „counts as" *sensu* Searle in Kraft zu setzen: mittels des von Klatetzki erläuterten Dreischritts aus Diagnose, Inferenz und Behandlung. Bei der Diagnose geht es ja um ein „X zählt als Symptom für Y", um ein „X zählt als Exemplar der Klasse Y", und um Akte der Exklusion und Konstruktion. Ausschlussverfahren implizieren ein „X zählt als ausschließbar/ausgeschlossen im Kontext K". Die schlussfolgernde Konstruktion eines Zusammenhanges zwischen Diagnose und Behandlung heißt nichts anderes, als diesen Zusammenhang als gültigen zu etablieren. Und die Behandlung lässt dann eben Taten folgen, jenes unter (2.) und (6.) erwähnte „Danach-Handeln", das die praktische Bewandtnis der zugehörigen Enactment- oder Konstruktionsschritte vollendet. Professionelle sind mit Autorität und Legitimation ausgestattete *bootstrapper*.

11. Lazegas Untersuchung des Austauschs multipler sozialer Ressourcen und lateraler Kontrollregimes in diesem Band, einer beständigen *renegotiation* von Regeln, eines *niche seeking* – Organisationsmitglieder suchen Kompetenz- und Handlungsfelder *via* Selektion von Tauschpartnern – und eines Statuswettbewerbs ist, so gesehen, eine Tiefenanalyse der Art und Weise, wie unter durchaus strategisch handelnden Professionals in Kollegialorganisationen gleichwohl Kooperation zu Wege gebracht wird – mit Nischen, Status, Regeln etc. als *S-type terms*, und mittels performativer Sprechakte und konkludenten Handelns, das, realistisch genug, jederzeit in Kämpfe ausarten kann (Abb. 3).

Abbildung 3: Kooperation unter strategisch handelnden Professionals in Kollegialorganisationen nach Lazega

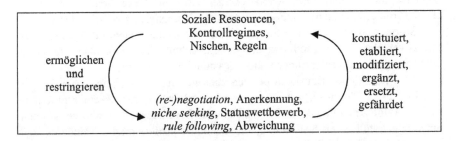

12. Was Barnes selbstreferentielle Zirkularität oder *bootstrapping* nennt, können wir mit Luhmann, Giddens und anderen Rekursivität, mit Derrida aber Supplementarität nennen. Derrida (z. B. 1983: 244ff.) spricht öfters von „diesem ge-

fährlichen Supplément", weil, um es in unserem Zusammenhang zu erläutern, ein einmal Etabliertes, etwa ein etablierter professioneller Standard, jederzeit unterminiert werden kann, wenn und indem darauf *in praxi* rekurriert wird – indem davon sinnvoller oder auch sinnentstellender Gebrauch gemacht wird.

13. Die Etablierung (oder Zersetzung) von Professionen und professionellen Standards geschieht zu einem beträchtlichen Teil in, zwischen und durch Organisationen. *Einerseits* bestehen wechselseitige Bestärkungsverhältnisse: Organisationen befördern die Professionalisierung und umgekehrt. Professionalität kann in und zwischen Organisationen, etwa in Innovationsnetzwerken, eine vertrauensvolle (informelle) Kommunikation ermöglichen. Für Max Weber war professionelle Kompetenz ein wesentliches Element der bürokratischen Organisation. DiMaggio und Powell (1991) haben, unter dem Titel „normativer Isomorphismus", die Herausbildung und Stabilisierung organisationaler Normvorstellungen und gemeinschaftlicher Denkhaltungen durch Professionalisierung herausgestellt. Umgekehrt zehren Professionen von Organisationen, nämlich (a) von der Unterstützung solcher Organisationen, die auf Professionals angewiesen sind, und (b) davon, dass sich Professionals selbst organisieren – in Verbänden und anderswo. (Eine eingehendere Analyse hätte drei Typen von Organisationen zu unterscheiden: (1.) „normale" Organisationen, die sich, wenn auch nicht überwiegend, Professioneller bedienen, (2.) professionelle respektive Kollegialorganisationen wie Anwalts- oder Architekturbüros, die ganz überwiegend mit Professionals besetzt sind und (3.) Professionsverbände.)

Andererseits bestehen auch weniger harmonische Verhältnisse. Professionelle Arbeit ist schwer koordinier- und schwer kontrollierbar. Professionals sind teuer, professionelle Standards können mit organisationalen in Konflikt geraten, autonome, selbstbewusste Professionals mit ihrem Individualismus können in Organisationen stören. Dann werden Organisationen starke Tendenzen entwickeln, Professionen zu demontieren und Professionalisierung zu behindern.

So oder so sind Organisationen wichtige Orte und mächtige Autoren performativer Sprechakte (und Akteure konkludenten Handelns), also Einrichter oder Zerstörer von Professionen und professionellen Standards.

14. Professionen figurieren bei den eben in Anspruch genommenen Meyer und Rowan (1977) in Organisationen als Kristallisationspunkte eines rationalisierten Mythos, nämlich des Mythos effizienter Berufsausübung, und wir können hinzufügen: einer Berufsausübung, die demnach professionelle Standards und gar wichtige gesellschaftliche Werte (Gesundheit, Recht, wissenschaftliche Wahrheit) gewährleistet. Nicht selten, man denke an Ärzte, den hippokratischen

Eid und den Aeskulapstab, wird Uneigennützigkeit hinzugezählt und solcher Berufsausübung zugeschrieben.

15. Von Interesse ist ferner, dass Professionen öfters als Ausdruck einer dritten, ergänzenden, bereichernden Logik neben der Logik des Marktes und der von Organisation und Management aufgefasst werden. Dann schwebt der freiberuflich Tätige vor.

Die professionellen Standards werden, so der institutionelle Kern dieser Vorstellung, von Berufsverbänden oder berufsständischen Vertretungen durch Definitionen der Berufsausbildung, durch Kontrolle über den Marktzutritt und durch die Definition von Leistungsstandards etabliert.

16. Dies alles macht, dass sich Professionen – und einschlägige Signale: Zertifikate, Titel etc. – ausgezeichnet eignen, um den Legitimationsbedarf von Organisationen decken zu helfen. Diese Eignung, wohlgemerkt, ist um so größer, je größer das Körnchen Wahrheit ist, das jener Mythos enthält. Tatsächlich stehen wir angesichts der von Organisationen genutzten, zum Teil: forcierten Professionalisierung vor einer moralischen Zwieschlächtigkeit, die daraus resultiert, dass alle Weisen der Sicherung von Verantwortlichkeit auch, und in gleitenden Übergängen, zur Umgehung, Vortäuschung und Ersetzung von Verantwortlichkeit missbraucht werden können. Nicht ohne Weiteres von der Hand zu weisen ist andererseits die Vorstellung, angesichts fragmentierter, fluktuierender, verloren gehender Werte und Wertordnungen könnten Professionen, Profis und professionelle Ehre – ein Berufsethos – wenn schon nicht die letzten, so doch wichtige Horte moralischer Standfestigkeit oder Widerständigkeit sein oder werden.

17. So oder so zehren Organisationen vom Image der Professionalität, Expertise, Gewissenhaftigkeit, Wertverbindlichkeit und gar Uneigennützigkeit. Sie zehren davon zu Recht oder zu Unrecht, und welches von beiden, ist für Laien kaum auszumachen. Deswegen sind sie im hohem Maße auf Signale angewiesen – Signale, die aber erst recht täuschen können.[2]

18. Den *professionellen Standards*, zumal sie von Organisationen, nämlich Berufsverbänden, maßgeblich definiert werden, kommt die Ambivalenz aller Standardisierung zu. Sie können verfehlt, verzerrt oder überholt sein, aber zunächst ist ihr Sinn, Verlässlichkeit und Anschlussfähigkeit zu gewährleisten. Am

---

[2] Die ökonomische Theorie erörtert derlei unter Stichworten wie asymmetrische Information, Vertrauensgüter, *signalling* und Signalisierungskosten, und *credible commitments*. Als besonders glaubwürdig gelten solche Signale, die den Signalisierenden teuer zu stehen kommen und Verbindlichkeit herstellen, Universitätsdiplome zum Beispiel, Garantieversprechen, erfolgsabhängige Honorare.

schönsten – und für die Professionen *und* die Organisationen am nützlichsten – ist der Mythos der Uneigennützigkeit.[3]

19. Die Professionssoziologie zeigt auseinanderlaufende Neigungen, die Relevanz von Professionen für moderne Gesellschaften sehr hoch zu veranschlagen und sehr viel von ihnen zu erwarten, oder im Gegenteil recht skeptisch zu sein, jedenfalls mit Blick auf die Zukunft der Professionen.

20. Paradigmatisch für die erstere, optimistische Sicht ist das viel zitierte Parsons-Wort:

> „It is my view that the professional complex, though obviously still incomplete in its development, has already become the most important component in the structure of modern societies. It has displaced first the ‚state', in the relatively early modern sense of term, and, more recently, the ‚capitalistic' organization of the economy." (Parsons 1968: 545)

Heute hält besonders W. Richard Scott die Relevanz von Professionen hoch, die eine wichtige Rolle bei der Konstruktion kulturell-kognitiver Kategorien, bei der Erzeugung normativer Rahmen und bei der Formierung regulativer Systeme spielen, wie sein Beitrag in diesem Band noch einmal darlegt. Auch Scott aber sieht natürlich einen erheblichen Wandel der Berufe und Professionen, etwa von sozialbasiertem Vertrauen zu einer Dominanz der Experten, und von einer Klienten- zu einer eher kollektiven Orientierung, wie sie für Organisationen typisch ist.

21. Skeptischer sind da andere, in diesem Band etwa Thomas Klatetzki, Rudolf Stichweh und Uwe Schimank. Ihre Argumente kreisen um sich verschärfende Probleme der Dissemination von Wissen und der resultierenden Unterminierung des Vertrauens, das Professionals und Professionen und ihrer Expertise noch entgegengebracht werde. Schimanks Skizze des Triumphs des Managements über die Profession und professionelle Standards an den Universitäten ist ja nur ein Exempel. Erst im Verband mit einer kurzsichtigen[4] ökonomischen Logik der Sparzwänge indes gerät diese Vertrauenskrise zu der dramatischen Bedrohung, der die Professionen und professionelle Standards heute ausgesetzt sind. Professionalisierung kommt teuer und zahlt sich erst auf lange Sicht aus.

---

3   Man denke nur an Dr. Best im weißen Kittel. Und es ist von Interesse, dass noch in den sechziger Jahren die Computerspezialisten in den Unternehmen ihre Vertrauenswürdigkeit dadurch zu signalisieren pflegten, dass auch sie weiße Kittel trugen. Weiß ist die Farbe der Unschuld und der Reinheit.

4   Dass Kurzsichtigkeit – „myopia" – aus individueller Rationalität resultieren kann, zum Beispiel wenn Akteure kurzfristige Erfolge anstreben, ist aus der Rational-Choice-Theorie wohlbekannt; vgl. zum Beispiel Green/Shapiro (1994: 19).

Die Vertrauens- und Legitimationskrise eröffnet dem vielfältig bedingten Reflex des Sparens die Bresche, derer er für seinen Einbruch in bisher als unantastbar geltende, wohlinstitutionalisierte Bastionen der Professionen bedarf. Auch dafür ist der Kahlschlag im Bereich der Geistes-, Kultur-, Sprach- und Sozialwissenschaften, den wir heute an den Universitäten erleben, nur ein Beispiel. Vietnamistik, Thaistik oder Äthiopistik stehen da nur besonders schnell zur Disposition. Längst aber werden bekanntlich Fächer wie Geschichte und Psychologie, Literaturwissenschaften und Soziologie, Journalistik und Kulturwissenschaften aufgegeben oder von Aufgabe bedroht – in Hamburg und Berlin, Bayreuth und Erlangen, München und Hannover, von den neuen Bundesländern ganz zu schweigen. Organisationen, nämlich Ministerialbürokratien, die ihrer eigenen organisationalen und einer etablierten politischen und ökonomischen Logik folgen und daher ohne hinlängliches Sensorium für die Funktionserfordernisse anderer Organisationen – Schulen und Universitäten sind da wiederum nur Beispiele – und anderer gesellschaftlicher Teilsysteme – hier: der Wissenschaft und der Erziehung – operieren (müssen?), sind dieses Mal die mächtigen Betreiber der Zersetzung professioneller Kompetenz, ohne dass dies im Fokus ihrer Intentionen läge. Dass sie sich als unintendierte Nebenfolge ihres organisationalen Handelns einstellt, ändert allerdings nichts an der Irreversibilität der Zersetzung, deren negative Effekte indes erst auffällig genug werden dürften, wenn es zu spät ist.

22. Das wirft die Frage auf, ob und wie jene, wenn schon nicht Selbstverständlichkeit, so doch hinreichende Sicherheit, jene hinreichende Verlässlichkeit (wieder) zu gewinnen ist, die wir alle zum Handeln brauchen. Luhmann, und mit ihm das Gros der Organisationsforscher, würde wohl antworten: Just das sei die Funktion von Organisationen. Sie lieferten den sicheren Grund, die Fundamente oder doch wenigstens Behelfe und die Illusion solcher Fundamente. Allerdings sind wir zur Zeit mit Vertrauenskrisen auch großer Organisationen konfrontiert, die sich vielleicht noch als weitreichend erweisen werden – man denke an Enron, Worldcom, Ahold, die Deutsche Bank, die Bundesregierung, die Sportorganisationen mit ihren Doping-Problemen, die Schulen, die Universitäten. Im Jahre 2004 musste sich gar die Bank von England vor Gericht verteidigen, nämlich gegen die Klage, weggeschaut zu haben, als die Bank of Credit and Commerce International (BCCI; für Eingeweihte: Bank of Corruption and Criminal Incompetence) für den panamaischen Diktator Noriega Geld wusch und das Medellin-Drogenkartell, die Terrorgruppe von Abu Nidal sowie Waffengeschäfte für Irak und den Iran finanzierte (Süddeutsche Zeitung Nr. 18 vom 23.1.2004, S. 21). Und natürlich ist Luhmanns Insistenz auf Kontingenz, diesem „Midas-Gold der

Moderne" (Luhmann 1992: 94), auch nicht dazu angetan, das Vertrauen in Organisationen und organisationale Entscheidungen zu festigen.

23. Die Frage ist, ob ein modernes Wissensmanagement und je einschlägige *communities of knowledge/of practice* (Brown/Duguid 1991, 2001; Wenger 1998) als Alternativen oder funktionale Äquivalente *zu* oder aber als soziale Orte der Fortexistenz *für* Professionen in Betracht kommen. Da geht es um lokales Wissen, hervorgebracht und genutzt in lokalen Kontexten, um Kollegialorganisationen oder kollegiale Nischen *in* und *zwischen* Organisationen, um Partnerschaften und um Kooperation zwischen Peers, wie Lazega sie analysiert. Es lässt sich zeigen, dass Organisationen solcher Verhältnisse nicht restlos entraten können und dass die darin stattfindende Kooperation, einschließlich des Transfers von Wissen, Vertrauen und Hilfe, nicht funktionieren kann, wenn dieser Transfer ausschließlich mit berechnendem Blick auf den Nutzen, also ausschließlich als *Tausch*, vollzogen wird. Es muss vielmehr, wie auch immer residual, eine Ethik der Gabe im Spiel sein, die fordert, nicht-um-der-Gegengabe-willen zu geben (was nicht ausschließt, dass eine Gegengabe erwartet wird und werden kann, aber eben nicht in der Form des Tauschs, sondern in Erfüllung einer Pflicht; zu alledem Ortmann 2004). In große Nähe zu einer solchen Position gerät Eric von Hippel (1988: 77), wenn er das informelle *know-how-trading* in Innovationsprozessen analysiert und dabei, wenn auch unter utilitaristischen Vorzeichen, Marcel Mauss' berühmten Essay über „Die Gabe" zitiert: „[A] gift always looks for recompense." Aufschlussreich ist auch die institutionenökonomische Studie über reziproken Tausch, personale Netze und Gabensysteme von Rachel Kranton (1996). Es dämmert auch den Vertretern der ökonomischen Zunft, dass es ganz ohne eine Ethik der Gabe nicht geht (auch wenn sie sich diese Ethik anders als unter Rekurs auf ihre Nützlichkeit meist nicht erklären können). Professionen können für Organisationen eine enorm wichtige Funktion erfüllen, weil und sofern sie für eine solche, funktionsnotwendige Ethik einstehen können.

24. Ferner geht es um die Rolle von seien es Professionen, seien es *communities of practice* innerhalb nicht-staatlicher Formen der Governance – um ihren Anteil an der Etablierung von Standards, Normen und außerrechtlichem Recht in *private governance regimes sensu* Teubner (z. B. 1998; Teubner/Zumbansen 2000). Richard Scott spricht von „non-governmental forms of governance". Es leidet keinen Zweifel, dass diese Formen der Governance und der außerstaatlichen Rechtsproduktion angesichts der Überforderung von Recht und staatlicher Politik dramatisch an Gewicht gewinnen.

25. Überall gibt es Anlass zu Beunruhigung. Manchmal scheint die Debatte von Stichworten wie *dissolution, disintegration* und *dissemination* dominiert.

Das setzt nicht zuletzt ein Thema auf die Agenda, das ich mit „Vertrauen und Ökonomie" markieren möchte. Vertrauen, Vertrauensgüter, asymmetrische Information, Reputation, *signalling*, *credible commitments*, das sind nur einige der Stichworte, die eine moderne Institutionenökonomik dazu beisteuern kann. Die Professionssoziologie könnte gewinnen, wenn sie Kontakt zu ihr hielte.

26. Es bleibt aber im Herzen der Ökonomie – und im Innersten der ökonomischen Theorie – ein Anökonomisches von konstitutiver Bedeutung, wie man sich gerade an Konzepten wie Vertrauen und Reputation klar machen kann. Beide sind Zustände, die wesentlich Nebenprodukt sind (Elster 1987: 141ff.). Beide laufen Gefahr, in dem Maße unterminiert zu werden, wie sie berechnend, in ökonomisch kalkulierender Weise, etabliert werden sollen. Das führt, wie angedeutet, in die Problematik einer *Gabe*, die ohne Blick auf die Gegengabe gegeben wird. (Wir *schenken* Vertrauen.) Es führt zu Fragen, die den Horizont der Ökonomik übersteigen, Fragen, für die Soziologie, die Ethnologie und Kulturanthropologie, die Ethik und, wie ich glaube, die Philosophie der Dekonstruktion besser gerüstet sind (Derrida 1993; Ortmann 2004).

27. George Akerlof, einer der geistigen Väter der Informationsökonomik und immer für eine scharfsinnige und unorthodoxe Reflexion der Grenzen der Standardökonomik gut, hat zu diesem Problemkomplex eine Zuspitzung beigesteuert, die uns mitten in die zugehörigen Fragen der Wahrheit, Wahrhaftigkeit, Glaub- und Vertrauenswürdigkeit führt. Akerlofs Frage ist: Warum gibt es so etwas wie Ehre und Loyalität überhaupt, wenn doch die Ehrlichen so leicht ausbeutbar sind? Warum zählen ausgerechnet die Quäker, hoch geachtet in Begriffen der Vertrauenswürdigkeit, zu den wohlhabendsten Minoritäten in den USA? Antwort, in Kürze: Die Reputation der Vertrauenswürdigkeit zahlt sich aus. Man kann sie mittels *signalling* aufzubauen versuchen – „Vertrauen ist der Anfang von allem" –, aber der *à la longue* billigste und effizienteste Weg, vertrauenswürdig zu *erscheinen*, ist es vielleicht, vertrauenswürdig zu *sein*. Das gibt, wie man sieht, ein utilitaristisches Argument für moralische Tugend ab. „Honesty is useful" (Akerlof 1983: 56). Akerlof erinnert aber daran, dass schon Max Weber, in seiner Analyse Benjamin Franklins in der „Protestantischen Ethik", zwischen dem „Surrogat des bloßen Scheins" (Weber 1975: 43) und tatsächlicher Ehrlichkeit unterschieden und argumentiert hatte, dass Franklin nicht einfach Nutzen, sondern Pflicht – bei ihm: Tüchtigkeit als Berufspflicht – zum moralischen Leitstern genommen hatte. Auch darin kommt zum Ausdruck, dass ein bloßes Signalisieren womöglich nicht genügt, weil potentielle Partner die Absicht merken und verstimmt reagieren können; dass, mit anderen Worten, die kalkulierte Bemühung um Vertrauenswürdigkeit es an sich hat, Vertrauen zu untergraben. Ein ei-

nigermaßen probates Mittel ist: tat-sächliche, praktische und also durch verlässliches Handeln signalisierte Verlässlichkeit. Dann fallen Schein und Wirklichkeit, *signalling* und Handeln zusammen. Es zeichnen sich auch an dieser Stelle die Grenzen einer utilitaristischen, einer rein ökonomischen Perspektive ab.

28. Emile Durkheim (1902, deutsch in neuer Ausgabe 1992) hat bekanntlich den gesetzlichen Verpflichtungen mit ihrem „organisierten Druck" andere Bürgerpflichten an die Seite gestellt, zu denen er auch die „professionellen Pflichten" gezählt hat. Ihnen hat er eine tragende Rolle für die organische Solidarität zugetraut, derer die arbeitsteilige Gesellschaft bedürfe. Man muss wohl auch sagen, er habe ihr eine riesige, allzu große moralische Last aufgebürdet. Wenn wir auch, belehrt durch das Jahrhundert, das uns von Durkheim trennt, dessen Hoffnungen auf Berufsgruppen (Korporationen) als Orte der Wahrung unverzichtbarer Moral nicht mehr ungebrochen teilen können, wenn wir da vielleicht gar die Segel längst gestrichen haben, so erscheint seine Insistenz auf dieser moralischen Rolle doch in einem neuen Licht, seit wir jenes Erfordernis eines Anderen der Ökonomie für das Funktionieren der Ökonomie, der Unternehmen und der Unternehmungsnetzwerke schärfer sehen, übrigens in Übereinstimmung mit wichtigsten Fachvertretern wie Kenneth Arrow und George Akerlof (dazu Ortmann 2004, Kap. 7). Lesen wir daher ruhig noch einmal Durkheim (1992: 272):

> „Außerhalb dieses organisierten und bestimmten Drucks, den das Recht ausübt, gibt es noch den Druck der Sitten. In der Art, wie wir unsere Verträge schließen und ausführen, müssen wir uns Regeln beugen, die zwar weder direkt noch indirekt durch eine Gesetzesnorm sanktioniert sind, die aber gleichwohl nicht weniger verpflichtend sind. Es gibt berufliche Verpflichtungen, die einen rein moralischen Charakter haben und dennoch sehr streng sind. Sie sind besonders in den sogenannten freien Berufen offensichtlich, und wenn sie bei den anderen Berufen weniger zahlreich sind, so muß man sich doch fragen (wie wir sehen werden), ob das nicht die Wirkung eines krankhaften Zustandes ist. Wenn diese Wirkung professioneller Pflichten auch diffuser ist als die zuvor erwähnte, so ist sie doch auch sozial; andrerseits ist sie notwendigerweise um so weitreichender, je entwickelter die Vertragsbeziehungen sind. Denn sie diversifiziert sich im selben Maße wie die Verträge."

Es gehört zu den Zwieschlächtigkeiten moderner Organisationen, dass sie Neigung zeigen, diese ihre eigenen moralischen Voraussetzungen ihren übrigen funktionalen Erfordernissen zu opfern. Wenn es, wie Klatetzki, Stichweh und Schimank mit starken Gründen zu bedenken geben, mit der Autorität der Professionellen zu Ende geht, bedürfen Organisationen funktionaler Äquivalente für jenen Zuschuss an Moralität, für den bisher die Professionen und professionelle

Berufsauffassungen gesorgt haben. Vielleicht gelingt es ihnen, die Professionen in ihrer Funktion als Garanten von Verlässlichkeit zu *ersetzen*. Vielleicht bleiben sie darauf angewiesen, sich weiterhin durch professionelle Standards zu *ergänzen*. Vielleicht werden sie jedwede professionelle Moral weiterhin *zersetzen*. Dann bliebe nichts als Anreize, Kontrollen, Nutzenkalküle. Ich sehe nicht, wie das allein funktionieren könnte. Das milde Lächeln über Durkheims Illusionen könnte uns noch vergehen, wenn wir die Entdeckung machen, dass eine Moral, wie er sie postuliert, der Humus ist, auf dem allein auch die modernen Ökonomien gedeihen können. Die Gefahr ist, dass sich das erst weit genug herumspricht, wenn es zu spät ist – wenn diese Ackerkrume in alle Winde verweht ist. Und das wirklich ehrfurchtgebietende Problem besteht darin, dass wir, die wir dazu auf Religion wohl kaum noch bauen können, die erforderlichen moralischen Standards selbst, und gar noch auf den Wegen des *bootstrapping*, erzeugen und immer wieder neu befestigen müssen. Wie die Sache ausgeht? Da müssen wir es wohl mit Horace Warpole halten. „Erfahrene Propheten warten die Ereignisse ab."

Literatur

Akerlof, George A. (1983): Loyality Filters. In: American Economic Review 73, S. 54-63.
Barnes, Barry (1983): Social Life as Bootstrapped Induction. In: Sociology 17, S. 524-545.
Bloor, David (1997): Wittgenstein, Rules and Institutions. London, New York: Routledge.
Brown, John S./Duguid, P. (1991): Organizational learning and communities-of-practice: Toward a unified view of working, learning and innovation. In: Organization Science 2, S. 40-57.
Brown, John S./Duguid, P. (2001): Knowledge and organization: a social practice perspective. In: Organization Science 12, S. 198-213.
Brunsson, Nils (1989): The organization of hypocrisy. Talk, decision, and actions in organizations. Chichester u. a.: Wiley.
Derrida, Jacques (1983): Grammatologie. Frankfurt/M.: Suhrkamp.
Derrida, Jacques (1993): Falschgeld, Zeitgeben I. München: Fink.
DiMaggio, Paul/Powell, Walter W. (1991): The Iron Cage Revisited: Institutional Isomorphism and Collective Rationality in Organizational Fields. In: Powell, Walter W./DiMaggio, Paul (Hg.): The New Institutionalism in Organizational Analysis. Chicago, London, S. 63-82.
Durkheim, Emile (1992): Über soziale Arbeitsteilung. Studie über die Organisation höherer Gesellschaften. Frankfurt/M.: Suhrkamp.
Elster, Jon (1987): Subversion der Rationalität, Frankfurt/M., New York: Campus.
Green, Donald P./Shapiro, Ian (1994): Pathologies of Rational Choice Theory. A Critique of Applications in Political Science. New Haven, London: Yale University Press.

Hippel, Eric von (1988): The Sources of Innovation. New York, Oxford: Oxford University Press.

Kranton, Rachel E. (1996): Reciprocal Exchange: A Self-Sustaining System, in: The American Economic Review 86, S. 830-851.

Luhmann, Niklas (1992): Beobachtungen der Moderne, Opladen: Westdeutscher Verlag.

Meyer, John W./Rowan, Brian (1977): Institutionalized Organizations: Formal Structure as Myth and Ceremony. In: American Journal of Sociology 83, 2, S. 340-363.

Ortmann, Günther (2004): Als Ob. Fiktionen und Organisationen. Wiesbaden: VS Verlag für Sozialwissenschaften.

Parsons, Talcott (1968): Professions. In: International Encyclopedia of the Social Sciences, Vol. 12, S. 536-547.

Patzelt, Werner J. (1987): Grundlagen der Ethnomethodologie. Theorie, Empirie und politikwissenschaftliche Nutzung einer Soziologie des Alltags. München: Fink.

Searle, John R. (1997): Die Konstruktion der gesellschaftlichen Wirklichkeit. Zur Ontologie sozialer Tatsachen. Reinbek: Rowohlt.

Starbuck, William H. (1982): Congealing Oil. Inventing Ideologies to Justify Acting Ideologies Out. In: Journal of Management Studies 19, S. 3-27.

Teubner, Gunther (1998): Vertragswelten: Das Recht in der Fragmentierung von *Private Governance Regimes*. In: Rechtshistorisches Journal 17, S. 234-265.

Teubner, Gunther/Zumbansen, Peer (2000): Rechtsentfremdungen: Zum gesellschaftlichen Mehrwert des zwölften Kamels. In: Zeitschrift für Rechtssoziologie 21, S. 189-215.

Weber, Max (1975): Die protestantische Ethik I. Eine Aufsatzsammlung, 4. Aufl. Hamburg: Siebenstein-Taschenbuch-Verlag.

Weick, Karl E. (1985): Der Prozeß des Organisierens, Frankfurt/M.: Suhrkamp.

Wenger, E. (1998): Communities of practice. New York.

Theorie

Maurizio Bach
Jenseits des rationalen Handelns
Zur Soziologie Vilfredo Paretos
2004. 354 S. mit 5 Abb. Geb. EUR 49,90
ISBN 3-531-14220-8

Jörg Ebrecht /
Frank Hillebrandt (Hrsg.)
Bourdieus Theorie der Praxis
Erklärungskraft – Anwendung –
Perspektiven
2., durchges. Aufl. 2004. 246 S.
Br. EUR 29,90
ISBN 3-531-33747-5

Niklas Luhmann
Die Realität der Massenmedien
3. Aufl. 2004. 219 S. Br. EUR 18,90
ISBN 3-531-42841-1

Jürgen Mackert (Hrsg.)
Die Theorie sozialer Schließung
Tradition, Analysen, Perspektiven
2004. 275 S. mit 4 Abb. Br. EUR 29,90
ISBN 3-8100-3970-5

Günther Ortmann
Als Ob
Fiktionen und Organisationen
2004. 286 S. Organisation und Gesellschaft. Br. EUR 24,90
ISBN 3-531-14374-3

Michael Schmid
Rationales Handeln und soziale Prozesse
Beiträge zur soziologischen Theoriebildung
2004. 432 S. Geb. EUR 49,90
ISBN 3-531-14081-7

Wolfgang Ludwig Schneider
Grundlagen der soziologischen Theorie
Band 1: Weber – Parsons – Mead – Schütz
2. Aufl. 2005. 311 S. Br. EUR 24,90
ISBN 3-531-33556-1

Band 2: Garfinkel – RC – Habermas – Luhmann
2002. 459 S. mit 27 Abb. Br. EUR 36,90
ISBN 3-531-13557-0

Band 3: Sinnverstehen und Intersubjektivität – Hermeneutik, funktionale Analyse, Konversationsanalyse und Systemtheorie
2004. 506 S. Br. EUR 34,90
ISBN 3-531-13839-1

Christine Weinbach
Systemtheorie und Gender
Das Geschlecht im Netz der Systeme
2004. 206 S. Br. EUR 24,90
ISBN 3-531-14178-3

Erhältlich im Buchhandel oder beim Verlag.
Änderungen vorbehalten. Stand: Januar 2005.

www.vs-verlag.de

VS VERLAG FÜR SOZIALWISSENSCHAFTEN

Abraham-Lincoln-Straße 46
65189 Wiesbaden
Tel. 0611.7878-722
Fax 0611.7878-400

Neu im Programm Soziologie

Rolf Becker /
Wolfgang Lauterbach (Hrsg.)
Bildung als Privileg?
Erklärungen und Befunde zu den
Ursachen der Bildungsungleichheit
2004. 451 S. Br. EUR 39,90
ISBN 3-531-14259-3

Birgit Blättel-Mink / Ingrid Katz (Hrsg.)
Soziologie als Beruf?
Soziologische Beratung zwischen
Wissenschaft und Praxis
2004. 265 S. mit 4 Abb. und 3 Tab.
Br. EUR 17,90
ISBN 3-531-14131-7

Christoph Butterwegge / Karin Holm /
Barbara Imholz / Michael Klundt /
Caren Michels / Uwe Schulz /
Gisela Wuttke / Margherita Zander /
Matthias Zeng
Armut und Kindheit
Ein regionaler, nationaler und
internationaler Vergleich
2. Aufl. 2004. 319 S. Br. EUR 19,90
ISBN 3-531-33707-6

Klaus Feldmann
Tod und Gesellschaft
Sozialwissenschaftliche Thanatologie
im Überblick
2004. 309 S. Br. EUR 32,90
ISBN 3-531-14297-6

Kai-Uwe Hellmann /
Dominik Schrage (Hrsg.)
Konsum der Werbung
Zur Produktion und Rezeption von
Sinn in der kommerziellen Kultur
2004. 208 S. Konsumsoziologie
und Massenkultur. Br. EUR 27,90
ISBN 3-8100-4203-X

Matthias Junge / Götz Lechner (Hrsg.)
Scheitern.
Aspekte eines sozialen Phänomens
2004. 226 S. Br. EUR 25,90
ISBN 3-8100-4116-5

Elmar Lange
**Jugendkonsum im
21. Jahrhundert**
Eine Untersuchung der Einkommens,-
Konsum- und Verschuldungsmuster der
Jugendlichen in Deutschland
2004. Unter Mitarbeit von Sunjong Choi.
183 S. Br. EUR 22,90
ISBN 3-8100-3941-1

Udo Thiedeke (Hrsg.)
Soziologie des Cyberspace
Medien, Strukturen und Semantiken
2004. 608 S. mit 29 Abb. und 5 Tab.
Br. EUR 49,90
ISBN 3-531-14072-8

Erhältlich im Buchhandel oder beim Verlag.
Änderungen vorbehalten. Stand: Januar 2005.

www.vs-verlag.de

VS VERLAG FÜR SOZIALWISSENSCHAFTEN

Abraham-Lincoln-Straße 46
65189 Wiesbaden
Tel. 0611.7878-722
Fax 0611.7878-400